本书是河南省教育科学“十三五”规划2020年度重大招标课题
“河南省《教师教育振兴行动计划》实现路径研究”（〔2020〕-JKGHZDZB-13）的研究成果

Research on the Strategies of
Teacher Education

教师教育策略研究

杜　静　邓新侦　等◎著

科　学　出　版　社
北　京

内 容 简 介

促进教师教育发展是提升教师队伍素质和教育整体质量的基础与关键。当前，教师教育发展正从规模数量走向优质卓越，从相对独立走向开放有序，从相互分离走向共同一体。新形势下的教师教育发展迫切需要新的发展理念、目标和策略的导引。本书在对教师教育理论基础和相关政策进行深入分析的基础上，借鉴主要发达国家和我国一些省（市）教师教育的成功经验，通过探查教师教育发展的现实境况，反思教师教育存在问题的原因，进而提出从理念导向、行动目标到实施策略和组织保障等多层面的具体建议。

本书可供各级政府部门管理人员、中小学教师、高校教师、教育学专业的学生以及其他教师教育的关注者和研究者阅读使用。

图书在版编目（CIP）数据

教师教育策略研究 / 杜静等著. —北京：科学出版社，2021.6
ISBN 978-7-03-068834-7

Ⅰ. ①教… Ⅱ. ①杜… Ⅲ. ①教师教育-研究 Ⅳ. ①G65

中国版本图书馆 CIP 数据核字（2021）第 099579 号

责任编辑：崔文燕 张春贺 / 责任校对：王晓茜
责任印制：李 彤 / 封面设计：润一文化

科学出版社 出版
北京东黄城根北街 16 号
邮政编码：100717
http://www.sciencep.com
北京建宏印刷有限公司 印刷
科学出版社发行 各地新华书店经销
*
2021 年 6 月第 一 版 开本：720 × 1000 1/16
2021 年 6 月第一次印刷 印张：22 3/4
字数：446 000

定价：99.00 元

（如有印装质量问题，我社负责调换）

作 者 简 介

杜 静

1964年8月出生，河南省许昌市人。河南大学党委研究生工作部部长、教授、博士研究生导师，河南省“四个一批”人才，河南省优秀专家，河南大学教师教育学科带头人，中小学校长国家级培训专家，河南教师教育研究中心兼职研究员。

在《教育研究》《比较教育研究》《课程·教材·教法》等刊物上发表论文30多篇，主持国家社会科学基金教育学一般项目3项，主持和参与国家级或省部级课题多项，获河南省教师教育教学成果一等奖2项。“教师专业发展”课程获“教师教育国家级精品资源共享课”。专著《历史与现实的追问：英国教师在职教育的发展与动因研究》获河南省社会科学优秀成果奖一等奖、第六届全国高等学校科学研究优秀成果奖三等奖。

前 言

"百年大计，教育为本；教育大计，教师为本。"面对当前人民群众对公平优质教育的迫切需求，教师的作用显得更加突出，进一步加强和改进教师教育工作显得更加紧迫。2018 年以来，国家相继出台了《关于全面深化新时代教师队伍建设改革的意见》《教师教育振兴行动计划（2018—2022 年）》《关于实施卓越教师培养计划 2.0 的意见》《关于加强和改进新时代师德师风建设的意见》等一系列教师教育方面的政策和文件，为各省教师教育工作提供了新的政策引领。在国家政策的指引下，全国各地开始对本地区教师教育重新进行统筹规划，并出台相关地方政策文件，力图振兴区域教师教育。在此背景下，河南省无论在教师教育的理论研究还是在教师教育的实践方面都做出了大量而又卓有成效的工作。本书旨在在进一步梳理河南省教师教育的理论研究与实践现状的基础上，推动河南教师教育发展再上新台阶。

本书立足河南省实际，以当前河南教师教育发展状况为主要研究对象，沿着"理论研究—比较研究—实践研究"的逻辑主线逐步推进，按照"理论基础—政策解读—比较借鉴—现状调研—策略建构"的逻辑结构逐渐展开，提出河南省教师教育发展的有效实施策略。本书坚持理论分析与实践考察相结合、定性研究与定量研究互相补充的原则，采用文献研究法、文本解读与政策分析法、教育调查法和比较研究法等，从多学科、多角度、多层次研究和构建河南省教师教育发展的实施策略，以期为河南省教师教育的改革发展提供借鉴和参考。

本书是杜静教授主持的河南省教育科学"十三五"规划 2020 年度重大招标课题"河南省《教师教育振兴行动计划》实现路径研究"（〔2020〕-JKGHZDZB-13）的研究成果。本书共分五编十章，主要内容包括：第一编"回顾与探析：教师教育的历史演变与发展"，回顾了我国教师教育的历史，分析了其发展趋势，并对河南省教师教育的发展历程进行了审视。第二编"分析与解读：教师教育的理论和政策依据"，分析了教师教育的主要理论基础，包括实践哲学、现象学、教师专业发展理论、教师共同体理论和教师知识理论等，解读了教师教育的主要政策依据。第三编“比较与借鉴：国内外教师教育的经验与特色”，详细介绍了主要发达国家教师教育发展的成功经验和我国其他省（市）教师教育的发展特色。第四编“问题与反思：以河南省教师教育的现状与归因为例”对河南省教师教育的现状进行调研和分析，并对河南省教师教育存在的问题进行归因。第五编“谋划与实施：以河南省教师教育发展策略与实施保障为例”提出了新时期河南省教师教育发展的实施策略及其实施保障。

本书是河南大学全体参编人员齐心协作、群策群力的结晶。河南大学杜静教授负责书稿选题、提纲架构、整体规划、全书统揽、检查指导、修改完善等工作；邓新侦博士负责提纲细化、组织协调、统稿校正等工作。全书具体分工为：第一章由刘海燕撰稿；第二章由谭敬豪撰稿；第三章第一、二、五节由张文丽撰稿，第三章第三节由常海洋撰稿，第三章第四节由王晓芳撰稿；第四章由李倩撰稿；第五章由王江海撰稿；第六章由于依华撰稿；第七章由邓新侦、权松立共同撰稿；第八章由罗梦园撰稿；第九章第一节由杜静撰稿，第九章第二、三节由邓新侦撰稿；第十章由权松立、张抗抗共同撰稿。本书初稿完成后，虽经反复修改、几易其稿，但因时间和水平所限，书中不足之处在所难免，敬希专家学者批评指正。另外，在撰稿过程中，我们参考和引用了一些国内外专家、学者的研究成果，在此向他们致以衷心的感谢，同时，也十分感谢科学出版社的大力支持和鼎力相助！

杜　静　邓新侦

2021年1月6日

目　录

第一编

回顾与探析：教师教育的历史演变与发展

第一章

我国教师教育的历史回顾与发展趋势

教师教育是教育事业的工作母机，是基础教育师资的主要来源，我国教师教育的发展不仅关系到教师自身的生存发展，还影响着整个基础教育的发展与改革。近年来，教师教育得到政府、社会的关注和重视，关于教师教育的改革与发展的呼声不断，回顾我国教师教育的发展历史，反思教师教育过程中的问题，探寻教师教育未来发展的走向，对于深化我国教师教育改革与发展具有重要意义。

第一节　我国教师教育的历史回顾

教师教育是由师范教育演变而来的，这不是简单的文字替换，而是意味着教师教育理念的更新、教师教育培养方式的转变，教师教育是我国教育事业发展到一定阶段的产物。历经百年的师范教育在培养师资方面坚持不懈的努力，为教师教育体系的构建奠定了良好的基础。为了充分了解教师教育的内涵及其变革，首先有必要了解师范教育的内涵及其历史发展进程。

一、教师教育的内涵演变

（一）师范与师范教育

“师范”最早可见于古籍之中。西汉扬雄在《法言·学行》中说“师者，人之模范也”，第一次将“师”与“范”联系起来。[①]这说明教师是人们的模范，强

① 顾明远. 教育大辞典（增订合编本）[M]. 上海：上海教育出版社，1998：1396.

调教师本身应有的要求。据考证，我国最早将“师范”作为一个词来使用，始于后汉时代赵壹的《报皇甫规书》：“君学成师范，缙绅归慕。仰高希骥，历年滋多。”这里的“师范”有学习的模范之义，之后引申为效法。[①]

师范教育给“师范”一词赋予了新的内涵。中国师范教育始于清光绪二十三年（1897 年）的上海南洋公学师范院。清光绪二十八年（1902 年）京师大学堂师范馆开学，是中国高等师范教育之始[②]，开设师范馆标志着我国近代师范教育的开始，师范教育体系由此建立。长期以来，在我国“师范教育”被定义为专门培养教师的教育，其主要职责是为基础教育培养和输送教师。就我国师范教育的百年历程来看，它具有以下几个特点：

第一，封闭性。我国曾有一套独立的师资培养体系，由于是独立设置的，因此具有封闭性。师范院校自下而上自成一体，从招生到培养，再到最后分配，都是定向性的，师资队伍一度只向师范毕业生开放，拒绝非师范毕业生进入教师队伍。

第二，理论性及师范性。这一点体现在师范教育的培养模式及课程设置上。传统的师范教育注重师范性，在课程设置上主要涉及教育学、心理学、课程与教学论等方面的理论知识，对所学科目的学术性研究不够深入，与中小学教育实际连接不够紧密，实践性课程在一定程度上被忽视。

第三，终结性。终结性是因为师范教育对教师的培养仅局限于职前培养，对师资的培养仅限于在校师范生；教师的专业发展、继续教育等缺乏制度保障；忽视了职前培养与在职研修的相互沟通，体现了师范教育的一次性与终结性。

传统的师范教育体现了我国社会发展到某一历史阶段的教育要求，它曾为我国改革开放初期在培养师资方面贡献了力量，缓解了我国教师队伍数量紧缺的问题，培养了一大批优秀人才。如今，我国对教师的培养方式发生了变化，新的教师培养模式已经出现，从师范教育到教师教育的转变是教育发展的必然结果，标志着教师培养已进入到一个新的历史时期，用“教师教育”一词取代“师范教育”将更有利于我国教师教育的发展。

（二）教师教育的内涵

2001 年《国务院关于基础教育改革与发展的决定》颁布，文件提出：“完善以现有师范院校为主体，其他高等学校共同参与、培养培训相衔接的开放的教师

① 广东、广西、湖南、河南辞源修订组，商务印书馆编辑部. 辞源（修订本）（1-4）（第二册）[M]. 北京：商务印书馆，1979：979.

② 顾明远. 教育大辞典（增订合编本）[M]. 上海：上海教育出版社，1998：1397.

教育体系。”[①]这是我国第一次在官方文件中使用“教师教育”这一概念，并将长期分离的教师培养与培训相联系。2004年，教育部在《2003—2007年教育振兴行动计划》中阐明了构建教师教育体系的任务，具体内容为：“改革教师教育模式，将教师教育逐步纳入高等教育体系，构建以师范大学和其他举办教师教育的高水平大学为先导，专科、本科、研究生三个层次协调发展，职前职后教育相互沟通，学历与非学历教育并举，促进教师专业发展和终身学习的现代教师教育体系。”[②]以上内容客观反映了教师教育的现实状况，也对教师教育的未来发展趋势有一个正确的把握。教师教育内涵丰富：培养目标上，教师教育是使一个普通人转变为专业教育者的教育过程；培养内容上，教师教育不仅包括专业知识技能的教育，还包括教师胜任职业角色的各项素养的提升，如教师文化、教师道德、教师伦理、教师情感、师生互动、社会交往等；培养顺序上，教师教育可分为职前培养、入职教育和在职培训；从培养机构来看，教师教育既可由师范大学和综合性大学共同来承担，还可由大学与中小学校合作承担；培养层次上，教师教育可分为专科、本科和研究生三个层次。从各个方面来看，用“教师教育”代替“师范教育”来指称专门培养教师的活动，更有利于教师教育的发展。

教师教育的内涵体现出了如下一些特征：

第一，开放性。师范教育的封闭性是我国师资培养的一个严重缺陷，教师教育改变了以往对师资队伍进行专门培养及分配的局面，建立了一个开放的体系。实行开放的教师资格证书制度，社会人员考试合格也可获得教师资格证书，并且以自由竞争的形式加入教师队伍。开放性还表明“教师教育”的概念和内涵在世界范围达成了共识，使用这一概念有利于我国就教师教育的培养、发展等问题与其他国家进行对话与交流。

第二，专业性。教师是一种职业，也是一种专业。教师教育就是把教师培养成为从事教育活动的专业人员。这不仅要求教师知道“教什么”，还要明白“怎么教”，因此教师不仅要掌握所教学科的知识，同时还要掌握一定的教学技能，教师教育所要解决的正是作为教师应具备的专业知识、专业技能和专业实践能力等方面的问题。经过教师教育培养出的专业人员应能够将所学的专业知识传递给学生，并且在传递过程中将知识中所蕴含的社会经验、价值观念也传递给学生，而这也已经超越了“教师是人们的模范”的含义。教师教育工作的专业性成为教师教育的依据和导向。

第三，终身性。从教师专业发展的角度来看，教师不仅是教育者，还是学习

① 中华人民共和国教育部. 国务院关于基础教育改革与发展的决定[EB/OL].（2001-05-29）[2020-07-01]. http://www.moe.gov.cn/jyb_xxgk/moe_1777/moe_1778/201412/t20141217_181775.html.

② 中华人民共和国教育部. 2003—2007年教育振兴行动计划[EB/OL].（2004-02-10）[2020-07-01]. http://www.moe.gov.cn/jyb_sjzl/moe_177/201003/t20100304_2488.html.

者。现代信息技术已经改变了人们学习和受教育的方式，教师教育不可避免地受到信息化背景下网络教育的影响，网络教育为教师教育终身化提供了可能。在此情况之下，教和学也都在发生着变化，学校不再是学生受教育的唯一渠道，学生通过各种网络平台也可以学到知识和技能,随之教师的职能也在发生相应地转变：教师不仅传道、授业、解惑，还要帮助学生如何在互联网的世界中识别、鉴定、获取知识，指导学生掌握信息技术，并形成终身学习的能力。学生的终身学习能力决定了教师也要终身学习，因此，教师不仅要接受职前教育，还要参加入职培训以及在职进修，教师的持续发展和继续教育成为提高教育质量的关键。

可以说，教师教育是多层次、全方位、立体式的教师终身“大教育”，它打破了师范教育那种局部的、狭隘的“小教育”的框框，体现了教师培养的整体性、专业性、开放性和终身性。[①]教师教育的开放性、专业性与终身性使得它与传统的师范教育呈现出截然相反的特征。从师范教育到教师教育的转变，也是对教师定位从一种“职业”变为一种“专业”的过程，教师教育更强调教师职业的专业性，将教师视为能根据其特有的专业知识与技能，为特定的对象提供专业服务的职业。从这一意义上讲，教师教育又是对传统师范教育的一种超越，彰显了教育理念的深刻变化。

二、教师教育的发展变革

我国的教师教育是在近代社会政治、经济、文化教育变革中产生的，近代教育的勃发直接推动教师教育的萌生。1896 年，梁启超在《变法通议 · 论师范》一文提出，要革除旧习、广开民智，就必须先培养出能够教育他人的人才，即要先设立师范学堂。他主张设立本国的师范学校。在师范学堂的课程设置上，梁启超主张参照日本师范学校的课程安排进行设置，并结合中国国情，在中国建立一般师范、高等师范直到师范大学的完整师范教育系统。我国近代师范教育理论的先河由此开启，也是中国师范教育模仿外国发展模式的发端。

（一）教师教育的创建及初步发展阶段（1897—1922 年）

光绪二十三年（1897 年）大理寺少卿盛宣怀在上海创办了南洋公学师范院，标志着我国师范教育的诞生。光绪二十八年（1902 年）晚清重臣张百熙主持制定《钦定学堂章程》，亦称“壬寅学制”，是我国教育史上正式颁布但未实行的第一个学制。光绪二十九年（1903 年）清政府命张百熙、荣庆、张之洞以日本学制为蓝本，重新拟定学堂章程，1904 年 1 月公布，即《奏定学堂章程》，亦称“癸卯学制”。这是中国近代史由中央政府颁布并首次得到实施的全国性法定系统，至

① 周洪宇. 教师教育论[M]. 北京：北京师范大学出版社，2010：5.

此，教师教育开始独立设置，自成体系。该学制在师范教育方面被分成纵有阶段、横有类别的系统，在其规划的师范学堂中包括：培养高等小学和初等小学堂教员的初级师范学堂，相当于普通中学程度；培养初级师范学堂和普通中学堂教员、管理员的优级师范学堂，相当于高等学堂程度。癸卯学制自 1904 年开始逐步实行，至 1911 年辛亥革命后废止。1912 年，中华民国宣告成立，中华民国教育部公布《普通教育暂行办法十四条》，规定“从前各项学堂，均改称学校。监督、堂长应一律改称校长”①。从此，初级师范学堂改为师范学校，优级师范学堂改为高等师范学校。同年 7 月，教育部在北京召开“临时教育会议”，9 月公布《学校系统令》，史称“壬子学制”。自该新学制公布至 1913 年 8 月，中央政府又陆续颁布了各种学校规程，对新学制有所补充和修改，于是又总合成一个更加完整的学制系统，即“壬子癸丑学制”。这一学制是参照日本明治维新后新学制拟定的，它废除了教育上的两性差别，确定妇女的受教育权利和男女同校制度，同时提出筹办各级女子学校。该学制虽然在 1922 年被废止，但它是中国教育史上第一个具有资产阶级性质的学制。

1. 中等师范教育的形成

1902 年，状元实业家张謇在江苏南通创办了“通州师范学校”，这是中国第一所私办和独立设置的中等师范学校，也成为我国中等师范教育正式开始的标志。1904 年颁布的“癸卯学制”中，《奏定初级师范学堂章程》指出：“初级师范学堂以培养高等小学堂及初等小学堂教员为目的，限定每州县设 1 所。”②初级师范学堂实际上就是中等师范教育。此外，《奏定初级师范学堂章程》在招生上没有严格的要求，“设置旁听生，以便乡间老生寒儒，欲从事教育者来堂听讲”③。该学制于 1912 年“壬子癸丑学制”颁布后被废止。

1907 年，清政府颁布了《女子师范学堂章程》《女子小学堂章程》，女子受教育的权利在法律上得到了认可。1908 年，学部在北京设立京师女子师范学堂。此后，湖北、陕西、云南、四川、河南等省先后开设女子师范学堂。当第一批女学生从 1907 年章程公布之后的女子小学堂毕业，女子师范学堂就成为他们接受中等教育、寻求职业、走向社会、赢得自立的主要途径。④女子步入社会之门，妇女在社会上的地位的合法化，这种转变影响了其后一代又一代的女性。

1912 年 9 月，教育部颁布《师范教育令》，又于 12 月公布《师范学校规程》，1913 年 3 月公布《师范学校课程标准》等一批有关中等师范教育的法令法规，把师范学校由原来的府立改为省立，以培养小学教员为目标，女子师范学校以培养

① 顾明远. 教育大辞典（增订合编本）[M]. 上海：上海教育出版社，1998：1197.
② 顾明远. 教育大辞典（增订合编本）[M]. 上海：上海教育出版社，1998：2164.
③ 顾明远. 教育大辞典（增订合编本）[M]. 上海：上海教育出版社，1998：2164.
④ 丛小平. 从母亲到国民教师——清末民族国家建设与公立女子师范教育[J]. 清史研究，2003，(1)：87-97.

小学教员及蒙养园保姆为目的，把师范生分为公费生、半费生和自费生三种。1913年4月，教育部颁布了《注重师范教育实习之训令》，要求做好毕业生实习安排，以适应实际教学需要。同年8月，教育部通令各县设立小学教员讲习所，扩大了中等师范教育的规模，来应对各地小学教育师资缺乏的局面。民国初期，中等师范不断向前发展，为小学教育提供了稳定的师资来源。

2. 高等师范教育的开创

1902年，京师大学堂师范馆创立，它不仅是北京师范大学的前身，也是中国近代高等师范教育的起源。1904年，《奏定优级师范学堂章程》提出，“京师及各省城各设一所优级师范学堂，招收初级师范学堂及官立中学堂毕业生。学科分公共科、分类科和加习科”①。1908年6月，京师大学堂优级师范科奏准与京师大学堂分离，独立为优级师范学堂，成为我国国立高等师范学校独立设置的开始。1903年2月，张之洞正式奏请创建三江师范学堂②，并提出具体的办学计划，筹划并管理办学事宜。1905年，三江师范学堂易名为两江优级师范学堂，以“嚼得菜根，做得大事”为校训，大力提倡科学、国学和艺术教育，学堂自1902年筹办，为中国培养了一大批优秀人才。清末高等师范教育虽然无法从学校规模及学生数量上与中等师范教育相比，但其急功近利的人为作用明显小于中等师范，同时也直接影响了民国初期高等师范教育的发展。③

1912年，《师范教育令》规定，“高等师范学校为国立”，“女子高等师范学校专造就女子中学校、女子师范学校教员”④。女子高等师范学校在设置、入学资格与修业年限等方面，均与男子高师相同。然而，受传统观念的影响，女子高等师范学校并未成立。1919年3月，教育部公布了《女子高等师范学校规程》，4月，北京女子师范学校改为北京女子高等师范学校，成为由政府兴办的第一所女子高等教育机构。⑤1920年，北京大学开始招收女生，实行男女同校，打破了中国数千年来“男尊女卑”等封建传统观念，使女性冲破社会歧视的高墙，同男性一样接受教育，这是我国高等师范教育的一大进步。

1913年6月，教育总长范源濂开始实施师范区制，将全国划为六个师范区，每区设立1所高等师范学校，到1922年，全国共有包括北京女子高等师范学校在内的7所高等师范学校。北京高等师范学校是在原京师优级师范学堂的基础上建成的，参照日本高等师范教育的办学模式；南京高等师范学校是在原两江师范学堂旧址上建成的，校长郭秉文毕业于美国哥伦比亚大学师范学院，教师也多为留

① 顾明远. 教育大辞典（增订合编本）[M]. 上海：上海教育出版社，1998：2166-2167.

② 龚放. “学堂最为新政大端”——从张之洞创建三江师范学堂说起[J]. 文史知识，2002（5）：10-20.

③ 曾煜. 中国教师教育史[M]. 北京：商务印书馆，2016：38.

④ 顾明远. 教育大辞典（增订合编本）[M]. 上海：上海教育出版社，1998：1398.

⑤ 郑若玲. 新中国女子高等教育的成就——历史与国际的视角[J]. 清华大学教育研究，2002（6）：66-73.

美回国人员，如陶行知、杨贤江、陈鹤琴等。日本和美国的教师教育模式都对中国的教师教育产生了深刻影响，从这一时期开始，我国教师教育模式由“仿日”走向了“仿美”阶段。

（二）教师教育的动荡与恢复阶段（1922—1937年）

1921年10月，全国教育联合会第七届年会在广州召开，以广东的议案为基础形成的学制改革草案公布后，学界对学制改革的讨论更加激烈。教育部于1922年（壬戌年）9月在北京召开学制会议，11月1日正式公布《学校系统改革案》，亦称“壬戌学制”。这一时期教师教育的发展体现出明显的“仿美”倾向，主要是杜威和克伯屈等教育家纷纷来华，推动了中国教育界把美国作为学习的对象。美国著名教育家孟禄来华进行教育情况调查，发表了不少关于学制改革的意见，并参加了全国教育联合会第七届年会。在这种氛围影响下，“壬戌学制”的“仿美”倾向成为历史必然。新学制受杜威的“教育即生活”“学校即社会”实用主义教育理论的影响，而陶行知的乡村师范教育运动也是借鉴杜威教育理论建立起来的。壬戌学制的实施也暴露出了它的一些缺陷，最根本的一点就是，在学习美国先进教育经验的同时没有结合中国的实际情况。就教师教育而言，壬戌学制将学制系统分成初等教育、中等教育、高等教育，却忽视了教师教育的特点，模糊了教师教育与普通教育的界限，使师范教育无独立地位可言。[①]壬戌学制对教师教育体制进行改革，是在借鉴美国教师教育体制的基础上建立起来的，其主要目的是提高教师质量，而当时我国的实际情况是，普通教育对教师数量的需求并未得到满足，师资匮乏问题日益突出，教师供求矛盾急剧上升。在此背景下，人们开始意识到“仿美”的教师教育体制并不适用于有着庞大师资需求的中国，“美国模式”遭到口诛笔伐。

1927年4月18日，南京国民政府成立。国民政府设立大学院作为国民政府最高教育行政机构，由蔡元培担任院长。1928年，中华民国大学院第一次全国教育会议提出《整理中华民国学校系统案》，即“戊辰学制”，乡村师范教育在文件中首次被提及。1928年10月，国民政府改大学院为教育部，原大学院的一切事宜皆由教育部办理。1929年4月，南京国民政府在正式颁布的《中华民国教育宗旨及其实施方针》中指出：“师范教育，为实现三民主义的国民教育之本源，必须以最适宜之科学教育及最严格之身心训练，养成一般国民道德上、学术上最健全之师资为主要任务，并尽量发展乡村师范教育。”[②]根据这一宗旨和方针，各省陆续重建师范学校，独立型的教师教育体制逐渐恢复。

① 曾煜. 中国教师教育史[M]. 北京：商务印书馆，2016：85.

② 顾明远. 教育大辞典（增订合编本）[M]. 上海：上海教育出版社，1998：2078-2079.

1. 中等师范教育的发展

越来越多的民众希望自己的子女得到受教育的机会，这就需要培养大量的小学师资才能满足广大民众的需求。由于经费不足，无法通过增设师范学校来解决这一矛盾，各省纷纷着手合并师范学校与中学，导致随后几年出现的局面是：中等师范学校逐渐衰减，中学数量急剧上升。师范学生数量的锐减直接导致师资队伍极度匮乏，中等师范教育愈发衰落。20 世纪 20 年代，先进知识分子开始意识到中国是农业大国，乡村教育开始受到关注，乡村教育运动开始兴起。1927 年 3 月，陶行知在南京北郊创办了中国第一所乡村师范学校——晓庄师范学校。作为杜威的学生，陶行知深受杜威实用主义教育思想的影响，结合中国社会的现实状况，对杜威的教育理念加以改造，提出“社会即学校”“生活即教育”“教学做合一”的生活教育理念。陶行知把自己的乡村教育理论付诸实践，从中国社会的现实需求出发，建立乡村师范学校，乡村师范教育迎来了新的发展时期。

1929 年国民政府公布的《中华民国教育宗旨及其实施方针》与 1931 年的《三民主义教育实施原则》、1933 年的《师范学校规程》、1934 年 9 月的《师范学校课程标准》等共同确立了新的中等师范教育体制。其一，重新修改了中等师范教育独立设置的原则，加强对办学权的管理；其二，把乡村师范学校正式列入中等师范教育体系；其三，重新设立中等师范区，并分区管理；其四，提出建立幼儿师范学校。1930 年 1 月，在教育部通令上，中国的幼儿师范教育正式以“幼稚师范”之名被提出，1932 年南京政府颁布《师范学校法》，同年教育部公布《幼稚园课程标准》，我国幼稚师范教育在制度上得到确立。以上改革符合当时社会需要，在很大程度上促进了中等师范教育的发展。

2. 高等师范教育的发展

在 1922 年颁布的《学校系统改革案》中，关于高等师范教育方面有了较大的改变：一是教师培养由师范教育机构独立培养转变为和普通中学、大学共同培养；二是将高等师范学校改为师范大学，提高高等师范学校的地位和规格；三是高级中学根据本地和学校的需要决定是否设立师范科；四是高等师范大学采用选修制和学分制，增加了师范教育课程设置的弹性。“高师改大”运动受美国高等师范教育模式的影响，也没有很好地结合国内教育的实际情况，在理论要求及实践中缺乏研究和准备。之后，民国初期按六大区设立的高等师范学校和女子高等师范学校全部消亡，全国大多数中等学校的师资培养只能由各省（市）大学的教育学院和教育系来承担，而此类院系仅仅是大学的一个组成部分。这一结果导致当时中等教育师资队伍匮乏，教师质量也出现大幅下滑，直到 1938 年颁布《师范学院规程》之后，情况才有所改观。

（三）教师教育的调整阶段（1937—1949年）

1937年7月7日，卢沟桥事变抗日战争全面爆发。教育部于同年8月27日颁布《总动员时督导教育工作办法纲领》，要求“战争发生时，全国各地各级学校及其他文化机关，务力持镇静，以就地维持课务为原则……各级学校之训练，应力求切合国防需要”。教职员及中等以上学校学生可以就地组织战时后方服务团，但“不得以任何名义妨害学校秩序”。强调以“战时须作平时看”为办理方针，一切以维持正常教育为主旨。[①]这一方针强调教育应兼顾眼前的需要和长远的发展，为了战时的需要而打破原有的教育系统是得不偿失的。此后。国民政府对教师教育制度进行改革，颁布了一系列战时教师教育政策，对教师教育建设采取了积极的措施。1945年8月15日，日本无条件投降，国民政府教育部对接收沦陷区敌伪教育文化机关采取相应措施，为稳定收复区的教师教育事业起到一定的积极作用。

随着中国共产党的不断壮大，抗日根据地的教师教育也逐渐发展起来。中国共产党冷静分析了国际国内形势，确立了团结抗日、建立广泛的抗日民主统一战线的方针，要求以民族精神教育后代。各解放区根据师范教育的发展需求，对师范教育的发展做出整体规划，为中华人民共和国教师教育的发展奠定了基础。

1. 中等师范教育

1940年2月，教育部公布《特别师范科及简易师范科暂行办法》，提出简易师范科以附设于师范学校为原则，但公立中学及公立高级中学内得附设简易师范科。简易师范科的设立适应了战时需要，同时促进了中等师范教育的发展。除此之外，教育部还增设了各种专业师范科，如音乐师范科、美术师范科、体育师范科等。同年，陈鹤琴创立的江西省立实验幼稚师范学校得到了发展。值得一提的是，国民政府在边疆地区设立了师范学校，如1941年设立国立大理师范学校等。在边疆地区，一些地方政府也设立了自己的师范学校。1941年12月，教育部颁布《师范学校（科）学生实习办法》，规定各师范学校成立实习指导委员会负责计划和指导学生实习。此实习办法对于丰富师范生的知识经验、提高其从事教育工作的能力具有重要意义。与此同时，国民政府对中等师范学校的教师待遇等也做了相应规定，并鼓励教师开展学术研究。不难看出，国民政府对中等师范教育进行了一系列改革，既适应了战时的需要，也注重师范教育自身发展的需求。

抗日战争胜利后，国民政府将发展中等师范教育作为中心工作，并针对边疆地区存在的教育问题，通过一系列教育政策的推行，以期增强和发展其师范教育。1946年6月，解放战争爆发，战争给国民政府造成了沉重的负担，中等师范教育再度衰落。

① 顾明远. 教育大辞典（增订合编本）[M]. 上海：上海教育出版社，1998：1984.

2. 高等师范教育

1938 年 7 月，教育部颁布《师范学院规程》，它吸取了以往高等师范建设中的经验，规定师范学院单独设立或于大学中设立。此后，1942 年 8 月的《修正师范学院规程》以及 1946 年 12 月的《改进师范学院办法》等一系列文件的公布，高等师范教育再度获得发展，并走向正规化和定型化。其一，重新确立高等师范教育的培养目标，规定师范学院以“养成中等学校之健全师资为目的”①。其二，师范学院不断壮大，1938 年，国民政府在湖南省安化县蓝田镇成立了我国第一所独立设置的国立师范学院，此后，部分大学的教育学院改为师范学院，部分大学的教育系扩充为师范学院，它们成为战时高等师范院校的中坚力量。其三，教师在职教育受到重视，高等师范教育把中小学教师的职前培养与在职中小学教师进修培训纳入授课范围，这是高等师范教育史上的一大进步，对教师专业化起到了促进作用。除此以外，各省（市）也相继制定了各级师范学院学生实习的实施细则，对师范生的实习内容、时间安排、实习场所、实习指导及实习成绩的考核等方面，都做了详细规定，有利于增强学生的实际工作能力，使之较快适应教师职业。总之，这一时期由于师范学院制度的建立以及国民政府颁布的一系列有关高等师范教育的法令法规，我国高等师范教育得以迅速发展。随后，内战爆发，高等师范教育在混乱之中坠入低谷。

（四）教师教育的探索与徘徊阶段（1949—1978 年）

1949 年，中华人民共和国成立，教师教育事业百废待兴，改造旧体制、确立新的教师教育体制刻不容缓。1951 年 10 月，《政务院关于改革学制的决定》对各级各类学校的学制做出了明确的规定，确立了中华人民共和国成立初期整个国民教育的基本格局，为各级各类学校的发展提供了一个最根本的依据，也为师范教育的发展设计了一个较完整的框架。这是中华人民共和国成立后首次以法令形式规定师范院校为独立设置，从法律上肯定了教师教育的独立地位，对教师教育规范化和制度化的发展具有重要的意义。1956 年，我国的社会主义改造基本完成，国内主要矛盾已经转化为人民对于经济文化迅速发展的需要同当前经济文化不能满足人民需要的矛盾，因此集中力量发展社会生产力，实现国家工业化，逐步满足人民的物质和文化需要成为我国社会主义建设的主要任务。从 1956 年开始，中华人民共和国进入全面建设社会主义时期，教师教育也得到较快发展。而随着中苏关系的恶化，中国也开始在各个领域探求自己的发展道路，人们逐渐发现原来的教师培养存在渠道单一狭窄、忽视生产劳动教育、教学内容脱离中国实际等弊端。一些教育界的有识之士试图打破这一封闭模式，摆脱原先那种以外化为主、

① 顾明远. 教育大辞典（增订合编本）[M]. 上海：上海教育出版社，1998：1401.

内生为辅的发展模式，力求改革教师教育，探求一条适合中国自身教师教育发展的道路。[①]1966 年 8 月，中共八届十一中全会通过《关于无产阶级文化大革命的决定》，“文化大革命”的运动迅即席卷全国，我国的教师教育遭受了严重挫折和打击，前期制定的有关教师教育的制度和措施都停止执行。1976 年 10 月，“文化大革命”结束，国家开始进行恢复和重建工作，并进入一个新的历史发展时期。

1. 中等师范教育

1952 年 7 月，《师范学校暂行规程（草案）》颁布实施，中华人民共和国独立封闭型的中等师范教育制度正式确立。该规程确立了办好新型正规师范学校的规范，促进了中等师范教育的发展。在调整院校方面，1954 年 6 月，教育部颁布《关于师范学校今后设置发展与调整工作的指示》，进一步决定对现有初等师范院校进行收缩、合并，对规模较小的师范学校有计划地进行扩充，校数过少的地区则应根据条件有计划地增加新校。[②]在改革教学方面，1956 年，教育部在总结以往办学经验的基础上，先后制定和颁布试行了《师范学校规程》《师范学校附属小学条例》《师范学校教育实习办法》等，制定和颁布了师范学校教学计划，编写出版了师范学校各科教学大纲和教材。至此，我国中等师范教育形成了一套体现教师教育特点的规章制度，其办学层次也由新中国成立初期的初级师范学校提升为中级师范学校。

正当中等师范稳步发展时，1958 年，全国掀起了“大跃进”运动和人民公社化运动。一些中师改变培养目标，把培养初中师资作为自己的任务，造成教育质量明显下降。为此，1961 年 10 月，教育部召开全国师范教育会议，重申中等师范学校的培养目标是小学师资。会后，各地对中等师范学校进行调整，削减新设立的条件差的中等师范学校，以及布局不合理的中等师范学校，然而因削减过多，中等师范教育的发展由超前变为滞后。1966 年开始的“文化大革命”又使得师范教育发展遭受了破坏。

2. 高等师范教育

1950 年 5 月，教育部颁布了中华人民共和国成立后第一个有关高等师范教育的法令性文件——《北京师范大学暂行规程》，为新时期高等师范教育的建设和发展指明了方向。1952 年 7 月，教育部根据《政务院关于改革学制的决定》，并在《北京师范大学暂行规程》的基础上，将第一次在全国师范教育会议上讨论通过的《关于高等师范学校的规定（草案）》正式颁布试行。新学制和《关于高等师范学校的规定（草案）》比较具体地规定了我国高等师范教育的学校组织系统，

① 曾煜. 中国教师教育史[M]. 北京：商务印书馆，2016：306.

② 何东昌. 中华人民共和国重要教育文献（1949—1975）[M]. 海口：海南出版社，1998：344.

从而奠定了我国高等师范教育学制的基本格局，对建立我国独立完整的高师教育体系和加速中等教育师资培养起到了促进作用。[①]在调整院校方面，从 1952 年起，教育部参照苏联高校制度，根据“以培养工业建设人才和师资为重点，发展专门学院，整顿和加强综合大学”的方针，开始在全国范围内进行高等院校院系调整。[②]1953 年 7 月，教育部颁布《关于高等师范学校教育、英语、体育、政治等系科的调整设置的决定》，对高师院校进行系科设置的调整。经过 1952—1953 年的调整，高等师范院校的管理、师资队伍及校舍等各方面均得到改善，高等师范教育得到快速发展。1956 年 3 月，教育部召开第二次全国高等师范教育会议。会议提出高等师范教育具有极强的地方性，发展高等师范教育必须依靠地方力量，各省（自治区、直辖市）要根据自力更生的原则担负起培养本地区中等学校师资的任务。[③]随后，各地区按照指示开始扩充高等师范学校的办学规模。在改革教学方面，从 1953 年起，高等师范学校开始进行比较系统的教学改革，依据我国高等师范学校的实际，对教学计划进行修订，1954 年教育部正式颁布《师范学院暂行教学计划》。1956 年 2 月，教育部专门颁布《师范学院教育系幼儿教育专业暂行教学计划》等。经过改革，高等师范院校统一了教学计划和教学大纲，推行新的教学方法，高等师范学校教学体系基本建立起来。1961 年 1 月，中共八届九中全会召开，提出对国民经济实施“调整、巩固、充实、提高”的八字方针。1961 年 9 月，中共中央批准 26 所直属高等院校试行《教育部直属高等学校暂行工作条例（草案）》（简称高校六十条），强调高等学校必须以教学为中心，努力提高教学质量，调动一切积极因素，为社会主义的高等教育事业服务。而在“文化大革命”时期，之前确定的有关高等师范教育建设的方针和措施未能继续贯彻执行，许多学校被迫停办、撤销或合并，整个高师教育几乎到了停止发展的地步。

3. 教师进修体系的确立

新中国成立后，党和国家十分重视中小学教师的培训与进修。1952 年 9 月，教育部下发《关于中小学教师进修问题的通报》，要求各级教育行政部门要调查教师实际的政治、文化及业务水平，总结在职教师学习的经验，制订计划，保证教师的学习时间，建立系统的教师进修制度。[④]各地根据要求，开始成立各种中小学教师培训基地，政务院又于 1953 年颁布《关于整顿和改进小学教育的指示》，于 1954 年颁布《关于改进和发展中学教育的指示》，至此，中小学教师培训体系基本形成。1960 年 4 月，教育部召开全国师范教育改革座谈会，针对如何提高在职教师的水平问题进行讨论并出台了相应的措施。到 1965 年，各地纷纷根据实际

① 宋嗣廉，韩力学. 中国师范教育通览（上卷）[M]. 长春：东北师范大学出版社，1998：132.

② 曾煜. 中国教师教育史[M]. 北京：商务印书馆，2016：288.

③ 曾煜. 中国教师教育史[M]. 北京：商务印书馆，2016：292.

④ 何东昌. 中华人民共和国重要教育文献（1949—1975）[M]. 海口：海南出版社，1998：168-169.

情况，有计划地组织教师进修，制定师资队伍培养、培训的具体规划，保证教师进修时间。这一时期的教师教育发展尝试突破苏联经验的框框，试图探索一条符合中国实际的教师教育发展道路。①我国教师教育正试图突破他国教师教育的经验局限，创立适合中国国情的教师教育制度。

（五）教师教育的重建与改革阶段（1978—2001年）

1978年4月，教育部召开全国教育工作会议，提出大力发展教师教育，首要任务就是要重建教师教育体制。10月，教育部印发《关于加强和发展师范教育的意见》，把建设中小学教师队伍作为发展教育事业和提高教育质量，以适应在20世纪把我国建设成为农业、工业、国防和科学技术现代化强国的基本要求。为此，提出应恢复和建立三级师范教育体系，恢复独立封闭型的教师教育制度。②在文件的指导下，全国各地开始逐步恢复以三级师范教育体系为基础的教师教育制度。1980年6月，教育部在北京召开第四次全国师范教育工作会议，提出师范教育是教育事业的工作母机，是造就教师人才的基地。会议明确了师范教育的地位、性质、任务，重申了各级师范院校的培养目标。③至此，高等师范院校、师范专科学校和中等师范学校三级师范教育体系得到恢复和发展。

1985年5月27日，《中共中央关于教育体制改革的决定》颁布，特别提出建立一支有足够数量的、合格而稳定的师资队伍，是实行义务教育、提高基础教育水平的根本大计。为此，要采取特定的措施提高中小学教师和幼儿教师的社会地位与生活待遇，鼓励他们终身从事教育事业。④该决定不仅确立了教师教育在发展教育事业中的战略地位，而且明确了教师教育改革与发展的基本方向。1985年6月18日，国家教育委员会（简称“国家教委”）成立，教育部撤销。1986年3月，国家教委印发了《关于加强和发展师范教育的意见》，就加强和发展师范教育，更好地为基础教育服务，提出指导性意见。⑤同年4月，《中华人民共和国义务教育法》颁布。以上文件、法规的颁布，使全社会加深了对教师教育的认识，推动教师教育进入改革的新局面。

中华人民共和国成立以来，我国一直以独立封闭型师资培养模式为主，这一培养模式有利于国家对师资培养数量的控制、规格的把握，但也存在师范院校办学灵活性差、缺乏竞争力等缺陷，为此，国家教委开始尝试探索混合开放型的教师教育培养模式。1993年2月，中共中央、国务院印发《中国教育改革和发展纲

① 曾煜. 中国教师教育史[M]. 北京：商务印书馆，2016：322.
② 何东昌. 中华人民共和国重要教育文献（1976—1990）[M]. 海口：海南出版社，1998：1649.
③ 张斌贤，李子江. 改革开放30年来我国教师教育体制改革的进展[J]. 教师教育研究，2008（6）：17-23.
④ 何东昌. 中华人民共和国重要教育文献（1976—1990）[M]. 海口：海南出版社，1998：2285-2289.
⑤ 顾明远. 教育大辞典（增订合编本）[M]. 上海：上海教育出版社，1998：470.

要》，在教师队伍建设方面再次强调“师范教育是培养中小学师资的工作母机”，并就改革教师教育体制做出战略安排，提出“进一步扩大师范院校定向招生的比例”，“其他高等院校也要积极承担培养中小学和职业技术学校师资的任务”[①]。1998 年 3 月 10 日，九届全国人大一次会议通过的《关于国务院机构改革方案的决定》，国家教委更名为教育部。

1999 年 1 月，国务院批转教育部《面向 21 世纪教育振兴行动计划》，提出实施“跨世纪园丁工程”，大力提高教师队伍素质。同年 6 月，《中共中央国务院关于深化教育改革，全面推进素质教育的决定》颁布。可以看出，在一系列的政策与文件中均强调 21 世纪的教师教育不仅要继续推进师资培养的开放化进程，而且要加强中小学教师继续教育，大力提高师资质量。至此，我国混合开放型的教师教育体制初步形成。

1. 中等师范教育

中国共产党十一届三中全会以来，中等师范教育获得了良好的发展机遇，迎来了快速发展的春天。1980 年 6 月，教育部召开全国师范教育工作会议，会后下发《关于办好中等师范教育的意见》，重新明确了中等师范教育的任务是为小学培养合格师资，恢复既笔试又面试的招生办法，以确保师范新生的质量。该意见还要求各地对中等师范学校的布局进行合理调整，并加强对中师的管理。截止到 1988 年，中等师范学校增加到 1065 所，在校生 68.4 万人，培养出了大批小学教师。但自 1988 年后，由于小学教师培养层次的提升，中等师范学校的整体规模开始缩小，数量逐年下降。到 1993 年，中等师范学校数已由 1988 年的 1065 所降至 918 所。[②]在此期间，为适应社会主义现代化建设的需要，各地中等师范学校从基础教育的实际出发，对中师的教育思想、教学内容、课程结构、教学方法等方面进行了一系列改革。1989 年 6 月，国家教委颁布《三年制中等师范学校教学方案（试行）》，该文件分析了中等师范教育办学存在的问题，并对教学进行整体改革，提出面向农村小学，培养一专多能、适应性强的教师。1992 年，国家教委又颁布了中等师范学校 14 门学科的教学大纲。教学方案和教学大纲的实施，全面提高了中等师范教育的质量。

《面向 21 世纪教育振兴行动计划》提出，“2010 年前后，具备条件的地区力争使小学和初中专任教师的学历分别提升到专科和本科层次，经济发达地区高中专任教师和校长中获硕士学位者应达到一定比例”[③]。要实现该计划的要求，中

① 中华人民共和国教育部. 中国教育改革和发展纲要[EB/OL].（1993-02-13）[2020-07-11]. http://www.moe.gov.cn/jyb_sjzl/moe_177/tnull_2484.html.

② 梅新林. 中国教师教育 30 年[M]. 北京：中国社会科学出版社，2008：234.

③ 中华人民共和国教育部. 面向 21 世纪教育振兴行动计划[EB/OL].（1998-12-24）[2020-07-16]. http://www.moe.gov.cn/jyb_sjzl/moe_177/tnull_2487.html.

等师范教育必须加快改革步伐。1999 年，《关于师范院校布局结构调整的几点意见》颁布，“层次结构调整目标：从城市向农村、从沿海向内地逐步推进，由三级师范（高师本科、高师专科、中等师范）向二级师范（高师本科、高师专科）过渡。到 2010 年左右，新补充的小学、初中教师分别基本达到专科和本科学历”，“部分中师可并入高师院校；少量条件好、质量高的中师根据需要，可通过联合、合并、充实、提高组建成师范专科学校；其余中师可改为教师培训机构或其他中等学校”。①到 2016 年，全国中等师范不到 50 所，而这些学校已经面目全非，也不是原本意义上的中等师范学校了。②中等师范教育逐渐退出师范教育历史的舞台，但是我们并不是要全部丢弃它，恰恰相反，中师给我们留下了宝贵的经验，这对当下教师教育改革具有重要的借鉴和启示意义。我们要敢于迎接来自社会经济发展的挑战，以及来自基础教育改革的挑战，建设中国特色教师教育体系，在变革中走向新时代。

2. 高等师范教育

1978 年，全国教育工作会议召开，教育部下发《关于加强和发展师范教育的意见》。首先，高等师范学校迅速展开恢复和重建工作。1978 年，国务院批准恢复和新建高等师范学校 102 所，这是我国历史上开设高等师范学校最多的一年，同年高等师范学校达 157 所，招生 123 996 人，在校生 249 940 人。③1980 年，教育部颁发《关于大力办好高等师范专科学校的意见》特别强调：“师范专科学校是为地方教育事业服务的。它的主要任务是为本地区初级中学培养合格师资。”④各地认真总结师专的办学经验，加强领导，并结合本地、本校实际贯彻落实。其次，创建职业师范教育，以解决中等职业学校教师师资数量不足和质量不高的问题。1983 年 5 月，《关于编报 1983—1985 年培养职业学校专业课师资计划的通知》颁布，各地按此通知，采取措施予以落实。1990 年 9 月，国家教委下发《高等职业技术师范教育办学指导思想座谈会纪要》。此后，一批独立设置的职业技术师范学院成立，促进了我国职业技术教育的发展。再次，恢复高等师范院校研究生教育与学位授予工作。1981 年 1 月 1 日，《中华人民共和国学位条例》正式实施，我国高等师范院校形成了培养和授予学士、硕士和博士三级学位的完整体系。这对于教师在职培训和提升教师教育科研能力有着较大帮助。最后，加强高等师范院校的师资队伍建设，建立师资培训中心。1980 年 10 月，教育部在《关

---

① 中华人民共和国教育部. 关于师范院校布局结构调整的几点意见[EB/OL].（1999-03-16）[2020-07-01]. http://www.moe.gov.cn/srcsite/A10/s7058/199903/t19990316_162694.html.

② 程水栋. 百年中师教育的兴衰略考[J]. 教育观察，2017，6（18）：4-7.

③ 中华人民共和国教育部计划财务司. 中国教育成就统计资料 1949—1983[M]. 北京：人民教育出版社，1984：51、55、69.

④ 苏林，张贵新. 中国师范教育十五年[M]. 长春：东北师范大学出版社，1996：41.

于加强高等师范学校师资队伍建设的意见》中提出要制定师资队伍建设规划，对老教师、中年教师和青年教师提出不同的发展建议；恢复和建立必要的规章制度，切实保证教师的进修时间；等等。文件下发后，各师范院校根据实际情况，采取切实有效的措施大力培养中青年教师。此外，一批民族师范院校也得到重建，有力地推进了少数民族地区教育事业的发展。高等师范教育在经过一段时期的重建和改革后，办学相比以往更具活力。

20 世纪 90 年代以来，随着基础教育质量的不断提升，教师教育体系逐渐开放，高等师范开始进行一系列调整。其一，通过合并或升格的方式，对高师本科和师范专科院校进行了调整。到 2001 年，学校数由 1993 年的 251 所下降至 210 所，其中高师本科院校增至 109 所，师范专科学校由 173 所减至 101 所。[①]这一变革顺应了时代的发展，有利于整合优势教育资源，提高院校的办学效益。其二，通过科研立项的办法，对高等师范教育课程体系和课程内容展开探索。1997 年，《国家教委关于组织实施“高等师范教育面向 21 世纪教学内容和课程体系改革计划”的通知》等一系列指导性文件印发，该改革计划实施后，教师教育取得了丰硕的成果，涌现出一大批优秀的国家级教学科研成果，并被应用于师范生的培养中。其三，师范院校走向综合化，综合性大学参与教师教育工作。师范院校设立非师范专业增强了办学活力，而综合性大学利用自己的学科优势、研究传统又给教师教育带来发展契机，有利于提高师范生的专业水平。除此之外，随着职业教育的发展，高等职业技术院校规模在政府的大力推动下得以扩大，一些体育、艺术类专门院校开始创办教师教育专业，进一步改变了中小学教师的来源结构，教师职前培养呈现出多样化的特征。总之，面向 21 世纪的教师教育开始趋向于开放化、多层次、培养培训一体化，教师教育的改革发展进入了新阶段。

3. 教师进修体系

1977 年 10 月，教育部在北京召开全国中小学师资培训座谈会，会议提出要采取多种形式提高现有教师教学水平，尽快扭转中学师资队伍素质低下的局面，高等和中等师范学校都要承担培训在职中小学教师的任务。[②]第一，对教师培训基地进行恢复和建设。1978 年 4 月，《教育部关于恢复或建立教育学院或教师进修学院报批手续问题的通知》下发后，各省（自治区、直辖市）都恢复和建立了教育学院、教师进修学院，积极开展本地区的教师培训工作。到 1993 年，我国共有教育学院 249 所，教师进修学校 2100 所[③]，有力地推动了中小学教师的在职培训工作。第二，开展中小学教师培训活动。采取的措施有：对中小学教师教材教法进行过关培训，1980 年 8 月，教育部印发《关于进一步加强中小学在职教师培

① 朱旭东，胡艳. 中国教育改革 30 年：教师教育卷 [M]. 北京：北京师范大学出版社，2009：112.

② 曾煜. 中国教师教育史[M]. 北京：商务印书馆，2016：357.

③ 梅新林. 中国教师教育 30 年[M]. 北京：中国社会科学出版社，2008：245-246.

训工作的意见》，对中小学在职教师培训工作提出一系列指导性意见；对中小学教师进行学历补偿培训，师范院校、教育学院、教师进修学校通过函授、夜大学、脱产进修等多种形式，使我国中小学教师的学历合格率不断上升，国家教委又于1992年5月下发《关于加快中学教师学历培训步伐的意见》，“建立函授、卫星电视教育、自学考试相互沟通培训初中教师的办学模式，最大限度地把不具备合格学历能够参加自学的初中教师组织起来，按照分类指导的原则，分期分批开展全员培训”[①]。第三，开展中小学教师继续教育。全国中小学教师继续教育工作座谈会结束后，各地主动采取措施，开展中小学教师继续教育工作。1999年10月，《中小学教师继续教育规定》颁布实施，为我国中小学教师继续教育走上规范化、法制化的道路奠定了坚实的基础，对加强中小学教师队伍建设具有重要的指导意义。[②]教师教育工作的开展为我国中小学教师队伍建设起到了极大的推动作用。

20世纪90年代以来，以教育学院为主的教师培训机构已经不能适应高质量中小学教师继续教育的要求，教育部开始整合教育资源，致力于调整教师培训机构，建立职前职后一体化的教师教育体系。2000年1月，教育部下发《关于做好中小学骨干教师国家级培训工作的通知》，通过国家级培训，不仅使骨干教师更新了教育教学观念，提高了科研能力，而且探索了许多适应教师有效培训的新模式。在党和政府的持续关注下，我国对教师教育的地位和作用的认识不断深化，教师教育的改革和建设取得了显著成绩。

（六）混合开放型教师教育的发展与深化阶段（2001年至今）

进入21世纪以来，中国的经济建设和对外开放逐步推进，人力资源已成为提高国家综合国力的重要推动力，产业转型使得人民群众接受高层次、高质量教育的愿望日益迫切，并对教育提出了更高的标准和要求。2002年3月，《教育部关于“十五”期间教师教育改革与发展的意见》颁布，文件中提出我国教师教育还存在一些问题和困难，如教师教育体系的布局和层次结构还不尽合理、教师教育制度建设有待进一步加强、中小学教师学历水平总体上偏低、专业化水平不高等。对于这些问题，“十五”期间，教育部和各级教育管理部门都采取了有力的应对措施。2004年2月，教育部《2003—2007年教育振兴行动计划》中提出要构建灵活开放的教师教育体系，指明了新时期教师教育改革发展的目标，明确了教师教育改革发展的基本思路。2010年5月5日，国务院常务会议审议并通过《国家中长期教育改革和发展规划纲要（2010—2020年）》，提出要努力造就一支师德高

---

① 国家教育委员会. 关于加快中学教师学历培训步伐的意见[J]. 中学教师培训，1992，（7/8）：3-4.

② 曾煜. 中国教师教育史[M]. 北京：商务印书馆，2016：446.

尚、业务精湛、结构合理、充满活力的高素质专业化教师队伍，并对“加强教师队伍建设”提出一系列指导意见。2018年1月，中共中央、国务院颁布了《关于全面深化新时代教师队伍建设改革的意见》，这是新中国成立后党中央出台的首个专门面向教师队伍建设的政策文件。为此，国家专门出台《教师教育振兴行动计划（2018—2022年）》，针对当前师范教育在生源质量、课程教学体系建设等领域存在的薄弱环节，以提升教师教育质量为核心，以加强教师教育体系建设为支撑，明确今后5年教师教育振兴发展的“五项任务”和“十项行动”。该文件既提出增强师德教育、创新教师教育模式等任务，又提出乡村教师素质提高行动、“互联网+教师教育”创新行动等多项举措，是新时代加快发展教师教育、促进教师教育国际化发展的行动纲领。

1. 完善教师培训制度

其一，开展新课程师资培训。2001年6月，我国新一轮基础教育课程改革正式开始，为顺利推进新课程改革，同年10月，教育部颁布《关于开展基础教育新课程师资培训工作的意见》，强调师资培训工作是当前和今后一个时期中小学教师继续教育工作的一项十分紧迫的任务。2004年，教育部又颁布相关文件进一步强化了新课程培训的规范化与制度化。其二，实施“全国教师教育网络联盟计划”（简称“教师网联计划”）。2003年9月，《教育部关于实施全国教师教育网络联盟计划的指导意见》下发，正式启动实施“教师网联计划”，运用远程教育手段，整合优质教师教育资源，高质量、高效益地培训教师。2004年9月，为加快实施全国“教师网联计划”，教育部就开展新一轮中小学教师培训的指导思想、工作原则、工作目标、工作计划等提出了明确指导意见。其三，实施中小学班主任培训。2006年，教育部印发《全国中小学班主任培训计划》，“从2006年12月起，建立中小学班主任岗位培训制度。今后凡担任中小学班主任的教师，在上岗前或上岗后半年时间内均需接受不少于30学时的专题培训”①。同时，开始探索班主任培训新模式，为之后班主任培训工作的深入开展奠定了基础。其四，实施“中小学教师国家级培训计划”（简称“国培计划”）。2010年6月11日，《教育部 财政部关于实施“中小学教师国家级培训计划”的通知》下发，自2010年起开始实施“国培计划”。“国培计划”包括“中小学教师示范性培训”和“中西部农村骨干教师培训”两项内容。自实施以来，各地、各校高度重视，精心组织，充分发挥了这一计划的示范引领和促进改革作用。2012年5月17日，教育部正式实施《“国培计划”课程标准（试行）》。

① 教育部办公厅．教育部办公厅关于启动实施全国中小学班主任培训计划的通知[EB/OL]．（2006-08-31）[2020-08-16]. http://www.moe.gov.cn/srcsite/A10/s7058/200608/t200608 31_81509.html.

2. 革新教师培养制度

其一，实施“农村学校教育硕士师资培养计划”。2004 年 4 月，《教育部关于做好为农村高中培养教育硕士师资工作的通知》颁布，鼓励大学应届本科毕业生到中西部地区国家扶贫开发工作重点县高中任教，该计划从 2004 年开始实施，为农村学校培养输送了一批高学历农村骨干教师。其二，实施“农村义务教育阶段学校教师特设岗位计划”（简称“特岗计划”）。2006 年 5 月，《教育部 财政部 人事部 中央编办关于实施农村义务教育阶段学校教师特设岗位计划的通知》下发，启动实施“特岗计划”，通过公开招募高校毕业生到西部“两基”攻坚县县以下农村义务教育阶段学校任教，引导和鼓励高校毕业生从事农村教育工作，提高农村教师队伍的整体素质，逐步解决农村地区师资力量薄弱和结构不合理等问题。“特岗计划”的实施，创新了农村教师补充机制，提高了农村教育质量，带动了农村教育的发展。其三，推行师范生免费教育制度。2007 年 5 月，国务院办公厅转发《教育部直属师范大学师范生免费教育实施办法（试行）》，从 2007 年秋季开学，在教育部直属 6 所师范大学实行师范生免费教育，采取这一重大举措，能够吸引更多优秀的贫困孩子进入高校接受师范教育，鼓励更多的优秀青年终身做教育工作者，对提升基础教育质量、促进教育均衡发展有着重要的意义。

中国的教师教育从发轫至今已走过百余年的风雨历程，回望中国教师教育的百年沧桑，有动荡、有停滞、有衰退，更有探索、改革和发展。我国教师教育由封闭逐渐走向开放，由师范性发展为专业性，由单一转为多元，由扩大数量走向提升质量，逐步从继承到创新，从地域化转为网络化，从标准化转为个性化，由终结教育走向终身教育。梳理我国教师教育的发展历史，力求探索教师教育的内在发展规律，总结教师教育过程中的实践经验，为当下教师教育出现的问题寻求根源，只有这样才能更深刻地了解当代教师教育的特点，为这一领域中出现的问题提供改进策略和解决思路。这段历史给我们留下了丰富的教师教育资源，供教育工作者参考和反思。立足当下，回望过去，展望未来，着眼世界，我国教师教育正大步走向以开放、提高层次、深化改革、提高质量为主要特征的发展新时期。

第二节　我国教师教育的发展趋势

回顾师范教育的创建与改革，到教师教育的稳定与发展，在对师资培养和培训的历史过程进行梳理后可以看出，我国对教师教育的探索从未停止过，教师教育也呈现出许多新的特点和趋势，教师教育开始朝向专业化、一体化、多元化、信息化、大学化、终身化、法制化、国际化和综合化的趋势发展。只有把握教师教育的发展规律，才能推动教师教育的改革、提升教师教育培养质量。

一、专业化趋势

我国教育事业不断发展，教师不再仅仅是一种职业，更是一种专业，这种观念日益深入人心并促使人们为提升教师的专业素质和能力不懈努力。陈永明教授提出："从教师的角度看，教师专业化是指教师职业具有自己独特的职业要求和职业条件，有专门的培养制度和管理制度。它的基本特点是：第一，教师专业既包括学科专业性，也包括教育专业性，国家对教师任职既有规定的学历标准，也有必要的教育知识、教育能力和职业道德的要求；第二，国家有教师教育的专门机构、专门教育内容和措施；第三，国家有对教师资格和教师教育机构的认定制度和管理制度；第四，教师专业发展是一个持续不断的过程，教师专业化也是一个发展的概念，既是一种状态，又是一个不断深化的过程。"①概括而言，教师专业化过程是教师个体不断成长，接受新知识和提高自己专业能力的过程。教师专业化是对教师进行教育的过程，从我国教师教育的基本现状来看，我国教师教育已经进入从不断建立教师培养机构来扩张教师数量，转变为提升教师质量的变革时期。

在提升教师学历层次方面，2002 年《教育部关于"十五"期间教师教育改革与发展的意见》提出，将"开创教师培养的新格局，提高新师资的学历层次"作为主要任务，要求"中小学新教师培养要有计划、有步骤、多渠道地纳入高等教育体系，逐步形成专科、本科、研究生三个层次的教师教育"。②2004 年 3 月，国务院批转教育部《2003—2007 年教育振兴行动计划》进一步明确"将教师教育逐步纳入高等教育体系"，"专科、本科、研究生三个层次协调发展"。③我国坚持推进师范教育体系结构的调整，已基本实现教师培养体系由"旧三级"（中师、专科和本科）向"新三级"（专科、本科和研究生）的转变。在提高教师学历层次的同时，教育部逐步构建起教师教育专业标准体系，2012 年，教育部出台《幼儿园教师专业标准（试行）》《小学教师专业标准（试行）》《中学教师专业标准（试行）》，为教师队伍建设、教师培养、教师管理、教师专业发展提供了重要依据，为推进教师教育的专业化提供了基本参照。此后，关于中等职业学校教师、特殊教育教师、义务教育学校校长、普通高中学校校长等专业标准也陆续推出，基本上实现了对基础教育各级各类教师的全覆盖。2013 年，教育部印发了《中小学教师资格考试暂行办法》和《中小学教师资格定期注册暂行办法》，《中小学教师资格考试暂行办法》对报考条件、考试内容与形式、考试安全与处罚、

① 陈永明，等. 教师教育研究[M]. 上海：华东师范大学出版社，2002：98.

② 中华人民共和国教育部. 教育部关于"十五"期间教师教育改革与发展的意见[EB/OL].（2002-03-01）[2020-11-2]. http://www.moe.gov.cn/srcsite/A10/s7058/200203/t20020301_162696.html.

③ 中华人民共和国教育部. 2003—2007 年教育振兴行动计划[EB/OL].（2004-02-10）[2020-11-02]. http://www.moe.gov.cn/jyb_sjzl/moe_177/201003/t20100304_2488.html.

组织管理等细则进行了规定，对考试内容也进行了更改；《中小学教师资格定期注册暂行办法》明确规定，教师资格证书不再终身有效，改为定期注册，这一方案从2013年正式实施。要从事教师职业就必须获得教师资格证书，教师资格制度的建立是教师专业化的重要标志，是教师专业化进程中最有力的保证，同时也是推进教师教育专业化的体现。为推进教师教育质量保障体系建设，提高师范类专业人才培养质量，教育部又在2017年印发《普通高等学校师范类专业认证实施办法（暂行）》，公布了中学教育、小学教育、学前教育等专业认证标准。①至此，在我国的教师教育体系中，教师教育机构、教师教育课程、教师教育质量都有了明确的参照标准，教师教育日益表现出专业化发展的趋势。

2019年2月，中共中央、国务院印发《中国教育现代化2035》，明确将“建设高素质专业化创新型教师队伍”作为推进教育现代化的十大战略任务之一，提高教师专业化水平已然成为我国教师教育改革的重要方向和追求的目标。教师专业化的发展对教师教育的改革和走向提出了新的要求，全面推进教师专业化进程，是加强教师队伍建设，促进我国教育事业健康、持续、均衡发展的根本大计。

二、一体化趋势

纵观我国教师教育的历史，我国中小学教师的职前教育主要由师范院校承担，教师职后培训的主体则是各级教师进修学校和教育学院等，在办学体制上形成了两个互不关联的独立体制。这种分阶段和分类型培养教师的主要优点在于，明确师范院校、教师进修学校和教育学院的培养目标定位，促进其各自专业化发展。但这种教师培养方式也有明显的弊端：一方面，在教学内容上，没有内在的连贯性，缺乏前后呼应；另一方面，在办学水平上，尽管各级教师进修学校和教育学院与中小学的联系比较紧密，但在各级教师进修学校和教育学院中又存在学校层次不高、培训质量较低等问题，难以满足中小学教师接受高质量、高水平的在职培训的需求。从理论上来讲，提高教师教育质量就要在充分发挥职前师范院校和职后培训学校各自优势的基础上，构建一种新的教师教育体系，其实施的关键就在于打破教师教育在培养体系上的屏障，把教师的职前教育和职后培训贯通，从而构建一体化的教师教育体系。

中共中央、国务院印发的《中国教育现代化2035》提出，要强化职前教师培养和职后教师发展的有机衔接，夯实教师专业发展体系，推动教师终身学习和专业自主发展。因此，一体化并不是对师范院校承担职前培养与职后培训任务的简单叠加组合，而是对培养目标、课程设置、教育管理和资源配置等方面进行一体

---

① 中华人民共和国教育部. 教育部关于印发《普通高等学校师范类专业认证实施办法（暂行）》的通知[EB/OL].（2017-10-26）[2020-11-02]. http://www.moe.gov.cn/srcsite/A10/s7011/2017 11/t20171106_318535.html.

化整合。其一，培养目标一体化。教师教育培养目标是总目标和阶段性目标的统一，总目标要从长远角度出发，把教师的专业成长看作一个完整的过程，阶段性目标要根据教师职前、入职和职后各阶段的特点与需求制定具体目标，在培养目标实施中，要始终以总目标为统领，注重各阶段培养目标的相互衔接，最终构建一体化的目标体系。其二，课程设置一体化。课程是实现培养目标的重要手段。所谓一体化的教师教育课程，是为了适应学习化社会的需要，以终身教育思想为指导，根据教师专业发展理论，对教师职前、入职及在职教师课程进行全程规划设计，建立起教师教育各个阶段相互衔接的、既各有侧重又有内在联系的教师教育课程体系。①2011 年，教育部制定《教师教育课程标准（试行）》，提出了教师教育课程设置的基本要求，要求课程设置要以“以人为本、实践取向、终身学习”为理念，课程设置的理念应贯穿整个教师教育体系。该标准在课程目标及课程设置上，由于职前教师教育与在职教师教育的性质、培养侧重点的不同，因此，对职前培养和在职培训分别提出了不同的要求。由此可见，我国教师教育职前培养与职后培训的课程设置呈现出一体化发展的良好态势。其三，教育管理一体化。教师教育管理方面的乱象对我国教师教育一体化发展较为不利，应对其加以改革，以实现资源的有效衔接。2012 年，教育部下属的“师范教育司”更名为“教师工作司”，其职责包括：规划、指导各级各类学校教师队伍建设；拟订教师教育和教师管理政策法规；拟订各级各类教师资格标准并指导教师资格制度的实施；等等。各省（自治区、直辖市）教育厅（教委）设置教师教育处，负责所在地区的教师教育工作。不难发现，各个管理层面在教育管理方面的各项环节都职责分明、流程规范，进而能够有效地开展工作。其四，资源配置一体化。只有搭建能够满足教师各阶段专业发展需求的教师教育资源平台，才能为教师职前职后一体化培养提供充足的资源保障。我国教师职后培训机构的设施及各项资源条件远没有高等学校里的丰富，而资源共享有利于职后教师培训，并且可以提高资源利用率。现今，不仅一些高校的优秀教授、专家定期去中小学指导现场，在职教师享受到高校资源，而且高校的师范生经学校安排去中小学进行实践，得到优秀中小学教师的实践指导及经验传授，职前培养与职后培训资源共享，从而有利于实现教学研究与教学实践的一体化。此外，《国家中长期教育改革和发展规划纲要（2010—2020 年）》提出，“加快缩小城乡差距。建立城乡一体化义务教育发展机制”，又指出“以农村教师为重点，提高中小学教师队伍整体素质”。②2015 年 6 月，教育部发布《乡村教师支持计划（2015—2020 年）》，之后各地各部门都按照文件要求，先后公布了该计划的实施办法，进一步加强了义务教育教师队

① 陈时见. 教师教育课程论：历史透视与国际比较[M]. 北京：人民教育出版社，2011：371.

② 中华人民共和国教育部. 国家中长期教育改革和发展规划纲要（2010-2020 年）[EB/OL].（2010-07-29）[2020-11-02]. http://www.moe.gov.cn/jyb_xwfb/s6052/moe_838/201008/t20100802_93704.html.

伍建设。教师是推动城乡教育一体化最直接也是最核心的力量，着力采取措施，加强乡村教师队伍建设，有利于缩小城乡教育差距、实现城乡义务教育的均衡发展。可见，构建教师教育一体化的重要性日益凸显。如何打通教师职前培养和职后培训通道、构建城乡教师一体化发展，还需要我们长期探索和实践，未来中国教师教育体系必然会朝向具有时代特征的、符合中国国情的一体化方向演进。

三、多元化趋势

在相当长的一段时间里，所有师范院校在培养同一层次的教师时，都采用同样的教学计划，而不考虑这些未来教师可能服务的学校之间的种种差别。①随着我国教育资源分布格局的不断调整，各个学校也开始表现出差异性，在这种状况下，无差别的教师培养模式就无法满足不同中小学对师资的不同需求，并且这样做容易造成教育资源的浪费。我国传统的教师培养模式可以称为“混合式”，即师范院校学生在学习专业知识的同时，学习教育学、心理学和各科教学法等相关知识，并参加一定时间的教育实习。这种单一的教师教育模式难以体现具有不同特征的师范院校的学术水平，因此，教师培养需要打破单一模式，探索多元主体下的多种培养模式。基础教育改革和素质教育的推进需要一大批优秀的专业教师，人们对于优质教育的需求也与日俱增，使各地师范院校开始积极探索新的教师教育模式，致力于满足社会对专业教师和优质教育的需求。《中国教育现代化 2035》提出，培养高素质教师队伍，健全以师范院校为主体、高水平非师范院校参与、优质中小学（幼儿园）为实践基地的开放、协同、联动的中国特色教师教育体系。

北京师范大学于 2001 年尝试“4+2”教师培养模式改革，进入该培养计划的学生在第四学年接受本硕衔接培养，在研究生阶段获得教育学硕士学位，毕业后担任重点中学老师。②华东师范大学从 2006 年起，每年从面试直升研究生的优秀本科生中，选拔一批有志于建设基础教育事业、综合素质较好、具有教师专业发展潜质的学生，采取“4+2+1”模式培养师范硕士生。此外，东北师范大学构建“U-G-S”教师培养新模式，将综合大学（U）、政府（G）和中小学校（S）等多元主体打通，建立起联合培养师范生的新机制。各省（自治区、直辖市）师范院校主动构建起“U-G-S”教师培养模式，使师范生培养走出象牙塔、贴近教学实践，而大学和中小学的联合，使之成为一种合作化、伙伴化的关系。江苏师范大学为打造一批拔尖创新人才、推进教师教育内涵式发展，2011 年实施“卓越教师培养计划”，成立专门的教师教育学院，开办“卓越教师培养班”。到 2013 年，

---

① 张斌贤. 教师培养模式改革若干问题的思考[J]. 教育研究，2005，（12）：19-24.

② 北京师范大学教务处. 创新教师教育模式，构建中国特色教师教育体系[J]. 教师教育研究，2005，17（3）：3-7.

江苏师范大学的“卓越教师培养模式”取得了丰硕的成果，被列为国家教育部门教师队伍建设示范项目。2014 年 8 月 19 日，教育部印发《教育部关于实施卓越教师培养计划的意见》，在培养模式上，面向基础教育和职业教育改革发展的新形势，根据中学、小学、幼儿园、中等职业学校和特殊教育教师的培养特点，卓越教师培养计划分类推进教师培养模式改革。2015 年，河南省教育厅颁布《关于启动实施卓越教师培养计划的通知》，河南大学卓越教师培养计划项目采取“3+1+2”模式，培养师德高尚、教育信念坚定、学科专业知识扎实、专业化程度高、能够引领中学教育教学改革、具有硕士研究生学历层次的卓越中学学科教师。2018 年 10 月，《教育部关于实施卓越教师培养计划 2.0 的意见》提出，全面开展师德养成教育，分类推进卓越中学、小学、幼儿园、中等职业学校和特殊教育学校教师培养改革。

教师教育模式的多样化不仅为教师提供了发展平台，提升了教师综合能力，而且满足了社会发展对教师教育的需求，深入推进了教育改革。探索多元的教师培养模式无疑将发挥不可替代的作用。

四、信息化趋势

进入 21 世纪，人类社会已步入信息时代，社会信息化离不开教育信息化，实现教育的全面信息化早已成为人们的共识，而教师教育信息化的实施情况将直接关系着教育信息化的进程。随着信息化手段在教育领域的普遍运用和教育信息网络的迅速扩张，推进教师教育信息化成为政府教育改革的一个重要目标。教师教育信息化以教育信息基础设施建设为基础，以信息资源开发为核心，以推进现代信息技术和教育技术的广泛应用为重点，以提高教师教育质量为根本，其本质是培养具有创新精神、实践能力和信息素养的现代教师。[①]可以看出，教师教育信息化不仅适应了教育信息化的要求，而且适应了教师教育的人才培养要求。

2015 年，面向 2030 教育发展的首届国际教育信息化大会发布的《青岛宣言》倡导：“我们还要承诺对教师在教学中使用 ICT（信息通信技术）给予系统化的支持，鼓励教师创新，建设用于教师分享经验和教学方法的网络平台。”[②]我国于 2016 年发布的《国家信息化发展战略纲要》明确指出“以信息化驱动现代化，建设网络强国”[③]。互联网的发展创建了全新的、动态的空间，使教育的理念、手段、模式等发生了巨大的变革，对教师的培养和培训也提出了新的挑战。教师教育必须顺应新形势，更新教育思想和观念，加速现代化教育技术课程建设，培

---

① 王秀娟，马秀峰. 积极推进教师教育信息化，加快信息化教师的培养[J]. 教育信息化，2004，（9）：42-43.

② 王海东. 青岛宣言[J]. 世界教育信息，2015，（15）：70.

③ 中共中央办公厅 国务院办公厅. 国家信息化发展战略纲要[EB/OL].（2016-07-27）[2020-11-12]. http://www.gov.cn/zhengce/2016-07/27/content_5095336.htm.

养具有运用信息化教育技能的新型师资。首先要培养教师的信息道德。教师在进行教育教学实践与科学研究的过程中，获取和创造信息时必须遵守一定的道德规范。信息化社会给我们带来便利的同时，也在一定程度上出现了垃圾信息泛滥的现象，教师要有辨别和抵制不良信息的能力，遵循使用网络信息的规范。其次要培养教师的信息意识，教师作为教育工作者，应具备信息认知力和敏感性，利用信息技术主动开展教学，了解教学名师先进的教学方法和教育理念等，从而不断拓宽自己的专业视野。教师自身也要不断学习，了解和掌握本专业领域的信息，提高自身可持续发展的信息能力，如此，才能在“互联网+教育”的环境下更好地利用信息技术和最新的教育教学理念来培养社会所需的人才。最后要培养教师的信息能力。教育与互联网的深度融合，使教师在教育教学的过程中应具备综合应用信息技术的能力。教师要能够熟练地使用信息技术，利用信息平台获取知识，在进行教育科学研究时，借助自己的专业知识理性分析所获得的信息，并进行知识创造，以此来引领一定学科领域信息的传播。除此之外，教师信息化教育技能的养成也为丰富学生的学习资源、提升学生信息素养、激发学生学习兴趣、助力因材施教、个性化学习等教育目标的实现创造了有利条件。

2018 年 4 月，教育部发布《教育信息化 2.0 行动计划》，在“信息素养全面提升行动”中提出，要大力提升教师信息素养，启动“人工智能+教师队伍建设行动”，推动人工智能支持教师治理、教师教育、教育教学、精准扶贫的新路径，推动教师更新观念、重塑角色、提升素养、增强能力。同年，河南省出台《河南省教育厅关于创建教育信息化 2.0 示范区的通知》。该通知共发布七项主要任务，提出通过 2—3 年的时间，河南省内实现全体教师信息化教学，全体中小学生数字化学习，数字校园建设和应用覆盖全体学校。不论从政府教育改革、社会发展还是从教师自身提升的角度，都表明了实施教师教育信息化是教师教育改革发展的必然趋势，是教师提升自身专业素质应对新挑战、促进 21 世纪教育大发展的必由之路，并使教师在今后的教育实践中能够始终保持与时俱进，立足于教育改革发展的潮头。

五、大学化趋势

1991 年，欧洲教师教育联合会提出“教师教育大学化”的概念，旨在充分利用大学资源，加强教师教育的学术性和专业性。教师教育大学化是以教师专业发展为背景而提出的，是教师培养制度的一种改革趋势。教师教育大学化的含义包括：一是提升教师教育的层次，主要措施是逐渐撤销中师的建制和师专升格，把教师教育职前培养完全推入大学，实现中小学教师全部由高等学校来培养的目标，从而提高了教师的学历，为促进教师专业化提供了良好的环境。二是着力提高师范生的教育理论素养和学术水平。如果说由高等学校来培养中小学教师只是教师教育大学化的重要外在表征的话，那么，提高师范生的教育理论素养和学术水平、服务于培养科研型中小学教师的需要则是教师教育大学化的重要要求。[①]教师教育朝向大学化发展，使得教师学力提升，从而有利于提高教育质量。

随着教师专业化发展的不断推进，政府大力提倡和主导提高教师教育层次。《中共中央　国务院关于全面深化新时代教师队伍建设改革的意见》中，在“全面提高中小学教师质量”方面提出，“推进教师培养供给侧结构性改革，为义务教育学校侧重培养素质全面、业务见长的本科层次教师，为高中阶段教育学校侧重培养专业突出、底蕴深厚的研究生层次教师”[②]。截至 2020 年，全国共有 41 所学校试办教育硕士专业学位，教师教育逐步向以本科和研究生为主的新格局转变。

北京师范大学朱旭东教授曾经指出，教师教育大学化意味着没有教育学院的大学要建立教育学院，而有教育学院的大学必须在原有教育学院的制度功能上进行转型。[③]教师教育大学化的实现就表现为教师教育的公共职责完全由综合性大学承担，教师教育体制呈现多元化的态势。综合性大学开办教师教育院系有利于提高教师的综合素质和研究能力。一是综合性大学具有宽厚的学科基础、自由的学术氛围，并聚集了大批的专家学者，有利于学生学术水平、科学研究能力的提升。二是综合性大学本身所具有的特性就是学科门类多样，因此在课程设置上能够满足学生的多种兴趣需要，有利于拓宽学生的视野，培养出全面发展的综合性人才。三是较之单一的师范院校文化，综合性大学的文化内涵更宽广，更有利于学生人文素养的提高。一名合格的教师不仅需要具备道德素养、能力素养，还要了解其他学科领域的知识，而这些都能在综合性大学中得到更好的培养和发展。综合性大学办教师教育和众多师范院校升格发展为综合性大学，既是高校发展的一种历史路径，也是当前社会教育事业发展所需要的。[④]

教师教育朝大学化方向发展是顺应历史潮流的必然趋势，也为提高我国教师教育质量找到了新的突破口，在探索和实践中，必将形成具有真正优势的综合性大学教师教育模式，推动教师教育质量的提高。

六、终身化趋势

教育是培养人的活动，终身教育对教师来说具有特殊意义。联合国教科文组

---

① 段利华，褚远辉. 我国教师教育改革和发展的基本趋势[J]. 教书育人（高教论坛），2014，（11）：7-9.

② 中华人民共和国教育部. 中共中央　国务院关于全面深化新时代教师队伍建设改革的意见[EB/OL].（2018-01-20）[2020-11-12]. http://www.moe.gov.cn/jyb_xwfb/moe_1946/fj_2018/2018 01/t20180131_326148.html.

③ 朱旭东. 如何理解教师教育大学化?[J]. 比较教育研究，2004，（1）：1-7.

④ 张永炬，杜才平，鲍思伟，等. 大学化逻辑中的教师教育：问题与建议[J]. 台州学院学报，2012，34（2）：35-38.

织在《学会生存：教育世界的今天和明天》一书中讲道："很久以来，教育的任务就是为一种刻板的职能、固定的情境、一时的生存、一种特殊行业或特定的职位作好准备。教育灌输着属于古旧范畴的传统知识。这种见解至今仍然十分流行。然而，那种想在早年时期一劳永逸地获得一身终身有用的知识或技术的想法已经过时了。传统教育的这个根本准则正在崩溃。"①在科技不断进步的时代，终身教育意味着教师要不断地为教育内容、教学方法等注入新的成分，使之符合时代的发展。由此，对教师的教育就不再是一次性的、终结的，而是一个连续性的、终身学习的过程。

教师作为终身教育的主体，若想得到专业发展，只凭借某种固定知识和技能是无法实现的，必须通过终身学习去完善自己的知识结构、提高技能水平，而教师教育作为教师个人终身教育的途径之一，就必须满足教师自我完善的内在要求。传统教师教育注重教学知识与技能的培养，教师个人教育研究的需求没有得到足够重视，个人发展就很难向专家型教师靠近。因此，现代教师教育则要激励教师主动自发地完善自我，并朝着终身学习的目标迈进，教师树立起终身学习的理念已成为教师不断提高自身素养的一个关键。教师教育是一个鞭策教师成长和调动教师学习主动性的过程，教师在这一过程中，能够持续不断地完善自己的知识、技能与人格。终身化学习资源是教师进行终身学习、接受终身教育的基础，但是当前在资源供给方面存在一些问题：其一，教育资源供给分散，不同类型的继续教育机构、学校和信息网络系统之间缺乏有效的沟通与整合，造成教育资源无法及时共享。其二，教育资源不能满足教师学习需求，不同地区之间、学校之间有些明显的差异性，然而许多教育资源只解决共性问题，而很少关注不同地区、学校的个性化需要，从而造成教师的学习欲望不强。其三，教育资源浪费，职业培训与继续教育的机构门类繁多，在继续教育中一定程度上存在重复建设、资源闲置和浪费现象。在终身教育理念下，如何有效利用资源促进教师不断学习、提高教师学习的能力、推动教师专业的终身化，必将成为21世纪我国教育理论与实践的一个重要课题。

2019年，《中国教育现代化2035》出台，该文件聚焦教育发展的突出问题和薄弱环节，立足当前，着眼长远，重点部署了面向教育现代化的十大战略任务，在建设高素质专业化创新型教师队伍这一任务中，提出要夯实教师专业发展体系，推动教师终身学习和专业自主发展。教师教育逐步朝向终身化的方向迈进，教师教育终身化发展趋势也将始终站立在教育、教学、教研的前沿阵地，为教师专业化发展打下坚实基础。

① 联合国教科文组织国际教育发展委员会. 学会生存：教育世界的今天和明天[M]. 北京：教育科学出版社，1996：98.

七、法制化趋势

教育法制化是指国家通过教育立法对教育事业的发展实施干预和调控，教育行政部门行使管理职能应以法律为主要依据，教育问题的解决在相当程度上诉诸法律调节领域。[①]教师教育法制化是要把教师教育事业纳入法制化轨道，采用法律的方法和手段来规范教育事业。保障我国教师教育健康稳步发展、实施人才强国战略，必须要加强教师教育的法制化建设。

有法可依是教育法制化的前提，只有具有专门的教育法律法规，才能使人们有统一的行为规范和准则。1993 年 10 月 31 日，第八届全国人民代表大会常务委员会第四次会议通过《中华人民共和国教师法》，该法成为我国第一部以教育主体命名的教育法律，不仅提出国家实行教师资格制度，并规定了教师的权利、义务，以及保障教师权益、教师待遇的具体措施，而且分别对取得教师资格的对象及其条件等事宜做了规定。《中华人民共和国教师法》第一次以国家法律形式确立了教师资格条件的国家标准，这一文件的颁布是我国教师资格制度建设的新的历史起点，标志着教师资格制度开始迈入法制化阶段。1995 年 3 月，《中华人民共和国教育法》颁布，再次以国家法律形式明确规定国家实行教师资格制度；同年 12 月教育部颁发《教师资格条例》，提出了实施教师资格制度的具体规划，对教师资格的分类与使用、申报教师资格的条件、教师资格考试、教师资格认证等都做了详细规定。教师资格制度的实施促进了师资来源多元化，有利于打造高质量、高素质的教师队伍，为建立多元化的教师教育体系提供了制度保障，促使我国教师队伍建设逐步走向科学化、规范化和法制化。2001 年，《国务院关于基础教育改革与发展的决定》第一次以“教师教育”替代了“师范教育”，提出要完善以现有师范院校为主体、其他高校共同参与、培养培训相衔接的开放的教师教育体系。在师德师风建设方面，2008 年 9 月 1 日，教育部颁布《中小学教师职业道德规范》，2011 年 12 月 30 日又发布《高等学校教师职业道德规范》，这一系列文件对于全面建成小康社会、构建社会主义和谐社会、实现中华民族伟大复兴具有十分重要的意义。2014 年 1 月 11 日，教育部印发《中小学教师违反职业道德行为处理办法》，以给予处分的严厉形式向教师失德行为亮起了红灯。2019 年 11 月 22 日，教育部发布《中小学教师实施教育惩戒规则（征求意见稿）》，从法律层面对教师的权利和义务进行了更具体、明确的规定。

我国的教育法制建设起步晚、经验不足，教师教育法制还存在不完善的地方，但是任何事物要持续发展都需要不断调整和创新，教师教育亦是如此。社会不断发展，教育改革不断深入，教师教育法制建设任重道远，在教师队伍建设和教师教育改革发展的新时期，必须进一步完善教师教育法律法规体系，不断提高

① 吉珉，章建民. 对教育法制的执法监督问题的思考[J]. 上海教育科研，2000，（5）：18-20.

立法质量，建立教师教育法律监督体系，强化监督功能，做到依法治教，为教师教育和教师队伍建设营造良好的制度环境，使教师教育逐步朝向法制化的方向迈进。

八、国际化趋势

在经济全球化的大发展中，大众媒体的普及、信息技术的发展以及交通工具的便利，使地球村逐渐变小。空间距离的缩短，驱动着世界各国的资源、技术、商品和知识等纷纷进入国际市场，国家之间的联系与合作日益密切，竞争也日益激烈。我们要应对日益缩小的世界和瞬息万变的现代技术，促进国际合作和人文交流，就要培养科技发展所需要的技术精湛、知识渊博的青年人才，教育改革与发展和国际接轨就成为一个重要的教育主张，于是教师教育的国际化应运而生。

教师在教育国际化进程中的作用是根本性的，教师的专业发展水平是否具有国际化的视野直接关系着学生接受国际化教育的程度。因此，必须对教师的理念、知识、技术、实践等进行国际化的提升。首先，教师只有更新自身理念，提升自身领导力，强化对教师教育国际化理念的理解和尊重，才能有更好的方法、方式来面对教育生活，使学生对多元文化的理解能力和国际意识逐渐增强，有利于提高学生的沟通和合作能力，提高学生在国际化进程中的规则意识及相关技能。其次，教师教育者要构建更宽广的平台，尽可能为一些优秀教师提供出国培训、参加教育研究的机会，为教师参加教育国际化方面的会议、学术讨论创造条件，让教师有机会走出去，接受不同的文化观念下的价值观和知识，有利于提升教师自身的洞察力和文化素养。最后，要积极探索和开发具有现代性、前沿性的教师教育课程。教师教育课程国际化变革会带来课程理念的更新，它促使教师教育课程改变以往的封闭状态，以开放的姿态迎接国际化教育中涌现出的新观念，如相互依存意识、和平发展意识、世界一体意识、国际正义意识等。在这种课程理念的指导下，我国的教师教育课程体系也会要得到相应的完善，要帮助教师开阔眼界、更新观念、增长知识。[①]因此就要努力构建新兴学科体系的知识框架，使课程内容具有较强的包容性和实用性。教师教育国际化进程中，需要我们共同理解的是，尽管各国政治制度、文化传统、地域特点存在差异，但也存在许多相似的问题，面临着一些同样的挑战，应当取长补短，进行优势互补，利用他国的教育资源和成功经验来发展本国的教师教育。与此同时，在多元文化繁荣的时代，我国的教师教育也要保持民族特色，研讨如何保护本国、本民族优秀的传统文化不被湮灭，这也是教师教育国际化进程中亟待解决的问题。既要使教育发展成为国际化竞争中的有力推手，又要使之成为人类社会美好未来得以实现的动力源泉。

① 靳玉乐，廖婧茜. 论教师教育课程的国际化变革[J]. 教师教育学报，2016，3（6）：1-6.

教育只有在强调本土化的同时，注重从国际化的大背景下审视教育问题，在解决教育问题时，依据普适性原则去考虑教育的相关问题，才能适应国际化发展的趋势，因此必须对这一时代趋势给予足够重视。[①]教育工作者要进行认真细致的研究，并在此基础上对教育目标、教育形式、教育内容、教育模式等方面进行适当的变革，构建具有国际水准的教师教育新体系。

九、综合化趋势

为适应社会变革和经济发展的形势，在1999年第三次全国教育工作会议上，《中共中央国务院关于深化教育改革，全面推进素质教育的决定》颁布，其中明确指出："鼓励综合性高等学校和非师范类高等学校参与培养、培训中小学教师的工作，探索在有条件的综合性高等学校中试办师范学院。"[②]这一文件的颁布拉开了教师教育综合化改革的帷幕。

教师教育综合化是两大关键属性（师范性与学术性）之间发生平行互动、日渐交融的过程。[③]师范性是指教师教育培养所必备的教育专业知识、实践知识和专业品行；学术性是指教师所必需的学科专业知识和学术探究活动等。综合性大学加入到教师教育队伍之中，有助于提升教师教育的整体水平，解决师范院校学术性与师范性发展不均衡的问题。一方面，师范性在学术性的支撑下，有利于形成高水平的教育研究能力；另一方面，学术性在师范性的引领之下，促使教师教育活动建立在高品质的专业知识教育之上，使之成为一个彼此促进、合作共赢的过程。传统的师范院校独立承担教师教育培养任务的体制已被打破，取而代之的是综合型大学和师范院校共同培养。综合型大学的介入将助力师范院校对教师进行高水准、高性能的培养，这一变化有利于我国教师教育综合实力的提升，增强我国教师教育事业的竞争力。近年来，为推动教师教育改革发展，全面提升教师素质能力，教育部等五部门印发《教师教育振兴行动计划（2018—2022年）》，提出："通过公费定向培养、到岗退费等多种方式，为乡村小学培养补充全科教师，为乡村初中培养补充'一专多能'教师。"[④]全科教师需要具备扎实的基础知识和专业技能、较高的综合素质并能够胜任多种学科教学。师范院校作为培养农村小学全科教师的主阵地，与综合性高校联合，探索多种培养模式，将提高农村小学全科教师的培养质量，为农村小学输送合格乃至优秀的师资。

---

① 陈时见. 教师教育课程论：历史透视与国际比较[M]. 北京：人民教育出版社，2011：348.

② 中华人民共和国教育部. 中共中央国务院关于深化教育改革，全面推进素质教育的决定[EB/OL].（1999-06-13）[2020 -11-02]. http://www.moe.gov.cn/jyb_sjzl/moe_177/tnull_2478.html.

③ 龙宝新. 教师教育综合化的内涵追究与科学路径[J]. 湖南师范大学教育科学学报，2019，18（4）：98-105.

④ 中华人民共和国教育部. 教育部等五部门关于印发《教师教育振兴行动计划（2018—2022 年）》的通知[EB/OL].（2018-03-22）[2020-11-02]. http://www.moe.gov.cn/srcsite/A10/s7034/ 201803/t20180323_331063.html.

由此可见，教师教育综合化的现象既有历史背景的依托，又是解决教育本土化问题的需要，正确把握教师教育综合化的内涵，立足中国的国情，才能持续、有力地推进教师教育综合化向纵深发展。

以上对我国教师教育发展趋势进行了简要论述，可以看出：教师教育专业化是教师培养的重要前提条件；教师教育走向一体化，使得教师职前培养和职后培训两个阶段合二为一，城市和乡村教师共同成长进步；教师培养模式多元化，有利于大学打破“千校一面”的状态，让具有不同特色的学校发挥自身的优势；在信息化时代的浪潮中，教师教育逐步实现信息化发展，才能在社会发展立于不败之地；教师教育朝向大学化方向发展，才能全方位提升教师教育质量；在提倡终身学习理念的时代背景下，教师教育也始终朝着终身化方向前进；教师教育管理法制化，才能使教师教育真正走上依法治教的轨道；在全球化的大背景之下，教师教育不仅要吸收本土优秀文化的养分，而且要借鉴他国的教育成功经验，使教师教育融入国际化的大发展中；只有教师教育综合化的发展，才能为教师教育提供融合多元的学科环境，从而更好地促进教师质量的提升和教师教育发展。

从 1897 年第一所师范院校创建，到 1949 年新中国成立，我国建立了中等师范学校和高等师范学校两级教师培养院校，并不断推进教师教育向高层次发展，新中国成立 70 多年来，我们披荆斩棘，教师教育实现深度变革、创新发展，在砥砺前行中不断探索并建立了中国特色教师教育体系，推动教师教育走向现代化、国际化。在强国梦的有力支撑下，我国教育工作者不断尝试和探索，不仅有利于解决我国的教育矛盾，也将为世界教育的进步贡献中国智慧和中国方案。

第二章

河南省教师教育的发展历程与审视

教师教育由师范教育发展而来，“师范教育着力于教师职前培养，教师教育特别强调和着力于教师发展的职业全程性和连续性，在职教育成为主要关注点”[①]。教师教育内涵的丰富与发展要求我们梳理教师教育的发展历程，认识教师培养与其发展的特点与规律。河南省教师教育的发展历程作为中国教师教育发展历程的部分缩影，有其自身的发展脉络和独特的历史特点。本章着重对河南省教师教育的发展历程进行梳理，将其分为清末至民国的产生与维持期、中华人民共和国成立至“文化大革命”的缓慢发展与停滞期以及改革开放以来的恢复与深化发展三个时期。希望通过对河南教师教育发展历程的梳理，全面反映和总结河南省的教师教育发展历程，寻找内在的发展脉络，揭示其发展规律，并在此基础上总结河南省教师教育历史发展的特点与历史经验。

第一节　河南省教师教育的发展历程

自 1840 年鸦片战争爆发开始，中国闭关锁国的大门被炸开，使自认为是“天朝上国”的清朝从梦中惊醒。自此中国开始遭受来自资本主义政治、经济、文化等各方面的侵蚀，曾国藩、李鸿章、张之洞等有识之士也意识到要进行“中体西用”的变革。这样的变革由京、沪、津和沿海地区开始，慢慢发展至河南等内陆地区。京师同文馆的创建拉开了中国教育近代化的序幕，教育的发展势必需要足够数量的教师。因此，师范教育的发展包括河南师范教育的发展由清末开始至民

① 曾煜. 中国教师教育史[M]. 北京：商务印书馆，2016：1.

国经历了产生与维持时期、新中国成立至“文化大革命”的缓慢发展与停滞期以及改革开放以来的恢复与深化发展时期。

一、产生与维持期

河南省的师范教育自清末到民国的发展历程为日后的发展奠定了基础，梳理其发展历程对于当今师范教育的发展具有参考与借鉴作用。以下主要从高等师范教育、中等师范教育和女子师范教育三个方面分别梳理其从清末至民国的发展过程，为更好总结河南省这一时期师范教育的特点提供基础材料。

（一）高等师范教育

清政府于1904年1月颁布了《奏定学堂章程》，即“癸卯学制”，这是近代中国教育史上第一个颁布并在全国进行推广实施的学制，其关于师范教育的章程主要有《优级师范学堂章程》《初级师范学堂章程》《实习教员讲习所章程》，其中优级师范学堂培养初级师范学堂、普通中学堂教员和管理员，属于高等师范教育性质。在此之后，中国陆陆续续建立起一批师范学堂。

当然，河南一批有识之士也意识到了师范教育的重要性，倡导建立师范学堂。例如，当时河南省近代著名进步教育家、学者李时灿积极倡议设立优级师范学堂，“他亲自兼任河南优级师范学堂堂长，除积极延聘河南教育界名流到校任教外，还聘请美国、日本、英国等外籍专家到优级师范任教”①。1905年2月，河南当局在开封创办第一所官立师范学堂，名额170人（实招150人）。1907年改为优级师范学堂。1907年，开封设立了第二所优级师范学堂——河南第二师范学堂，由洪绳祖任监督，共有教职员21名。“河南优级师范学堂设数学、史地、格致、博物4科，每科开设1班，开设课程分为公共课、分类课、加习课3类。”②其学习年限为：公共课限1年毕业，分类课限3年毕业，加习课限1年毕业。公共课与分类课程学生必须学习，加习课的学习与否，由学生自愿选择。随后豫南师范学堂、陈州府师范学堂等一批师范学堂陆续建立。

1912年颁布的《师范教育令》，将清末的优级师范学堂改为高等师范学校，并由原来的省立改为国立，这标志着中国近代高等师范教育办学管理体制的一大转变。“1912年，河南优级师范学堂改为河南高等师范教育学校，豫南师范学堂改为省立豫南师范学校，陈州府师范学堂改为省立淮阳师范学校，在汲县设立河北道区师范学校，在洛阳设立河洛道区师范学校。1917年，河南高等师范学校高等班停止招生，并改为省立开封第一师范学校。”③

---

① 河南教育通史编纂委员. 河南教育通史[M]. 郑州：大象出版社，2004：77.

② 赵立周，樊丽娜. 河南教师教育发展历程回顾[J]. 郑州师范教育，2016，5（1）：19-24.

③ 河南教育通史编纂委员会. 河南教育通史[M]. 郑州：大象出版社，2004：104.

1915年新文化运动爆发，在河南教育界引起强烈反响，河南一些知名教育家积极投身运动，提倡民主、科学和新文学。高镇五是河南省清丰县南关外东辛街人，1905年考入大名师范，于1911年考入天津师范并于1913年毕业，毕业后在山东济南任师范学校教员，1914年受北京高等师范学校（现为北京师范大学）聘请，任北京高等师范学校女附中班主任。1915年到开封高等师范学校（后改为开封第一师范学校）任教，主教教学法和心理学。尽管开封第一师范学校是按照资产阶级教育制度建校的，但是教学内容仍部分保留了封建主义思想。高镇五反对封建的教学内容，积极提倡开设新学课程、倡导自由思想，并且在进行教育学的理论讲授时，努力传播新文化运动的正确思想，为开封第一师范学校的发展起到了良好的导向作用。

1930年，蒋介石取得中原大战的胜利，河南的局面相对稳定下来，进入较为稳定发展的时期。在这段时间内师范学校的数量明显增加，招生规模也迅速扩大。“1917年，省立师范有6所学校，5所男校1所女校。1924年女校增加了1所。1927年，又增加了1所师范学校。1929年，增设民众师范学院，河南的师范学校在日军侵略河南之前，达到了8所。”①

1931年9月18日，“九一八”事变爆发，日本帝国主义发动了侵华战争。日本侵略军于1937年攻占安阳，后于1938年侵占开封，直至1944年攻占许昌、洛阳等地，河南省全省沦为殖民区。在此期间，日军通过伪政权对河南省人民进行奴化教育，企图摧毁河南省沦陷区人民的反抗意志。日军明白进行奴化教育必然需要大量符合他们要求的师资，否则就无法培养出他们所需要的“人才”。于是，日军大抓师范教育，开办师资训练所。设立于开封市内北大街的伪河南省立开封师范学校，是日本侵占河南期间开设的规模最大的师范学校，设初级班、高级班，还有两个具有专门学校性质的师范专修班，招收具有高中文化水平的青年，学满一年毕业后取得教高中的教师资格。高级师范招收初中毕业或有同等学力的学生，初定为两年毕业，后延长为三年，初级师范招收高小毕业学生，毕业后任小学教员。此后，河南省各县也相继办起了师范学校，但多为初级师范和简易师范，规模较小。

在抗战的大背景下，中国共产党十分重视知识分子的爱国民主运动。1938年，河南大学建立了党支部，由中共豫西南地委学生工作委员会书记的王锡璋兼任中共河大支部书记，领导河南大学师生进行抗日救亡运动。河南大学积极创办杂志，进步师生也不断发表文章抨击时弊。但国民党顽固派对此起彼伏的民主运动心存不满，不仅拘捕了河南大学的稽文甫教授，而且颁布各种禁令，迫害开封师范的师生。在这个事件的影响下，开封女师、淅川女中等校师生积极响应起来，强烈

① 刘克桥. 民国时期河南学校教育研究[D]. 郑州：郑州大学，2017.

要求校方取消禁令，并且要求停止对广大进步师生的迫害。

安阳师范学院位于河南省安阳市，是一所有百年办学历史的省属综合性普通高等学校。清光绪三十四年（1908年），彰德府安阳师范传习所创办。民国五年（1916年），校长罗桂生在西钟楼巷尚志两等小学堂内附设一年制师范讲习所1个班、初等师范班2个班。民国六年（1917年），尚志两等小学被撤销，改为安阳县师范讲习所。民国十七年（1928年），安阳县师范讲习所更名为安阳县立师范学校。民国十四年（1925年），民办的安阳女子师范学校诞生。民国十七年（1928年），成立为安阳县立女子师范学校。民国二十四年（1935年），安阳县立女子师范学校易名为安阳县立女子简易乡村师范学校。民国二十六年（1937年），抗日战争全面爆发，日军侵占安阳，学校被迫停办。民国三十四年（1945年），抗日战争胜利后，停办的安阳县立简易乡村师范学校和安阳县立女子简易乡村师范学校奉命恢复。1949年5月，安阳城解放，中国人民解放军接收了安阳男、女简易乡村师范学校校产。1949年7月，被平原省人民政府命名为平原省立安阳师范学校，隶属于平原省政府文教厅。1952年，平原省撤销，安阳划归河南省管辖，平原省立安阳师范学校也改名为河南省安阳师范学校。1957年12月，学校更名为河南省安阳第一师范学校。1958年10月，安阳市划归河南省新乡专区管辖，学校易名为河南省新乡专区第二师范学校，不久又增改为河南省新乡专区第二师范专科学校，1958年12月改名为河南省安阳师范专科学校。1960年8月，河南省安阳师范专科学校又变更为安阳第一师范学校。1962年5月，遵照河南省教育厅的指示，安阳第一师范学校和安阳第二师范学校合并组建为安阳师范学校。1978年，经国务院发文恢复为安阳师范专科学校校名。1987年12月，安阳师专获得国家教委批准，正式开办成人专科教育。1992年4月，安阳师范专科学校更名为安阳师范高等专科学校。2000年4月，在安阳师范高等专科学校与安阳教育学院合并基础上建立安阳师范学院，成为本科高等学校。2003年6月，安阳师范学院和安阳钢铁集团有限责任公司共同发起创办了独立学院安阳师范学院人文管理学院。2011年10月，安阳师范学院被国务院学位办批准为汉语国际教育专业硕士学位研究生培养试点单位。

洛阳师范学院是始建于1916年8月的河洛师范学校，学校创建伊始以周公庙为校址。1917年，河南省立河洛道师范学校更名为河南省立第四师范学校。1927年7月，河南省立第四师范学校、河南省立洛阳第八中学合并组建河南省立中山学校，学校由周公庙迁入东关双龙巷旧迎恩寺内。1928年，学校又恢复原名，自迎恩寺迁入洛阳城内西南隅南营旧址办学。1933年，河南省立第四师范学校更名为河南省立洛阳师范学校。1938年8月，学校迁到豫西山区卢氏县涧北村，以该村莫家祠堂及关帝庙为校舍。抗日战争胜利后，学校迁回洛阳。不久全面内战爆发，学校迁到开封。1948年，河南省立洛阳师范学校流亡江苏。1950年2月，河南省立洛阳师范学校复校并更名为洛阳师范学校，在洛阳老城区东华街 1 号恢复重建，后迁往洛阳治安南街 8 号。1958 年，洛阳行署在洛阳师范学校基础上挂牌成立洛阳师范学校，定名为“洛阳师范专科学校”。1959 年 4 月，洛阳师范专科学校搬回洛阳。校址选在安乐窝原洛阳地区教育行政干校的旧址。1962 年，洛阳师范专科学校与洛阳师范学校合并，恢复“河南省洛阳师范学校”校名。1978 年 12 月，洛阳师范学校升格为洛阳师范专科学校。1988 年，学校被国家教委表彰为首批全国优秀师专。1992 年 4 月，洛阳师范专科学校更名为洛阳师范高等专科学校。2000 年 3 月，学校与洛阳市教育学院合并组建洛阳师范学院。2002 年 7 月，洛阳师范学院成立了河洛文化国际研究中心。2007 年，学校以优异成绩通过教育部本科教学工作水平评估。2011 年，学校获批教育硕士专业学位研究生培养试点单位。2015 年，学校获批特岗教师在职研究生招生资格；2016 年 1 月，经河南省文化厅批准成立“河南省公共文化研究中心”。2018 年，学校以优异成绩通过了教育部本科教学工作审核评估。2019 年 7 月，学校加入中国高校行星科学联盟。2020 年 11 月，洛阳师范学院入选河南省特色骨干学科建设高校名单。

（二）中等师范教育

1905 年，张之洞通令湖北各府将所设中学堂一律改为初级师范学堂，或者先办简易师范，或者先办师范传习所。河南省学习直隶、湖北的办法，河南的中等师范教育主要包括初级师范学堂和师范传习所。初级师范学堂分两类：一类是完全科，学习年限为 5 年，学生年龄为 18 岁以上，25 岁以下；另一类是简易科，学习年限为 1 年，学生年龄为 25 岁以上，30 岁以下。初级师范学堂以培养高等小学堂和初等小学堂教员为目标，设监督、教员、副教员、监学、附属小学办事官、小学教员、庶务员等教学和管理人员。1905 年，河南开封设立了河南师范学堂，师范简易科先行招生。1909 年，陈州知府在陈州设立了初级师范学堂，当时除了在省城的一些府厅直隶州先后创办初级师范学堂，各州县一般都创立了师范简易科和师范传习所。

冯玉祥是中国近代史上著名的军事家和政治家，曾于 1922 年 5 月至 10 月和 1927 年 6 月至 1928 年 3 月期间两次主持河南省的军政大权，并对河南省的教育事业做出了一定贡献。冯玉祥第一次掌握河南军政大权时便十分重视教育，并努力设法解决河南教育经费独立的问题。在他的积极努力下，河南省议会决定从赵倜财产中拨出 12 万元用以筹办本科大学。冯玉祥第二次主豫时仍特别注意教育经费的专款专用，在此期间河南省的各级各类教育都有了进一步的发展。就师范教育而言，河南省省立师范学校 7 所，其中男校 5 所，女校 2 所；省立乡村师范学校 1 所；县立师范学校 96 所，其中男校 84 所，女校 12 所。另外，冯玉祥还特别强调应根据三民主义精神并参照社会生活之需要，采取科学教育以及健全身心训练的方式培养三民主义之师资。乡村师范教育应根据农村社会生活的需要，切实培养从事乡村教育或社会教育的人才。

1927 年国民党统治河南地区到抗日战争全面爆发前，河南的政治局面相对稳定。根据"新学制"各中学均可设师范科的规定，河南省也积极进行相关工作，在 1927 年左右完成了省立师范学校与省立中学的合并。比如，省立第一师范并入省立第一中学，省立第二师范并入省立第三中学，省立第四师范并入省立第八中学等。这样的合并使师范教育制度丧失了独立的地位，影响了师范教育的发展。师范学校并入中学之后，河南的师范教育出现了混乱的局面。一方面，中师合并使得一些中学的规模过于庞大繁杂，学校一时难以形成统一的管理体系与建立严密的监督机制，管理方面的混乱影响了师范教育的发展。另一方面，学校之间的相互合并导致学校教育的职位减少，河南省教育界的各教育派系为了在有限的权限中争夺更多的教育权限，也开始进行大规模的争斗，学校的教育与管理就相对受到了影响，使得河南省的教育局面更加混乱，师范教育的发展更是举步维艰。

1928 年以后，河南省教育界以及全国教育界的明达之士认为，师范教育制度的日益沉沦会危及国民教育的前途，于是纷纷建议复兴师范教育。第一次全国教育会议有数起主张师范教育独立的提案，引起了全场的注意。经过讨论，"师范教育独立"的提案最终通过，河南师范教育重新获得独立地位并迅速发展，1928—1936 年是河南省师范教育发展的黄金期。河南的师范教育在这一时期分为省立师范教育与县立师范教育，相对于省立师范教育而言，县立师范教育的发展情况更具成效。1930 年，河南的省立师范学校共有 8 所。县立师范的发展较快，1927 年，河南省县立师范学校仅有 23 所，但是到 1930 年已经达到 52 所，到 1934 年更是达到了 96 所。至抗日战争全面爆发前，有的县甚至拥有两所以上的县立师范学校。"例如，淮阳县在 1933 年共有 4 所师范学校，分别是河南省立第二师范学校、淮阳县立师范学校、淮阳县立女子师范学校和淮阳县立乡村师范学校，后面 3 所均为县立师范学校。"[①]可以说，县立师范教育的发展有力地促进了河南教育事业的发展。

抗日战争时期，为了促进中等师范教育的发展，国民政府教育部颁布了一系列的条例规章。比如，1938 年颁发的《确定师范教育设施方案》、1940 年颁布的《各省市国民教育师资训练办法》、1944 年发布了新的《中学及师范学校教员检定办法》等，对中等师范教育体制进行了变革。1937 年以来，河南省的师范学校也深受战乱的影响，有的学校在省内不停地辗转搬迁，有的则搬迁至省外，一部分甚至被迫停办。正如前面所论及的，虽然 1937 年前河南省县立师范的发展颇有

① 张全浩. 民国时期河南师范教育发展研究（1927—1937）——基于学生群体的分析[J]. 新乡学院学报，2018，35（1）：57-60，67.

成效，但是 1938 年以后，豫北各县的县立师范都被迫停办。1944 年，日军大举进攻中原地区后，黄河以南县立师范的停办数量达到了 32 所。到 1945 年，县立师范仅剩 8 所。抗日战争胜利之后才陆续得以恢复。

1945 年，抗日战争以中国的胜利告终。我国迅速开始对教育工作进行恢复与调整，其中对中等师范教育也进行了一些调整。1946 年，教育部颁布了《全国实施国民教育第二次五年计划》，提出已经实施国民教育的四川、云南、贵州、广西、广东、湖南、福建、浙江、江西、陕西、甘肃、河南等 19 个省（市）一律自 1946 年 1 月起将以前实施的国民教育的五年计划结束，并总结检讨实施结果。同时，该计划也对小学教员做出了一系列规定。

此外为满足对初等教育师资的需求，国民政府还颁布了《战后各省市五年师范教育实施方案》。在此期间，河南省的中等师范教育事业得到了蓬勃发展，逐步建立起了具有河南特色的中等师范教育体系。“1949 年，全省师范学校数为 24 所，在校生 6803 人，其中，初级师范学生 5681 人，中师生 1122 人。”[①]可见，这一阶段河南省师范教育事业得到了一定程度的恢复与发展。

（三）女子师范教育

长期以来，“女子无才便是德”的思想禁锢着中国人的头脑，女子自然没有受教育权。鸦片战争后，西方传教士开始在中国创办教会女子学校，开中国女子教育先河。在维新时期，康有为、梁启超等就已经提出女子接受师范教育的主张。直到 1907 年，“学部奏请颁布了《女子师范学堂章程》和《女子小学堂章程》，这两个章程的颁布标志着清政府正式把女子教育纳入了国家教育体系”[②]。顺应清政府的要求，河南的有识之士也积极创办女子师范教育。河南女子师范教育始于光绪三十三年（1907 年），荥阳县设女子师范传习所、汝阳县设女子师范传习所。开封府尉氏县刘青霞于光绪三十四年（1908 年）在家乡开办了河南第一所私立女子学校，取名为华英女校。“为响应清政府发展女子师范的政策，华英女校附设师范一班，招考学生 40 名，初定为两年毕业。”[③]随后，“阎永仁等始设公立女子师范学堂，校址在开封中山北街，宣统三年（1911 年）改为官立，民国元年（1912 年）改名省立女子师范学校（1924 年改为省立第一女子师范学校，并设有附小）”[④]。总之，这一时期女子师范教育得到重视和提倡。

1921 年，刘景向在豫南筹款创建汝阳道立女子师范学校，校址位于信阳西城，后于 1924 年改称为河南省立第二女子师范学校。1926 年，汲县（当今的卫辉市）

---

① 赵立周，樊丽娜. 河南教师教育发展历程回顾[J]. 郑州师范教育，2016，5（1）：20.

② 李红. 清末师范教育述论[D]. 济南：山东师范大学，2003.

③ 李刚. 清末豫籍留日学生与河南师范教育的近代化[J]. 天中学刊，2015，30（5）：111.

④ 戴金瑛. 河南女学教育[J]. 中州今古，2001，（1）：50.

设私立女子师范学校，仅开一班，1929 年改为县立，开设班级增为两班。“1927 年，河南的师范学校开始进行改革，省立第一师范改为第一中学师范科，女子师范并入一中，第二师范并入三中，第四师范与八中合并为洛阳中山学校，第三师范 1928 年与二女师合并为豫南师范学校。师范教育体制的改革使得师范教育全面衰落，生源日渐减少，质量趋于下降。”①1929 年，河南设立幼稚师范训练所，招收女子师范毕业生，以补充幼稚园师资。同年，潢川县建立三年制女子师范学校。“据 1929 年统计资料载：省立第一女子师范学校 12 班，学生 356 人；第二女子师范学校 4 班，学生 130 人；第一女子中学 5 班，学生 161 人；私立梁苑女子学校 4 班，学生 160 人；私立北仓女子中学 6 班，学生 292 人。”②

出生于河南省太康县的郑树桐被誉为“河南教育界教书巨匠”，郑树桐于光绪三十三年（1907 年）考入河南优级师范学堂数学科。在校期间，郑树桐因成绩优异连跳两级，于宣统二年（1910 年）提前两年毕业。1912 年，郑树桐应林伯襄邀请到河南留学欧美预备学校任教，1916 年因袁世凯复辟帝制，随林伯襄一起辞职，直至五四运动爆发才复出，被聘为河南法政专门学校、省立第一中学、省立第一师范学校、省立第一女子师范学校数学教师。1938 年，由于日本帝国主义侵略军逼近河南，河南省教育厅决定将河南省立第一女子师范学校迁至豫南，郑树桐因疾滞留开封。抗日战争胜利后，省立第一女子师范学校在开封复校，郑树桐先生虽年过花甲却依然立即到省立第一女子师范学校任教。直至 1946 年，郑树桐先生因病逝世，其学生齐集省立第一女子师范学校大礼堂沉痛悼念郑树桐老师。

此外，开封师专学校历史悠久。1908 年 4 月，在北宋紫禁城南信陵书院故址创建中州女学，1910 年改为河南女子师范学堂，1924 年改为省立开封女子师范学校，解放后，更名为河南省立开封艺术学校，1958 年经国务院批准为开封师范专科学校，1963 年改为中师，1977 年始办师范大专班。

1984 年 5 月，经河南省人民政府批准，开封师范专科学校恢复；1992 年国家教委批准改为开封师范高等专科学校。学校拥有一支具有丰富教学经验的师资队伍。截至 2000 年 5 月，全校有教职工 372 人，其中具有高级职称的教师 45 人，具有中级职称的教师 124 人，学校取得了一批颇有影响的科研成果，共发表专著 70 部，合著教材、教学参考书 110 部，取得新技术应用成果 41 项。学校设有中文、历史、英语、艺术（音乐、美术）、数学、物理、化学 7 个系 8 个专业和 1 个成人教育中心，在校学生 1200 人。学校拥有一座 3900 平方米的图书馆，图书资料近 30 万册，有物理、化学等 10 个实验室，有微机中心、电化教育中心和语言实验中心，固定资产达 800 多万元。近 10 年来，学校共培养合格初中师资 6000

① 魏红专. 20 世纪 30 年代河南师范教育发展状况[J]. 科教文汇（上旬刊），2008，（9）：32.

② 戴金瑛. 河南女学教育[J]. 中州今古，2001，（1）：50-51.

多人，其中部分毕业生先后考取了硕士、博士，一部分走上了教育界领导岗位。90%以上成为城乡中学教学骨干。学校于2000年6月并入河南大学。

二、缓慢发展与停滞期

新中国成立至“文化大革命”结束，我国不断向世界各国学习其师范教育发展的先进经验，河南省师范教育也在不断学习摸索的过程中发展。这一部分主要以社会主义改造时期、社会主义探索时期以及“文化大革命”三个时间段为线索，来梳理其发展历程。总体而言，河南省师范教育这一时期发展较为缓慢。

（一）社会主义改造时期

1952年，河南省采取了长期培养和短期训练相结合的师资培养方针，促进了全省中师学校的迅速发展，中师的数量由1950年的53所发展到108所，基本实现了每县都有师范学校和初级师范学校，扩充了小学教师队伍。1953年，河南省又对中、初级师范学校进行了必要的调整。中等师范学校由18所合并为17所，初级师范学校由90所合并为18所。经过合并调整，全省师范学校共有35所，师范学校的布局趋于合理。1955年，河南省根据教育部指示精神，成立了河南省行政干部学校，并制订在各专区开办教育行政干部训练班的计划。同时，在河南师范学院一院开办了语文函授专修科、在郑州师范学院创设函授部，为全省开展函授教育积累经验。

1951年，平原师范学院在新乡建立。1952年，根据中央的相关指示，河南大学开始变革培养“通才”的人才培养模式，将一所河南大学调整、发展为几所高等院校：河南大学农学院独立并发展为河南农业大学；河南大学医学院独立并发展成为河南医科大学；河南大学行政学院独立，现为河南政法干部管理学院，河南大学水利系并入武汉大学；财经系并入中南财经学院；植物病虫害系并入华中农学院，原有的院级建制均改为系级建制。1953年8月6日，教育部和政务院文教委员会决定河南大学与平原师范学院两校合并，统称为河南师范学院，在开封、新乡两地办学，分称一院、二院。1955年8月16日，中共河南省委对河南师范学院进行调整，决定将文科集中在开封办学，理科集中在新乡办学。1956年11月，河南师范学院一院、二院分别独立为开封师范学院和新乡师范学院。开封师范学院设中文、历史、地理、外语4系。至1956年，河南省7所高校共设置32个专业，其中师范专业有22个。由于在这一时期我国积极倡导全面学习苏联高等学校的教育制度、教学计划、教材教法和教学大纲，河南师院各系科专业结合我国师范教育的特点，积极贯彻实施以苏联高师为模式的高师教育、语文、历史、俄语等8个专业的教学计划，改进各系科的课程设置。

此外，河南省还十分重视对教职工的培训。1955年，河南各地组织专职教师参加各种政治学习、业务进修和函授学习，同时，采取组织教学法讲座、专任教师个别辅导和教学观摩等方法培养教师。1956 年，河南省工农文化教育专职教师进修学校成立，加强对教职工的培训，以提高其综合素质。经过各方面的努力，河南省“全省学校教职员由 1949 年的 50 962 人，发展到 1956 年的 167 674 人”①，有效地扩充了教师队伍的数量，提高了教师队伍的质量。

（二）社会主义探索时期

1956—1966 年是全国探索社会主义的 10 年。其间，河南也进行了适应社会主义建设需要的教育改革，在探索的过程中付出了一定代价，也取得了一些经验。首先在始于 1957 年的整风运动中，河南大学秘书长、河南省民盟主任委员、河南省副省长王毅斋教授被冠上“河南省右派集团的总头目”的称号，首先遭到批判。此后，河南省各级各类学校尤其是高等学校的座谈会、争鸣会、大字报、小字报铺天盖地。许多所谓的“右派分子”纷纷被揪出来批斗。“开封师范学院把 190 名教师、学生、干部划为右派分子，占师生员工的 6.5%。”②由于运动直接将知识分子列为批判对象，有的学校甚至定指标、定比例，使得教师人人自危，不敢讲真话、提意见。频繁的政治批判运动也使得教师无法安心教育工作，甚至不敢再从事教师工作，辞职现象频出，造成教师队伍不稳定。

其次，当时我国中等师范教育在“大跃进”急于求成思想的指导下，开始盲目扩张，中等师范学校甚至提出了“县县办师范”的口号。河南省的中等师范学校，从 1957 年的 35 所增至 1960 年的 130 所（3.71 倍）。“1959 年，河南省全省小学校数从 1956 年的 28 428 所猛增至 40 209 所，中学从 1956 年的 459 所增长到 3873 所，普通高等学校从 1956 年的 7 所增长到 42 所。”③急剧发展虽然带来了数量上的突飞猛进，但是导致办学质量下降，学生的从教能力低下。1960 年，教育部在河南新乡召开了师范教育改革座谈会。会上提出各级师范学校的课程门类设置过多，教育课程所占比重过大，削弱了科学文化知识的学习；课程内容陈腐落后，脱离实际，没有反映出现代科学技术的新成就。于是，大会提出要大力加强政治思想教育，取消教育实习，把时间用于提高科学文化知识水平。会后，各师范学校开始减少教育专业课程，改革教育学的课程内容，加强政治思想教育，增加劳动教育。由此，师范学校的师范性遭到严重削弱。同样，1958—1960 年，高等师范学校的数量也急剧增加。全国师范教育改革座谈会召开后，全国师范院校出现了大讲政治教育、忽视教育专业训练的高潮。高等师范院校迫于教育大发展对师范教育提出的要求，盲目扩大办学规模，不切实际的增加办学点。在全国

① 河南教育通史编纂委员会. 河南教育通史[M]. 郑州：大象出版社，2004：28.

② 河南教育通史编纂委员会. 河南教育通史[M]. 郑州：大象出版社，2004：72.

③ 河南教育通史编纂委员会. 河南教育通史[M]. 郑州：大象出版社，2004：77.

“左”倾思潮的影响下，河南的高等师范教育也出现了冒进现象。1959 年，开封师范专科学校并入河南大学（当时的开封师范学院），新增物理、化学、数学、生物 4 系，后又增设政教系和体育系。1962 年 7 月，河南艺术学院并入，建立艺术系；河南体育学院并入体育系；郑州大学地理系并入地理系。至此，学校有中文、历史、政教、地理、外语、数学、物理、化学、体育、艺术 10 个系。

1961 年 1 月，在中共八届九中全会上正式决定对国民经济实行“调整、巩固、充实、提高”的八字方针。同年 7 月，教育部为贯彻中共中央提出的八字方针，在北京召开了全国高等学校及中等学校调整工作会议，会议讨论了高等学校和中等专业学校缩短战线、合理布局、压缩规模和提高教学质量等一系列问题。从 1961 年起，河南省在省委精简领导小组的统一安排下，本着“缩短战线，集中力量保证重点”的原则，对省内高等学校、中等专业学校等进行大规模压缩调整。到 1962 年，全省只保留了郑州大学、开封师范学院、新乡师范学院、河南医学院、河南农学院等 12 所高等学校。此外，河南省将各县（市、区）精简的教职工和合并后学校的财产进行统整合并，将仪器、设备、图书和优秀教师充实到各级各类仍保留的学校中，提高了仍保留学校的教育质量，改善了保留学校的教学条件。如将河南艺术学院、体育学院、开封师专并入开封师范学院（今日的河南大学），大大加强了开封师范学院的师资力量、健全了学校的系科设置。此外，河南省还以《教育部直属高等学校暂行工作条例》为指针，努力纠正“大跃进”运动中的偏差，特别是教育事业在“大跃进”中的“左”倾错误，使教育、教学、科研事业沿着正确的方向前进。河南省各高校积极发挥教师在教育教学中的主导作用，努力培养又红又专的教师队伍。开封师范学院于 1961 年 11 月在充分考虑本校实际情况的前提下，制定了《开封师范学院试行教育部直属高等学校暂行工作条例的方案》，对教学计划进行调整，“执行全学年 52 周，其中劳动 4 周，寒、暑假 9 周，教学 39 周（周学时 42 节，每日 7 节）的学年整体安排”①，给予教师自主进行科学研究的时间，提高教师队伍的质量和水平，保证学生的自主学习时间。

总体而言，这一时期的师范教育发展旨在突破苏联经验的局限，探索出一条符合中国实际的师范教育发展道路，但是受“左”倾思想的影响，在探索的过程中忽视了教育发展的客观规律，扭曲了教育与生产劳动相结合的本意，盲目实行教育与生产劳动相结合的教育革命，以至于超越了国民经济的负担能力，违背教育教学规律的做法，破坏了教学秩序，使教育事业没能得到真正的发展，反而造成了教育质量的下降。

① 河南教育通史编纂委员会. 河南教育通史[M]. 郑州：大象出版社，2004：95.

（三）“文化大革命”时期

“文化大革命”的本意是防止资本主义在国内复辟，但是被林彪、江青两个反革命集团利用，给党和人民带来了长达10年的内乱。河南省在这一场长达10年的“文化大革命”中，教育事业的各方面都受到严重影响，图书资料、仪器设备和校舍都受到了破坏，许多教师以及学校干部也受到了不同程度的批判斗争。在这样的政治大氛围之下，河南省的师范院校不断被停办、搬迁或撤销，教师队伍被拆散，一些师范教育制度也被否定。

林彪和江青两个反革命集团实行文化专制主义，实际上想要取消“双百”方针。但在“文化大革命”初期，河南全省广大师生以及教育工作者在积极响应中共中央和毛泽东的号召同时，部分干部、教育干部和师生仍能以“双百”方针为武器，坚持真理，公开表示他们对文化专制主义的强烈不满。例如，开封师范学院（今日的河南大学）历史系二年级学生王福兴在读了姚文元《评新编历史剧〈海瑞罢官〉》后，尖锐批评姚文元“自以为是地在自己的审判庭上把《海瑞罢官》判为毒草”，“我们决不允许”。王福兴作为广大师生群众中最早起来反对姚文元的代表之一，以各种各样的形式表示对林彪、“四人帮”的不满。1966年初，河南著名的社会理论学家、哲学家、史学家、教育家、郑州大学副校长郭晓棠被定为“资产阶级反动学术权威”的头号代表人物。在此后的“文化大革命”动员会期间，郭晓棠多次惨遭批斗，但他始终坚信我们伟大的共产党在将来会纠正此类错误，始终坚持实事求是的原则，顶住各种压力，为参加革命的老同志写下反映真实情况的证明材料，保护了一批党的干部。新乡师范学院院长李俊教授于1966年7月就被打成“资产阶级反动学术权威”。随后，实验室被关闭，学术资料被查封，他正在主持进行的溶液理论实验研究工作也被迫停止。出于对真理的追求以及一丝不苟的科研态度，他把实验室的数据资料转移到安全地方，在“文化大革命”期间，仍然坚持不断搜集和阅读与溶液相关的理论资料。可见，在国家局面不稳定的危急时刻，河南一部分师范院校的师生仍然能够坚持真理、潜心学问，尽自己的努力抵制“文化大革命”的错误行为，在一定程度上减少了国家的损失，同时也体现了河南师范学院校师生对党的教育事业具有较强的鉴别能力，为“文化大革命”后教师教育的恢复与发展保留了资源。自1971年9月开始，在此后半年多的时间内，河南省教育战线上的一大批教师、干部重获自由。为此后批判极“左”思潮、提高教育质量和纠正“文化大革命”的错误打下了一定的基础。在“文化大革命”后期，一些院校学者排除干扰，潜心学问。比如，开封师范学院（今日的河南大学）孙作云教授以渊博的知识写出50幅画像古拓片解说词，为国际文化学术的交流做出了贡献。开封师范学院张翠青教授，尽管年逾八旬，行走不便，但是自1973年每天坚持前往学校图书馆为工作人员和历史系学生讲解

《史通》，直至1976年5月24日逝世。这些教育学者为对教育事业和科学技术的进步而奋发进取的奉献精神，彰显了河南省省知识分子无私奉献、爱岗敬业的高贵品质。

三、恢复与深化发展

（一）教师教育调整、整顿与发展时期（1976—1985年）

1976年10月，“文化大革命”结束。1978年全国教育工作会议召开，明确提出要大力发展师范教育，加快恢复和发展师范院校。在中等师范教育方面，1980年，教育部颁布了《关于办好中等师范教育的意见》《中等师范学校规程（试行草案）》《中等师范学校教学计划（试行草案）》等文件。各省（自治区、直辖市）教育行政部门积极执行，使得中等师范学校走上了规范化的发展道路。河南省中等师范教育业也得以复苏和重振。1980年河南省教育厅鉴于河南中等师范学校布局分散、教学设备简陋等现状，决定对全省的师范学校进行重新布局规划。截至1983年，“全省中等师范学校共设立36所，每年招收12 500人，当年在校生25 031人，比1949年的6803人增加2.7倍，师资质量也得到显著提升”①。同时，河南省也开始平反冤假错案。1978年，开封师范学院党委在充分发动群众、深入调查事实的基础上平反9起冤案，为554位同志恢复名誉。同年5月，新乡师范学院为340位同志恢复名誉。

在高等教育方面，1978年，教育部下发《关于加强和发展师范教育的意见》，着力支持恢复和发展高等师范学校。河南省高等师范教育也重新焕发生机。1977年，中断10年的高考制度得以恢复。河南高等教育迎来了快速发展期。“1978年，国家批准河南增设10所高等院校，其中6所为师范院校。这样全省高等师范院校恢复到8所，在校生12 210人。1983年发展到9所，另设4处大专班，在校生规模18 747人，学校数和学生数分别比1978年增长12.5%和53.5%。1983年河南省高等师范院校共有专任教师3169人，是1978年时的1731人的1.83倍。”②一些学校还对本校的教学质量进行整顿提高。开封师范学院为保证基础课教学质量，制定10项具体可行的措施。其内容涉及教材教法、教学时间以及教师选派等诸多方面。总之，通过对中等师范教育、高等师范教育及中小学教师培训制度的重建，我国教师教育工作重新走上了健康发展的轨道。

① 赵立周，樊丽娜. 河南教师教育发展历程回顾[J]. 郑州师范教育，2016，5（1）：21.

② 河南省教育厅. 必读!今天我省教师教育事业迎来一件大事！附改革开放40年河南教师教育发展历程全解析![EB/OL].（2018-08-31）[2021-01-23]. https://www.sohu. com/a/s251215376_348771.

（二）教师教育恢复、改革与探索时期（1986—1993 年）

河南师范大学前身是创建于 1923 年的中州大学（今河南大学）理科，1953 年与平原师范学院合并，改称河南师范学院，后更名为新乡师范学院，1985 年更名为河南师范大学。1956 年，河南师范学院（新乡二院）升格为新乡师范学院。1956—1965 年共招收学生 6708 人，毕业学生 6007 人。1966 年，“文化大革命”开始，学校遭到了严重的摧残和破坏。1975 年开始，学校恢复文科专业，进入文理共同建设和发展时期，在专业设置上仍以理科为主。1976 年，粉碎“四人帮”以后，通过拨乱反正和一系列的建设改革工作，学校走上了振兴发展的道路。1985 年 6 月，新乡师范学院更名为河南师范大学。2012 年 11 月，河南师范大学入选“中西部高校综合实力提升工程”。2014 年，入选首批国家“卓越农林人才教育培养计划”、首批“卓越教师培养计划”。2015 年 8 月，河南省人民政府与教育部正式签署意见，双方合作共建河南师范大学。2017 年，河南师范大学入选国家“111 计划”。

1985—1993 年是我国师范教育的改革与探索期。1985 年以来，河南省继续把师范教育的发展作为重点工程，形成了以河南大学、河南师范大学、信阳师范学院为龙头和骨干，以 10 所高等师范专科学校为基础的高等师范群体。1986 年，河南省拥有中等师范学校 41 所，为建立标准化师范学校，河南省在 1987 年全国财政紧缩的情况下，对中等师范教育的投资力度仍未减少。1988 年，河南省 18 所中等师范学校被省委批准为首批实现办学条件标准化学校，分别是“郑州师范、郑州幼师、开封市二师、商丘师范、淮阳师范、许昌师范、漯河师范、驻马店师范、潢川师范、南阳师范、邓县师范、洛阳市一师、平顶山师范、汲县师范、安阳二师、濮阳师范、焦作师范、鹤壁师范”①。1991 年，河南省教育委员会对首批办学条件标准化学校进行检查验收，最终确认 14 所基本达到和已经达到要求。随后又确定荥阳师范等 18 所中等师范学校为第二批实现办学条件标准化学校。

（三）教师教育法制化与深化发展时期（1994—2001 年）

1993 年，中共中央、国务院发布《中国教育改革和发展纲要》（简称《纲要》），河南教育事业认真贯彻、实施《纲要》，并于 1994 年出台《关于〈中国教育改革和发展纲要〉的实施意见》，此后，河南省根据《纲要》所确定教师队伍建设的基本精神，积极加强师资培养培训工作。河南省于 1997 年 9 月召开河南省师范教育工作会议，确定了师范教育在整个教育事业中优先发展的战略地位，明确政府投入是河南师范教育资金来源的主渠道，并提出要把师范教育改革发展重点从扩

① 河南教育通史编纂委员会. 河南教育通史[M]. 郑州：大象出版社，2004：333.

充数量转变到提高质量、优化结构、提高效益上来。这标志着河南省教师培养培训工作由以规模、数量为主，发展到以提高质量和效益为主的转变上来。根据会议工作精神，各级政府及行政部门积极贯彻、认真执行，河南省的教师培养培训工作取得了突出成就。主要体现在以下几个方面。

首先，政府加大对教师教育的资金投入力度，教师社会地位不断提高。河南省政府积极贯彻《纲要》和1997年河南省师范教育工作会议的精神，十分重视教师教育事业的发展。为了保证教师教育事业发展的需要，在一些教师教育发展的项目上投入了大量资金。“首先是投资河南职业技术师范学院进行新址建设，并投资进行了信阳师院图书馆和河南师范大学文科楼建设。其次是投资进行省属师专标准化建设，包括安阳师专教学楼、周口师专图书馆、商丘师专实验楼、许昌师专办公楼、洛阳师专图书馆和南阳师专学生宿舍的建设。”[①]此外，河南省还投入大量资金做好中小学和省属高校教师的住房建设工作。1994年，河南省多渠道筹措资金1.5亿元，用于城市中小学教职工的住房建设；1997年，河南省用于城镇中小学教师公租房建设的资金达4.41亿元；1998年，河南省政府两次召开常务会议研究高校筒子楼改造问题，决定投入7800万元改造资金，并用三年时间将筒子楼改造改造完毕。为解决教师工资拖欠问题，河南省委省政府在1994年决定采取综合治理措施，建立保障机制，印发了《关于保证中小学教师工资按月足额发放的决定》。建立教育经费和教育费附加管理体制，尽力保证教师工资按月如数发放。由此可见，河南省政府对教师教育发展的投资力度之大。这一系列措施改善了师范院校的教学条件与教学环境，同时也提高了教师的职业幸福感，教师职业也得到了更多人的认可与尊重。

其次，初步形成了具有河南特色的教师教育体系。为了建设一支与我国教育事业发展相适应的教师队伍，国家教委印发了《关于“九五”期间全面加强中小学教师队伍建设的意见》，该意见成为“九五”期间全国中小学教师队伍建设的指导性文件，要求各地结合教育改革和发展的实际情况采取有效措施，使教师队伍建设的目标任务落到实处，将中小学教师队伍建设推向新的发展阶段。河南省在“九五”期间积极推行教师教育的体制改革。职前教育层次重心逐渐上移，尤其是高师本科院校获得较快发展，专科教育得到加强。中师教育停止招生，资源重组的效益较为明显。鼓励普通高等师范院校积极参与教师培训，建立职前教育与职后培训相结合的一体化培养制度。中等师范院校长期担任着培养培训中小学师资的任务，此外，全省的教师进修院校也是培养新型师资的重要基地。河南省各地党政领导和教育行政部门高度重视教师进修院校的建设，投入的资金有力地改善了各校的办学条件。教育行政部门要求各学校树立面向农村、面向中小学、

① 河南教育通史编纂委员会. 河南教育通史[M]. 郑州：大象出版社，2004：455.

为广大教师服务的指导思想，将计划行动落到实处，取得了较为突出的办学效益。党政领导的积极作为使得河南省教师进修院校的管理工作逐步走向科学化、规范化，并提高了教育教学质量，为基础教育的发展做了巨大贡献，同时也为做好中小学教师继续教育工作奠定了良好基础。

最后，深化师范院校教育教学改革，不断提高教育教学质量。在中等师范教育方面，积极组织各部门力量研究制定了中师办学水平的评估方案，并且开展教育思想、教育观念大讨论，讨论涉及中师的办学思想、培养模式、课程改革等内容。此外，加大教学改革的力度，开展教学质量的评比，成立课堂教学改革研究和指导小组，深入学校听课、观察、评课，提高课堂的教学效率，全面提高教育质量。同时，为了促进全省中师教学技能训练水平的提高，举办全省中师学生教学基本功比赛，培养学生对现代教育技术的应用能力，大大提高了中师的师资水平。在高等师范教育方面，河南省更加重视进行课程体系和教学内容的改革，希望通过加强实践环节的训练，深入开展教师职业技能训练和现代技术的教学，提高师范生的教学技能和教学水平。其中，河南师范大学探索校外实习、校内实习、校外校内实习相结合的实习模式，与新乡市 15 所中学达成了建立“河南师大教育实习基地”的协议，使学校拥有了一批相对固定的教育实习基地，加强了对学生的实践环节的培养，增强了师范生的职业技能。各师范高等专科学校也积极推进校内各项改革。加强师资队伍建设，把强化对师范生的专业教育和职业技能训练作为全部工作的中心。此外，一些学校还进行了培养专科学历小学教师的尝试。

（四）教师教育多元化、专业化发展时期（2002 年至今）

首先是对开放化师范教育体系的探索。2001 年 5 月 29 日，国务院召开了全国基础教育工作会议，印发了《国务院关于基础教育改革与发展的决定》。这是我国教育政策文本中首次使用“教师教育”概念替代“师范教育”概念。二者的区别主要在于，师范教育更加强调突出教师的职前培养。而教师教育则把职前培养、入职教育和在职培训视为一个有机整体，将教师教育视为一个可持续发展的终身教育，强调教师专业发展的可持续性。此前，河南省教师教育的职前培养由师范院校负责，而教师教育的职后培训任务则由教育学院、教师进修学校承担。2000 年以后，教育学院逐步撤并，有的升格为师范专科学校，有的转变为高职院校，还有的通过合并升为本科院校。河南教育学院自 1993 年开始招收普通高等教育专科学生，是全省唯一一所以培养培训中小学教师、教育行政干部为主的省属成人本科高等师范院校。河南教育学院自 2004 年开始与河南师范大学联合招收普通高等教育本科学生。这一转型意味着原有的独立的教师教育培训体系基本瓦解，在客观上推动了河南省教师教育职前职后一体化的进程。2010 年由教育部会同财政部启动实施的“国培计划”，旨在提高中小学教师的整体素质，尤其是加大对中西部农村教师培训的支持力度，促进教师教育改革，推动高等师范院校面向基础教育，更好地服务于基础教育。河南大学、河南师范大学与郑州师范学院等高校纷纷承担起“国培计划”的任务，积极开展相关的培养训练。这一方面提高了本校开展教师教育的能力，提升了本校教师教学水平，另一方面加速了河南职前职后教师教育一体化的进程，提高了河南教师教育的质量。

其次是教师教育参与主体的多元化。改革开放40多年来，我国教师教育自身经历了从“定向封闭的办学体系”向“非定向开放办学体系”的转型。在转型过程中，又不断在定向与非定向封闭还是开放间进行动态调整，最终呈现出现在这种“多元化教师教育实践样态”。[①]河南省高中阶段师资队伍建设的重点就是在于补充师资。而现有的高师本科院校的招生规模远远不能满足高中教育的需求。因此河南省鼓励综合性大学和其他非师范类高校参与教师教育。在国家政策的指引下，河南省初步完成了新时期师范教育院校的布局调整。河南教师教育参与体系不仅包括师范院校，也包含非师范院校，体现出参与主体的多元化。其他非师范院校的参与是教师教育体系打破封闭局面、走向开放的显著特征之一。

最后是教师教育专业化程度的提高。2011年10月，教育部颁布《教师教育课程标准（试行）》，规定了教师教育的课程要求。2012年2月教育部颁布《幼儿园教师专业标准（试行）》《小学教师专业标准（试行）》《中学教师专业标准（试行）》，强调专业标准是教师实施教育教学行为的基本规范。在国家政策与法规的引领下，河南省教师教育的发展也呈现出了法制化、专业化的趋势。河南师范大学在2014年本科招生计划中，招生专业共有79个，其中师范专业25个，非师范专业54个，师范专业约占31.65%，而非师范专业约占68.35%。可见，非师范专业优势明显，河南师范大学的综合化发展趋势明显。积极推动师范院校融入高等教育体系，有利于师范院校充分利用综合性大学的各种资源，能够提高教师教育体系的学术含量。综合性院校举办教师教育也将成为未来教师教育的发展趋势。截至2016年5月，河南大学拥有12个师范专业，设教师教育硕士点及博士方向，并成立教师教育学院。值得一提的是，河南大学教育科学学院的教育学专业是国家级特色专业，并且是国家级专业综合改革试点专业之一，其教师专业发展课程被评为国家级教师教育精品资源共享课程。这也有力地推动了河南省教师教育专业化向纵深方向发展。

通过对河南省师范教育100多年发展历程的梳理，我们发现河南省不同类别的师范教育在不同的历史时间阶段和不同的政治经济背景下，其发展规律与特点都是不尽相同的。从清末到民国，河南省师范教育的发展经历了萌芽与维持发展阶段；社会主义改造时期，河南省师范教育得到一定程度的发展；社会主义探索

① 吴云鹏，唐卫平. 案例教学与教育学教师实践教学能力的发展[J]. 教育评论，2011，（1）：69-71.

时期以及“文化大革命”时期，河南省师范教育受到了一定程度的损失；再到改革开放以来，我国师范教育得到了稳步发展，河南省师范教育也在学习探索中不断迈上新台阶。

第二节　河南省教师教育的历史审视

知史以明鉴，查古以至今。历史就像一面镜子，了解历史发展事迹可以少走弯路，历史是前人知识、经验与智慧的汇总，我们需要借助前人留下来的丰厚财富为今后的发展指明道路。因此，在前文的基础上对河南省各个时期师范教育的发展进行审视和分析，总结其发展的经验特点与不足之处，对于河南省乃至我国整个师范教育的发展具有不可替代的参考价值。

从河南省教师教育发展的历史以及政治、经济、文化对河南省的影响可以看出，河南省始终关注教师培养，重视教师教育的发展，不断致力于探索建立河南省教师教育文化，这是河南省作为一个人口大省能够办好教育的基础与前提。当然，不同的政治文化背景下，河南省教师教育的发展也呈现出不同的特点，以下笔者将对河南省教师教育在不同时间段的发展特点进行梳理。

一、河南教师教育的萌芽阶段（1897—1922 年）

清末民初时期，我国开始打开国门向西方学习，同时封建教育体系逐渐瓦解，资产阶级新教育制度出现萌芽。河南省许多有识之士也进行了诸多教育改革的探索，其中不乏师范教育的改革。河南省著名教育家李时灿积极主张师范教育应向西方学习，坚持“中学为体，西学为用”。随着师范教育的改革，河南省师范生的培养目标也更为明确。但是封建文化历经几千年的发展早已根深蒂固，因此封建色彩一时难以完全摆脱，河南省师范教育的课程设置仍有不合理之处。此外，这一时期河南省还有一支塾师队伍，塾师水平的参差不齐也成为这一时期河南省师范教育的一大特点。

第一，师范生培养目标明确。这一时期河南省对于师范教育的培养目标较为明确：初级师范教育承担培养小学教师的任务，优级师范教育承担培养中学教师的任务。课程设置全面严密，并且规定除了学习好专业知识外，还要进行实地练习，以帮助师范生将所学理论知识和实践联系起来。这为此后河南省教师教育的发展奠定了基础，在一定程度上体现出教师专业化的色彩。

第二，“中学为体，西学为用”。清光绪二十七年（1901 年），清政府被迫签订丧权辱国的《辛丑条约》，标志着清政府成为帝国主义列强在中国的代理人。随后，清政府迫于国内资产阶级要求改革教育的压力，在教育上进行“改良”。

河南省著名教育家李时灿在这种有利环境下积极引领河南省各级新学的创办。在师范教育方面，他兼任河南优级师范学堂堂长。当时，优级师范学堂的许多教师会直接用外语教授物理、化学，在提高学生学习外语积极性的同时，也使得现代科学知识较快地传播开来。李时灿十分重视师范教育，他倡议设立优级师范专门学校，对师范教育的重要性进行了正确定位。在对教师队伍的培养上，李时灿强调要重视学习外国先进经验，使得河南优级师范学堂的教学质量迅速得到提高。

第三，封建色彩浓厚。师范教育萌芽于清末时期，受科举制影响，当时的官本位思想十分突出。1905 年 12 月，清政府设立了学部，学部在《奏请宣示教育宗旨折》中提出了“忠君”“尊孔”“尚公”“尚武”“尚实”的教育宗旨。在清政府教育宗旨的引领下，河南学务公所颁布《河南学务公所章程》。无论清政府还是河南省的教育宗旨，忠君都是首位的，并且十分强调儒家的传统思想。可见，当时封建思想十分严重，这种封建思想在一定程度上限制了河南省乃至全国的教师教育发展。

第四，课程设置不合理。19 世纪末，我国以“中学为体，西学为用”为指导思想，河南省师范教育也受此影响，在课程设置上，既包括经学、人伦道德、修身、中国文学等课程，又包括中文史学、中外舆地学、外国文学等课程。比如，“师范传习所课程有修身、教育、国文、中国史、外国史、地理、格致、博物、理化、算学、图画、音乐、体操”①。有些地方还根据各地实际情况加设外语、农、商等科目。但是，此时期课程内容繁杂，科目繁多，课时繁重，课程设置缺乏弹性。学生缺少课外活动与课外阅读的时间，影响学生自主性的发展。此外，河南省师范院校的课程设置中缺乏专门讲授教材教法的课程，缺乏对师范生在学科教学方面的专业练习。师范生的教育实习被统一集中安排在最后一学年，不利于学生将理论应用于实际，易导致理论学习与实际教学相脱离。

第五，塾师队伍水平相差悬殊。清末河南省建有私塾 3 万余所，是全省基础教育的重要教学场所。私塾作为一项重要的教育制度主要分为三类：义塾、专馆和散馆。不同类型的私塾教学内容也不尽相同。私塾的建立与发展自然需要专门的教师——塾师。当时，塾师队伍较为庞大，但是水平差异悬殊。义塾塾师多为当地儒生；专馆塾师大多对程朱理学相当精通，先教学生较为初级的基础知识，后讲授理学著作和儒家经典，其目的是帮助童生参加科举考试；散馆塾师多为秀才或其他有文化的人。在这些塾师中，有的是“不畏权贵”“不屑仕进”的正直文人，有的是“厌烦世俗”“乐于隐居”的孤傲教师，也有以“传道受业”为己任的儒生，但是更多的还是为养家糊口而不得不教书的穷秀才。塾师作为当时教师队伍的重要组成部分，为当时的基础教育发展起到了积极的推动作用。

① 张玉峰. 清末郑州新式教育述论[J]. 中共郑州市委党校学报，2019，（5）：104-108.

二、河南教师教育的初建（1923—1949 年）

1923—1949 年，河南省经历了南京国民政府时期、抗日战争时期以及解放战争时期三个时期。总体而言，在这一时间段内河南省重视乡村师范教育的发展，使得教师教育的体系更加完善；由于战争的需要，河南省的师范教育在课程设置方面密切联系实际。但是受战乱的影响，河南省师范教育经费不足，再加上县立师范教育的盲目扩张，导致河南省县立师范教育教学质量下降。

第一，乡村师范教育得到重视，教师教育体系进一步完善。此前的乡村师范学校大多是教育界人士自发组织或学校自发建立的，并没有取得政府的认可。但随着 1932 年《师范教育法》、1933 年《师范学校规程》的颁布，国民政府逐步确立了乡村师范学校在教育体制中的地位，进一步完善了教师教育体系。河南省的百泉乡村师范学校于 1931 年 8 月在辉县城北五里的百泉村创建,该校的创设受陶行知创办的晓庄师范学校影响较大。百泉乡村师范学校十分重视教师队伍的建设，所聘教师大多具有丰富的教学经验以及较高的学术水平。“如在南京栖霞山乡村师范任教多年富有教学经验的仝菊圃、吴雪帆，晓庄师范毕业的戴自庵、王瑞甫等。”[①]此外，百泉乡村师范学校的招生制度、教学方法、教学时间、课程设置、教育实习制度、学生管理方式等方面都在结合当地实际情况的条件下办出了特色。这在河南省甚至是我国历史上为乡村教育改革的实践留下了极具特色的一笔。

此外，为发展农村自治事业，解决乡村师资紧缺的现状，彭禹廷于 1933 年积极倡导并建立宛西乡村师范。其开设课程主要包括教育讲义、教育论文等内容，语文、数学、历史、地理、美术、体育等课程也都有开设。宛西乡村师范坚持政教合一的原则，鼓励本校学生到乡村小学当教师。宛西乡村师范学校的教育对象主要是农民贫困者。为减轻农民负担，学校还计划采取一整套资助贫穷困难学生求学的措施。然而随着反动封建旧势力的反扑，触动封建旧势力利益的彭禹廷被暗杀，他所设计的关于乡村师范教育的美好蓝图也化为泡影。但是不可否定，彭禹廷进行的乡村教育实验在全省和国内都是极具特色和较有影响力的。

第二，课程设置密切联系实际。1927 年，以蒋介石为首的国民政府发动内战，河南省的师范教育的课程设置也随战争做出了相应调整。河南省教育厅于 1934 年对省立师范学校的教学科目及具体的教学安排做出修正，在军事科目方面重视军事训练、军事看护等训练项目。“河南县立师范学校的课程设置除包括一般的师范教育学课程外，还设置了大量的适应农村社会的课程，如植物、动物、肥料、作物、畜牧及造林、地方自治、乡村社会及问题研究等学科。这些学科共计 51

① 吕霞飞. 河南省立百泉乡村师范学校初探[J]. 河南科技学院学报（社会科学版），2016，36（11）：26-29.

学分，占学分总数的 27%还多。”[①]可见河南省师范院校的课程设置密切联系社会现实与基本国情，培养的师范生也能够更好地适应社会发展需要。

第三，县立师范教育质量下降。河南省于清末时期开始创办县立师范教育，如西华县立师范讲习所、扶沟县立师范讲习所等。但由于河南省在清末及民国初期经历多次战乱，各县因战乱破坏严重，省内局面不稳定，政府无暇顾及教育，因此县立师范教育发展缓慢。直至 1928 年国民党在形式上统一全国，河南师范教育在稳定的政治局面下得以发展。但 1930 年又爆发中原大战，河南师范教育的发展再次受到影响，县立师范院校在这一时期艰难发展。许多县建立了师范学校，但由于受经费和其他外部条件的限制，学校规模普遍不大，县立师范学校主要是简易师范学校以及简易乡村师范学校。1931—1936 年，全国简易师范学校数量增幅较大，究其原因是基础教育对师资需要较多，而师范教育由于发展缓慢无法满足基础教育对师资的需求。所以，全国各地包括河南迅速兴办简易师范学校，如此迅速地发展，其培养质量自然不高。教师多忙于应付课程教学工作，无暇顾及自身教育理论与实践技能的提升，导致师资水平下降；教育行政部门也将发展重点关注于如何短期内大量培养师资，而缺乏对师范教育的长期规划与布局，影响河南省师范教育后期的健康发展。

三、河南教师教育的振兴（1950—1956 年）

1949 年，中华人民共和国成立，揭开了中国教育的新篇章，河南省的教师教育也由此翻开了崭新的一页。1949—1956 年，我国十分重视提高教师的政治地位与薪资待遇，在党和政府的领导下，河南省教师队伍政治文化素养得到进一步提升。河南省政府根据党中央的相关精神，加强对河南省教师队伍的领导，积极实施教师教育改革，河南省教师教育事业得到振兴。

第一，教师政治地位和工资待遇得到提高。中华人民共和国成立后，党和政府十分重视提高教师的政治地位与社会地位。随着党的知识分子政策的贯彻实施，各级人民政府积极吸收教师代表参加党代会、人代会和政协会，邀请教师广泛参加社会政治活动，河南省人民教师的政治地位不断提高。河南省于 1951 年成立中国教育工会河南省筹备委员会，全省教育工会成员为 15 000 人，到 1956 年迅速发展至 93 106 人，工会会员在全体教职工中的比例占到 66%，使教师队伍成为工人阶级的一部分。[②]中华人民共和国成立之初，河南省各级各类学校教职工的工资待遇并不统一，一些地区实行供给制，一些地区实行实物制。随着国民经济的恢复和发展，在河南省委、省政府的领导下，河南省开始逐步改革和调整全省教

① 李刚. 1928—1937 年的河南师范教育研究[D]. 合肥：安徽大学，2017.

② 河南教育通史编纂委员会. 河南教育通史[M]. 郑州：大象出版社，2004：37.

职工的工资制度。1952 年，河南省实施了以工分为单位的工资标准，初步统一并提高了各级各类教职工的工资标准；1954 年，河南省又根据政务院规定，废除原定的工资标准并制定新的工资标准，新的标准以地区为标准分为省辖市以上城市和一般地区两类，并且在 1952 年工资等级不变的基础上，增加了各级工资分；1955 年，河南省根据国家规定统一加发物价津贴；1956 年，河南省又对各级各类学校教职工工资进行改革，小学教职工的工资待遇有了较大幅度的提高。“从 1953 年到 1956 年，全省教职工工资平均增加了 13%。”①

第二，教师政治文化素养得到提高。中华人民共和国成立初期，河南省为逐步建立起一支适应本省教育发展的人民教师队伍，积极采取措施，通过建立各级师范院校、开办短期轮训班、短时班、专修班等进修学校，不断扩充教师队伍，提高教师政治业务文化水平。1949 年，河南省人民政府派出党员干部管理学校，取消国民党时期的训育制度，开设马克思列宁主义等政治课程，在广大教师中进行爱国主义教育。为切实提高教师队伍的政治业务水平，帮助其强化为人民服务的意识和专业精神，1950 年，河南省教育厅制定了各级学校在职教师轮训办法，轮训办法的基本方针是通过理论政策的学习，达到改造思想、提高教师业务水平的目的。此外，为提高中等学校师资水平，河南省文教厅举办了中等教育师资专修班；为提高广大乡村小学教师的政治业务和文化水平，河南省文教厅提出开办小学教师星期日进修学校。通过轮训班、专修班以及星期日进修学校等培训活动的开展，全省中小学教师的政治业务水平得到较大幅度的提高。

第三，政府加强对师范教育的领导。19 世纪 50 年代初，教育部指示要建立健全学校领导管理体制。根据指示，河南省教育厅对全省基础教育实行统一领导、分级管理的办法。1950 年，河南省人民政府确定县（市）立初级师范学校报省人民政府批准，由县（市）人民政府领导；省立师范学校由省人民政府设立，省教育厅统一领导，学校日常行政工作则由学校所在地的专员公署或市人民政府领导。“1956 年，根据师范学校规章和教育部《关于试行师范学校规程指示》精神，河南省确立中等师范学校设立、变更与停办，由省人民委员会决定，省教育厅统一领导。日常行政管理则委托专、市人民政府负责，县级不再设立中等师范学校。”②1954 年，政务院提出各级教育行政部门应实行“统一领导，分级负责”的原则，各级各类学校的行政管理与业务指导均由省（市）或县（市）分别负责，因地制宜。

第四，积极实施教师教育改革。1949 年 9 月，中国人民政治协商会议第一届全体会议通过《中国人民政治协商会议共同纲领》，规定“人民政府应有计划有

① 河南教育通史编纂委员会. 河南教育通史[M]. 郑州：大象出版社，2004：35.

② 河南教育通史编纂委员会. 河南教育通史[M]. 郑州：大象出版社，2004：15.

步骤地改革旧的教育制度、教育内容和教学方法”。因此，河南省从新中国成立之初就十分重视教学改革。在培养小学和幼儿园师资方面，1950 年河南省文教厅颁发短期师资训练班设置办法，1952 年重新颁发短期师资训练班实施办法，对课程设置进行改革，坚持师范学校和各科教学要面向小学实际、坚持理论与实际相结合的原则。1953—1955 年，河南师范学院及全省各高校陆续进行了一系列以教学内容为主、兼及教学方法与教学形式的教学改革。一系列的教学改革活动，提高了学生专业学习的能力，使得学生的专长和爱好得到较好的发展。师范生在德、智、体、美等诸方面都取得了较为明显的进步，河南省师范教育的教学质量得到提高。

四、河南教师教育的冒进（1957—1966 年）

1956—1966 年，我国经历了反右派斗争与“大跃进”运动，河南省的教育受此影响也具有反右与教学两不误、教师教育盲目冒进的特点。此外，由于反右斗争渗入校园、教师教育的盲目发展导致许多教师无心教学、教学秩序混乱。

第一，反右与教学两不误。1958 年 5 月，中共中央副主席刘少奇在中央政治局扩大会议上提出：“我们国家应该有两种主要的学校教育制度和工厂农村的劳动制度同时并行。一种是现在全日制的学校教育制度和现在工厂、机关里面八小时工作的劳动制度。这是主要的。此外，跟这种制度相并行，也成为主要制度之一，就是半工半读的学校教育制度和半工半读的劳动制度。”[①]但是当时并未实施。随着国民经济的好转，1964 年国家主席刘少奇再次提出了实行两种教育制度的主张。“1965 年 9 月 4 日，河南省人民委员会批准郑州大学政治系一、二年级，开封师范学院（今日的河南大学）政治教育系一、二年级，河南农学院农学系一年级开始试行半工半读教育制度。开封师范学院（今河南大学）政治教育系一、二年级师生 150 余人当即愉快地去到嵩县陆浑，在那里认真举办半工半读教学班试验。”[②]开封师范学院（今日的河南大学）师生积极参加半工半读教育制度的试验，边学习边劳动，用自己的双手解决学校经费不足问题的同时，也减轻了学生家庭的经济负担。在教学内容上贴近当地农业、工商业经济发展需要，有利于地方经济的快速发展。师范生在地方进行工作和学习，有利于加速提高全民族的文化教育水平，缩小城乡差距，也使得河南省形成了一支有着相当数量的民办教师队伍。

第二，教师教育盲目扩张。1957 年 11 月 13 日，《人民日报》发表社论，提

① 中华人民共和国国务院新闻办公室. 1958 年 5 月 30 日 刘少奇提出，我们国家应该有两种主要的学校教育制度和工厂农村的劳动制度同时并行[EB/OL].（2011-05-30）[2021-01-03]. http://www.scio.gov.cn/wszt/wz/document/921971/921971.htm.

② 河南教育通史编纂委员会. 河南教育通史[M]. 郑州：大象出版社，2004：99.

出了“大跃进”的口号。河南省于同年 12 月提出，从 1956 年算起，要在 12 年内基本扫除全省青壮年文盲，并且要在 7 年内争取让所有的适龄儿童都能入学。1957 年，刘少奇来河南视察，发动群众办学。同年暑假，河南省教育厅组织师范毕业生 8000 多人奔赴全省农村、城镇参加宣传和发动工作。1958 年，河南省迅速掀起了大办学校的运动，因为没有足够的校舍和教师，一些学校“穿靴戴帽”将中学改为大学，中专升格为大学，其中不乏师范学校。群众办学的方式虽有利于满足群众对文化的需求，但在实际过程中存在操之过急的问题，再加上省教育行政部门未能及时进行引导和纠正，任凭群众不切实际地、冒进地大办各级各类学校，对以后教育的发展带来了沉重的负担。尤其是教育行政部门对教育权的下放，造成形式主义泛滥、群众办学更加盲目，河南省的教育事业包括教师教育事业的发展呈现出盲目扩张的混乱状态。

第三，教学秩序混乱，教师工作重心偏离。1957 年，中国共产党为解决人民内部矛盾进行的整风运动转向反击右派的敌我斗争。随后，《河南日报》发表《反击右派分子的猖狂进攻》，使河南教育界反右派斗争严重扩大化。反右派斗争给许多教师造成“左”是方法问题、“右”是立场问题的错觉，所以一些教师在实际工作中简单地采取群众运动的方式解决教育问题，忽视教学规律和教学原则，也助长了河南省此后教育的盲目跃进。反右斗争的开展也使得教师工作重心发生偏移，虽然河南省教育厅规定要坚持“反右、工作两不误”，但实际上许多教师白天要学习文件、搞大辩论、开批斗会，晚上要通宵写大字报，甚至一些学校停课搞运动。诸如此类的活动严重影响了教师正常的教学工作、科研工作和日常生活，造成教师精神高度紧张、无心教学，最终对河南省教育的发展产生了不利影响。

五、河南教师教育的混乱（1967—1976 年）

这一时期爆发了“文化大革命”运动，河南省的教师教育几乎处于停滞状态、教师队伍遭到严重摧残，许多教育学者惨遭批斗、政治斗争渗透校园，严重扰乱教师的教学工作。

第一，教师教育几乎处于停滞状态。中等师范教育方面，据统计，截至 1969 年，全国中等师范学校有 373 所。虽仅比 1965 年减少了 21 所，但在校学生数比 1965 年的 155 004 人大约减少了 90%，仅剩 15 234 人。[①]河南省的中等师范学校也被迫停止招收新生，中等师范教育的发展举步维艰，随之造成小学教师的数量严重不足，初等教育的质量也严重下滑。高等师范教育方面，1966 年 7 月发布了《中共中央、国务院关于改革高等学校招生工作的通知》，提出高等学校招生考试

① 中华人民共和国教育部计划财务司. 中国教育成就 统计资料 1949—1983[M]. 北京：人民教育出版社，1984：147-149.

不利于吸收更多的工农兵革命青年进入高等学校，必须进行改革调整。根据该通知指示，各地高等师范院校停止招生半年，并且陆续停课闹革命，全盘否定中华人民共和国成立之初高等师范院校的培养目标和组织制度。河南省高等师范院校的发展也进入了冰封期，停止招生长达 6 年之久，直到 1972 年才恢复招生。首批招生的高等学校有开封师范学院、新乡师范学院和洛阳农机学院三所高校。招生实行群众推荐、领导批准和文化课考试相结合的办法。

第二，教师队伍遭到摧残。虽然河南省广大师生奋力抵制“文化大革命”，但是这场运动使得河南省教育战线上的广大教育者受到严重迫害。至 1966 年 8 月，河南省大专院校教师、干部约 8000 人，其中遭到迫害者达到 2000 余人，百余名教授、副教授全部被打成“资产阶级反动学术权威”，将近 20 000 名骨干教师被当做资产阶级知识分子的典型代表。[①]当时许多教师被下放至农村插队落户，广大干部、教师被赶往条件艰苦的农村进行劳动改造，“这次下放，各校师生从事农业生产劳动均在 8 个月以上。重新返城后仅两三个月，林彪的所谓‘第一号令’下达，以‘加强战备，防止敌人突然袭击’为名，命令城市疏散人口，全省所有大专院校、中专学校的教职工（包括老弱病残），又被分别赶往农村”[②]。知识分子被迫从事繁重的体力劳动，而舍弃知识和技术，使得知识分子的自尊心和自信心受到了严重挫伤，也使得河南省教师队伍元气大伤。

六、河南教师教育的重建（1977—1993 年）

1976 年“文化大革命”结束，随着党中央拨乱反正，河南省的教师教育迎来了“春天”，获得了全面发展。这一时期，河南省积极加快教师队伍建设，提高教师的社会地位和工资待遇，教师教育秩序得到恢复，教师教育的质量得到全面提高。

第一，教师教育迎来了“春天”。1977 年 10 月，《河南日报》刊登题目为《高考制度的改革，完全表达了我们的心愿》一文，向全省公布高校招生考试的消息，在社会上产生了强烈反响。河南省广大教育工作者、青少年学生以及职工干部等群体对这项改革措施赞不绝口。河南省将师范教育的发展作为重点工程，以期建立职前与职后相结合、普通师范教育与职业师范教育相结合的师范教育体系。河南职业技术师范学院 1989 年在新乡新址开工修建，且被列为省重点工程，主要培育职业教育方面的师资。在加强正规师范教育的同时，河南省还大力开展在职教师的培训工作，使得长期奋斗在一线工作的教师获得进修学习的机会，提高了河南省教师的各项教学能力以及知识素养。河南省为提高教师素质强调办好各级

① 河南教育通史编纂委员会. 河南教育通史[M]. 郑州：大象出版社，2004：157.

② 河南教育通史编纂委员会. 河南教育通史[M]. 郑州：大象出版社，2004：158.

教育学院，根据教育学院的地区分布情况，将其划分为豫北、豫南和陇海铁路沿线协作区，且加强了各教育学院之间的联系与协作。进入20世纪90年代，河南省为适应小学教师由学历补偿教育向继续教育转轨的需要，积极建设教师进修学校并加强管理，对进修学校的性质、指导思想、办学对象、办学经费、教师队伍等都做了明确规定，并且在后期根据规定的标准进行验收，使进修学校获得稳定发展。

第二，教育教学秩序得以恢复。十一届三中全会之后，教育部对河南省高校进行重新调整。河南省也集中精力致力于整顿混乱的教学秩序，并于1978年12月召开全省教育工作会议，要求各高校包括师范院校认真贯彻执行全国教育工作会议的精神，将工作重点放在恢复提高教学质量上。信阳师范学院对基础课的教学实行定课程、定主讲老师、定教材、定要求，加强教学管理，吸引富有经验的中年教师到基础课的教学一线。为切实提高教学质量，河南省教育厅除了召开会议对工作提出指导意见外，还非常重视教学质量工作的检查。“1980年，省教育厅组织郑州大学、新乡师范学院（现为河南师范大学）等10所院校的领导参加了河南师范大学（现河南大学）的检查工作。”①教学质量的检查验收一方面有益于促进一线教师根据检查部门的反馈意见不断提高自身教学能力，另一方面也促进全省的教育领导者到教育一线收集资料，掌握教学一线的实际情况，制定更有针对性的措施以切实提高教学质量。在河南省政府的积极领导与支持下，河南省各高校的教育教学秩序得以恢复，教学质量得到明显提高。

七、河南教师教育的新时期（1994年至今）

自20世纪末至今，随着教育的改革以及教师教育的发展，河南省的教师教育呈现出新特点。如教师的专业化逐渐得到认同，教师教育职前职后发展也趋于一体化。当然，时代的进步也对教师提出了新的要求，人们对教师的信息素养以及道德素质提出了更高的要求。

第一，教师专业化逐渐得到认同。20世纪与21世纪之交，我国基础教育已经得到长足的发展，人们对于教与学的质量提出了更高的要求。2012年教育部颁布《幼儿园教师专业标准（试行）》《小学教师专业标准（试行）》《中学教师专业标准（试行）》，为中小学教师培养、准入、培训、考核等工作提供了重要依据，为推进教师教育专业化提供了基本遵循。随后，河南省于2012年开始对幼儿园及中小学教师进行培训，并颁布《河南省中小学幼儿园教师培训课程标准（试行）》，要求各单位根据该标准，设置中小学幼儿园教师培训课程，研究制订实施方案。2014年河南省发布了《关于开展河南省中小学校长〈校长专业标准〉远程

① 河南教育通史编纂委员会. 河南教育通史[M]. 郑州：大象出版社，2004：178.

专题培训的通知》，以期加强校长队伍建设，促进中小学校长的专业化发展。2016年，河南省出台小学教育专业全科教师培养标准，呼应教育部发布的《小学教师专业标准（试行）》以及《教师教育课程标准（试行）》，对全科合格教师提出专业素养的基本要求。这一系列方案与标准的出台与实施，使得河南省各级各类教师的专业素养得到重视与提高，广大人民群众对教师专业化的认可度也有所提高。

第二，教师教育职前职后发展也趋于一体化。近年来，河南省不仅重视对在校师范生的培养，而且对教师的入职教育和职后培训也给予了高度关注，注重教师的职前职后一体化发展。针对教师的入职教育，河南省于2014年举办2014届免费师范毕业生岗前培训班，河南省教育厅副厅长尹洪斌以及北京师范大学教授梁威、河南大学副校长赵国祥等莅临会议现场，此外省内一些中小学校长、教师也参加了会议，为400余名免费师范生开展了为期3天的岗前培训。在教师的在职培训方面，河南省也积极制订了诸多方案，如河南省于2016年成立"河南省终身教育学分银行"（简称"学分银行"）。"学分银行"是为学习者建立个人终身学习电子档案，存储学习者的个人信息、学习经历、学习成果等，学习档案经授权后可供用人单位查询使用。河南省将会对学习者在"学分银行"的学习成果进行认定，制定学分转换标准。2013年，河南教育厅发布《河南省教育厅关于实施中原名师培育工程的通知》，每年重点培育80名省级中小学名师。河南省希望通过中原名师项目造就一批基础教育战线的领雁人才，以此带动全省中小学教师队伍整体素质不断提高。由此可见，河南省近年来已经投入了大量的精力用于支持教师教育的在职培训，积极促进教师的职前职后一体化发展。

第三，重视提高教师的信息化素养。随着时代的发展，日新月异的科学技术对教师提出了新要求，即对教师信息技术应用能力提出新要求。2013年，为全面提升中小学教师信息技术应用能力，教育部印发了《教育部关于实施全国中小学教师信息技术应用能力提升工程的意见》的通知。根据文件精神，2014年，河南省为提高中小学幼儿园教师信息技术应用能力和水平，促进教师专业成长，结合本省实际情况制定了《河南省中小学教师信息技术应用能力提升工程实施方案》，要求各级教育行政部门县级教师培训机构、中小学校、有关培训院校（机构）之间要加强沟通联系，强化合作意识，建立教师主动应用信息技术机制，切实提高教师的信息技术应用能力。截至2017年，河南省"依托'国培计划'等教师培训平台，共完成了71万余名中小学幼儿园教师的专项培训任务"①。2017年，河南省教育厅颁布《关于加快推进中小学教师信息技术应用能力提升工程的通知》，

① 河南省教育厅. 关于加快推进中小学教师信息技术应用能力提升工程的通知[EB/OL].（2017-05-19）[2020-12-14]. http://jyt.henan.gov.cn/2017/05-19/1603795.html.

要求各县（市、区）教育行政部门根据“能力提升工程”实施情况，认真分析研究辖区内存在的主要问题，制订相应方案以及时解决问题。同时，为保证将工作落到实处，河南省教育厅还认真开展检查工作，督促各地按时优质完成对教师信息化能力的提升。

第四，突出强调教师师德建设。教师是承担着神圣使命的特殊群体，需要具备大德大爱大情怀。河南省经济发展相对缓慢，且人口众多，因此更需要能够在艰苦条件下坚守教师岗位的优秀教师。河南省于2010年发布《河南省中长期教育改革和发展规划纲要（2010—2020年）》、2012年发布《河南省教育事业发展“十二五”规划》、2017年颁布《河南省教育事业发展“十三五”规划》，其中均提出要建设高素质教师队伍，实行师德师风表现“一票否决制”，完善师德师风表彰奖励制度，大力宣传和表彰优秀教师和师德标兵，提升教师职业的崇高感和荣誉感。此外，习近平同志提及，“这些年，媒体报道了个别老师道德败坏、贪赃枉法的事，对这些害群之马要清除出教师队伍，并依法进行惩处，对侵害学生的行为必须零容忍”①。河南省将师德师风建设纳入学校教育质量督导评估内容，建立师德师风舆情快速反应机制，及时掌握师德师风信息动态，纠正不良倾向和解决实际问题。河南省还积极完善各学校科研学术规范，健全学术不端行为的查处惩治机制。

河南省教师教育的发展历程有辉煌、有成就，也有曲折与停滞，为我们留下了宝贵的教师教育资源与经验。河南省教师教育的发展经过不断的实践、修正与完善，基本形成了具有河南特色的教师教育运行机制，河南省教师教育成功的实践经验不仅促进了本省基础教育的发展，也为其他省份的教师教育建设提供了有益借鉴。认真分析总结河南省教师教育发展的经验教训，对于解决当今河南省教师教育领域新出现的问题，以及深化对当代河南省教师教育发展特点的认识亦具有十分重要的意义。

① 习近平：要清除教师队伍害群之马[EB/OL].（2014-09-10）[2020-11-25].http://news.youth.cn/gn/201409/t20140910_5728484.htm.

第二编

分析与解读：教师教育的理论和政策依据

第三章

教师教育的理论依据

教师教育涵盖诸多内容，若要真正透析教师教育的内在意蕴，需从探寻教师教育的理论根源着手。本章将通过对实践哲学、现象学、教师专业发展理论、教师专业学习共同体理论、教师知识理论的深入分析，为教师教育提供理论导引。

第一节 实 践 哲 学

哲学发端于生活又高于生活。现实生活不止，人们对自身存在价值、理想的追寻就永远没有终点。“人端详世界，用他们的思想来审判这个世界：‘这’是世界眼前的样子，‘那’才是世界应有的样子。打从柏拉图时代以来，哲学就一直如此，面对一个敌意的世界，根据它自己的思想的形象将它重造。哲学一直试图教世界知道它应该是什么样子。”[①]实践哲学是西方哲学中与以求真、求知为诉求的理论哲学相平行的一种哲学形态。从实然到应然，从缺陷到完美，这是实践哲学通过人的活动所追求的永恒目标。

一、亚里士多德的实践概念

“实践”的概念虽然在前亚里士多德哲学中就已存在，但是，亚里士多德才是西方实践哲学的真正创始人。这是因为在亚里士多德之前，“实践”只是一个常识性概念，尚没有进入西方思想的反思领域。正是亚里士多德第一次用实践概念来分析和反思人类行为，形成了较为系统的实践理论，从而使之成为一个

① 麦克里兰. 西方政治思想史[M]. 彭淮栋译. 北京：中信出版社，2014：536.

哲学范畴。①

（一）亚里士多德对“实践”的论述

亚里士多德在其著作《尼各马可伦理学》中阐述了一系列对实践哲学的经典表述，详细地论述了实践的概念、特点、目的及实践智慧，形成了其实践哲学体系，从而建构了实践哲学的基本范式和传统。

1. 实践范畴的具体内涵

最高的善统摄一切的人类行为。亚里士多德认为，以往哲学探讨自然的目的在于认识事物出现的原因，也就是事物得以存在的根据和条件。亚里士多德通过对以往哲学进行总结，将其概括为“四因”：质料因、形式因、目的因和动力因，并将其最终归结为质料和形式。他认为，整个世界就是从质料到形式不断发展的系列，形式高于质料，现实先于潜能。与本体论的逻辑思维和研究方法相对应，亚里士多德认为人的行为各有目的。人的所有行为的目的中存在等级划分，在诸多目的中，有一种目的是所有其他目的都为它而存在，而它却不以任何其他东西的目的为目的，这就是所谓的最高目的，即善。最高目的的善是最终的也是最为圆满的，善是“灵魂的合德性的实现活动”②。

实践、理论与创制的关系。在《尼各马可伦理学》中，亚里士多德把人的行为分为理论（theoria）、创制（poiesis）和实践（praxis）三种，它们分别以三种智慧，即理论智慧、技艺智慧和实践智慧为基础。与现代意义上抽象的理论知识不同，从亚里士多德的实践哲学角度而言，这里的理论主要指“沉思”；创制指的是生产和技艺活动，主要是生产资料的劳动活动。他认为，就人行为的目的性而言，理论与实践都以自身为目的，而创制的目的却在自身之外，亚里士多德明确表示，“实践不是一种制作，制作也不是一种实践”③。相对于创制而言，实践是目的内在于自身的活动，即实践的目的与活动过程是同一的，活动本身的意义要远远大于活动的结果，而创制不具有这种同一关系，其追求的目的在其自身之外，因而，亚里士多德思想中的实践与创制是对立的。

2. 实践智慧的论述

关于实践智慧的定位。实践智慧是亚里士多德阐释实践哲学的重要范畴，也是其实践哲学中独具特色的核心概念。什么是实践智慧？亚里士多德在《尼各马可伦理学》一书中进行了相应论述，实践智慧即明智，“明智是一种同善恶相关的、合乎逻各斯的、求真的实践品质”④。亚里士多德将灵魂区分为无逻各斯的

① 丁立群. 亚里士多德的实践哲学及其现代效应[J]. 哲学研究，2005，（1）：76-81.

② 亚里士多德. 尼各马可伦理学[M]. 廖申白译. 北京：商务印书馆，2017：20.

③ 亚里士多德. 尼各马可伦理学[M]. 廖申白译. 北京：商务印书馆，2017：187.

④ 亚里士多德. 尼各马可伦理学[M]. 廖申白译. 北京：商务印书馆，2017：189.

部分和有逻各斯的部分，在无逻各斯的部分里，既有人与一般生物本能共有的部分，即营养的部分，也有虽然无逻各斯，但在一定意义上分有逻各斯的部分，这就是人的欲望的部分。德性是使一个人好并使他的实现活动完成的好的一种品质。与灵魂的划分相对应，亚里士多德把德性分为理智德性和道德德性，理智德性对应于严格意义上具有逻各斯的部分，道德德性对应于在听从逻各斯的意义上分有逻各斯的部分。慷慨和节制等属于道德德性，智慧、理解和明智等属于理智德性的范畴①，这一定位对厘清实践智慧的性质具有重要的意义。

实践智慧是对善的谋划。亚里士多德说："每种技艺与研究，同样地，人的每种实践与选择，都以某种善为目的。所以有人就说，所有事物都以善为目的。"②因此，亚里士多德对实践问题进行研究时，自然而然地将实践与善的目的相联系。但人的活动具有的善的目的是非常繁多的，并且有的善的目的是活动本身，有些善的目的是活动之外的东西。亚里士多德更加关注活动本身就是善的行为。他认为，具有实践智慧的人是"善于考虑对于他自身是善的和有益的事情"③。这里的善不是特指某一方面具体的善，也不是仅仅作为手段而言的善，而是具有总体性和终极性的善，只有处在不断思虑、考量的筹划状态中，人才能对自身行为做出有价值的判定。实践智慧是一种实现良好品质的能力，"如果目的是高尚[高贵]的，它就值得称赞；如果目的是卑贱的，它就是狡猾"④。

实践智慧是一种生活经验。亚里士多德认为，实践智慧所面对的领域不同于科学的、普遍的、必然的领域，而是一个变化的实践生活世界，"实践的题材包含着变化"⑤。现实生活世界每时每刻都处在变化之中，每个人的生活境遇在时光的碎片中也都不可重复，因此，在变幻莫测的生活景象中，不存在可以解决一切问题的万能法则。科学知识可以通过学习获得，实践智慧则需搁置于丰富可感、生动真实的经验世界，经验的累积可以在变动领域中生成相应的实践智慧，"明智是同具体的事情相关的，这需要经验"⑥。这里的经验不同于近代经验认识领域片面的、偶然的经验，也不是其他经验经过归纳后得到的"一"，而是类似于现象学所提出的"原初经验"，是基于完整生活经历和历史沉淀而生成的内在经验。这种内在经验是原始的、完整的，它可以使人"生出了慧眼，使他们能看得正确"⑦。

① 亚里士多德. 尼各马可伦理学[M]. 廖申白译. 北京：商务印书馆，2017：33-35.
② 亚里士多德. 尼各马可伦理学[M]. 廖申白译. 北京：商务印书馆，2017：2.
③ 亚里士多德. 尼各马可伦理学[M]. 廖申白译. 北京：商务印书馆，2017：188.
④ 亚里士多德. 尼各马可伦理学[M]. 廖申白译. 北京：商务印书馆，2017：205.
⑤ 亚里士多德. 尼各马可伦理学[M]. 廖申白译. 北京：商务印书馆，2017：189.
⑥ 亚里士多德. 尼各马可伦理学[M]. 廖申白译. 北京：商务印书馆，2017：195.
⑦ 亚里士多德. 尼各马可伦理学[M]. 廖申白译. 北京：商务印书馆，2017：203.

（二）亚里士多德实践哲学的特点

一是理智德性与伦理德性的统一。基于灵魂本性的划分，亚里士多德对理智德性与伦理德性进行区分，灵魂有理性和非理性两部分，重点谈的是“虽然是非理性的但在某种程度上也分有理性”①的部分，也就是欲望，非理性的欲望可以为理性约束。理智德性与灵魂中的理性部分相对应，作为品质而言，主要表现为明智、智慧（实践智慧）；伦理德性对应的是理性支配的非理性部分，主要表现为勇敢、慷慨等品质。②一个完善的人应是品质健全的人，在具体的实践活动中实现其德性的人，理智德性与伦理德性共同完善着人的行为和活动，伦理德性使我们保持行为与活动目的的正确性，理智德性可以使我们采取实现目的的正确手段。德性使我们的目的正确，而使得我们去做为实现一特定目的而适合于去做的那些事情的却是另外一种能力③，这种能力就是实践智慧。亚里士多德认为，一切德性离开实践智慧就无法存在，因为要定义任何德性都必须把符合正确的逻各斯包括在定义里，而正确的逻各斯就是按照实践智慧说出来的逻各斯，所以德性是一种合乎实践智慧的品质。实践智慧本身属于理智德性，也就是说，离开了理智德性，伦理德性便无法存在，反之，离开了道德德性，也不可能有理智德性。

二是德性与幸福的统一。在亚里士多德的实践哲学中，德性与幸福是最高的善。亚里士多德认为，合乎德性的生活和幸福是完全属人的，人通过实现这样的活动而获取幸福。也正是因为这样，亚里士多德才强调幸福就是“有为的实践”，幸福就在于善行，在于合理的活动。确立了实践的属人性是亚里士多德的一大功绩，一个个别的人的实践活动可以理解为“是其所是”的活动，并非被直接规定了的，而是一个自主选择的过程。此外，一个人只有以“人”的概念为目的并实践之，才是对自身本性的符合，即真正地成为他自己。而在追求自身本性和追求至善这两种实践活动相和谐一致时，德性与幸福也得以在现实中完成。④亚里士多德认为，幸福是需要在一生中不断追寻才能得以实现的活动，并将幸福分为第一好的幸福与第二好的幸福。前者合乎理智德性，是沉思生活的幸福；后者是以合乎德性的方式去实现自身活动的。那么大多数人如果要谋得想要的生活，在这个过程中就需要有理智德性的参与。

① 苗力田主编. 亚里士多德全集 第八卷[M]. 北京：中国人民大学出版社，1994：26.
② 王典. 论亚里士多德实践哲学的统一性[J]. 学习与探索，2016，（3）：22-26.
③ 亚里士多德. 尼各马可伦理学[M]. 廖申白译. 北京：商务印书馆，2017：204-205.
④ 王典. 论亚里士多德实践哲学的统一性[J]. 学习与探索，2016，（3）：22-26.

二、马克思的实践哲学

在亚里士多德之后，哲学家对实践的理解日趋狭隘。新柏拉图学派、经院哲学和近代哲学，要么在思辨、道德和生产的某一维度上界定实践的含义，要么将其视为理论的对立物或思辨的剩余物。在康德的思想中，实践变成了思辨的附属品而成为超验的存在，黑格尔在实践观上也是一个思辨者，受绝对精神统摄的实践在最高层次上是理念的自我外化。直到在马克思的社会批判理论中，实践才得以从理论与精神的囚笼中解放出来，具有了同柏拉图的“理念”、康德的“纯粹理性”和黑格尔的“绝对精神”同等重要的命义。与之不同的是，他的“实践”突破了传统形而上学的理论旨趣，力图在感性实践的彰显中召唤人们对于自身生命的历史性体认和本质力量的总体性超越。①

（一）双重维度：生产与交往

生产实践和交往实践是马克思实践哲学的双重维度，作为实践的一体两面，具有同等重要的地位。马克思实践观没有局限于物质劳动层面来说明生产，而是在物质生产、精神生产和人自身的生产的区分和统一中，对生产实践的命义进行阐释，并以此为基点，立足人当下的生命活动，运用社会关系理论澄明了“小写”的人如何在社会交往中通达“大写”的历史性生命。②对物质生产、精神生产及人自身生产的区分对于理解马克思实践哲学具有重要作用。

马克思在《1844 年经济学哲学手稿》中的异化劳动理论从对象性的物质生产着手，剖析了物质生产中人的本质异化问题。在马克思看来，物质生产只是生产实践中的一个向度，精神生产与人自身的生产也有其独特的价值，物质交往是维系一切交往的基础，精神交往的本质是个体精神与总体社会历史生命的对接。二者的不同在于，物质交往是通过能量的主客体转换得以发生，转换过程中主客体双方必定各有得失，而精神交往通过交往双方的精神上的感通，不但不会失去自身的生命蕴含，还会生发出新的思想意义。③交往实践是马克思主义哲学的一个基本范畴，这一基本范畴在《德意志意识形态》中得以首次表述并在其后的理论中得到发展。近代西方哲学家大多从人的生存和精神角度出发探讨交往，在“自我”和“抽象的精神”泥沼中无法自拔，却将相对于“自我”的“他人”、交往实践活动的主体和处于历史进程中的“人”弃之一旁。马克思对历史上的交往思想加以继承和批判，吸收了黑格尔的辩证方法和费尔巴哈理论中的唯物主义原则，从现实生活中存在的人以及存在的方式出发来阐述交往实践观。在传统单一的“主

---

① 梅景辉. 马克思主义实践哲学的思想渊源及其现代性境遇[J]. 广西社会科学，2012，（1）：60-63.

② 梅景辉. 马克思主义实践哲学的思想渊源及其现代性境遇[J]. 广西社会科学，2012，（1）：60-63.

③ 梅景辉. 马克思主义实践哲学的思想渊源及其现代性境遇[J]. 广西社会科学，2012，（1）：60-63.

体-客体”生产实践的观点基础上，把主客体交往关系引入实践结构，认为实践是多个主体以客体中介，在互相交往中达成主客体关系的统一，形成交往实践的“主体—客体—主体”关系。[①]马克思认为，实践本质上就是交往的，实践是以个人之间的交往为前提的。[②]他在《德意志意识形态》中提出，交往实践是主体间的物质交往活动，具有主体性，交往作为一种关系范畴，指的是个体之间、个体与群体之间，以及群体之间所进行的物质的、精神的社会联系或交互作用。[③]

（二）内在意蕴：人的发展

马克思的实践哲学是人类解放的理论，它主张通过能动性的实践创造活动，消除人的异化，使人得以全面和谐的发展，使人获得解放也是他全部理论的核心内容，而这一理论的突出特点是把人的解放看做是一个通过实践而改变现存的历史运动的过程。[④]人的自由解放和全面发展是马克思的根本追求，对人的本质的理解是贯穿马克思实践哲学的内在逻辑线索。马克思认为，“一个种的全部特性、种的类特性就在于生命活动的性质，而人的类特性恰恰就是自由的有意识的活动”[⑤]。他认为，劳动不仅是生产的真正灵魂，而且是人的生命活动，因而劳动对于人来说不只是满足肉体生存需要的手段，而且是体现人的类特性“自由的有意识的活动”。这种“劳动”不同于黑格尔“抽象精神的劳动”，而是作为创造对象世界、改造无机界的实践活动，它是人们现实的、感性的物质活动，是人的本质力量的公开展示。[⑥]人区别于其他一切存在物的根本特性在于，人能够自觉地进行创造性活动，人能够意识到自身的存在。马克思批判了旧唯物主义和唯心主义的错误，从实践的视角探讨人和人的历史发展，将人的本质规定为实践，认为实践是人的存在方式，是主客体现实的生成物，只有立足实践、以实践为基础才能对人和人的历史发展做出正确的解释。人是通过实践创造世界的有意识的类存在物，人的本质就在于创造世界的实践，人的意识是进行实践的前导，引领着人改变世界的实践。马克思实践哲学把实践看做是人自身的一种类本质，强调人的积极性、创造性与主动性，关注人的现实生存状态、全面发展和人类自身的解放，关注人与人、人与自然世界的关系，认为人永远处在生成状态中，永远是一种未完成的存在，从根本上而言是对人主体性的弘扬，促进人作为主体真正意

---

① 吴毅. 马克思的交往实践观及其现实意义[J]. 华东师范大学学报（哲学社会科学版），2008，（2）：97-103.

② 中共中央马克思恩格斯列宁斯大林著作编译局编. 马克思恩格斯选集 第一卷 [M]. 2 版. 北京：人民出版社，1995：25.

③ 吴毅. 马克思的交往实践观及其现实意义[J]. 华东师范大学学报（哲学社会科学版），2008，（2）：97-103.

④ 李楠明. 对人的本质的理解是马克思实践哲学创立的内在逻辑线索[J]. 学术交流，2001，（1）：12-16.

⑤ 中共中央马克思恩格斯列宁斯大林著作编译局编. 马克思恩格斯选集 第一卷[M]. 2 版. 北京：人民出版社，1995：46.

⑥ 阎孟伟. 马克思的实践哲学及其理论形态[J]. 哲学研究，2012，（3）：10-17.

义上的生成，改变了传统哲学的研究范式，使哲学真正转向对人的关注，“马克思哲学不同于以往全部哲学就在于马克思把人的存在方式理解为实践的存在方式，把人理解为通过实践活动来确证人自身的存在”①。

三、实践哲学对教师教育的影响

教师教育是培养教师的母机，对基础教育的发展起着至关重要的作用。实践哲学为新时代教师教育的改革提供了新思路，帮助我们用更全面、更系统的视角分析当前教师教育中存在的一些问题，为提升教师教育质量奠定基础，促进教师在实践修炼中不断实现自我蜕变。

（一）师德养成：教师教育的首要任务

亚里士多德的实践哲学具有很强的伦理学意味，德性和善是亚里士多德实践哲学的核心特质。教育是一项伦理性的事业，根本任务是育人，育人的首要任务则是立德，然而立德并非只是立学生之德，教人者必须先受教育，立学生之德者必须先立自身之德。教师之德即师德，师德是教师在长期的教育教学实践中形成的比较稳定的道德观念、行为规范和道德品质的综合表现。②2012 年，教育部出台的《幼儿园教师专业标准（试行）》《小学教师专业标准（试行）》《中学教师专业标准（试行）》中将“师德为先”作为基本理念之一。2018 年出台的《中共中央国务院关于全面深化新时代教师队伍建设改革的意见》，特别强调突出师德，“把提高教师思想政治素质和职业道德水平摆在首要位置，把社会主义核心价值观贯穿教书育人全过程，突出全员全方位全过程师德养成，推动教师成为先进思想文化的传播者、党执政的坚定支持者、学生健康成长的指导者”③。师德师风对于新时代推动教师教育改革、落实立德树人根本任务起着关键性的促进作用。只有具备良好师德的教师，才能自觉地从关注学生的逻辑理智的发展，转向包括逻辑理性和道德情感融合统一的德性生命的自主的、可持续的发展，才能自由地、理性地选择合情合理的职业生活，才能达到教师德性与教育幸福共生的境界。④教师教育应转变逻辑理性的机械培养方式，将师德教育视为教师教育的首要任务，以师德建设引领教师专业发展的新风尚，找寻教育实践活动的伦理品性，“教育世界必须回归伦理世界的本质属性并自觉担负起伦理使命。因为，教育故事

---

① 张波. 马克思实践哲学的人学维度[J]. 学理论，2008，（24）：51.

② 牛蒙刚，庞云凤. 合格小学教师的标准是什么——《小学教师专业标准（试行）》初步解读[J]. 淄博师专学报，2012，（4）：3-8.

③ 中华人民共和国中央人民政府. 中共中央国务院关于全面深化新时代教师队伍建设改革的意见[EB/OL].（2018-01-31）[2020-11-12]. http://www.gov.cn/zhengce/2018-01/31/content_5262659.htm.

④ 蒋文昭. 教师德性的制度文化困境及超越[J]. 教育学术月刊，2009，（3）：87-89.

的言说与展开是人与人之间的事情，不是人与物之间的事情，课程、教学、知识、分数、升学等都是服务于人‘完整生命’崛起的客观手段，‘做成一个人’（鲁洁先生语）是教育的终极目的”[①]。

（二）以生为本：教师教育的核心理念

教师教育是培养教师的母机，“以生为本”是教师教育需秉承的理念。教师教育是职前职后系统化的整体，教师专业发展是连续性的，“以生为本”的教师教育理念可以为其在日后教育事业中树立正确的职业理想奠定基础。另外，“以生为本”可以避免职前教育中出现教师教育者“一言堂”、学生陷入集体失语的被动局面，有利于激发教师的自我发展意识，在实践沃土的滋润中构筑个人教育哲学，由墨守成规的教书匠蜕变为教学研究者。教育最终要解决的是人的发展问题，实践哲学视域下教师教育应关注人的发展，贯彻“以生为本”的理念，具体而言，包括以下几个方面。第一，树立学生自主学习意识。中国科学院院士、美国诺丁汉大学校长杨福家曾说：“学生的头脑不是一个被填充的容器，而是一个待被点燃的火种。”[②]教师教育应转变培养方式，调动学生自主学习的积极性与主动性。第二，尊重学生的个性。 教学应尊重学生的个性差异，但一直以来，教师教育在一定程度上陷入了工具理性至上的漩涡中，导致职前培养中学生成为理论知识堆积的产物。第三，建构人本化的环境氛围。环境对人的发展具有潜移默化的熏陶作用，教师教育应改变固化僵硬的管理模式，创设充满人文色彩的环境氛围。

（三）实践导向：教师教育的价值取向

教育是一种有目的地培养人的实践活动，理应秉承实践的价值取向。2011 年，《教育部关于大力推进教师教育课程改革的意见》中指出要创新教师教育课程理念，坚持实践取向的理念。[③]2013 年，《中小学教师资格考试暂行办法》指出，考试应坚持实践导向，笔试跟面试都注重对申请者各方面教育实践能力的考核。[④]2016 年，《教育部关于加强师范生教育实践的意见》指出，要明确教育实践的目标任务，构建全方位的教育实践内容体系，丰富创新教育实践形式，组织开展规范化的教育实习，全面推行教育实践“双导师制”，完善多方参与的教

① 崔振成. 道德教育的伦理觉醒[J]. 中国德育，2017，（11）：17.

② 张林. 论以人为本的教师教育理念的建构[J]. 贵州社会科学，2009，（7）：107-110.

③ 中华人民共和国教育部.教育部关于大力推进教师教育课程改革的意见[EB/OL].（2011-10-08）[2021-5-19]. http://www.moe.gov.cn/srcsite/A10/s6991/201110/t20111008_145604.html.

④ 中华人民共和国教育部.教育部关于印发《中小学教师资格考试暂行办法》《中小学教师资格定期注册暂定办法》的通知[EB/OL].（2013-08-15）[2020-11-25].http://www.moe.gov.cn/srcsite/A10/s7151/201308/t20130821_156643.html.

育实践考核评价体系，等等。[1]虽然近些年教师教育已经逐步确立了实践导向的发展观，然而当前我国教师教育在落实过程中仍存在对实践的神圣化、程序化及技艺化倾向[2]，逐渐偏离了实践取向的本来旨要。实践哲学为教师教育树立正确的实践取向提供了启示：首先，应确立反思性实践者的培养目标，反思是实践取向的核心，强调教师应把实践当作自身专业发展的重要方式；其次，以交往实践为哲学基础，吸纳一切有益的教育资源，多主体共同参与，融通理论与实践；最后，重视实践性知识及实践智慧的生成，教师教育在职前培养过程中不仅应关注“教什么”，更应重视培养教师“如何教”的实践能力；在职后教育中应激活教师在教育实践中的反思精神，形成具有个人风格的实践智慧。

教育是一项具有实践色彩的活动，亚里士多德实践哲学具有很强的伦理品性，德性、善的相关论述对教师教育师德培养具有重要的启发意义；亚里士多德实践的“属人性”与马克思对人的发展的论述，有利于教师教育贯彻“以人为本”的理念，与此同时，对实践智慧及交往实践观的论述有助于教师教育正确理解“实践”的真切意涵，而不是陷入“就实践论实践”的泥沼中。

第二节　现　象　学

维特根斯坦曾说，要透识一个深层且棘手的问题，最好的办法是“开始以一种新的方式来思考……一旦新的思维方式得以确立，旧的问题就会消失”[3]。教育的诸多现象目前尚未进入我们的视野，有太多的问题尚待澄清，我们已习惯于用概念范畴去把握日常生活世界，存在的意义至今仍未揭示或者已被掩埋。[4]现象学使哲学发生了一次重大转向，给予我们一种理解教育问题的新视角，并以一种特殊的方式向我们展示了教育的意义，使失落已久的教育的本真面貌逐渐显现，对教师教育及教师专业发展产生了广泛而深刻的影响。

一、现象学的理论意蕴

20 世纪初期，西方哲学遭遇了严重的危机，自然科学“入侵”哲学的传统领地，实证主义在思想界盛行，在这一背景之下，德国哲学家胡塞尔创立了现象学，此后经过海德格尔、伽达默尔、哈贝马斯等一大批哲学家的推动，形成了现象学运动。现象学不是一个体系或学派，也不具有严密的学说体系，胡塞尔认为现象

① 教育部. 教育部关于加强师范生教育实践的意见[EB/OL].（2016-03-17）[2020-09-03]. http://www.moe.gov.cn/src site/A10/s7011/201604/t20160407_237042.html.

② 张霞. 教师教育实践取向的异化与理性回归[J]. 当代教育科学，2016，（20）：25-29.

③ 布迪厄，华康德. 实践与反思：反思社会学导引[M]. 李猛，李康译. 北京：中央编译出版社，1998：1.

④ 高伟. 论现象学引入教育哲学视野之意义[J]. 海南师院学报，1999，（4）：53-58.

学是一种特殊的哲学方法和思维态度，现象学的产生标志着突破传统哲学方法的一种“新型描述方法”①的出现。

（一）“回到事实本身”的精神

正如现象学研究的前辈罗姆巴赫在1998年的《现象学之道》一文的开篇所说的，“胡塞尔不是第一个现象学家，海德格尔不是最后一个现象学家。现象学是哲学的基本思想，它有一个长长的前史，并且还会有一个长长的后史”②。能够将现象学家统一起来的是现象学精神。1913年，胡塞尔主编的《哲学与现象学研究年鉴》的创刊是现象学精神形成的标志，他在第一卷上的声明揭示了现象学的基本特征：“这些编者没有一个共同的体系，把他们联合起来的是这样一种共同的信念，即只有返回直观这个最初的来源，回到由最初的来源引出的对本质结构的洞察，我们才能运用伟大的哲学传统及其概念和问题；只有这样，我们才能直观地阐明这些概念，才能在直观的基础上重新陈述这些问题，因而最终至少在原则上解决这些问题。”③海德格尔后来将这个纲领概括为“面向事实本身”，这一概括也成为现象学精神的标志。

“回到事情本身”是现象学的基本原则，其本意是要悬置一切知识，经过现象学还原“回到事情本身”。具体而言，现象学还原包括两个方面：一方面需要“悬置”，“悬置”即我们对世界的自然态度、传统观点和理论构造放入括号中存而不论，需要我们对认识的事物从一开始就不确立任何未经检验的理论，把我们所有的理论和前有的意见“括起来”，排除所有的主观性，只要求具备纯客观的立场，专注于对象；另一方面是“本质直观”，现象学的本质是一种清楚地摆在观察者面前（不是一种隐蔽于表象）的现象，是一种东西自身显示的外在表现，任何人都可以感觉到。④本质直观是胡塞尔基本的哲学思想观点，直观的意义就是“使某个事物对我们在场，与此相对立的，就是使某个事物在其缺席状态上被意向”⑤。胡塞尔认为，本质可以通过直观来把握是现象学的独创性观点，现象学反对超越的认识，而是将直观看成是认识人的最终依据，西方哲学近代传统意义上的直观大多指感性直观，感性直观提供的是对个别事物的认识。胡塞尔认为，感性直观使人们对事物的观念直观（即本质直观）的认识提供了可能，与感性直观不同，本质直观是对观念对象本质一般的、普遍的认识。胡塞尔指出，虽然本质直观也是一种抽象，但它并不是从某些事物析取出共同的构成要素，对其进行

① 倪梁康. 面对实事本身[M]. 北京：东方出版社，2000：83.
② 倪梁康. 现象学运动的基本意义——纪念现象学运动一百周年[J]. 中国社会科学，2000，（4）：69-78.
③ 转引自魏景. 现象学给教师带来了什么[D]. 北京：首都师范大学，2006.
④ 张斌，王慧霞. 生活体验研究：教师专业发展的新视阈[J]. 大学教育科学，2008，（2）：76-79.
⑤ 罗伯特·索科拉夫斯基. 现象学导论[M]. 高秉江，张建华译. 武汉：武汉大学出版社，2009：34.

普遍意义的概括，而是在对事物进行思想观看过程中，直接意识到其本质。“回到事情本身”需要通过悬置全部的判断、假设、先见、经验进而还原事情的本然面貌，抓住事物的本质。因此，胡塞尔提出了本质还原的三个步骤：①多样性变更的创造性展开；②在持续的覆合之中的统一联系；③积极地以直观确认诸差别中的同一。①

（二）生活世界理念

欧洲的近代科学由于恪守纯客观性的实证主义方法，唯精确性、唯实验确凿性、唯工具性、唯抽象普遍性，使科学成为“单纯注重事实的科学，造就单纯注重事的人”②，而忽视了意义丛生的生活世界与人的主体性，生活世界意义的丧失是欧洲危机与人性危机的根源所在。胡塞尔认为，生活世界是一个明证性的领域，也是客观真理与人类理性建构的根基，“客观理论在其逻辑意义上（如果普遍地理解，科学是述谓性理论的整体，是由‘在逻辑上’被认为是‘命题本身’，‘真理本身’的陈述，并且在这种意义上是合乎逻辑地相联结的陈述构成的体系的整体）是置根于并奠基于生活世界之中，置根于并奠基于从属于生活世界的原初的自明性之中的”，“客观的科学作为前科学的人（作为个别的人以及在科学活动中联合起来的人）的成就，本身是属于生活世界的”。③因此，胡塞尔主张，纠正错误的理性和泛滥成风的科学主义，回归到被淹没的原初的生活世界，在他看来生活世界才是拯救欧洲科学危机的唯一路径。在胡塞尔那里，生活世界意味着发生的直观对象的总体，是所谓的“自然态度中的世界”，但它并不能被理解为任何意义上的对象，也不能被理解成客观意义上的永恒实体。④从根本上说，生活世界是前科学的、前概念的和前理论的，因而它完全是原初的自明性的领域⑤，对事物的检验都需回溯到这种自明性之中。胡塞尔的生活世界具有以下几个特征：第一，生活世界是一个非课题性的世界；第二，生活世界是一个非奠基性的世界；第三，生活世界是一个主观的世界；第四，生活世界是一个直观的世界。⑥

胡塞尔生活世界构造了一个深刻且具有启发性的论域，许多思想家都深受其影响，在胡塞尔生活世界现象学的基础上，众多现象学家从不同角度做出了对生活世界的诠释与解读。作为胡塞尔的学生，海德格尔深受其方法论的启发，海德

① 李鹏程. 胡塞尔传[M]. 石家庄：河北人民出版社，1998：114-115.
② 胡塞尔. 欧洲科学的危机与超越论的现象学[M]. 王炳文译. 北京：商务印书馆，2001：16.
③ 胡塞尔. 欧洲科学的危机与超越论的现象学[M]. 王炳文译. 北京：商务印书馆，2001：157.
④ 倪梁康. 现象学及其效应——胡塞尔与当代德国哲学[M]. 北京：生活·读书·新知三联书店，1994：216.
⑤ 胡塞尔. 欧洲科学的危机与超越论的现象学[M]. 王炳文译. 北京：商务印书馆，2001：154.
⑥ 郭莹. 论教育现象学的演变及其趋势[J]. 基础教育，2013，10（1）：19-25.

格尔把“生活世界”的概念演化成了“活境域，将生活世界理解为此在的展开，是我们的存在方式与在世态度，强调现象学应该回到实际生活经验之中。与胡塞尔强调先验生活世界不同，对于许茨而言，生活世界是指人们在其中度过其日常生活所直接经验到的主体际性的文化世界，其特征是预先给定性[①]，其将交互主体性放置于生活世界中。许茨强调，生活世界是一个文化世界，“因为这个生活世界对于我们来说从一开始就是一个具有重要意义的宇宙，也就是说，是一个我们必须进行解释的意义框架，是一个我们只有通过我们在这个生活世界中的行动才能够创立的、意义相互联系的宇宙”[②]。哈贝马斯认为，“生活世界类似发言者和听众所遇到的先验的地方，在这种地方，他们可以相互提出要求，就是说他们的表达与世界（客观世界、社会世界或者主观世界）相适应，并且在这里，他们可以批判和证实这些运用要求，排除意见不一致，取得意见一致”[③]，交往互动的生活世界是人们进行交往实践的寓居之所。虽然思想家们对生活世界的论述各有不同，但都强调了贴近与回归生活世界的重要性，为我们重新找寻失落的记忆——生活世界的本真意义提供了重要启发，也对我们思考现实生活中诸多老生常谈的问题提供了新的视域。

二、现象学对教师教育的意义

现象学自诞生以来，不仅导引了哲学思想的转向，其世界观与方法论，如“面向事实本身”“生活世界”“悬置”“还原”“本质直观”对教育领域也产生了广泛的影响，为教师教育提供了独特视角和思维方式，教育现象学、现象主义教师教育思想也随之产生，不仅丰富了教育理论体系的知识库，还为审视现实生活中的教育教学问题提供了一把新钥匙，为全面、系统地分析问题提供了思维导引和理论基础。

（一）教师培养：塑造人文素养

人文素养是一种以重视人、尊重人、关心人、爱护人为价值取向的文化素质[④]，包括人文知识、人文精神、人文行为三个方面。其中，人文知识是基础，人文精神是灵魂，人文行为是关键。教育活动是一项充满人文性的交往活动，教育的本质是“一棵树摇动另一棵树，一朵云推动另一朵云，一个灵魂唤醒另一个灵魂”[⑤]的过程。人文素养是衡量教师专业素质的重要指标，“传道受业解惑”固然重要，

① 许茨．社会实在问题[M]．霍桂桓，索昕译．北京：华夏出版社，2001：284.
② 许茨．社会实在问题[M]．霍桂桓，索昕译．北京：华夏出版社，2001：188.
③ 哈贝马斯．交往行动理论（第二卷）[M]．洪佩郁，蔺青译．重庆：重庆出版社，1994：174.
④ 孙晓，董瑞．高职院校人文素养构建策略探析[J]．山东社会科学，2016，（S1）：352-354.
⑤ 王佳佳．遭遇的个体教育价值研究[D]．武汉：华中师范大学，2013.

但培育人才是教师的根本任务，丰厚的人文素养、炽热的人文情怀是教师专业发展的催化剂，也是教师教育培养教师的应有之义。现象学视野中的教育是一种对本真意义的理解，“面向事实本身”强调要面向教育本身，回到教育实践本身，还原教育的本然面目，只有“面向事实本身”，才能领悟教育的真谛。教育并不是一个干枯苍白的科学知识构成的世界，而是有人存在于其中的世界，也正是因为有人的存在，才使得教育与其他活动有了本质的区别。无论教师还是学生，其角色虽有不同，但其首先是作为一个独特的生命个体而存在的，人的发展永远是教育的终极追求。“面向事实本身”帮助我们重新审视被科技理性异化的、本末倒置的教育，也使教师教育重新思考何为本真的教育？何为本真的教师？这既是教师教育的逻辑起点，也是对教师教育的本体回应，明晰教师的培养并不是生产一批没有感情色彩的教学机器，不应将教师职业形容为知识、技能的简单传递，而应将教师“人”的一面释放出来，使其成为有热忱教育情怀、崇高教育使命的真正意义上的良师。生活世界作为前科学的、前逻辑的、未被课题化和目标化的原初经验世界和直观感性世界，具有未被我们的理论思维裁剪删改、未被理想化之前的原初多样性和丰富性，而且随个人的生活实践兴趣得以展开，具有鲜明的主体性特征和人性化特色。①

（二）课程教学：注重教育实践

现象学生活世界理念、“还原事实本身”的精神使人们对教师教育中存在的问题进行重新思考，呼吁教师教育应回归到生活世界之中，回归生活世界的真正意图并不是简单地回到日常生活世界之中，而是旨在“走向教育的本真”，使教育活动由异化状态走向本真状态，成为促进师生生命成长、体验生命意义的本真生活。教育生活世界中每天都发生着鲜活的教育事件，这些教育事件是教师教育进行课程教学的绝佳素材，为空洞抽象的课程内容、单调机械的教学方式注入鲜活动力，使教师的培养由书斋式走向教育实践，“教育实践不是与理论相对的技术、技巧的展示，是教育意义显现的过程。教师教育的开展不能脱离实践，否则是毫无意义的”②。《教育部关于大力推进教师教育课程改革的意见》中指出，要把教学改革作为教师教育课程改革的中心环节，充分利用模拟课堂、现场教学、情景教学、案例分析等多样化的教学方式，增强师范生学习兴趣，提高教学效率，着力提高师范生的学习能力、实践能力和创新能力。③“回到事情本身”的现象学精神将我们的目光引向生动鲜活的实践领域，启发教师教育应将课程教学与教

① 郭莹. 论教育现象学的演变及其趋势[J]. 基础教育，2013，10（1）：19-25.

② 周晓静. 现象学视野中的教师教育[J]. 南京师大学报（社会科学版），2008，（4）：79-83.

③ 中华人民共和国教育部.教育部关于大力推进教师教育课程改革的意见[EB/OL].（2011-10-08）[2020-11-22]. http://www.moe.gov.cn/srcsite/A10/s6991/201110/t20111008_145604.html.

育生活世界相联系，以“回到事情本身”的态度去分析解决教育生活世界中的种种问题。课程教学如何依托教育生活世界，具体而言包括以下几方面内容。第一，采用案例教学。“事情本身”的显现不是通过固定的概念和抽象的理论，具体的案例是一个个丰满而又真实的情境的再现，是“事情本身”的显现，这正是现象学的表现方式，是现象学中的生活世界和“回到事情本身”的体现。[①]教师教育应将案例教学与理论教学相结合，使教师的专业理念具有鲜活的实践生命力，有利于纠偏教师培养中的技术主义与目标主义。第二，注重实践教学。实践是将人与意义联系起来的桥梁，“构成实践的，不是行为模式，而是最广泛意义上的生活”[②]。教育实践就是回到教育事实本身，在体悟教育事实的过程中使被遮蔽的教育意义得以显现，在与教育对象的心灵互动过程中，他们的内心世界年轻而充盈；在人类文明的传递与再创造过程中，他们获得奉献与收获的双重体验；在人才的培养过程中，他们步入实现人生价值的崇高境界。[③]

（三）教师培训：关注生活体验

现象学的生活世界理念对教师教育产生了重要的影响，越来越多的学者对教师生活世界进行探讨，教师生活世界也成为研究教师教育的本体性问题。教师生活世界是理性与非理性、日常性与非日常性、物质性与精神性、为我性与为他性相统一的复杂集合体，能够接纳教师作为一个“人”的存在，使教师教育不再只是作为教师的再生产活动，同时也是教师的一个自我成长、自我教育、自我蜕变的过程。体验是现象学认识世界的基本方法。梅洛-庞蒂认为，我们对世界的一切了解都是通过体验获得的，“如果我们想严格地思考科学本身，准确地评价科学的含义和意义，那么我们应该首先唤起对世界的这种体验，而科学则是这种体验的间接表达”[④]。教育培训是职后教师教育的重要组成部分，也是在职教师专业发展的重要途径，教师教育研究者培训时需搁置“前见”，即将教师当作理论的执行者、消费者、接受者，需关照教师个人的生活体验，从真正意义上促进教师内生性的专业成长。具体而言，第一，在生活体验中生成教育智慧。教师教育培训“应贡献的不是确定不移的‘科学知识’和概念体系，也不是一般的规则或技法，而是能引导人们在各种教学情境中进行审慎思考与明智选择的实践智慧”[⑤]。生活世界中每时每刻都发生着教育活动，教育培训不可能对已经发生的或即将发生的教育问题一一做出诊断，教师始终是自己专业发展的主体。因此，相对于外

① 王艳霞. 现象学视域的教师教育观[J]. 中小学教师培训，2015，（3）：1-4.

② 伽达默尔. 科学时代的理性[M]. 薛华，等译. 北京：国际文化出版公司，1988：15.

③ 王忠桥. 教师道德教程[M]. 北京：教育科学出版社，1999：115-117.

④ 梅洛-庞蒂. 知觉现象学[M]. 姜志辉译. 北京：商务印书馆，2001：3.

⑤ 郭晓明. 论教学论的实践转向[J]. 南京师大学报（社会科学版），2002，（2）：70-76.

在的理论知识与技能，教师教育者更应借助教师的生活体验唤醒其对实践智慧的认知，保持对教育实践的敏锐性与好奇心。第二，在生活体验中形成反思力。教师教育者培训时应感知教师真实的教学生活体验，“不是用抽象概念演绎的方法，把一套套‘标准’的教学原理、原则‘授予’教师，而是关注教师的生活经验，以‘体验’而不仅仅是‘经验’的方式探寻教学活动的奥秘、阐释教学的真义”[①]，唤醒教师在生活体验中的反思精神。只有与反思相伴相随的生活体验才具有促进教师成长的意义，从更深层次来说，“反思就是体验，而且作为反思，它可成为新的反思基底，如此以致无穷”[②]。

现象学“回到事实本身”的精神帮助我们返璞归真，重新思考教育的本真意蕴，促使教师教育反思应培养什么样的教师、应如何培养教师，才能真正实现教师教书育人的崇高使命，使教师和学生在本真教育中实现生命的共生共长。生活世界理念澄清了教师专业发展应植根于生动鲜活的生活体验之中，教师教育应将镜头拉向教师丰富多彩的生活世界，唤醒教师专业发展的主体意识，为教师教育课程教学及有效开展教育培训拓宽视域。

第三节　教师专业发展理论

自 20 世纪中期“教师专业发展”这一概念在全球范围提出以来，有关教师专业发展的议题越来越受到人们的关注。尤其是近十几年来，教师承载着我国社会各界的诸多诉求，打造一支现代化的专业教师队伍已经成为教师教育改革的重要问题。促进教师专业发展需要理论引领与实践指导的有效结合，对建构教师专业发展的内涵、机制、环境、理论等因素进行分析，有助于教育工作者对教师专业化理论的反思与取舍，从而更好地将“教师专业发展”这一实践活动落实到具体的社会生活中去。

一、教师专业发展的内涵与特质

对于教师专业发展，综合诸多学者的观点，一般认为其可以分为理智取向（intellectual approach）、实践–反思取向（practical-reflective approach）和生态取向（ecological approach）。[③]从现有的研究来看，学者对“教师专业发展”这一概念的理解也是多种多样的，归纳起来主要可以分为三类：第一类指教师专业成

① 王艳霞. 现象学视域的教师教育观[J]. 中小学教师培训，2015，（3）：1-4.

② 胡塞尔. 纯粹现象学通论：纯粹现象学和现象学哲学的观念（I）[M]. 李幼蒸译. 北京：中国人民大学出版社，2004：120.

③ 王建军. 课程变革与教师专业发展[M]. 成都：四川教育出版社，2004：72.

长的过程；第二类指促进教师专业成长的过程，也就是教师教育的过程；第三类则认为两者兼而有之。[①]笔者认为，教师专业发展是教师个体专业不断进步的历程，是教师不断接受新的知识、提高专业能力的过程。教师需要通过不断的学习探究来拓展专业内涵，提高专业水平，从而达到专业成熟的境界。同时，教师专业发展需要注意促进教师的实践创新，增加教师成长的人文引领，同时注重给予教师生命关怀。

（一）促进教师的实践创新

对于教师而言，真正能够帮助其成长的知识与经验应当是来自社会环境中的实践智慧。[②]实践智慧属于一种默会知识，它隐藏于教师的教学实践当中，是一种个体化、情境化的理解与把握。教师专业发展的过程也是实践知识不断积累和建构的过程，这个过程离不开教师主体的实践性参与。促进教师的实践创新不仅需要追求开发教师的实践智慧，同时也要注意构建实践创新的方法体系，培养实践创新的习惯。伽达默尔认为，“一切实践的最终含义就是，超越实践本身”[③]。首先，要求教师能够敏锐地捕捉到教育教学情境中的具体变化，能够对具体的教学经验进行选择、加工、组织与内化，形成自身特有的实践经验体系。其次，教师要善于使用教学方法与研究方法，注意与同侪伙伴之间的沟通与合作，以科学的态度和合理的方法对待教育教学活动中的实践经验。最后，教师应当注意促进实践经验的理论内化，教师需要注意搭建理论与实践之间的沟通桥梁，将具有理论品性的实践和具有实践品性的理论有机结合，不断促进教师的实践创新。

（二）增加教师成长的人文引领

现代教师专业发展立足于社会和学生的需求，却往往忽视了教师内部的需要，忽视了教师作为人的整体性。教师专业发展的过程既是教师个体主动建构自身知识经验的过程，也是教师之间相互合作、寻找身份意义的过程。增加对教师专业发展的人文引领并不是要排斥发展的科学性与合理性，而是要避免出现教师在专业发展过程中主体地位被忽视的现象，更加凸显教师专业发展的本体价值，促进教师专业发展由科学范式向人文范式的转变。对教师专业发展的人文引领需要着眼于教师成长与周围其他要素之间的文化关系。首先，教师的成长与发展不是一个孤立的过程，它需要同侪之间的交流与合作。当教师之间愿意彼此分享他们的实践经验并接受反馈时，教师的经验才能得以巩固，学习才能有效地发生。其次，

① 叶澜，等. 教师角色与教师发展新探[M]. 北京：教育科学出版社，2001：222.

② 张兰. 教师实践共同体建构研究[D]. 重庆：西南大学，2010.

③ 伽达默尔. 赞美理论——伽达默尔文集[M]. 夏镇平译. 上海：上海三联书店，1988：46.

要促进教师专业成长过程中主体地位的实现。只有教师的主体地位得到认可并满足，教师才能真正理解在教育教学活动中学生作为主体地位的意义与价值，教师才能从真正意义上得到发展。最后，在教师成长的过程中，也应当注意发挥人文知识的导向作用，人文知识能够帮助教师在具体的教学情境中去理解人、关怀人，这才是教师专业发展的终极追问。

（三）注重给予教师生命关怀

教师专业发展的最终走向必然是对教师的生命关怀。教师的成长与发展不仅仅是知识的获得和社会交往的满足，更重要的是教师自身生命走向充实、丰富和完善。生命关怀意味着教师能够超越具体的教育教学实践，不断地与教育的意义保持着对话与互动，从而将专业发展作为与生命紧密相连的生活方式和精神姿态。从这种意义上来说，教师专业发展基础之上的教师成长不仅满足了教师专业性的要求，而且保住了教师作为人的社会价值，对现实的个体给予了充分的生命关怀。实现对教师的生命关怀，首先需要教师应当有主动开放的专业胸怀。教师的成长需要个体有自觉发展的动力，在开放的理念中适应社会发展对人才培养的需求，积极主动地对自我的身心素质进行塑造。其次，需要教师树立专业成长的生命理想。教师专业发展是一个终身性的过程，若没有生命教育和终身学习的理念，就很难将教师这一职业从基本的谋生手段上升为承载人生理想的终身追求。最后，应当注重教师个人生活世界的整合。需要认识到教师是一个完整的个体，其专业成长也应当包含教师的生活世界。重视作为生活世界主体的教师自身存在的意义和价值，也能保证个体的发展处于健康、平稳的状态。

二、教师专业发展的机制与环境

教师专业发展在 20 世纪七八十年代已经成为欧美国家教育研究的重要领域之一，对其研究也逐渐衍生出两种不同的取向：一是从纵向的角度研究教师专业成长的历程，如这个过程的阶段划分以及不同阶段的特征等，即教师生涯发展研究。另一种是从横向的角度研究教师专业发展的各个方面，如专业知识和能力等各个方面的特征及发展状况等。而笔者则尝试从教师专业发展的动力机制与现实环境入手，梳理影响教师专业成长的内外部因素及其特征，为教师专业发展提供更为丰富的理论路径。

（一）教师专业发展的动力机制

一般而言，当我们讨论影响个体发展的动力因素时，首先想到的是人们的思维、意愿、能力等因素。这些因素都是通过人们思想意识的变化进而影响人们的行为的。一名合格的教师如果能从内部机制上将专业发展作为自己职业生涯的重要组成部分，不仅可以提高自我发展的积极性和主动性，而且能够影响教育教学的生命情态与生命活力。对于教师专业发展而言，对教师影响最大的是职业素养、认知与反思能力和教学效能感。

第一，职业素养。职业素养不仅是教师专业发展过程中重要的影响因素之一，也是教师贯穿整个教学过程中的必备素养。内在因素作为事物发展的推动力量，具有可持续性、稳定性和长久性等特征，是通过在人的头脑中形成一定的思维习惯而存在的。如果教师对教育事业持有一种信念和抱有理想，就会激发自身工作的热情与积极性，并将其展现于教学实践活动的各个方面。教师的职业素养一般包括职业道德、职业理想、职业态度与责任感等。教师的职业道德使教师在教育教学和专业发展过程中，在思想和行为上遵循教师的道德心理、道德习惯与道德责任感。职业理想是实现个体目标与生活愿景的重要途径，人们在为职业理想的实现而不断努力的过程中，不断实现自我发展。而具有正确的职业态度与责任感的教师往往具备较强的责任心与行动力，在教育教学工作中总是表现出积极向上的一面，他们在谋求个体发展时总是与专业工作联系在一起，按照专业的要求提升自我。

第二，认知与反思能力。教师的认知能力是指教师在长期的教学实践过程中，形成的对教师专业知识以及教学技能的感知与认识能力。在面对新的教学事件时，教师关注的情境以及对情境的理解和应对都体现着教师的认知能力。认知能力是教师成长的基础与内在动力，教师通过对自己的教学成果和工作业绩做出一定的反思与评价，进一步提高自己的认识水平和自我意识，进而逐步促进教师的自我发展。教师要提高认知能力的水平，就需要不断学习、不断进步，同时还要善于观察与思考，从内心深处理解教师专业发展对自己的价值与意义。教师的反思能力也会促使教师关注自己的教学实践活动，深入地开展教学研究活动，增加教师教学的实践知识。只有通过问题性反思，才能够将解决策略更好地付诸行动与实践，也只有通过行动，才能实现问题性反思向实践转化。教学反思始终贯穿教师的专业发展过程之中，能够不断地提高教师自身教育教学的能力和素养，推动认知水平不断提高。

第三，教学效能感。教学效能感就是教师在教学实践活动中，根据自我表现作出的有关效能的判断与评价，它出自于班杜拉的自我效能感（self-efficacy）的概念①。教学效能感也可以称为教师的一种信念，它使教师相信自己能够对学生学习产生积极的影响，效能感一旦产生就会持续较长的影响周期，形成相对稳定的精神状态和态度，当教师具有较高的自我效能感时，一般会表现出较高的效能

① Bandura A. Self-efficacy mechanism in human agency[J]. American Psychologist. 1982, 37(2): 122-147.

水平和发展动力。[①]相反，教学效能感较低时，教师的专业发展态度会表现得较为低落，进而会影响整个教学实践活动与教师专业发展规划。教学效能感对教师专业发展的影响主要表现在教学能力、教学智慧与教师自我价值的实现等方面。首先，教学效能感的提升有助于教师转变自身的教育理念，更新教师的知识水平，改善教师的教学行为，也有助于教师专业发展这一目的的实现。其次，教学效能感的提升有助于激发教师的教学智慧，而教师专业化发展也要求教师不断丰富自身的课堂教学经验，具有一定的教学应变能力。最后，在提高教学效能感的过程中，教师也不断地完成对自我价值的实现，完善对职业、对人生的看法，进而在教学实践的过程中，不断推动教师的专业发展。

（二）教师专业发展的现实环境

教师专业发展意识是教师自我完善的重要精神力量，具有成长意识的教师会自觉地将教育工作的需要、社会的需要、学生的需要内化为自身发展的需要。而教师专业发展也不仅仅是个人的事情，它往往需要社会、学校、学生等环境因素的共同努力。一般而言，影响教师专业发展的环境因素包括社会要求、学校文化与学生需求。

一是社会要求。教师对社会的发展与文化的传承具有不可或缺的作用，而社会对教师职业也有专门的要求，有特定的期望。这种要求和期望中有些是永恒的，有些则是随时代发展而变化的。比如，基础教育课程改革就对教师提出了诸多新的要求。社会对教师的职业要求反映了国家、社会、学校和学生对教师的期望。教师必须具备以人文精神为基础的个人化的哲学观，具有开放性的知识结构以及知识转化的能力。只有这样，社会对教师的职业要求才能在新时代的环境下实现，教师才能充分发挥职业的光辉。教师专业发展的社会要求能够提供与体制和文化相关的情境标准，考虑教师专业学习实施的过程标准，以及考察教师认知和实践的内容标准，可以成为设计和实施个人成长规划的指南。

二是学校文化。学校文化可以分为广义的学校文化和狭义的学校文化。广义的学校文化是一种亚文化，它是在学校中形成的，由全体师生在长期实践的过程中积淀与创造出来的，并被所有成员共同认可的价值观念与行为方式的整合。狭义的学校文化单单指校园文化，属于一种隐性文化因素，学校通过学校文化，对学生进行教育，帮助学生在潜移默化中实现自我的认知与发展。一般而言，对教师专业发展影响比较大的有教师文化、学校管理和学校氛围。教师文化本质上是一种教师共同体的文化，它对维系教师共同学习、促进教师专业发展、提高学校

① Denham C H, Michael J J. Teacher Sense of Efficacy: A definition of the construct and a model for further research[J]. Education Research Quarterly, 1981, 6(1): 39-63.

教育教学质量有着重要的价值和作用。教师文化应当追求一种基于学习共同体之上的教师合作文化。作为学校文化重要组成部分的学校管理，其管理方式的性质与特征直接影响教师的专业发展状况。[①]学校氛围一般是指在一所学校内部形成的，对其成员的价值观念、态度、信念等产生潜移默化影响的心理环境。良好的学校氛围有利于充分发挥教师的主动性与创造力，使教师在工作中能够实现真正的自我价值，在组织中得到认可、满足与归属感，从而在精神层面和知识技能层面实现同步的专业发展。

三是学生需求。教师在规划个人职业生涯的同时，必须将学生作为一个关键的因素，专业发展的设计必须充分考虑学生的需求。如果不能有效地促进学生的发展，那么这种情况下的教师发展是毫无意义的。每位教师的专业发展规划都是独特的、个人化的，这种规划会因为个体的特点、个体所处的具体情境以及个体面对的具体学生不同而不同。教师应当分析学生的需要，平衡自身需求、学校需求和学生需求三者的关系。认清自己在学生发展中所处的位置与所具有的作用，明确自己是否能够在组织内部发挥专长，能否与其他教师互相协调配合，共同促进学校的进步与学生的发展。学生需求是教师专业发展最主要的动力来源，教师的一切教学活动与教学行为是否能产生相应的效果，是否被学生所接受，都需要通过学生这一主体来确定。只有教学活动得到了学生的认可，满足了学生的需求，教师才能获得教学效能感，教师的努力才能得到回报，并对以后的个人职业生涯产生信心。

三、教师专业发展的模型建构及应用

教师专业发展必然是教师自我进行专业结构剖析、专业发展设计，从而实现教师专业发展的结果。教师教育改革的不断深入，呼唤着教师的专业发展，而要实现教师的持续成长，必须对其进行科学的设计与规划，因此对教师专业发展进行模型建构与因素分析就显得尤为必要。对教师专业发展的研究由早期一维、静态的研究到多维、动态的研究，再到对来自个体内部、组织环境的把握，体现出学界对这一领域的研究越来越具体、深入。综合教师专业发展的内涵与特质，考虑教师专业发展的动力机制及现实环境，可以有效建构教师专业发展模型及多层次互动机制。

（一）教师专业发展模型的建构

教师专业发展模型是对教师专业发展过程的内在机制、影响因素等的研究和

① 赵昌木. 教师专业发展[M]. 济南：山东人民出版社，2011：103-109.

探索。1970 年，Unruh 和 Turner 提出了第一个用于描述教师发展的模型①。此后，大量学者对教师专业发展的模型进行了发展与完善，教师专业发展模型的建构经历了从萌芽到成长，再到成熟的完整过程，其中有许多研究思路与方法值得我们学习和借鉴。在进行教师专业发展的模型建构时，需要考虑影响教师发展的内部需求驱动因素、外部需求驱动因素、教师专业发展的理念转变和教师专业发展不同层次的互动等。如图 3-1 所示，教师专业发展模型的构建包括四个阶段，分别是自我分析、环境分析、目标设定、策略制定。

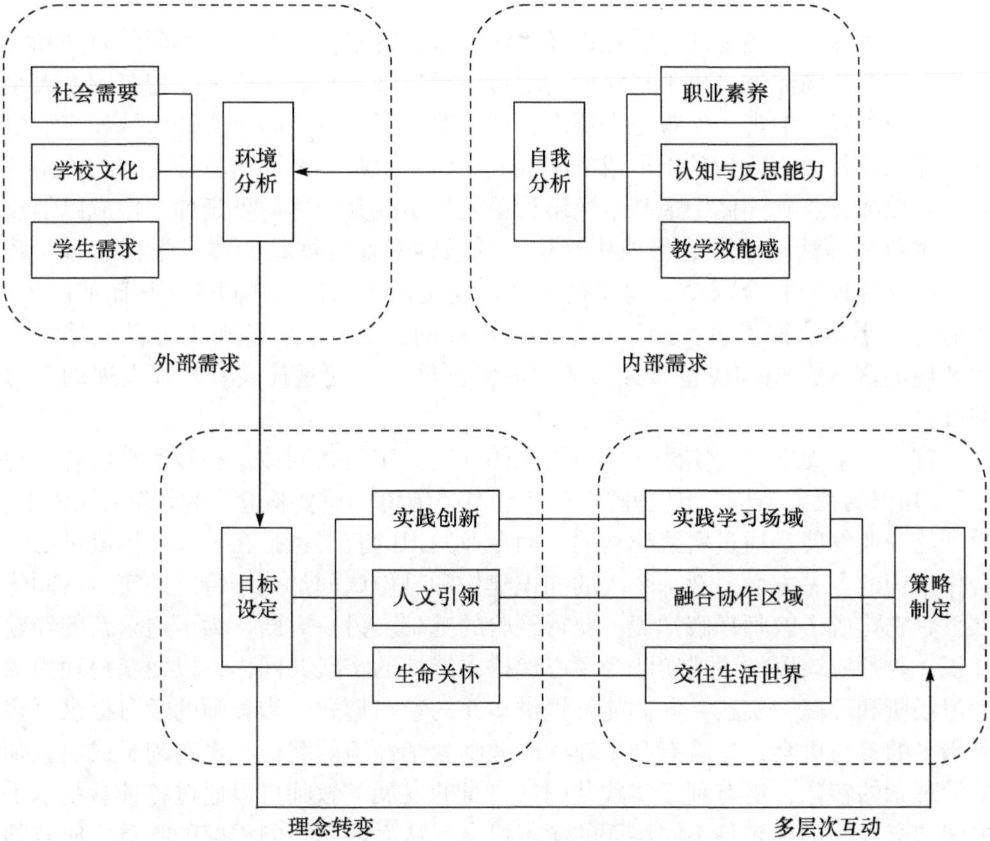

图 3-1　教师专业发展模型的构建

影响教师专业发展的内部需求驱动因素包括教师的职业素养、认知与反思能力和教学效能感，外部需求驱动因素包括社会需要、学校文化和学生需求。教师在进行自我分析与环境分析阶段时，需分别考虑内部需求因素与外部需求因素的影响。教师专业发展的理念转变包括促进教师的实践创新、对教师的人文引领、

① Unruh A, Turner H E. Supervision for change and innovation[M]. Boston: Houghton Mifflin, 1970.

对教师的生命关怀，这三项与策略制定阶段的实践学习的互动、融合协作的互动和交往生活的互动一一对应。内部需求因素分析与外部需求因素分析为教师专业发展的目标设定与策略制定提供了基础和保障，而目标设定又是策略制定的依据与来源，策略制定是目标设定的有效落实与实施。教师专业发展的多层次互动不仅是教师在发展内容和成长空间上的横向扩张，还是教师在自身发展历程中随时间的纵向延伸。

（二）多层次互动：教师专业发展的现实应用

由于教师个体经验的差异性以及生活工作的复杂性，教师在不同的时间和空间中面临的共同体情境也不尽相同。笔者根据教师参与的共同体涵盖范围的大小将其分为微观、中观、宏观三个层次，即实践学习场域、融合协作区域和交往生活世界。以教师实践为基础形成的实践共同体，着眼于教师与教师之间的关系链接，是教师专业共同体中最基本的结构单元。实践共同体向外延伸，构成以学校为基本单位的活动单元，形成中观层次的教师专业发展共同体。学校通过与政府、师范院校的联合联动，构建起具有区域代表性的联动共同体，从而使高校、政府与中小学协同发展。而区域联动共同体的扩展，关注教师专业共同体对更大环境的嵌入，则构成整个社会的发展共同体，也就是代表着教师发展的学习型社会。

首先，微观层面为实践共同体层次的互动。实践共同体最初被用来解释一种“基于知识的社会结构”，是理解人类活动有关情境的重要概念。在实践共同体中，教师的专业发展是通过实践建构的，而专业知识的获得也是在与共同体成员之间合作建构的。一方面，教师个人的知识建构和身份认同都处于特定的实践共同体之下，它构成了教师理解知识、获得经验的基础。另一方面，为了追求新的经验知识，教师应该以学习或实践为中心建构支持性的实践共同体，以便获得理想的学习场所和环境。实践共同体能够提供多元的参与形式，为教师的学习提供了多种水平的参与机会，这既有利于新入职教师教学经验的养成，也有利于成熟教师教学理念的转化，更有利于实践共同体自身的发展。教师可以通过各种参与水平之间的交互而得到多种不同层面的学习机会，从而得到不同程度的收益，使教师的专业成长总是处在一个鲜活的场景之中,使共同体中的学习始终是一个动态的、可持续的过程。

其次，中观层面为联动共同体层次的互动。教师联动发展共同体互动将在教师专业发展的实践基础上，充分发挥综合性大学发展教师教育的优势，并借助各地（市）教育局开展中小学教师培训等工作的有力支撑，实现区域教师教育创新、协调、绿色、开放和共享发展。大学可以充分发挥理论创新引导，将教师教育变革的最新理念贯穿到联动共同体的互动中来，而政府可以给予共同体建设以制度保障，有效保证联动共同体的持续发展，而作为共同体的基本单位，中小学和中小学教师的发展则是联动共同体互动的最终目标。联动共同体可以增强教师教学技能和分析解决问题的实践能力及创新意识，从而培养具有较强理论素养、课堂教学能力、自我反思意识的未来教师。通过教师联动发展共同体的互动，将高校教学研究的理论成果引入中学课堂，有利于提升中学课堂教育的理论水平。

最后，宏观层面为社会共同体层次的互动。实践共同体可以对更大环境的嵌入形成联动共同体，这已经表明共同体本身并非存在于社会和课堂之间的独立空间，共同体在任何场域下都有自己的表现形式和生存状态。而实践共同体与联动共同体又是彼此交叉、相互联系的，共同体对整个社会环境的嵌套，就形成了整个社会的学习共同体。基于不同的知识目标，教师在进行宏观层面的学习时可以置身于宏观层面的学习共同体。但是教师专业成长的任务要求为他们提供由内而外的实践机会，使学习环境设计与宏观的学习文化和谐地体现在教师进入实践的过程中。如果知识观能够广泛地包容对待各种类型的知识，正视每一种不同的知识在人类认知与发展中的独特作用，承认每一种组织形态都会对知识产生独特的支持，那么促进学习的社会空间的设计就将向多元的环境开放。在此基础上创建的学习共同体，对于知识的获得和创生而言，就不是一个排他性的地方，而是一种兼容的支持知识创新的社会性编排。

需要注意的是，教师专业发展的目的是确保教师专业水平的提高及自我价值的实现。教育是一个动态的专业活动，在教育教学实践中，教师不断进行自我反思，持续不断地探索创新，教师对专业自我、专业角色的认识不断深化，对教育、学校的理解不断加深。而教育活动本身的复杂性也需要系统的教师专业发展理论，不仅需要考虑长期的变化，还需要考虑教师成长的各个层次及各个方面。我们需要以新的不同的方式来思考和应对教师专业发展，将其作为一个重要范式的转换，以促使教师专业发展理论体系的完整建构。

四、教师专业发展阶段理论

教师专业发展阶段是对教师专业发展过程的划分，教师的专业发展过程，不仅仅是指教师在高等院校接受职业教育的过程，更是指教师作为一名教育者的终身发展的过程。研究教师专业发展的阶段和特征，不仅可以为职前教师教育的课程设置和教学改革提供帮助，而且对推动在职教师专业发展工作也有重要的指导意义。教师专业阶段的划分是以不同的视角对具有共同特征的发展阶段的概括。由于视角不同、观点不同，划分的阶段也不尽相同。理想的专业阶段划分应符合以下两个要求：一是符合教师专业发展的事实，不符合事实的专业阶段划分是虚假的划分；二是划分的阶段有利于教师专业发展，有利于教师教育课程设置及培训内容的选择。结合我国教师专业发展的实际情况，教师专业发展阶段及其特征包括以下内容。

（一）准备阶段

教师专业发展可以分为职前与职后两大阶段，也有学者称为预期专业社会化和继续专业化两大阶段，其中职前阶段在本书中称为准备阶段，就是为教师走进教学实践做铺垫的阶段。教师在师范院校或综合性大学教育学院等机构按受职前培养，时间比较固定，一般为3—7年。在这个阶段中，教师通过对专业知识和技能的学习和积累，获得教师所必需的基本知识和基本技能，这是进入教师职业生涯的基础和前提。在这个阶段中，作为预备教师的他们仍扮演着学生的角色，缺少教学经历和经验，对未来教师的生活充满憧憬，并对教师这个职业充满热情，有着伟大的理想和抱负。在校期间，这些准教师通过学习和积累获得了教师所必需的基本知识和技能。当前，各国的师范生均以理论知识的学习为主。其中，我国的师范教育更是重视师范生对理论知识的掌握，尤其是学科知识的学习，教师专业类课程和教育实践课程所占的比例较小。在教师专业发展的准备阶段，师范生主要以理论知识的学习为主，当前，我国很多师范院校多以微格教学、教育见习、教师实习等形式为师范生提供教学实践的机会。

（二）适应阶段

教师在任教后最初几年，初步承担教师职责，开始将所学的教学理论运用于教学实践，处于教师专业发展的适应阶段。在这个阶段，教师针对教学目标和学生的实际情况不断调整自己的教学方法，以消除对教学生活的不适应，并开始逐步适应教师角色。适应阶段时间的长短要依据教师的个人情况而定，有的教师需要1—3年，有的教师需要更长的时间。对于初任教师，他们要经历角色转换，从单纯的学生逐步变成真正的教师。他们在不同的情境中扮演着不同的角色，开始承担管理者、激发者、交流者、组织者、咨询者等多种角色。初任教师在承担这些角色的过程中会遇到各种各样的困难，他们在获得教师身份的同时尚未脱离原来的角色，但随着时间的推移和教学经验的积累，多数教师会逐步适应并承担这些角色。同时在这个阶段，教师开始将准备阶段中所掌握的理论知识和教学技能运用于教学实践中。但在教学实践的过程中，他们发现实践中所遇到的很多问题仅依靠在学校中学习的知识是无法解决的，便开始探求教学的应对策略。最终，初任教师在资深教师的指导和帮助下，通过教学实践和自我反思，教学的实践经验开始不断增多。

（三）发展和成熟阶段

教师度过适应期后，专业得以发展，达到了成熟状态，有学者称该阶段为“分化与定型时期”。在这个阶段，教师摆脱了初期的困窘状态，开始结合自身的特点和教育发展要求，逐步发展新的教学技能和教育思想，形成了自己独特的教学风格和教育教学模式，对教育工作产生了较强的使命感与较高的专业发展要求。整体来说，这一时期的教师专业水平和业务能力还处于相对低位，无法与优秀成熟的教师相比。但是随着教龄的增长，别人对他们的评价标准和要求也逐渐提高，与其他教师之间的竞争开始处于同一起跑线上。同行对他们的评价不再是宽容与同情的，而是更多地关注其工作方法和实际业绩。基于上述原因，这一时期的教师有如下几个特点：首先，伴随着教龄的增加，这一时期的教师开始逐步认识和理解教师职业的价值与意义，他们的专业信念逐步确立。随着教学经验的日益丰富，教学技能迅速提高，专业发展进入第一次快速提升期。其次，随着教育教学经验的不断丰富，这一时期的教师在教学方法的使用方面日趋多样化，他们的实践知识和智慧开始丰富起来。这个阶段的教师能够依据不同的教学目标和学情，灵活地运用多种教学方法和技能，逐步摆脱教学常规的羁绊，将教学规则内化，初步形成自己的教学风格和专业形象。当然，教师的专业发展是有着个体差异的，他们达到这个阶段所需的时间会有所不同。最后，在这一阶段，教师通过多年的教学实践和自我反思，开始从模仿优秀教师过渡到逐渐形成自己的教学风格，已经开始适应生活和教学中应扮演的角色。

（四）停滞和退缩阶段

在经历了发展和成熟阶段后，许多教师的教学能力在达到一定水平之后出现了难以进一步发展的“高原期”现象，进入了停滞和退缩阶段。在这个阶段，教师在一成不变的教学情境中从事着同样的教学活动，对工作逐渐丧失激情，并产生职业倦怠感、挫折感甚至无力感。这一阶段持续的时间要依据教师个体性及所处的环境而定，有些教师在停滞和退缩阶段停留的时间比较短，而有些教师可能要长一些，甚至还可能延续到退休。具体而言，该时期的教师有以下特点：首先，很多教师在工作多年之后，对教学产生了厌倦感，对教师这个职业的热情开始消退。部分预期目标已达到的教师，他们的教学生活趋于平静，志向水平逐渐下降；部分刚开始激情澎湃的教师，当面对多次教学改革结果不尽如人意时，对教学失去了信心。其次，经过多年的教学实践，教师的专业知识和教学技能已达到了一定的高度，进入了教师专业发展的“高原期”。造成这种现象的原因是多方面的，包括学校、教师、社会等因素，如学校封闭保守，不愿意或没有勇气进行教学改革等。最后，随着专业知识和教学技能的停滞不前，教师对自己承担的角色也开始感到迷茫和困惑，对专业角色的认识趋于模糊甚至会放弃应扮演的角色。

（五）创造和再发展阶段

在教师专业发展过程中，有一部分教师能够度过停滞和退缩阶段进入创造和再发展阶段。在这个阶段，部分教师开始通过反思和各种努力，从而进入新的探索和创新时期，形成了自己的独到见解和教学风格，表现出强烈的创新意识和持续发展能力。随着时代的发展，教师的教学理念需要通过反思不断地进行革新和重塑。这个阶段的教师，能够对自己原有的信念系统予以反思，纠正不正确的教学信念，重建与整合自己的信念系统，并突破了停滞和退缩阶段中停滞不前甚至退缩的困境，专业知识和教学技能进一步得到发展。他们除了教学理论知识、教学技能技巧日益丰富成熟外，对教育知识结构有了更深的认识和理解，对教学有了独到的认识，开始自觉运用教学艺术，不断形成自己比较成熟的教学思想和教学体系，并能够从教学中感受到无限的乐趣。不仅如此，教师开始通过进一步的锻炼和反思，参与和扮演各种与教学活动有关的角色，不断地超越自我，突破教学中的瓶颈，使教学通过正确的角色定位得到持续发展，并在发展中不断创新。

教师专业发展具有明显的阶段性，因此教师专业发展的阶段划分具有科学性与合理性，但我们在进行教师专业发展阶段划分时，还应注意教师专业发展不是一个简单的、线性的递进过程，而是一个螺旋上升、不断反复的过程。不同的教师在专业发展过程中，所经历的发展阶段也不完全相同，有的阶段，在某一具体的教师职业成长过程中，可能很短暂甚至不明显，有的可能要经历很长的过程。所以，教师的专业发展具有复杂性的特点，阶段划分并不是一个绝对的界限。

第四节　教师共同体理论

2016 年，河南省教育厅发布了《关于启动河南省教师教育联动发展共同体建设计划的通知》，该通知规定计划到 2020 年构建以豫东、豫南、豫西、豫北、豫中为基本推进单位的、教师教育联动发展体制机制最完善的、教师教育要素流动最便利的、合作成效最明显的省内跨区域教师教育联动发展共同体。发展教师教育为什么要建设联动共同体？何为联动发展共同体？本节通过对涉及理论背景、基本意蕴、具体类型和影响效应等教师共同体焦点问题的分析和梳理，为河南省教师教育理论和教师专业发展提供丰富的理论视角。

一、背景与内涵

全球化、多元化的时代背景给学校教育带来了诸多挑战，构建和发展教师共同体成为当前学校教育应对外在变革的重要策略，也是教师学习和科研的理性场所或组织形式。

（一）理论背景

目前，世界范围内的学校都在进行着不同程度的变革。在美国一个普遍的呼声认为，为了使今天的学校能够满足这个时代的教育需求，必须放弃在过去 100 年中盛行的、过时的公立学校的教育工厂模式，学校必须采用“作为专业学习共同体的学校模型”这一新的理念进行变革。杜福尔认为，传统的学校教育过于依赖于标准化和权威主义，这是一种等级色彩较重的管理类型，其中一小部分人为整个组织做出决策①。康利指出，这种传统的教育体系不足以帮助领导者解决其在复杂的社会中必须承担的所有问题。②对于领导者而言，可供参考的解决方案可能是在学校内创建教师共同体，以便教育职责可以在教师、利益相关者之间分配和共享。

同时，20 世纪 80 年代以来，教师共同体逐步成为教师专业发展的重要向度，并引发学者的持续关注。教师专业发展为 21 世纪的课堂变革提供了知识、技能和价值观，呈现出由知识理性取向向探究合作取向的转向。因此，教师共同体就成为专业发展的题中之义。教师或教学所处的背景为教师主动寻求发展提供了条件，教学所处的背景是教师专业发展的场域，强调教师发展群体、团体的构建。因此合作、群体可以帮助教师摆脱发展过程中的孤立主义、山头主义和小团体的束缚，帮助教师开展有效的合作。因此，就目前对学校变革的研究来看，其中两个重要的议题就是：教师的发展和构建共同体。教师共同体被认为是教师学习、科研的理想场所或组织形式。

（二）基本意蕴

基于教师共同体的术语层出不穷，比如，教师专业共同体、专业学习共同体、教师学习共同体、科研共同体和实践共同体等在研究中常被用来指称相同的专业发展活动，经常引发教师共同体研究术语上的泛化和概念上的混淆。其主要原因为“教师共同体”是一个衍生词，若追溯其核心词汇的话，应该源于“共同体”这一关键词。然而“共同体”这一概念却不是教育学的词汇，而是社会学的术语。基于此，笔者认为，与传统教师专业发展理念或模式不同，教师共同体的基本意蕴在于其强调教师在真实的教学情境中，通过学校内部教师之间的共同探究和持续合作学习，重新建构对于教学和学习的认识，并集中精力地改善学生学习、教

① DuFour R, Eaker R. Professional Learning Communities at Work: Best Practices for Enhancing Student Achievement[M]. Bloomington, IN: National Education Services, 1998: 51.

② Conley D T. Are You Ready to Restructure: A Guidebook for Educators, Parents, and Community Members[M]. Thousand Oaks, CA91320(e-mail:order@corwin. sagepub. com), 1996: 121.

师发展和学校变革的集体性活动。

教师共同体具有动态发展性。它并非静止、固定的实体，而是一直处于发展变化之中的。其发展受到社会文化情境以及共同体内部要素等的影响，呈现出不同的发展阶段与样态。教师共同体的发展可分为开始、演进以及成熟三个阶段。在开始阶段，教师着手建立协同合作的规范；在演进阶段，成员逐渐对共同体产生认同感，并学会处理冲突、尊重多元观点；在成熟阶段，个体认识到自身作为共同体成员所应承担的责任，支持他人的专业成长。在不同的发展阶段，教师共同体在不同维度的发展程度也有所不同。在实践中，其具体形态有正式的和非正式的两种教师集体活动形式。正式形态，如教研组、备课组、年级组、兴趣小组、青年教师组、科研志愿者小组、名师工作室等；非正式形态，有网络共同体、学校公共场合（食堂、咖啡间、沙龙室）的交流和沟通等。

二、类型与影响

（一）具体类型

在诸多教师专业共同体的学术研究中，最常提及的三种类型有学习共同体、专业学习共同体和实践共同体，它们是分析中小学教师之间的合作所形成的教师共同体形态。本书主要对这三种常见的类型进行分析。

1. 学习共同体

教育中共同体理念源自社会学的“共同体”（community），由于“community”包含丰富的意义，因而，在英译汉的过程中，我国的有关著作中，涉及此词有各种不同的译法，如学习共同体、学习社群和学习社区等，而其所指含义却是相同，本书均采用“学习共同体”一说。在我国，对学习共同体（learning community）的界定主要是从群体关系、社会组织的角度切入的，认为凡是以社会学的方法建构知识的团体都可称为学习共同体。

国外学者指出，引入学习领域的共同体内涵如同其在社会学中的实质内涵一样拥有三种样态，即历史发展中的关系状态，是具体的组织形式，是一种理想和信念。学习共同体是共同体的一种特殊形式，它既具有共同体的一般特点，其自身又具有特殊性；它不仅是一种群体组织形式或社会关系，更是学习理念、学习方式和一种组织形式中的人、人与人的关系以及人的活动构成的学习环境的有机统一。[①]对其研究应该从三个水平展开：学习共同体的微观分析——实习场、学习共同体的中观分析——实践共同体、学习共同体的宏观分析——学习型社会。[②]也有学者指出，学习共同体包含三重意义：既有个人认知的改变（个人层面），又

① 袁利平，戴妍. 基于学习共同体的教师专业发展[J]. 中国教育学刊，2009，（6）：87-89.

② 赵健. 学习共同体——关于学习的社会文化分析[D]. 上海：华东师范大学，2005.

有合作建构的知识的产生（人际层面），同时还包含共同体支持的文化的共享和身份的生产（共同体层面）。[①]

在我国，日本学者佐藤学的学习共同体理论影响较大，而讲到佐藤学就不得不提到杜威对其思想的影响。在《民主主义与教育》一书中，杜威阐述了其对共同体内涵的理解。当时美国正处于工业化所带来的社会巨变和激荡而带来的个人主义、民主主义等观念急剧碰撞时期。米德（G. H.Mead）和塔夫茨（J. H.Tufts）等的社会实用主义观，强调自我并非与生俱来的某种既存的东西，个体是通过他或她生活于其中的共同体，而不仅仅是处在共同体中发展出自我意识。[②]这一理念影响了杜威对“共同体”概念的理解，他指出，“如果他们都认识到共同的目的，大家关心这个目的，并且考虑这个目的，调节他们的特殊活动，那么。他们就形成了一个共同体”[③]。也就是说，共同体要包含人们共享的目的和信念，并且根据这一目的指导和调节自己的活动，从而实现经验的改组和改造。也就是说，共同体要涉及经验的改组和改造，而教育就成了衡量共同体发展程度的标准和尺度，而不仅仅是其内在功能。而在此基础上，他提出，学校就是一个内含社会生活、寻求共同利益和目的，强调师生、师师间合作探究的共同体。与其他研究者不同的是，杜威没有从外部社会需求层面和内部学校层面研究如何构建共同体，而是指出学校本身就是一个微型共同体的内在属性，共同体不仅仅是学校变革的途径，将学校创建成共同体不是一种外部需求和改革方式，而是其发展的内在需求。佐藤学根据杜威所构想的这一学校模式，将其“学习共同体”思想引入到自己的教育改革实践中，指出学校是学生共同学习成长的场所，是教师作为专家而相互学习并参与教育实践的重要场所。他在杜威公共哲学的基础之上提出，作为学习共同体的学校建设要基于公共性、民主主义和卓越性三个基本原理[④]，在学校中构筑相互学习的同事关系、在课堂中构筑相互倾听和对话的关系，同时组织开展家长和市民参与教学、协助教师共同培育儿童的参与式学习实践[⑤]。

2. 专业学习共同体

专业学习共同体（professional learning community）这一概念进入教育领域，始于20世纪80年代，源自美国在20世纪80年代检视学校变革政策成效不佳而采取的改进措施，强调学校必须重视组织与团体的专业学习动力、学校成员积极参与决策的能力,因此也带来了世界范围内学校变革对学校组织形式的重新认识。专业学习共同体不仅是一个以学校改革的举措，创建共同体意味着创造了一个旨

① 高文，等. 学习科学的关键词[M]. 上海：华东师范大学出版社，2009：88.

② 希克曼. 阅读杜威：为后现代做的阐释[M]. 北京：北京大学出版社，2010：37-38.

③ 杜威. 民主主义与教育[M]. 2版. 王承绪译. 北京：人民教育出版社，2001：121.

④ 佐藤学. 构建“学习共同体”的学校改革[J]. 中国德育，2007，（1）：8-12，15.

⑤ 佐藤学. 转折期的学校改革——关于学习共同体的构想[J]. 沈晓敏译. 全球教育展望，2005，（5）：3-8.

在促进学校制定改进举措的组织。因此，专业学习共同体被认为是对学校改革工作的成功至关重要的，这个观点受到了越来越多的当时研究专业学习共同体的学者，如克鲁斯（S. D. Kruse）、麦克劳克林（M. W. McLaughlin）等的一致认可。作为一种组织形式，专业学习共同体被认为是促进学生学习、教师专业发展的有力途径，并成为学校变革与完善制度的有效策略。它可分为两种，“一种作为非正式组织存在，而另一种则作为正式组织存在”[①]。该视角强调专业学习共同体本身的组织建构，重视组织本身的正式结构以及相关制度的安排。多数试图运用共同体理念改善学校领导和组织问题的研究，只是从社会联结的角度看待学校组织重建的问题，注重分析组织成员和相关参与者（校长、教师、学生、家长、社区成员等）在传统组织中的地位、角色、功能以及交往行动的特征，并以期建立理想的共同体。

对已有的专业学习共同体的特质进行梳理可知，尽管各倡导者虽有不同的主张，但是其间同中有异、异中亦有同。对于教师专业学习共同体特征的理解，本身就不应该仅仅围绕教师（个体和群体间）来论述，而是应该分成两个层面来认识，即教师层面和学校层面。就教师层面来说，主要是指教师同侪间主动进行的行为，包括共享的愿景和目标、集体学习、共享的个人实践、合作、关注学生的学习等；而学校层面包含共享与支持性领导、支持情境、组织结构、支持性条件等。组织和个人因素被一些学者纳入专业学习共同体概念的子维度，而有一部分学者则选择了更具描述性的概念并集中研究这些人际关系层面的特征，此外还分析这些条件可能会对专业学习共同体的构建产生的影响[②]。

3. 实践共同体

实践共同体是学习共同体的一种形态，还有学者指出，从问题解决的指向和过程看，其是教师教育共同体的一种意蕴。[③]实践共同体作为一个完整的概念，最初是莱芙和温格在《情境学习：合法的边缘参与》中提出的，用以表达一种基于知识的社会结构，并借助于这一概念，产生了学习即实践参与（实践共同体中合法的边缘参与）的观点。实践共同体是诠释情境认知教育观的一个重要术语，而参与实践共同体已经成为学习的重要隐喻。温格在 1998 年出版专著《实践共同体：学习、意义和身份》，系统地诠释了实践与共同体的关系、学习与实践的关系以及身份是如何在参与实践共同体中建构起来的。在教育领域，实践共同体的形态是多种多样的。实践共同体中所有成员拥有一个共同的关注点，共同致力于解决一组问题，或者为了一个主题共同投入热情，他们在这一共同追求的领域中通过持续不断的相互作用而增长自己的知识和发展自己的专长。

① 牛利华. 教师专业共同体：教师发展的新模式[J]. 教育发展研究，2007，（12B）：40-43.

② DuFour R. What is a “professional learning community”?[J]. Educational Leadership, 2004, 61(8): 323-334.

③ 张增田，彭寿清. 论教师教育共同体的三重意蕴[J]. 教育研究，2012，（11）：93-97.

温格将实践与共同体的形成相联系，提出了实践共同体中实践活动必须具备的三个条件：共同的事业、彼此卷入和共享的技艺库。一是共同的事业，指的是共同协商的过程及其所带来的共同的责任、彼此的监督等一套行为规范。二是彼此卷入，每一类实践均有其基本的要素，而正是这一要素区分了不同的共同体，实践共同体内部并非意味着同质化，而是保持一种多样性和差异性，和谐的成员关系也并不是必备的，因为“异议、挑战和竞争也是参与的形式”。三是共享的技艺库，这是共同体对意义、对共同的事业以及彼此卷入等活动自然而然生发出的产品，包括“常规、词语、工具、做事方式、故事、手势、符号、类型、行动等共同体生产并成为其实践一部分的各种概念”[①]。而上述三个彼此联系的过程的核心是实践共同体中对意义的协商。

这些形式在一定程度上有着相似之处，但着重点却有所不同。尽管是在学习型组织理念基础之上提出的，但是学习共同体与学习型组织所强调的科层制组织理念却完全不同，二者不管在理论基础还是实践策略上，都存在着相当多的交叉与重叠的内容。二者的相似之处在于，它们都是基于知识的复杂性而发展起来的，都注重整体和局部的对话，都注重共享和参与的价值，均强调学习与发展，都重视全体成员的参与和共同提升、经验的交流与分享、形成共同目标与愿景，等等。但是二者也有明显的区别：学习型组织关注一个系统的学习，系统思考方式要求学习者了解行动的系统原因，追求组织目标与组织绩效，它通过缩小个人之间的差距，谋求组织的最佳发展[②]；而学习共同体关注学习者个体从新手逐渐成长为熟手的学习过程，学习者个体之间的意义协商和身份建构是共同体最为重要的本质，共同体的维持和更新，也是随着学习者个体形成学习轨迹的过程中实现的。学习型组织试图解决的是，如何克服部分从整体的脱离，建立一种系统化的分析视野，从而把握事物的整体的复杂性本质，摆脱简单化的幻觉；而学习共同体试图解决的是，如何解决知识与实践脱离的问题，建立一种实践的分析视野，把握共同体境脉下知识的复杂而丰富的意义。

同时，专业学习共同体与实践共同体在教师发展方面的侧重点有所不同。专业学习共同体这一概念，更多的是从组织发展、学校整体改进、学校行政管理和领导力等视角来分析教师的学校活动，强调的是学校组织与文化方面的变革，关心的是促进教师发展的策略以及学校领导力的发挥，而非致力于为教师学习、发展和改变提供理论关怀。至于温格的实践共同体，则更加强调参与、意义、身份和实践的价值。

---

① Wenger E. Community of practice[M]. Cambridge: Cambridge University, 1998: 83.

② 潘洪建．“学习共同体”相关概念辨析[J]. 教育科学研究，2013，（8）：12-16.

（二）影响效应

教师共同体作为学校组织结构变革的重要手段，其对学校变革、教师发展和学生学习等方面发挥着重要作用。

首先，对学校变革的影响。具体来说，教师共同体对学校组织改进的影响主要表现为提高学校的集体效能、营造学校协作文化氛围和学校领导力的提升等方面。就集体效能而言，教师共同体通过发挥集体作用实现整个学校层面的改革和学生学习成效的改善，教师对学生有了集体责任感。对学校文化的影响来说，教师专业共同体的形成不仅可以改变教师个体，而且还可以改变长期以来教学场所中根深蒂固的、孤立的个人中心主义文化，使合作成为学校中深层的文化存在。对学校领导的影响在于其能够促进学校分布式领导的发展，让更多的利益相关者成为领导者。

其次，对教师发展的影响，主要表现在对课堂教学实践、教师承诺、教师专业素养等方面。其一，教师参与到教师共同体能够提高其课堂教学实践能力，能够深化教师的教学思想，促进教学策略的改进以及教学方式的转变，并且提高了其工作的效能感，进而又提高了其工作的动力和满意度。[①]其二，对教师发展的影响表现在其对教师承诺的影响，这些影响表现为教师的生存状态、身份认同、归属感、自信心等方面。共同体能够消解教师的孤立感，能够高效地解决教学问题，教师的专业意识和自信心得到增强，教师群体意识增强，强化了专业认同，认识到专业群体活动的重要价值，愿意尝试新的教学方式，重新激发了教学活力，形成了能够讨论具体教育问题的支持性环境，等等。教师共同体还能提高教师承诺的水平，参与过共同体的教师能够更坚守职业，愿意为学校的愿景和目标的达成付出更多。其三，对教师专业素养而言，教师共同体对教师专业知识、专业实践能力、专业素养及专业身份认同，尤其是在教师赋权增能、实现角色转换，以及提升课堂教学质量等方面都具有重要的现实意义。教师通过参加共同体，在技巧、德行、艺术和科学知识水平等方面都有了较大幅度的提高，专业素养不仅受到教师共同体的影响，而且反过来也会影响教师身份认同等建构。[②]

最后，对学生学习的影响。实证研究表明，构建和发展高程度的共同体不是目标，其作为学校改革的手段，有利于实现教师专业发展和有效教学的实现，最终提升学生学习成效和实现学生发展，让学生受益，尽一切可能提高学生的学习

① Louis K S, et al. Professionalism and community: Perspectives on reforming urban schools[C]. Thousand Oaks: Corwin Press, 1995: 247.

② Prytula M, Weiman K. Collaborative professional development: An examination of changes in teacher identity through the professional learning community model[J]. Journal of Case Studies in Education, 2012, (3): 1-19.

成效[①]，有助于学生对学习体验产生兴奋和做出承诺，营造学生学习与发展的良好氛围，更主要的是有利于形成教师相互学习，以及和同事分享经验的气氛。当教师通过共同体发展新技能时，教学的有效性将显著提高。学校范围的教师专业共同体通过影响教师的教育观，提高教师效能和增加其知识，影响学生学习的社会支持水平，进而影响学生成绩。[②]

如何充分发挥教师共同体的作用以促进教师发展与学校相关制度的改进，仍然是教师共同体研究领域需要进一步探讨的问题。因此未来研究中，要不断地厘清概念，注重关注教师共同体内部的互动过程，分析在共同体中教师实践是如何呈现的、互动的规范是什么等问题。当前西方学者在对教师共同体这一研究领域的学术讨论中，都强调通过实证研究为充分发挥教师共同体在实践中的作用提供坚实基础。这也是未来我国关注教师共同体的必需之路。综观我国当前对专业学习共同体的相关著述，其理论思辨色彩仍然较强，实证探究相对较少。

教师共同体理论为河南省教师教育发展提供了丰富的知识背景和理论支撑。事实上，在实践层面，河南省内各高校也已经开始探索和建设教师教育联动发展共同体。比如，以河南大学作为豫中片区联动发展共同体的牵头单位，汇聚许昌学院、许昌市教育局、开封市教育局、兰考县教育局等资源，本着“开放、集成、高校”的原则，围绕河南省教师教育专业化发展进行联动发展共同体建设。如何基于本土特征探究教师共同体的理论建构，通过实证研究为理论的建构提供经验源泉，并找到合理的路径，是河南省教师教育发展的关键任务。

第五节　教师知识理论

教师的从业资本是知识。作为知识的传播者，教师自己必须首先成为一个知识人，这是“教师”成为教师的根本。教师知识是教育品质的生命，是教师专业发展的基石，也是教师专业素养的重要组成部分，对教育教学实践具有重要影响。

一、教师知识结构理论

教师的知识结构是教师专业发展的前提条件，也是教师进行有效教学的必要

① 相关研究涉及：Fisher D, Frey N. Implementing a schoolwide literacy framework: Improving achievement in an urban elementary school[J]. The Reading Teacher, 2007, 61(1): 32-43; Mokhtari K，Thoma J, Edwards P. How one elementary school uses data to help raise students' reading achievement[J]. The Reading Teacher, 2009, 63(4), 334-337; Stoll L, Bolam R, McMahon A, et al. Professional learning communities: A review of the literature[J]. Journal of Educational Change, 2006, 7(4): 221-258.

② 牛利华. 略论美国教师专业共同体的若干实践问题及其出路[J]. 外国中小学教育, 2009, （1）: 18, 36-38.

条件。教师知识结构理论有助于厘清教师应有的知识基础，为教师教育的理性培养提供参照。

（一）教师知识内涵的理论回溯

知识是一个多域境现象，很难对其做出极为准确的界定。传统技术理性观点认为，教师知识是客观、明确而严密的，教师知识是由学者专家支配的，教师并不具有建构知识的能力。与此相对，反省实践论认为，教师在教学过程中具有自主建构知识的能力。持反省论实践者对教师知识内涵的研究大体上有两种取向，一种是经验性和情境性取向，另一种是概念性和分析性取向。

经验性和情境性取向强调，教师知识的经验性本质，认为知识与教师经验息息相关，在教育教学情境中不断动态变化，具有个体性、内隐性、复杂性及不可言说性等特点，代表学者主要有艾尔贝兹、康奈利、史密斯拉夫和温格等。艾尔贝兹以教师日常教学工作所运用的实践性知识来解释教师知识，指出教师在实际教学过程中所运用的实践性知识有原则、规则、表象三种层次。康奈利和科兰蒂宁从杜威的经验主义哲学的方法出发，认为教育研究就是生活研究，教师知识是经验性的、个体的，叙说故事是了解教师知识的最好方式，他特别强调知识的个人特点，并将之称为“个人的实践知识”①。史密斯拉夫和温格将教师知识看成是一种情境性知识，认为知识是实践者在对他们所工作的具体环境的回应中发展起来的。②因此，他们把学生的学习与教师的教学看做是参与社会实践活动的过程。

概念性和分析性取向考察了教师知识的组成，尤为关注教师的学科教学知识，以舒尔曼为代表，他认为教师知识由不同的部分组成，主张通过学科教学知识探讨学科知识与教学知识间的关系，威尔森、舒尔曼和里克特主张，教师既拥有学科的理论知识，也拥有实践性知识，对教师知识的任何描述都应该包括这两个方面。考尔德黑德和米勒也提出，教师知识的范畴为思考关于教学的问题提供了一个有用的分析框架，但在复杂的教学任务中，这些知识基础之间的界限也许意义也不大，因为在实践之中他们常常相互联系。③

（二）教师知识结构的理论回溯

教师知识结构研究是教师知识研究中较早开辟的领域。加拿大学者艾尔贝兹通过对一名中学英语教师进行个案研究，发现教师拥有一种特殊的实践知识，这种知识包括自身知识、教学知识、学科知识、课程发展知识、教学环境知识④，

① 转引自孙兴华. 小学数学教师学科教学知识建构表现的研究[D]. 长春：东北师范大学，2015.

② 转引自张育桂. 小学数学教师整合技术的学科教学知识（TPACK）研究[D]. 信阳：信阳师范学院，2011.

③ 转引自张育桂. 小学数学教师整合技术的学科教学知识（TPACK）研究[D]. 信阳：信阳师范学院，2011.

④ Elbaz F. Teacher Thinking: A Study of Practical Knowledge[M]. London: Croom Helm, 1983.

这开启了教师实践知识研究的先河。美国斯坦福大学教授舒尔曼针对以往多数实证研究过于强调教学的一般性而忽略了具体学科内容的问题，提出了以“学科教学知识”为核心的教师知识结构框架，将教师知识划分为课程知识、学生知识、学科知识、一般教学法知识、学科教学知识、教育环境知识、教育宗旨、教育目的和价值的知识等八种类型。①其中，学科教学法知识居于核心地位。吉尔伯特、赫斯特和克拉里提出了包含四个层次的教师知识结构,该结构中不包含学科知识。第一层次是包含学校法规、学校组织、教育史、职业道德和教育哲学等和学校相关的知识；第二层次是包含人的发展理论、学习理论等与学习者有关的知识；第三层次是包含教学法、课程发展和教育技术等与教学相关的知识；第四层次是包含教育管理、教育评价和教育模式构建等在内的实践知识。②格罗斯曼在舒尔曼的基础之上，从领域和形式两个方面进行探讨，将领域方面分为：内容知识、课程知识、自我知识、一般教学法知识、学习者和学习的知识、教育环境知识六类。③柯克伦等从舒尔曼的学科内容知识出发，整合了学习者知识和环境背景知识，形成了一个被称为“教学内容认知”的模型，该模型包含学科内容知识、教学法知识、学习者知识和环境背景知识四部分。④

国内学者对教师知识结构的研究起步比较晚，大都建立在国外研究成果的基础之上。辛涛等从认知心理学角度对教师知识结构进行系统研究，从教师知识的功能视角出发，将其划分为四类：本体性知识、条件性知识、实践性知识和文化知识。⑤这一研究在我国影响深远，被诸多学者认同和借鉴。叶澜突破以往平面化研究的局限，提出了多层复合的教师知识结构模型，将教师的知识结构分为三层：第一个层面是处于基础层面的是有关当代科学和人文两方面的知识，以及具有扎实的工具性学科基础及其熟练运用的能力和技巧；第二个层面是具备 1—2 门学科的专门性知识；第三个层面是教育学科类知识。⑥白益民从学科教学的角度将教师知识结构划分为普通文化知识、专业学科知识、一般教学法知识、学科教学法知识与个人实践知识五个部分。⑦陈向明依据教师知识存在的方式不同，将教师知识分为理论性知识与实践性知识两类,理论性知识主要分为学科的知识、课程的知识、教育学及心理学的知识、一般文化的知识等；教师实践性知识则主

① Shulman L S. Knowledge and teaching: Foundations of the new reform[J]. Harvard Educational Review, 1987, 57(1): 1-22.

② 转引自徐鹏. 教师整合技术的学科教学知识影响因素模型构建研究[D]. 长春：东北师范大学，2014.

③ Grossman P L. The Making of a Teach: Teacher Knlowledge and Teacher Education[M]. New York: Teacher College Press，1991: 56.

④ 徐鹏. 教师整合技术的学科教学知识影响因素模型构建研究[D]. 长春：东北师范大学，2014.

⑤ 辛涛，申继亮，林崇德. 从教师的知识结构看师范教育的改革[J]. 高等师范教育研究，1999，（06）：12-17.

⑥ 叶澜. 新世纪教师专业素养初探[J]. 教育研究与实验，1998，（1）：41-46，72.

⑦ 白益民. 学科教学知识初探[J]. 现代教育论丛，2000，（4）：27-30.

要有教师的教育信念、教师的自我知识、教师的人际知识、教师的情境知识、教师的策略性知识、教师的批判及反思性知识。[①]

教师知识结构是一个复杂而深远的问题。由于研究视角和研究方法的不同，国内外研究者对教师知识结构的看法也不尽相同，但可以发现学科教学知识在教师知识结构中居于核心地位，且教师知识主要由学科内容知识、学科教学知识、一般教学法知识、课程知识等组成。

二、学科教学知识理论

学科教学知识（pedagogical content knowledge，PCK）是关于教师如何教的知识，是教师在课堂实践以及学习生活中获得的经验的反思，具有实践性、情境性、个体性及整合性。

（一）学科教学知识的概念

学科教学知识这个概念最早可以追溯到杜威，他曾指出，一个科学家的学科内容知识不同于教师对同一学科的理解，教师必须会将学科内容心理学化，重新思考学科的课题和概念使之易于被学生接受。学科教学知识是在 20 世纪 80 年代西方教师专业化运动中，为强化教师行业标准，时任美国教育研究会主席的舒尔曼针对当时美国教师资格认证制度的缺失而提出来的一个重要概念。1986 年，美国学者舒尔曼认为，学科教学知识是指向教学的、最具有可教性的学科内容知识。它包括两个方面内容：一方面是在各个学科中呈现特定主题中的观念的最佳方式；另一方面，还包括不同年龄和背景的学生在学习常见的主题和课程内容时已经持有的概念和前概念。[②]1987 年，舒尔曼探讨教师知识的成分时，把学科教学知识从学科知识中抽出，与学科知识、一般教育学知识、课程知识、学生知识、教育环境知识，以及教育目的和价值的知识等并列，共同形成教师知识的基本结构，并将其明确界定为，将内容和教育学融合成这样一种理解，即对具体主题、问题或论点如何组织、表达和调整以适应学习者的不同兴趣与能力，以及如何进行教学的理解。[③]在舒尔曼关于学科教学知识定义的基础上，学者进行了广泛的研究。麦克迪尔米德、鲍尔与安德森强调，学科教学知识应关注如何表征以使学习者易于理解，教师需要掌握其表征形式以适应教学情境的需要。[④]格罗斯曼认为，学

① 陈向明. 实践性知识：教师专业发展的知识基础[J]. 北京大学教育评论，2003，（1）：104-112.

② Shulman L S. Those who understand: Knowledge growth in teaching. Educational Researcher[J]. Educational Research. 1986, 15(2): 4-14.

③ Shulman L S. Knowledge and teaching:Foundations of the new reform[J]. Harvard Educational Review, 1987, 57(1): 1-22.

④ 转引自张育桂. 小学数学教师整合技术的学科教学知识（TPACK）研究[D]. 信阳：信阳师范学院，2011.

科教学知识是一种关于教学策略与方法的知识,目的在于促进学生对学习的理解,对学习内容产生兴趣。[①]科克伦等基于建构主义的观点，提出了学科教学知识的概念，并将其定义为：教师对学科内容知识、教学法知识、学习者知识和情境知识这四种知识的整合理解[②]。相对于舒尔曼的概念，学科教学知识的概念内涵已大大扩展。

从舒尔曼提出学科教学知识概念起，研究者们阐释了对学科教学知识内涵的不同理解。总体而言，他们对学科教学知识的本质存在以下共识。第一，学科教学知识并非知识的简单堆积累加，而是多种知识的合金。第二，学科教学知识是与特定主题相联系的知识，它既不同于一般教学法知识以及一般意义上的关于教育目的、学生特征方面的知识，也不同于学科知识。第三，学科教学知识的核心是实现教师学科知识向特定情境中学生易于理解的形式转化，这是教学专家与学科专家最大的区别。[③]第四，学科教学知识是动态发展的，随着教师真实的教育经验和实践智慧的生成不断变化。

（二）学科教学知识的要素构成

影响教师的学科教学知识有四个要素。①教学内容知识：学科中主要的事实、组织的原则及中心概念等要素。②教学的实质知识：学科的概念组织和组织的原理。③教学的章法知识：学科领域中用以引导探究来达到教学目标的方法。④教学信念：对其任教学科内容知识的信念。[④]马克斯在舒尔曼和格罗斯曼对学科教学知识的定义基础上发展出一套较广义的学科教学知识结构,包含对学生的理解、教学用的媒体、学科内容与教学过程等四个要素。[⑤]芬内玛和弗兰克以数学学科教师为研究对象，提出数学教师的学科教学知识包括五种要素。①数学学科的知识：数学概念以及概念间的关联、程序性知识与解题。②学习者对数学认知的相关知识：学生如何获得数学内容知识、了解学生所用的策略与可能遇到的学习困难。③教学的知识：教学过程中的各种知识，如教学策略等。④信念：教师对学科教学的目的与意义等方面所持的信念。⑤特定情境脉络的知识：特定情境中教师所具有的教学知识和对学生认知了解的知识。[⑥]

学者们虽对学科教学知识的构成有着不同的看法，但是也存在一些共同点：

---

① Howey K R, Grossman P L. A study in contrast: Sources of pedagogical content knowledge for secondary English[J]. Journal of Teacher Education, 1989, 40(5): 24-31.

② Cochran K F, DeRuiter J A, King R A. Pedagogical content knowing: An integrative model for teacher preparation[J]. Journal of Teacher Education, 1993, 44: 263-272.

③ 张育桂. 小学数学教师整合技术的学科教学知识（TPACK）研究[D]. 信阳：信阳师范学院，2011.

④ 转引自张育桂. 小学数学教师整合技术的学科教学知识（TPACK）研究[D]. 信阳：信阳师范学院，2011.

⑤ 转引自张育桂. 小学数学教师整合技术的学科教学知识（TPACK）研究[D]. 信阳：信阳师范学院，2011.

⑥ 转引自孙兴华. 小学数学教师学科教学知识建构表现的研究[D]. 长春：东北师范大学，2015.

第一，研究者基本都是在舒尔曼所提出的理论的基础上不断丰富与扩展的；第二，学科教学知识是一种综合性的知识，与教师的其他知识不可割裂；第三，学科教学知识不仅包括教师如何有效教学的知识，也包括如何有效促进学生发展的知识。学者们对学科教学知识的构成要素的研究破除了以往对教师学科教学知识固化单一的理解，为合理、全面地理解教师学科教学知识提供了启示。

三、整合技术的学科教学知识理论

整合技术的学科教学知识（technological pedagogical content knowledge，简称TPACK）是信息技术时代对教师专业知识结构的全新界定，是教师使用技术辅助进行有效教学所必需的知识。当今社会是信息化社会，信息素养是教师专业素质中不可缺失的部分，整合技术的学科教学知识理论有助于帮助教师教育正确审视教育与技术整合的现状，塑造教师的信息素养。

（一）整合技术的学科教学知识的源起

21世纪以来，技术对社会发展的影响力愈发突出。数字技术也日渐渗透到教育领域。一方面，数字技术为教育环境带来了新生事物，改变了以往沉闷封闭的教育环境、单一的教学方式、固化的教学模式、有限的教育教学资源，使得教育的技术化程度不断提高，教育与信息技术的结合是数字时代背景下教育发展呈现出来的新特征，也是教育发展不可避免的新趋势；另一方面，信息技术已成为教师专业发展过程中的重要组成部分，技术知识也是教师专业知识中不可或缺的一部分，教师面临着将信息技术纳入自身专业知识结构的挑战。不同于信息技术对教育环境、教育模式等事物改变的速度之快和效果之显，技术与教师知识结构融合的现实情况并不令人满意，技术知识游移在教师专业发展的教学法知识和学科内容知识之外，导致信息技术与教育在融合过程中出现了一些不可避免的问题，“教学本身的劣构性，及其数字技术的不确定、不稳定和不透明等因素，决定了技术整合本身是一个劣构的问题”[①]。一直以来，人们对教师如何将技术与教学有效进行整合这一核心问题缺乏清晰明确的认识，并且在教育技术整合的已有研究和现有领域中，缺乏指导研究者领悟整合过程的理论基础和概念框架。

美国密歇根州立大学的米什拉和科勒在一项为期五年的高校教师专业发展项目中，基于设计的研究，在舒尔曼学科教学知识的基础上，提出了一个崭新的教师理论框架——整合技术的学科教学知识。米什拉和科勒在舒尔曼的学科教学知识框架中纳入了技术知识这一维度，认为技术知识、学科知识和教学知识之间可以相互结合，形成三种两成分知识和一种三成分知识，即学科教学知识、整合技

① 张育桂. 小学数学教师整合技术的学科教学知识（TPACK）研究[D]. 信阳：信阳师范学院，2011.

术的学科教学知识、整合技术的学科内容知识、整合技术的教学法知识。其中，整合技术的学科教学知识是支持教师进行教学活动的最有效的知识形式。虽然技术知识、教学法知识和学科内容知识三领域的重叠并不是一个全新的概念，但米什拉和科勒在其框架中首次清晰地阐释了三领域间的内在关系。整合技术的学科教学知识这一知识框架自提出以来，受到了国外教师教育与教育技术界的广泛关注，并且成为教师教育、信息技术与课程整合、教师知识研究等领域的热点关注对象。

（二）整合技术的学科教学知识的内涵

整合技术的学科教学知识自提出以来,许多学者对其进行研究并界定其内涵。米什拉和科勒最初提出整合技术的学科教学知识时，认为整合技术的学科教学知识是技术知识、教学法知识和学科内容知识三者间复杂的互动关系，需要教师创造性地将技术、教学法和学科内容三种关键知识进行整合，并超越三者之上的一种新兴知识形态。[①]Niess 在米什拉和科勒的观点基础上，认为整合技术的学科教学知识不仅是教师教特定年级、特定科目时所需的一套多领域的知识和技能，还是多领域知识范围内的一种策略性思维方式，是涉及技术如何支持教学，为特定内容、特定学生需求和特定教学情境所进行的计划、组织、批判和概括的一种创造性思维。[②]Angeli 和 Valanides 根据实证研究，从认识论的角度对一些研究者认为某一类知识基础的增长会自发地引起整合技术的学科教学知识的增长的观点进行了批判，认为整合技术的学科教学知识是一种由其他知识基础转化而成的特定或截然不同的可以培养和评价的知识形态。[③]针对整合技术的学科教学知识研究中存在的概念界定不清晰、构成部分间的界限不明显的问题，Cox 利用概念分析的方法对文献中整合技术的学科教学知识的界定进行分析，并对相关学者进行访谈，最终为整合技术的学科教学知识给出了扩展性定义和精确性定义。扩展性定义为整合技术的学科教学知识是技术、教学法和学科内容三者之间动态的平衡，以及这种平衡对学生在课堂情境下的学习有何影响；精确性定义为整合技术的学科教学知识是教师如何运用新兴技术将特定学科的活动或特定主题的活动与特定主题的教学表征协调，进而促进学生学习的一种知识。[④]

学界对整合技术的学科教学知识构成的研究主要有两种思路：一种是对整合技术的学科教学知识的整体框架进行宏观研究，另一种是对该整体框架中作为核心部分的整合技术的学科教学知识进行微观研究。作为整体框架的整合技术的学

① 转引自张育桂. 小学数学教师整合技术的学科教学知识（TPACK）研究[D]. 信阳：信阳师范学院，2011.
② 转引自张育桂. 小学数学教师整合技术的学科教学知识（TPACK）研究[D]. 信阳：信阳师范学院，2011.
③ 转引自张育桂. 小学数学教师整合技术的学科教学知识（TPACK）研究[D]. 信阳：信阳师范学院，2011.
④ 转引自张育桂. 小学数学教师整合技术的学科教学知识（TPACK）研究[D]. 信阳：信阳师范学院，2011.

科教学知识，米什拉和科勒的研究及在此框架上后续提出的研究大都属于此类。整合技术的学科教学知识的主要成分包括教学法知识、学科内容知识、技术知识，以及结合后三种新产生的知识：整合技术的学科教学知识、整合技术的学科知识、整合技术的教学法知识。[①]另外，一些研究者对作为核心组成部分的整合技术的学科教学知识进行微观研究。Niess 以舒尔曼学科教学知识的四个组成部分为基础，认为整合技术的学科教学知识有四个核心要素：关于学科教学中将技术与学习整合的统领观念；关于技术用于特定主题的教学策略和呈现形式的策略；关于学生运用技术学习、理解和思考的知识；关于整合了技术学习部分的课程和课程资料中的知识。[①]Hatiee Akkoe 也以舒尔曼学科教学知识四个组成部分为基础，提出整合技术的学科教学知识的五个组成成分：运用技术对特定主题进行多种表征的知识；学生在特定主题学习中存在的困难以及运用技术解决这些困难的知识；在特定主题中使用技术的教学策略和教学方法的知识；为使用技术教授特定主题所具备的课程材料的知识；使用技术对特定主题进行评价的知识。[①]

知识是教师作为专业人员的核心特质，不仅是实现教师专业化的前提条件，而且是教师专业发展的重要命题。美国学者舒尔曼也指出，“一个专业既是一种高度复杂和熟练的工作，又是一种根植于知识的职业行为……把某些事情称为专业即表示这些事情有一个在学府里被广泛运用的知识基础”[②]。教师知识结构理论阐述了教师应具备的专业知识素养及结构，学科教学知识理论论述了具体情境中教师应如何教，整合技术的学科教学知识理论探讨了信息技术背景下教师知识如何与技术深度融合，聚焦不同侧面的教师知识结构，为全面深入地厘清教师知识提供了线索，有利于教师教育根据不同阶段教师专业知识呈现的不同特点，有的放矢地制定相应的策略，为教师教育如何培育良好的教师知识素养提供了理论借鉴。

① 转引自张育桂. 小学数学教师整合技术的学科教学知识（TPACK）研究[D]. 信阳：信阳师范学院，2011.

② 李·S. 舒尔曼. 理论、实践与教育的专业化[J]. 王幼真，刘捷编译. 比较教育研究，1999，（3）：37-41.

第四章

我国教师教育的政策依据

教育政策是公共政策的重要构成部分，它具有公共政策的普遍性，直接关系到教育事业的改革和发展。“兴国必先强师”彰显了教师队伍建设的重要意义和价值。为适应时代的发展与变革，教师教育的政策随着社会教育环境的变化在不断地完善与更新，以实现教师教育资源的优化配置，为教师教育发展做出贡献。本章将对我国教师教育的政策文件进行分析和解读，以期对河南省教师教育的发展发挥更加富有实效的指导作用。

第一节 《关于全面深化新时代教师队伍建设改革的意见》政策解读

教师是发展教育的基础，做好教师队伍建设工作是提升教育质量的重要保障。新时代社会背景下，我国课程改革已步入新的阶段，课程改革理念的更新对教师的综合素质提出了新的要求。为了满足社会及人民群众对教育的新要求，必须加快教师队伍建设步伐。近年来，党中央和国务院深化了对教师队伍重要性的认识，提出了如何建设新时代教师队伍的相关意见，①以保证教育工作的质量，落实立德树人的根本任务。为贯彻落实党的十九大精神，培养高素质专业化创新型教师队伍，中共中央国务院于 2018 年初印发了《中共中央　国务院关于全面深化新时代教师队伍建设改革的意见》（简称《教师队伍建设意见》）②。

① 江长州. 全面深化新时代教师队伍建设改革的思考[J]. 中国校外教育，2019，（8）：18-19.

② 中共中央 国务院关于全面深化新时代教师队伍建设改革的意见[J]. 中华人民共和国教育部公报，2018，（Z1）：2-9.

一、《教师队伍建设意见》的顶层设计

中国共产党第十九次全国代表大会指出："优先发展教育事业。建设教育强国是中华民族伟大复兴的基础工程，必须把教育事业放在优先位置，深化教育改革，加快教育现代化，办好人民满意的教育。"①《教师队伍建设意见》正是为了办好人民满意的教育而提出的，是全面贯彻落实习近平新时代中国特色社会主义思想在教育领域的体现。《教师队伍建设意见》提出确保方向、强化保障、突出师德、深化改革、分类施测五大基本原则，对如何培养高素质教师队伍、如何强化师德师风建设、如何理顺教师队伍管理体制机制以及如何提高教师待遇和社会地位等做出顶层设计和明确要求。

（一）改革意义

《教师队伍建设意见》是新中国成立以来第一个专门面向教师队伍建设的里程碑式文件，是党和国家政府做出的重大战略决策，是抓紧抓好民生工程的一项重要举措。《教师队伍建设意见》立足教师队伍建设提出的纲领性意见对加快教育现代化、建设教育强国、办好人民满意的教育具有重要的意义，为决胜全面建成小康社会、夺取新时代中国特色社会主义伟大胜利、实现中华民族伟大复兴的中国梦奠定了坚实基础。

党和国家的高度重视包含了对教师的新期待和新要求，如表述方式上由"合格教师、优秀教师"转为"高素质专业化创新型教师队伍"，这是第一次提出这么明确且具体的要求。《教师队伍建设意见》内容翔实、措施很全、操作性很强。②因此，《教师队伍建设意见》不仅是新时代教师队伍建设的理论指导和战略规划，还是教师队伍改革建设落到实处的重要保障。只有把深化教师队伍建设工作作为一项重要的历史使命，才能切实做好这项惠国利民的工程。

（二）改革背景

当今国际正处于大发展大变革大调整之中，中国特色社会主义进入了新时代。中国现阶段主要矛盾为人民日益增长的美好生活需要和不平衡不充分的发展之间的矛盾，社会矛盾的转变，使人民对教育的渴望和要求发生了重大变化③，人民更加向往公平而有质量的教育。时代越是向前，知识和人才的重要性就愈发突出，教育和教师的地位和作用就愈发凸显。《教师队伍建设意见》的出台，就是对教

① 习近平. 决胜全面建成小康社会夺取新时代中国特色社会主义伟大胜利——在中国共产党第十九次全国代表大会上的报告[M]. 北京：人民出版社，2017.

② 江长州. 全面深化新时代教师队伍建设改革的思考[J]. 中国校外教育，2019，（8）：18-19.

③ 李子昂. 浅析新时代高校教师政策的时代价值——基于《全面深化新时代教师队伍建设改革的意见》的研究[J]. 南方论刊，2020，（8）：94-96.

师的战略地位做出了精准把握。①而目前，有的地区由于对教育和教师工作重视不够，出现了一系列问题：重硬件轻软件、重外延轻内涵的现象比较突出，对教师队伍建设的支持力度亟须加大；师范教育体系有所削弱，对师范院校支持力度不够；教师素质能力、思想政治素质、师德和专业化水平需要提升；教师特别是中小学教师职业吸引力不足，地位、待遇有待提高；教师城乡结构、学科结构分布不尽合理，准入、招聘、交流、退出等机制还不够完善，管理体制机制亟须理顺。这些问题的解决需要相关的指导与建议，而《教师队伍建设意见》的出台为解决这些问题指出了明确的方向。

（三）改革目标

《教师队伍建设意见》明确指出，新时代全面深化教师队伍改革要以“造就党和人民满意的高素质专业化创新型教师队伍”为目的。②为保证目标任务的尽早实现，特对教师队伍建设目标任务进行短期和长期分层设计。

一是短期目标。经过5年左右努力，教师培养培训体系基本健全，职业发展通道比较畅通，事权人权财权相统一的教师管理体制普遍建立，待遇提升保障机制更加完善，教师职业吸引力明显增强。教师队伍规模、结构、素质能力基本满足各级各类教育发展需要。二是长期目标。到2035年，教师综合素质、专业化水平和创新能力大幅提升，培养造就数以百万计的骨干教师、数以十万计的卓越教师、数以万计的教育家型教师。教师管理体制机制科学高效，实现教师队伍治理体系和治理能力现代化。③

二、《教师队伍建设意见》的思路

《教师队伍建设意见》描绘了新时代教师队伍建设的宏伟蓝图，既有高瞻远瞩的顶层设计，也蕴含了具体保障措施，不仅指明了改革方向，也确定了系列核心举措，对各级党委和政府抓好新时代教师队伍建设工作提出了明确要求。《教师队伍建设意见》对教师的价值进行了全新的诠释，重新定位了教师角色，教师不仅承担着传播知识、传播思想、传播真理的历史使命，也肩负着塑造灵魂、塑造生命、塑造人的时代重任。

《教师队伍建设意见》首先阐明了教师队伍建设的战略意义、指导思想、基本

① “习近平教育思想的集中体现”——新时代教师队伍建设改革意见解读之一[EB/OL].（2018-02-02）[2020-04-16]. http://www.moe.gov.cn/jyb_xwfb/moe_2082/zl_2018n/2018_zl14/2018 02/t20180202_326364.html.

② 徐知宇，王雁. 学习《全面深化新时代教师队伍建设改革的意见》——加快建设高素质专业化特殊教育教师队伍[J]. 教师教育研究，2019，31（1）：24-30.

③ 中共中央 国务院关于全面深化新时代教师队伍建设改革的意见[J]. 中华人民共和国教育部公报，2018，（Z1）：2-9.

原则和目标任务，深化了对教师队伍建设的认识。然后从加强师德师风建设、提升教师专业素质能力、深化教师管理综合改革、不断提高地位待遇几个方面给出具体意见。[①]最后指出要切实加强党的领导，强化组织保障、强化经费保障，全力确保政策举措落地见效。

（一）提升教师思想政治素养，营造高尚师德师风氛围

师德，也称教师的职业道德。它是教师从事教育活动过程中所形成的比较稳定的道德观念、行为规范和道德品质的总和，是调节教师与学生、教师与学生家长、教师与教师集体以及教师与其他社会成员之间关系的行为准则。[②]《教师队伍建设意见》高度重视师德师风建设，从加强教师党支部和党员队伍建设、提高思想政治素质、弘扬高尚师德三方面开展。

在党支部和党员队伍建设方面，《教师队伍建设意见》指出要把党的政治建设摆在首位，充分发挥教师党支部教育管理监督党员和宣传引导凝聚师生的战斗堡垒作用，充分发挥党员教师的先锋模范作用。优选配强教师党支部书记，增强党的组织生活活力，加强党员教师日常管理监督，推进“两学一做”学习教育常态化制度化。重视做好在优秀青年教师、海外留学归国教师中的党员发展工作。健全把骨干教师培养成党员，把党员教师培养成教学、科研、管理骨干的“双培养”机制。配齐建强高等学校思想政治工作队伍和党务工作队伍。这是对教师队伍党的建设提出的新要求，与党的十九大提出的“不忘初心、牢记使命”相吻合。

在提高思想政治素质方面，《教师队伍建设意见》指出应加强理想信念教育，加强中华优秀传统文化和革命文化、社会主义先进文化教育，弘扬爱国主义精神，深化学习和领会习近平新时代中国特色社会主义思想，引导教师准确理解和把握社会主义核心价值观的深刻内涵并带头践行社会主义核心价值观，使广大教师充分认识中国教育的辉煌成就。通过创新教师思想政治工作方式方法、开辟思想政治教育新阵地、强化教师社会实践参与等途径推动教师充分了解党情、国情、社情和民情。

在弘扬高尚师德方面，《教师队伍建设意见》强调健全师德建设长效机制，推动师德建设常态化、长效化，创新师德教育，完善师德规范。实施师德师风建设工程。发掘师德典型，讲好师德故事，弘扬楷模，形成强大正能量。强化师德

① 中共河南省委 河南省人民政府关于全面深化新时代教师队伍建设改革的实施意见[J]. 河南教育（基教版），2019，（6）：7-10.

② 刘志军. 教育学[M]. 北京：高等教育出版社，2011：101.

考评，体现奖优罚劣，完善诚信承诺和失信惩戒机制。[①]教师发展，师德为重。中国教师队伍总的来看是健康的、积极向上的，但也存在个别教师违反师德现象，虽是极少数，却严重损害了师道尊严，影响了整个教师队伍的形象。《教师队伍建设意见》提出的举措是改善不良师风师德的一剂良药，为引导广大教师以德立身、以德立学、以德施教、以德育德指明了方向。

（二）构建中国特色师范教育体系，提高教师培养质量

教师教育是培养教师的关键环节，是教育事业的工作母机，是教师队伍建设的源头活水，是先导性、关键性、基础性工作。大力振兴教师教育是提升教师专业素质能力的关键。[②]《教师队伍建设意见》明确振兴教师教育的途径：加大对师范院校支持力度，支持高水平综合大学开展教师教育和全面提高中小学教师、幼儿园教师、职业院校教师、高等学校教师质量。

《教师队伍建设意见》指出，要加大对师范院校支持力度，这意味着我国教师教育将回归以师范院校为主体的传统，重建师范教育体系，恢复师范教育的精英教育传统，吸引更多学习成绩好的学生选择师范教育，这将成为振兴师范教育的一个重大政策导向。[③]研究制定师范院校建设标准和师范类专业办学标准，整体提升师范院校和师范专业办学水平。鼓励各地结合实际，适时提高师范专业生均拨款标准，提升师范教育保障水平。采取到岗退费或公费培养、定向培养等方式吸引优秀青年踊跃报考师范院校和师范专业。改革招生制度，选拔有志于从教的优秀学生进入师范专业。创造条件推动一批有基础的高水平综合大学成立教师教育学院，设立师范专业，积极参与基础教育、职业教育教师培养培训工作。整合优势学科的学术力量，凝聚高水平的教学团队。发挥专业优势，开设厚基础、宽口径、多样化的教师教育课程。创新教师培养形态，造就学科知识扎实、专业能力突出、教育情怀深厚的高素质复合型教师。

《教师队伍建设意见》对中小学教师、幼儿园教师、职业院校教师、高校教师等 4 支教师队伍提出建设目标，既提出统一的要求——“高素质”，又各有目标——中小学是“专业化”，幼儿园教师是“善保教”，职业院校教师是“双师型”，高校教师是“创新型”。[④]一是提高教师培养层次，提升教师培养质量。大力培养初中毕业起点的五年制专科层次幼儿园教师。推进教师培养供给侧结构

①中共中央 国务院关于全面深化新时代教师队伍建设改革的意见[J]. 中华人民共和国教育部公报，2018，(Z1)：2-9.

②《全面深化新时代教师队伍建设改革的意见》解读[J]. 新教育，2018，(1)：9-12.

③ 李娜，周宗清，陈松林，等. 论提升幼儿教师教育质量的举措——基于《全面深化新时代教师队伍建设改革的意见》的思考[J]. 贵州师范学院学报，2018，34（7）：63-71.

④ 锻造教师素质能力提升的“利剑”——新时代教师队伍建设改革意见解读之三[EB/OL].（2018-02-04）[2020-04-18]. http://www.moe.gov.cn/jyb_xwfb/moe_2082/zl_2018n/2018_zl14/201802/t20180205_326645.html.

性改革，为义务教育学校侧重培养素质全面、业务见长的本科层次教师。为高中阶段教育学校侧重培养专业突出、底蕴深厚的高中阶段研究生层次教师；继续实施职业院校教师素质提高计划，引领带动各地建立一支培养技艺精湛、专兼结合的双师型教师队伍；培养专业能力突出，可推动高等教育内涵式发展的高校教师。二是以实践为导向优化教师教育课程。优化幼儿园教师培养课程体系，突出保教融合，培养学前教育师范生综合能力；强化“钢笔字、毛笔字、粉笔字和普通话”等教学基本功和教学技能训练，中小学教师师范生教育实践不少于半年，；职业院校教师定期到企业实践，不断提升实践教学能力。三是推进教师双向交流，培养双师型教师。职业院校在企业经营管理者、技术能手与职业院校管理者、骨干教师间双向流动。高等院校结合“一带一路”建设和人文交流机制，推动国内外教师双向交流。

（三）丰富教师职后培训模式，促进教师终身学习

教师教育是对教师培养和培训的统称，是对教师职前培养、入职培训和在职研修的通盘考虑和总体设计。《教师队伍建设意见》除了对如何培养教师指明了方向外，也对怎样培训教师提供了具体方案。在幼教阶段，建立幼儿园教师全员培训制度，切实提升幼儿园教师科学保教能力。创新幼儿园教师培训模式，依托高等学校和优质幼儿园，采取集中培训、跟岗实践、协同培训等方式，切实提升幼儿园教师科学保教能力；在中小学教育阶段，开展中小学教师全员培训，通过国培计划、海外研修访学、线上线下混合研修等方式，促进教师终身学习与专业发展；在职业教育阶段，建设高水平学校和大中型企业共建双师型教师培养培训基地，为双师型教师的成长搭建平台；在高等教育阶段，搭建校级教师发展平台，加强院系教研室等学习共同体建设，重视学校辅导员专业发展，着力提升高校教师教学能力，引进一批具有国际影响力的学科领军人才和青年学术英才。

在终身学习的时代背景下，如果想要培养出知识丰富且能适应当今社会发展的多样化的学生，我们就要拥有经验丰富、能够教好所有学生的教师。目前，教育资源相对贫乏，在一定程度上缺乏系统性，导致教师的有效专业学习与自主发展途径受阻。[①]《教师队伍建设意见》为提升教师教学能力、开展教师培训给出的确切方案可以指导各级各类学校在实践操作中开展相应的培训活动，为培养高素质专业化创新型教师队伍提供持续的力量支持。

① 黄艳. 新时代教师队伍建设政策探析——以《全面深化新时代教师队伍建设改革的意见》为分析视角[J]. 报刊荟萃，2018，（2）：83-84.

（四）深化教师队伍管理体制改革，推进教育均衡发展

理顺教师管理体制机制是新时代教师队伍建设改革的重要内容，意味着我国正向教师管理综合改革的“深水区”迈进。①深化教师管理综合改革，是理顺体制机制的前提，要抓住问题要害，聚焦管理顽疾，实施破解之策。《教师队伍建设意见》将深化教师管理综合改革单列，从人事制度、编制配备、工资待遇、职称体系等解决教师队伍建设的深层次问题，具体包括：创新和规范中小学教师编制配备、优化义务教育教师资源配置、完善中小学教师准入和招聘制度、深化中小学教师职称和考核评价制度改革、健全职业院校教师管理制度、深化高等学校教师人事制度改革六个方面。要想完善教师管理体制机制，不能仅仅依靠教育部门的内部调整，还需与编制、财政、人社部门等联合作战，共同发力，此次《教师队伍建设意见》的提出表明中共中央国务院集合多部门之力进行改革，彰显了中共中央国务院从根本上解决问题的决心与勇气，这让无数教师感受到发展的春天到来了。

在编制管理方面，《教师队伍建设意见》指出，应创新和规范中小学教师编制配备，充分考虑新型城镇化、全面二孩政策及高考改革等带来的新情况，在现有编制总量内，统筹考虑、合理核定教职工编制，盘活事业编制存量，优化编制结构，向教师队伍倾斜，优先保障教育发展需要，严禁出现挤占、挪用、截流编制和有编不补的情况。此外还应关注幼儿园教职工、特殊教育学校教职工及乡村小规模学校教职工的编制管理，在一定程度上给予适当倾斜。《教师队伍建设意见》规定：在取得教师资格方面，严格教师准入。中小学逐步将修习教师教育课程、参加教育教学实践作为认定教育教学能力、取得教师资格的必备条件；职业院校探索将行业企业从业经历作为认定教育教学能力、取得专业课教师资格的必备条件；高等学校将教师岗前培训和教育实习作为认定教育教学能力、取得高等学校教师资格的必备条件。在招聘入职方面。中小学新入职教师必须取得教师资格且具备要求的学历层次。高等学校要实行思想政治素质和业务能力双重考察，提高教师入职标准。

在教师职后管理方面。《教师队伍建设意见》表示，对于中小学阶段教师，应适当提高中级、高级教师岗位比例，畅通教师职业发展通道。完善岗位管理体制，推进中小学校长职级制改革，拓展职业发展空间，促进校长队伍专业化建设。完善职称评价标准，建立符合中小学教师岗位特点的考核评价指标体系，实行定期注册制度，加强中小学校长考核评价，完善优胜劣汰机制，提高教师队伍整体活力。对于职业院校，应大力引进行业企业一流人才，吸引具有创新实践经验的

① 吴秀娟. 奏响教师服务建设最强音——解读《关于全面深化新时代教师队伍建设改革的意见》[J]. 湖南教育（C 版），2018，（2）：12-13.

企业家、高科技人才、高技能人才等兼职任教，适应产业发展和参与全球产业竞争需求。对于高等学校，要适应人才培养结构调整需要，优化高等学校教师结构，健全外籍教师资格认证、服务管理等制度。

在完善教师纵向成长和发展路径的同时，另一个棘手的问题是义务教育教师资源配置不均衡。当前，城乡教师队伍仍存在一定的差距，如城乡高学历教师配置差异较大、城乡高职称教师配置严重失衡等①，因此，要想实现人们对公平而有质量的教育的迫切追求，必须要积极改变城乡教育发展不平衡不充分的现状。《教师队伍建设意见》指出可借助“县管校聘”改革，深入推进县域内义务教育学校教师、校长交流轮岗，实行教师聘期制、校长任期制管理，推行城镇优秀教师、校长向乡村教师、薄弱学校流动等举措，切实缓解部分县域内义务教育发展所面临的教师“引不来、留不住”的实际困难。

（五）坚定教师职业信念，提高教师待遇与保障教师权益

国家对教师政治地位的重视程度不断提高。②《教师队伍建设意见》从明确教师重要地位、完善中小学教师待遇保障、大力提升乡村教师待遇、维护民办学校教师权益、推进高等学校教师薪酬制度改革、提高教师社会地位等几个方面来坚定教师职业信念。

一是《教师队伍建设意见》确立公办中小学教师作为国家公职人员特殊的法律地位，突显教师职业的公共属性，提升教师的政治地位、社会地位、职业地位，吸引和稳定优秀人才从教。在待遇保障方面突出了教师作为国家公职人员的特点，明确要求中小学教师平均工资收入水平不低于或高于公务员平均工资收入水平。二是完善中小学教师待遇保障机制。《教师队伍建设意见》表示可通过健全中小学教师工资长效联动机制，完善教师收入分配激励机制等措施有效体现教师工作量和工作绩效。三是大力提升乡村教师待遇。深入实施乡村教师支持计划，关心乡村教师生活，《教师队伍建设意见》明确规定，要认真落实艰苦边远地区津贴等政策，实行差别化补助，鼓励有条件的地方提高补助标准，努力惠及更多乡村教师，更重要的是要解决乡村教师住房、生活等方面的困难，在培训、职称评聘、表彰奖励等方面向乡村青年教师倾斜，为乡村教师营造发展环境，加快乡村教师成长步伐。四是维护民办学校教师权益，完善民办学校教师社会保障机制，按时足额支付教师工资并为教师缴纳社会保险费和住房公积金。五是推进高等学校教师薪酬制度改革。建立体现以增加知识价值为导向的收入分配机制，扩大高等学校收入分配自主权。六是提高教师社会地位。《教师队伍建设意见》指出要加大

① 张翔. 城乡统筹背景下中小学教师资源配置及其改革[J]. 现代教育管理，2016，（11）：93-97.

② 曹晔. 新时代要全面深化职教师资队伍建设改革——《中共中央国务院关于全面深化新时代教师队伍建设改革的意见》解读[J]. 江苏教育，2019，（4）：24-28.

教师表彰力度，大力宣传教师中的“时代楷模”和“最美教师”。开展国家级教学名师、国家级教学成果奖评选表彰，做好特技教师评选，做好为乡村学校从教30年的教师颁发荣誉证书等工作，因地制宜开展多种形式的教师表彰奖励活动，开展尊师活动，营造尊师重教的良好社会风尚。

这表明，党和政府从战略与全局高度充分认识到教师工作的重要性，为提高教师待遇和保障教师权益提出了一系列举措。《教师队伍建设意见》从物质、社会地位、荣誉等方面齐头并进，突出教师的主体地位，调动教师工作的积极性，维护教师职业尊严和合法权益，关心教师身心健康，帮助教师克服职业倦怠，激发其工作热情。①

总之，《教师队伍建设意见》将教师队伍建设提到了前所未有的政治高度，定位精准，使各级党委和政府认识到它的重要性，并以此为指导来推进新时代教师队伍建设，改善教育现状，实现人民对公平而有质量教育的迫切愿望。《教师队伍建设意见》坚持五项基本原则，在方向上把控，在保障上落实，在师德上重视，在改革上突破与创新，在施策上细致精准，将顶层设计与明确的落实策略相互融合，通过一系列具体政策举措，促使短期目标和长期目标的完成，使得教师综合素质、专业水平和创新能力大幅度提升。在具体实施过程中，各级党委和政府要将教师队伍建设作为督查督导工作的重点内容，并将结果作为党政领导班子和有关领导干部综合考核评价、奖惩任免的重要参考，确保各项政策措施全面落实到位，真正取得实效。

第二节　《教师教育振兴行动计划（2018—2022年）》政策解读

近年来，国家越来越重视教师教育在教育现代化进程中的关键作用。特别是党的十八大以来，教师教育制度逐步健全，教师教育改革不断深化，教师队伍整体素质和专业化水平持续上升。但同时随着我国教师教育体系逐渐开放的培养模式的形成，由于过程监管和质量评估没有跟上，教师教育学院出现了办学水平参差不齐、部分院校办学不规范、高水平大学参与不足的现象。②因此，为适应激烈的国际竞争、经济社会发展转型升级及人民群众对于公平而有质量教育的迫切需求，教育部等五部门于2018年2月印发了《教师教育振兴行动计划（2018—2022

① 林艺青. 解读《全面深化新时代教师队伍建设改革实施意见》[J]. 新教育，2019，（1）：6-9.

② 王定华. 关于实施教师教育振兴行动计划的政策与思考[J]. 国家教育行政学院学报，2018，（6）：3-9.

年）》（简称《行动计划》）。①

《行动计划》从指导思想、目标任务、主要措施、组织实施四个部分诠释教师教育振兴计划，以“五大目标”和“十大行动”为主体落实教师教育振兴计划。《行动计划》几乎涵盖了教师教育的各个方面，从招生到就业，从师德养成到专业能力培养，从教师数量满足质量提升，从教师培养、入职到职后发展，从传统教学革新到互联网引入，从高校师资到基础教育师资，从政府主导的试验区到院校主导的基地，从生源质量到培养培训质量，从课程结构到学科专业，从乡村到城市，全面性、综合性、针对性和前瞻性极强。

一、《行动计划》的价值立场

《行动计划》是一个自我国师范教育开展以来在国家层面以“教师教育”为对象制定的较为重要的政策，是我国颁布的首个针对教师教育发展的专门计划，是当前和今后一段时期加强教师队伍建设、提升教育质量水平的战略性举措，也是贯彻落实党中央、国务院全面深化新时代教师队伍建设改革重大决策部署的关键一招。它并非国际纲领的硬性移植和既往经验的简单延续。它既立足于中国当前教师质量亟待提高的国情需要，又着眼于教育现代化对教师教育建设提出的长远要求。

要加强教师教育体系建设，就要加大对师范院校的支持力度，找准教师教育中的主要问题，寻求深化教师教育改革的突破口和着力点，不断提高教师培养培训质量。②为此，《行动计划》立足当下，展望未来，以提升教师教育质量为核心，以加强教师教育体系建设为支撑，以教师教育供给侧结构性改革为动力，推进教师教育创新、协调、绿色、开放、共享发展，从源头上加强教师队伍建设，着力培养造就党和人民满意的师德高尚、业务精湛、结构合理、充满活力的教师队伍。

二、《行动计划》的目标定位

《行动计划》提出，经过 5 年左右努力，办好一批高水平、有特色的教师教育院校和师范类专业，教师培养培训体系基本健全，为我国教师教育的长期可持续发展奠定坚实基础。师德教育显著加强，教师培养培训的内容方式不断优化，教师综合素质、专业化水平和创新能力显著提升，为发展更高质量更加公平的教育提供强有力的师资保障和人才支撑。为缓解当前教师教育发展不平衡不充分的问

① 教育部等五部门关于印发《教师教育振兴行动计划（2018—2022 年）》的通知[J]. 中华人民共和国教育部公报，2018，（4）：141-145.

② 习近平. 做党和人民满意的好老师——同北京师范大学师生代表座谈时的讲话[J]. 中国高等教育，2014，（18）：4-7.

题，《行动计划》从师德教育、培养规格层次、教师资源供给、教师教育模式、师范院校作用五个维度提出“五大目标”，即落实师德教育新要求，增强师德教育实效性；提升培养规格层次，夯实国民教育保障基础；改善教师资源供给，促进教育公平发展；创新教师教育模式，培养未来卓越教师；发挥师范院校主体作用，加强教师教育体系建设。

三、《行动计划》的主要内容

为实现教师教育振兴发展的目标任务，针对当前教师教育体系有所削弱、对师范院校支持不够、部分教师素质能力难以适应新时代人才培养需要的现实境况，《行动计划》将主要措施明确为“十大行动”，打出一套振兴我国教师教育的组合拳。“十大行动”是《行动计划》的主体部分，具体包括师德养成教育全面推进行动、教师培养层次提升行动、乡村教师素质提高行动、师范生生源质量改善行动、“互联网+教师教育”创新行动、教师教育改革实验区建设行动、高水平教师教育基地建设行动、教师教育师资队伍优化行动、教师教育学科专业建设行动和教师教育质量保障体系构建行动。“十大行动”针对我国教师教育中存在的短板问题，不仅设计了具体的行动路径，也设计了具有操作性的配套措施。[①]

（一）师德养成教育全面推进行动

德高为师、身正为范是我国教育领域关于师德的基本表达，教师唯有以德施教、以德立身、以德立学才能承担塑造灵魂、塑造生命、立德树人的崇高使命。[②]评价教师队伍素质的第一标准应该是师德师风[③]，经过长期努力，我国师德建设取得了一定成绩，但同时也存在一些师德败坏、学术不端等现实问题。可见，师德养成教育尚待进一步加强。针对于此，《行动计划》将“落实师德教育新要求，增强师德教育实效性”作为首要目标任务并提出“师德养成教育全面推进行动”。第一，研制出台在教师培养培训中加强师德教育的文件和师德修养教师培训课程指导标准。将师德教育贯穿教师教育全过程，把师德教育和法治教育作为教师教育课程的必修模块。制订教师法治培训大纲，开展法治教育，提升教师法治素养和依法执教能力。第二，在师范生和在职教师中广泛开展中华优秀传统文化教育，注重通过中华优秀传统文化涵养师德，通过经典

① 提升教师教育质量 培养高素质教师——《教师教育振兴行动计划（2018—2022年）》解读[J]. 中国农村教育，2018，（9）：5-6.

② 邹红军，柳海民. 新中国70年中小学师德政策建设回眸与前瞻[J]. 中国教育科学（中英文），2020，3（1）：38-44，106.

③ 习近平. 在北京大学师生座谈会上的讲话[N]. 人民日报，2018-05-03（2）.

诵读、开设专门课程、组织专题培训等形式，汲取文化精髓，传承中华师道。第三，借助新闻媒体平台，组织开展“师德第一课”“师德活动周”等活动，发掘师德先进典型，弘扬和宣传当代教师风采，树立新时代优秀教师形象。

（二）教师培养层次提升行动

教师教育担负着为各级各类学校培养和培训合格师资的任务，教育具有层次性，教师教育也必然相应地体现出层次性的特点。[①]《行动计划》指出要提升教师培养规格层次，夯实国民教育保障基础，全面提高师范生的综合素质和能力水平。第一，扩大专科以上层次幼儿园教师培养规模。第二，加大本科层次义务教育阶段学校教师培养力度。第三，探索高中教师和教育硕士研究生有机衔接的培养模式。第四，按照有关程序办法，增加教育硕士、教育博士专业学位授权点，扩大教育硕士招生规模，完善教育博士选拔培养方案。

（三）乡村教师素质提高行动

乡村教育是中国教育的短板，是推进教育现代化和建设教育强国的强大阻碍，因此加快乡村教育崛起，具有重大的实践价值和现实意义。要振兴乡村教育，就必须解决乡村教师“用工荒”的难题。[②]《行动计划》高度关注教师教育的“底部”质量，提出应改善乡村教师资源供给，促进教育公平发展，为满足人民对公平而有质量的教育的迫切需求奠定基础。

首先，做好乡村教师的定向培养。推进本土化教师培养，逐步扩大乡村教师公费定向培养规模，通过公费定向培养、到岗退费等多种方式，为乡村小学培养补充全科教师，为乡村初中培养补充“一专多能”教师，为乡村学校培养“下得去、留得住、教得好、有发展”的合格教师。支持中西部地区提升师范专业办学能力，加强中西部地区教师培养，优先满足老少边穷岛等边远贫困地区教师补充需要。加大紧缺薄弱学科教师和民族地区双语教师培养力度。

其次，加强乡村教师全员培训。加强县级教师发展机构建设，建立健全县区教师专业发展支持服务体系。改进乡村教师培训内容，提高乡村教师培训实效，将新课标教材、教育观念、教学方法融入培训内容，满足教育教学的实际需要。更新乡村教师培训方式，推进乡村教师到城镇学校跟岗学习，鼓励师范生到乡村学校进行教育实践。

① 孔宝刚. 试论我国新时代教师教育的基本特点[J]. 江苏第二师范学院学报，2019，35（5）：115-117.

② 吴秀娟. 绘就教师发展的新蓝图——解读《教师教育振兴行动计划（2018—2022 年）》[J]. 湖南教育（C版），2018，（4）：10-11.

（四）师范生生源质量改善行动

选拔优秀人才从教是振兴教师教育的重要一环。[①]为从源头上保证师范生生源质量，《行动计划》提出依法保障和提高教师的地位待遇，通过多种方式吸引优质生源报考师范专业。一是改善师范生招生制度。鼓励部分办学条件好、教学质量高的高校师范专业实行提前批次录取和入校后二次选拔制度，选拔有志于从教的学生进入师范专业学习。在入校后二次选拔过程中可设立面试考核环节，考察学生的综合素质和从教潜质，招收乐教适教善教的优秀学生就读师范专业。二是改善教师教育院校层次结构。鼓励高水平综合性大学成立教师教育学院，设立师范类专业，招收学科知识扎实、专业能力突出、具有教育情怀的学生。

（五）“互联网+教师教育”创新行动

随着世界多极化、经济全球化、文化多样化、社会信息化的深入发展，互联网不断发展并在各行业应用。[②]在教育领域，由于它不受时间和空间的限制，可以随时随地为师范生和在职教师提供学习的机会，因此《行动计划》从互联网这项新兴技术入手，创新教师教育模式，培养未来卓越教师。具体而言，在教师培养方面，充分利用云计算、大数据、虚拟现实、人工智能等新技术，推进教师教育信息化教学服务平台建设和应用；启动教师教育在线开放课程建设计划，遴选认定 200 门教师教育国家精品在线开放课程，推动在线开放课程广泛应用共享；研究制定师范生信息技术应用能力标准，推动以自主、合作、探究为主要特征的教学方式变革，提高师范生信息素养和信息化教学能力。在教师培训方面。通过实施中小学教师信息技术能力提升工程，带动中小学教师校长将现代化信息技术有效运用于教育教学和学校管理。通过建设“学分银行”促进教师专业发展，加强在职教师培训信息化管理。

（六）教师教育改革实验区建设行动

构建“三位一体”协同育人机制。《行动计划》指出应建设一批由地方政府统筹，教育、发展改革、财政、人力资源社会保障、编制等部门密切配合，高校与中小学协调开展教师培养培训、职前与职后相互衔接的教师教育改革实验区，带动区域教师教育综合改革，全面提升教师培养培训质量。深入实施“卓越教师培养计划”。《行动计划》表示要推动实践导向的教师教育课程内容改革和以师范生为中心的教学方法变革，提高师范生实践能力，培养与基础教育学校需求相

① 教育部等五部门印发《教师教育振兴行动计划（2018—2022 年）》实施十大行动建强做优教师教育[J]. 中国农村教育，2018，（4）：7.

② 李俊庆. “互联网+”背景下教师培训模式研究[J]. 中国报业，2020，（10）：106-107.

吻合的师范生。以“国培计划”带动教师培训改革。《行动计划》提出要加强教师培训需求诊断，优化培训内容，推动信息技术与教师培训的有机融合，鼓励实行线上线下相结合的混合式培训。加强教育行政部门对新教师入职教育的统筹规划，推行集中培训和跟岗实践相结合的新教师入职教育模式。

（七）高水平教师教育基地建设行动

当代中国，正奋力向教育现代化进发。未来社会的发展要求造就一支适应现代化建设、担当民族伟大复兴的教师队伍，而教师教育供给侧结构性改革为之提供了长远动力。[①]《行动计划》提出，以教师教育供给侧结构性改革为动力，来解决教师教育发展过程中存在的结构性和制度性问题。《行动计划》主张在教师培养体系建设和教师培训体系建设两方面精准施策。在教师培养体系建设时，综合考虑区域布局、层次结构、师范生招生规模、校内教师教育资源整合、办学水平等因素，在高水平、特色教师教育院校的引领下重点建设一批师范教育基地。加强教师教育院校师范生教育教学技能实训平台建设，建立稳定的教育实践基地，切实落实师范生到中小学教育实践不少于半年的制度。师范院校评估要体现师范教育特色，确保师范院校坚持以师范教育为主业，严控师范院校更名为非师范院校。在教师培训体系建设时，制定县级教师发展中心建设标准，建设研训一体的市县教师发展机构，更好地为区域教师专业发展服务。《行动计划》还指出，不论是教师培养还是教师培训，都应依托优质中小学，开展师范生见习实习、教师跟岗培训和教研教改工作。

（八）教师教育师资队伍优化行动

当前，教师教育学院在实施各种计划中遇到的最大问题就是教师教育师资队伍建设。教师教育发展必须拥有一支高水平的师资力量，无论是拥有博士学位的新任教师，还是不同发展阶段的人才培养，都会影响教师教育水平。[②]而这一切，对是否能建设高素质专业化创新型教师队伍有直接影响。所以，《行动计划》不仅对高校教师教育师资队伍建设给出了意见，也为教师培训队伍建设指明了方向。首先，引导和支持高校加大学科课程与教学论博士生培养力度，做好教师教育师资队伍储备。改进教师教育师资管理评价，充分体现教师教育工作特点，对学科课程与教学论教师实行倾斜政策。其次，优化教师教育师资结构，推进双向交流。鼓励实行高校教师与中小学教师共同指导师范生的“双导师制”。推进职业学校、高等学校与大中型企业共建共享师资，建立教师教育师资共同体，促进大学与政

① 汪娟. 论教师教育政策的全球性、历史性及时代性特征——以《教师教育振兴行动计划（2018—2022 年）》为考察中心[J]. 课程教学研究，2019，（4）：4-9，14.

② 朱旭东. “教师教育振兴行动计划”落地需有效策略[J]. 人民教育，2018，（8）：1.

府、基础教育学校、社会机构和企业的联动，带动高校教师教育师资走进中小学和相关部门单位，深入实践，了解实践，从而更好地做好教师教育工作。最后，优化教师培训队伍。通过实施骨干培训者队伍建设工程，建立一支专兼结合的优秀教师培训队伍。此外，《行动计划》表示可通过组建中小学名师工作室、特级教师流动站、企业导师人才库，充分发挥教研员、学科带头人、特级教师、高技能人才在师范生培养和在职教师常态化研修中的重要作用。

（九）教师教育学科专业建设行动

"学科"是独立而分门别类的知识体系，随着知识生产领域的劳动分工而产生和发展，在不同知识领域中按照知识的逻辑横向拓展或纵向深入。[①]学科意味着资源，意味着学术地位，意味着人才培养。相对于教育学的其他学科而言，教师教育学是一门比较年轻的学科。近年来，虽然我国教师教育学科建设在理论层面和实践层面都取得了丰硕的成果，但也存在一定问题。比如，部分师范院校因为没有教师教育学科而出现的"只育不研"的问题。[②]

教师教育学科建设的目的是促进教师队伍建设，没有教师教育学科，势必会严重影响到中小学教师的教育质量。因此，针对建设教师教育学科体系，《行动计划》明确要建立健全教师教育本科专科和研究生培养的学科体系，鼓励支持有条件的高校自主设置"教师教育学"二级学科，加强教师教育的学术研究和人才培养。除此之外，还应加强教师教育课程资源建设，构建全方位教育实践内容体系，将实践教学贯穿培养全过程，分类设定目标，强化"三字一话"，提高师范生的教学实践能力。鼓励高校针对有从教意愿的非师范类专业学生开设教师教育课程，协助参加必要的教育实践。建设公益性教师教育在线学习中心，提供教师教育核心课程资源，供非师范类专业学生及社会人士修习。

（十）教师教育质量保障体系构建行动

党和国家的方针政策、各项发展计划的出发点都相当好，为实施指明了方向，有很强的操作性和实施的必要性，然而从最后的落实情况来看，却往往不尽如人意。[③]教师教育质量也会面临如此难题。为避免此类情况的出现，要建立科学、完善的教师教育质量保障体系，它不仅是确保教师教育质量不断提高的重要环节，

① 杨跃. 教师教育学科制度建设：内涵、目标、困境与行动——基于新制度主义社会学的视角[J]. 教育发展研究，2018，38（22）：52-59.

② 朱旭东. 加快教师教育学科建设，促进教师队伍建设全面深化改革[J]. 华东师范大学学报（教育科学版），2018，36（4）：28-30.

③ 李世轩. 实施《教师教育振兴行动计划》必须处理好的关系[J]. 教学与管理，2018，（26）：5-6.

也是教育管理的一项基础性工作。[①]《行动计划》将构建教师教育质量保障体系作为十大行动之一。首先要加强教师教育质量标准制定与引领，启动开展师范类专业认证，将认证结果作为师范类专业准入、质量评价和教师资格认定的重要依据，并向社会公布。其次要加强教师教育质量监测评估。建立高校教师教育质量自我评估制度。建设全国教师教育基本状态数据库，发布《中国教师教育质量年度报告》，便于高校的自我监测和自我评估。

一分部署，九分落实。为使相关责任主体将振兴教师教育的各项行动落到实处，确保改革举措取得成效，必须明确责任分工，加大经费投入，开展督促检查。第一，明确责任主体，做出相应分工。《行动计划》表示各部门间应密切配合，把振兴教师教育作为全面深化新时代教师队伍建设改革的重大举措，切实将文件中的十大行动落到实处。第二，加大经费投入，强化经费保障。《行动计划》重视加强教师教育的经费保障，如提高师范生生均拨款标准、加大教师培训经费投入力度、建立多元化筹资渠道。第三，及时跟踪，检查督导。《行动计划》要求建立教师教育项目实施情况的跟踪、督导机制，建立奖惩制度，对教师教育改革突出的地方予以表彰奖励，对实施不到位、敷衍塞责的地方追究相关部门负责人的领导责任。

第三节 《关于实施卓越教师培养计划 2.0 的意见》政策解读

为深入贯彻习近平新时代中国特色社会主义思想和党的十九大精神，全面贯彻落实全国教育大会精神，落实中央关于大力振兴教师教育的决策部署，加快形成高水平师范人才培养体系，造就党和人民满意的高素质专业化创新型教师队伍，教育部于 2018 年 9 月印发了《关于实施卓越教师培养计划 2.0 的意见》[②]（简称《计划 2.0》）。《计划 2.0》明确了卓越教师培养的总体思路、总体目标要求和具体的改革任务、重要举措，同时明确了保障机制。

一、《计划 2.0》的背景与意义

（一）卓越教师计划的背景

优质的教师教育体系是高质量教育体系的核心组成部分，加强教师教育、培

① 张丽娟. 以人为本建构教师教育质量保障体系[J]. 教育理论与实践，2009，29（19）：37-39.

② 教育部关于实施卓越教师培养计划 2. 0 的意见[J]. 中华人民共和国教育部公报，2018，（9）：31-34.

养卓越教师已成为各国提高教育质量的重要政策举措。[①]伴随着教育改革的不断深入，各国更加重视教师队伍的培养。通过实施卓越教师培养计划，加强教师队伍建设，是提高教师培养质量的重要举措。

20 世纪 80 年代，美国就开始实施卓越教师培养计划，且在持续发展中取得了一定的成效。比如，制定进入教师职业的恰当标准，成立国家教学专业标准委员会，旨在对中小学优秀教师进行评估和认证，以提高全美教师教育的质量。[②]近年来，美国还以卓越教师培养质量年度报告为载体，寻求以量化的方式考核和评定卓越教师培养。[③]

在我国，2003 年，教育部师范司召开“教师教育改革与发展研讨会”，全国掀起了教师教育改革的热潮。2007 年，由教育部和财政部联合决定实施的“高等学校本科教学质量与教学改革工程”为卓越教师计划的实施提供了政策依据。2011 年，教育部发布《关于实施卓越工程师教育培养计划的若干意见》拉开了我国卓越人才培养计划的序幕，随后出台了卓越法律人才计划、卓越医生计划及卓越农林人才计划，为卓越教师计划提供了参考依据。2014 年，为主动适应新时代国家发展和教育改革发展的总体要求，教育部发布了《教育部关于实施卓越教师培养计划的意见》，确定了 80 个卓越教师培养计划改革项目。

自此，高师院校纷纷根据自身特色和优势创造性地实施卓越教师培养计划，陆续走上了卓越教师培养探索之路。[④]随着卓越教师培养计划的开展，在落实过程中，我国高等师范院校、中小学在培养优秀教师时遇到了新的困境，面对新方位、新征程、新使命，2018 年《计划 2.0》应运而生，它是国际化和时代化的产物，是对《教育部关于实施卓越教师培养计划的意见》的继承与发展、加强与升级。

（二）卓越教师计划的意义

随着基础教育的快速发展以及对教师标准研究的深入，培养卓越教师已成为目前教师教育改革的必然趋势。卓越教师的培养计划不仅有利于协同社会各方面的力量促进教师成长，还有利于改变我国的教育局面，最终达到提高我国总体教育质量的目的。[⑤]《计划 2.0》指出，通过实施卓越教师培养，培养造就一批教育情怀深厚、专业基础扎实、勇于创新教学、善于综合育人和具有终身学习发展能

① 王定华. 关于深入实施卓越教师培养计划的若干思考[J]. 中国高教研究，2016，（11）：1-3，98.

② 毕景刚，韩颖. “卓越教师”计划的背景、内涵及实施策略[J]. 教育探索，2013，（12）：108-110.

③ 付淑琼. 多方协同：美国“卓越教师培养项目”的质量评价机制[J]. 教育研究，2016，（4）：146-152.

④ 何彦秋. 卓越教师培养之实践探索——以西华师范大学为例[J]. 攀枝花学院学报，2018，35（3）：113-116.

⑤ 谭桂巧，唐玉曼，韦艳桃，等. 小学卓越教师培养的现状分析与路径探讨[J]. 教育现代化，2019，6（84）：124-126.

力的高素质专业化创新型中小学（含幼儿园、中等职业学校、特殊教育学校，下同）教师。

《计划 2.0》明确教师质量提升目标，将目标分为两个阶段。第一阶段：经过 5 年左右的努力，办好一批高水平、有特色的教师教育院校和师范专业，师德教育的针对性和实效性显著增强，课程体系和教学内容显著更新，以师范生为中心的教育教学新形态基本形成，实践教学质量显著提高，协同培养机制基本健全，教师教育师资队伍明显优化，教师教育质量文化基本建立。第二阶段：到 2035 年，师范生的综合素质、专业化水平和创新能力显著提升，为培养数以十万计的卓越教师奠定坚实基础。

二、《计划 2.0》的改革举措

培养高素质教师队伍是优先发展教育事业、建设教育强国的一项重要举措。人才培养是高校的核心职能，是师范教育改革的关键所在。[①]在“卓越教师培养计划 2.0”视域下，坚定办学方向，坚持服务需求，创新机制模式，深化协同育人，贯通职前职后，建设一流师范院校和一流师范专业，全面引领教师教育改革发展。长期以来，确保留住教师队伍人才的讨论从未停止过，实际上与之相对应的就是教师职业的培养体系和保障体系的建设。《计划 2.0》针对当前师范生培养在教学、实践、师资、保障等方面存在的问题，面对当前信息化、国际化等新形势新任务新要求[②]，具体提出八大举措，即全面开展师德养成教育、分类推进培养模式改革、深化信息技术助推教育教学改革、着力提高实践教学质量、完善全方位协同培养机制、建强优化教师教育师资队伍、深化教师教育国际交流与合作、构建追求卓越的质量保障体系。

（一）全面开展师德养成教育

师德是优秀教师的首要标准。审视当下我国教师教育现状，道德教育已经渗透到师范生理论课程与实践课程中，但不难发现在师德教育方面还存在许多问题，如教育者思想认知偏误、院系课程建设滞后、实践教育缺位等，没有满足师范生的发展需求和时代要求。[③]因此，卓越教师培养必须坚持以立德树人为中心，师范教育改革必须把师德教育放在教师教育的首位，只有这样，才能提升人才培养水平。

《计划 2.0》将开展师德养成教育提到首要位置，从学校教育和校外活动两方

① 宋志章，曲铁华. 卓越教师培养计划 2.0 的现实挑战与应对策略[J]. 中国高等教育，2019，（7）：44-46.

② 史国亮. “卓越教师培养计划 2.0”：师范人才风向标[J]. 教育家，2018，（39）：8-9.

③ 贾卫红. “卓越教师培养计划 2.0”背景下地方高师师范生师德养成对策[J]. 山西教育（幼教），2019，（8）：25-27.

面阐释如何开展：第一，在学校教育方面，将学习贯彻习近平总书记对教师的殷切希望和要求作为师范生师德教育的首要任务和重点内容，将“四有”好老师标准、四个“引路人”、四个“相统一”和“四个服务”等要求细化落实到教师培养全过程。加强师范特色校园、学院文化建设，着力培养“学高为师、身正为范”的卓越教师。通过与导师建立学习、生活和成长共同体发挥导师在学生品德提升、学业进步和人生规划方面的作用。第二，在校外活动方面，为师范生提供实习支教及与名师名校长交流的机会，培养师范生的职业认同和社会责任感。为师范生组织经典诵读、开设专门课程、组织专题讲座等活动，涵养师范生教育情怀，推动师范生汲取中华优秀传统文化精髓。

加强师范生师德教育不仅符合《计划 2.0》的要求，而且符合现代教育发展的内在规律，具有非常重要的现实意义。一方面有利于提高师范生道德素养。只有当师范生具备较高的师德素养时，才能在未来教师岗位上实现立德树人，才能为自身职业生涯的顺利发展保驾护航，才能为培养出符合新时代要求的优秀人才奠定基础。另一方面有利于净化社会风气，促进社会主义精神文明建设纵深发展，为高校践行社会主义核心价值观夯实基础。

（二）分类推进培养模式改革

在高等教育大众化的政策背景下，教育规模逐渐扩大，高等教育逐步迈进高质量、增效益的发展阶段。高校面临着人才培养模式、学科专业和课堂体系的转型。[①]人才分类培养不仅有满足地方经济社会发展的需要、学生就业的客观需要，还有利于学生个性化发展。[②]因此，探讨高等教育的人才分类培养模式是缓解师范生与社会需求脱节的关键一环。

《计划 2.0》对卓越中学、小学、幼儿园、中等职业学校和特殊教育学校教师培养改革做出说明。[③]其中，面向培养专业突出、底蕴深厚的卓越中学教师，要积极支持高水平综合大学参与，重点探索本科和教育硕士研究生阶段整体设计、分段考核、有机衔接的培养模式。面向培养素养全面、专长发展的卓越小学教师，要重点探索借鉴国际小学全科教师培养经验、继承我国养成教育传统的培养模式。面向培养幼儿为本、擅长保教的卓越幼儿园教师，要重点探索幼儿园教师融合培养模式，积极开展初中毕业起点五年制专科层次幼儿园教师培养。面向培养理实一体、德业双修的卓越中职教师，要重点探索校企合作“双师型”教师培养模式，

① 余国江. 课程模块化：地方本科院校课程转型的路径探索[J]. 中国高教研究，2014，（11）：99-102.

② 栾立明，张存贵. 基于人才分类培养的转型高校课程改革路径探索[J]. 职业技术教育，2017，38（5）：33-36.

③ 教育部印发《关于实施卓越教师培养计划 2.0 的意见》办好一批高水平有特色的教师教育院校和师范专业[J]. 中国农村教育，2018，（11）：5.

主动对接战略新兴产业发展需要，开展教育硕士（职业技术教育领域）研究生培养工作。面向培养富有爱心、有复合型知识技能的卓越特教教师，要重点探索师范院校特殊教育知识技能与学科教育教学融合培养、师范院校与医学院校联合培养模式。

（三）深化信息技术助推教育教学改革

信息技术的迅猛发展为教育场域带来了结构性的变化和革命性的影响。作为跨世纪教育改革的一项重要内容，教育信息化不断被各国纳入新一轮的教育改革中。①信息技术的发展对教育的方方面面都产生了影响，如教学方式、学习方式等的更新。为适应时代的发展给教育带来的革新，要充分利用信息技术的便利，促进卓越教师的培养。

《计划 2.0》提出要深化信息技术助推教育教学改革，具体包括上课方式、课程建设、监督检测等多个分支。具体而言，在课程建设上，推动人工智能、智慧学习环境等新技术与教师教育课程全方位融合，充分利用虚拟现实、增强现实和混合现实等，建设一批交互性、情景化的教师教育课程资源。开设模块化的教师教育课程，精选中小学教育教学和教师培训优秀案例，建立短小实用的微视频和结构化、能够进行深度分析的课例库。建设 200 门国家教师教育精品在线开放课程。在学习模式上，推广翻转课堂、混合式教学等新型教学模式，形成线上教学与线下教学的有机结合、深度融通的自主、合作、探究学习模式。在监督检测上，利用大数据、云计算等技术，实现对课程教学的实时监测，有效诊断评价师范生、教师、教学管理人员的学习状况和教学质量。

（四）着力提高实践教学质量

实践能力是卓越教师必备的一项基本能力，尤其是教师的教学实践能力直接关系到学生学习质量的高低。注重实践能力培养是卓越教师培养改革计划对培养单位提出的改革要点之一。②目前师范生培养目标及课程设置在培养教学实践能力方面还存在一些问题：课程突出学科本位，重知识传授，轻能力培养；理论学时偏重，实践学时偏少，实践课名不副实等。③

《计划 2.0》提出经过 5 年左右的努力，以师范生为中心的教育教学新形态基本形成，实践教学质量显著提高。为此，《计划 2.0》指出要设置数量充足、内容

---

① 史利平. 信息技术与教育融合创新的政策障碍及其消解逻辑[J]. 中国教育学刊，2020，（2）：27-32.

② 姚玉香，孙志林，刘津池. 卓越小学教师职前实践能力提升策略探析[J]. 吉林省教育学院学报，2018，34（12）：17-19.

③ 孙志林. 浅谈小学英语教育专业（方向）学生教学实践能力的培养[J]. 吉林省教育学院学报（学科版），2009，25（11）：50-51.

丰富的实践课程，要落实高校教师与优秀中小学教师共同指导的“双导师”制，确保实践教学与理论教学有机融合，确保师范生可得到全方位、及时有效的实践指导。搭建师范生研训与考核数字化平台，强化师范生教学基本功和教学技能的训练与考核。建设教育实践管理信息系统平台，推进实习前、实习中、实习后全过程管理。遴选建设一批优质教育实践和企业实践基地，在培养师范生实践能力方面建立合作共赢长效机制。

（五）完善全方位协同培养机制

卓越教师的培养仅仅依靠高等师范院校是不可行的，只有创新协同培养的模式，通过联合多方协同主体的资源，改变高等师范院校封闭型办学所产生的资源分散、封闭、低效能的现状，才能实现卓越教师协同创新培养的高效能。①

《计划 2.0》提出以下有效的和可操作的协同模式。第一，构建“三位一体”协同育人机制。支持建设一批省级政府统筹，高等学校与中小学协同开展培养培训、职前与职后相互衔接的教师教育改革实验区，着力推进全流程协同育人。第二，鼓励高校间合作交流。通过交换培养、教师互聘、课程互选、同步课堂、学分互认等方式，使师范生共享优质教育资源。第三，推动医教联合培养特教教师，高校与行业企业、中等职业学校联合培养中职教师。第四，构建教师培养校内协同机制和协同文化。鼓励有条件的高校依托现有资源组建实体化的教师教育学院，加强资源的优化与整合，聚力教师教育资源，彰显教师教育文化，促进教师培养、培训、研究和服务一体化。

（六）建强优化教师教育师资队伍

优秀教师和未来教育家的培养，必须有一支数量充足、结构合理、业务精湛的教师教育团队。但是，当前高校教师教育队伍建设面临的主要问题有：教师教育队伍的属性和发展定位不清楚；学科教育教师的数量不足、质量不高、结构不合理；教师教育队伍建设自我封闭，与基础教育实际需求相分离。②

针对此现象，《计划 2.0》给出了具体指导。首先是提高教师教育师资的专业化水平。通过加大学科课程与教学论博士生培养力度和教师教育师资国内访学支持力度，组织集中培训、校本教研、见习观摩等活动来完成。其次是优化教师教育师资队伍结构。通过政策倾斜吸引学科课程与教学论教师。通过共建中小学名师名校长工作室、特级教师流动站、企业导师人才库等建立一支兼职教师教育师资队伍。通过高校与中小学的双向交流长效机制实现高等学校与中小学教师互聘。

① 刘天平，王林发. 困境与突破：“卓越教师协同创新培养”的思考[J]. 课程教学研究，2019，（1）：31-36.
② 刘义兵，常宝宁. 教师教育一体化师资队伍建设及其创新实践[J]. 教育研究，2015，36（8）：121-124.

最后是加强教师教育学科建设。指导高校建立符合教师教育特点的教师考核评价机制，引导和推动教师教育师资特别是学科课程与教学论教师开展基础教育、职业教育研究。

（七）深化教师教育国际交流与合作

教育的核心价值在于育人，教育国际化发展要指向学生，让他们能够同享教育国际化的福祉。而最直接影响学生的是一线教师，如何提升这个群体的国际视野和国际交往能力，借助他们的力量影响学生、发展学生，是我们必须予以高度关注的重要问题。[①]教师教育作为元教育，对未来教育的发展有着不可估量的作用，从某种意义上讲，教师教育国际化既是短期的，也是长远的。[②]

《计划 2.0》从教师教育教师队伍来看，可通过加大教师教育师资国外放学支持力度，学习借鉴国际先进教育理念经验，扩大中国教育的国际影响。从师范生培养来看，可通过提高师范生赴境外观摩学习比例，提供师范生赴境外高校交流机会，采取师范生赴境外中小学见习实习等多种方式拓展其国际视野。还可以加强与境外高水平院校的交流与合作，共享优质教师教育资源，积极推进双方联合培养、学生互换、课程互选、学分互认。

（八）构建追求卓越的质量保障体系

教师教育是教师队伍的源头活水，高质量的教师教育已成为国际社会的普遍共识。为保障教师队伍整体素质和专业化水平，美国、英国、俄国等国纷纷建立教师教育质量保障体系。教师教育质量保障体系通常是指为确保职前教师培养达到一定的质量标准，在生源、认证、评估、投入等方面采取的系统性的教师教育政策措施。[③]近年来，在承担教师教育任务的地方院校的发展进程中，教师教育质量问题较为突出，如思想重视不够、管理机制不完善、管理机构不全、教育专业训练不足[④]等。可见，为保障实施卓越教师培养计划的有效性，有必要构建追求卓越的质量保障体系。

《计划 2.0》指出要构建具有中国特色、世界水平的教师教育质量监测认证体系，分级分类开展师范类专业认证，落实《普通高等学校师范类专业认证实施办法（暂行）》，全面保障、持续提升师范类专业人才培养质量。推动高校充分利用信息技术等多种手段，建立教师培养质量全程监控与持续改进机制，建立师范

① 庄小凤. 深化教育国际交流与合作 提升教师专业发展水平[J]. 世界教育信息，2013，26（3）：7-10.

② 孙宁. 教育对外开放理念与教师教育国际化研究[C]//辽宁省高等教育学会. 辽宁省高等教育学会 2017 年学术年会优秀论文三等奖论文集. 沈阳：辽宁省高等教育学会，2018：31-37.

③ 王薇. 国际教师教育质量保障体系的构建及其启示[J]. 教师教育研究，2017，29（3）：114-120.

④ 杜辉. 以人为本构建教师教育质量保障体系[J]. 中外企业家，2017，（13）：201-203.

毕业生持续跟踪反馈机制，建立中小学、教育行政部门等利益相关方参与的多元社会评价机制。定期对校内外的评价结果进行综合分析并应用于教学，推动师范生培养质量的持续改进和提高，形成追求卓越的文化。

三、《计划 2.0》的保障机制

一是构建三级实施体系。教育部、省级教育行政部门和高校明确分工，各司其职。二是加强政策支持。对计划实施高校给予优先支持师生出国研修、适度增加教育硕士招生计划、加强教师教育学科建设等政策支持，将卓越教师培养实施情况作为高校教师考核评价和职称晋升、中小学教师职称评聘等的重要依据。三是加大经费保障。充分利用中央高校教育教学改革专项、地方财政高等教育、教师队伍建设和中央支持地方高校改革发展资金，来支持计划实施的高校。四是强化监督检查。成立“卓越教师培养计划 2.0”专家委员会，负责计划的指导、咨询、服务等工作，实行动态调整，依据各高校具体实施情况给予倾斜支持或取消项目资格。

第四节　《关于加强和改进新时代师德师风建设的意见》政策解读

国无德不兴，人无德不立。决胜全面建设小康社会、建设社会主义现代化强国，需要大量不同领域的优秀人才。人才的培养，关键在教师，首要在立德。党和国家一直高度重视师德师风建设，并对广大教师提出了具体且严格的要求。近年来，师德师风建设取得显著成效，先后出现了大批优秀典型，但不可否认，师德师风建设仍存在一些短板，违反师德的行为时有发生。

为加强和改进新时代师德师风建设工作，推动新时代教师队伍建设开好局、起好步，全面提振新时代师道尊严，塑造新时代教师良好形象，建立健全师德师风建设长效机制①，2019 年 11 月，教育部、中央组织部、中央宣传部、国家发展改革委、财政部、人力资源社会保障部、文化和旅游部等七部门联合印发了《关于加强和改进新时代师德师风建设的意见》（简称《师德师风建设意见》）。②此文件对我国师德师风建设工作进行了全面规划与精细布局，明确了新时代师德师风建设的指导思想、基本原则、工作目标及任务举措，释放出对违反师德师风行

① 提振师道尊严 重塑新时代教师形象——教育部教师工作司负责人就《关于加强和改进新时代师德师风建设的意见》答本刊记者问[J]. 中小学德育，2020，（1）：4-6.

② 教育部等七部门印发《关于加强和改进新时代师德师风建设的意见》的通知[J]. 中华人民共和国教育部公报，2019，（12）：22-26.

为的“零容忍”态度。

一、《师德师风建设意见》的价值意义

教师在新生一代成长、国家经济社会文化建设与人类知识智慧生产中发挥着不可替代的作用，没有一支师德高尚、作风优良、敬业爱生的教师队伍，中国特色社会主义教育事业的推进必将寸步难行。不论是从社会角度还是教育角度，无论是立足放下还是展望未来，师德师风建设工作都应刻不容缓。

《师德师风建设意见》以习近平新时代中国特色社会主义思想为指导，把师德师风作为评价教师队伍素质的第一标准，对新时代师德师风建设提出了更高要求，寄予了更高期望。第一次对全社会尊师重教提出要求，第一次将师德师风建设从教育系统内部放到整个党和国家工作中，第一次提出将尊师重教观念渗透进学生的价值体系。《师德师风建设意见》对师德师风建设工作进行了整体部署，是国家层面对师德师风建设的顶层制度设计，是未来一个时期加强师德师风建设的指导性文件，进一步明确了师德师风建设的方向目标、工作重点和任务举措。

二、《师德师风建设意见》的总体目标

进入新时代，师德师风建设逐步法制化、规范化，但是，部分教师仍存在政治意识薄弱、敬业精神不强、工作风气浮躁、育人观念错位等现象，难以胜任新时代人才培养需要。①为此，教师教育应该立足于师德师风建设的重要性和紧迫性，把提高教师的思想政治素质和职业道德水平摆在一切工作的首要位置。

《师德师风建设意见》就新时代师德师风建设的总体目标给出了明确指示：经过 5 年左右努力，基本建立起完备的师德师风建设制度体系和有效的师德师风建设长效机制。教师思想政治素质和职业道德水平全面提升，教师敬业立学、崇德尚美呈现新风貌。教师权益保障体系基本建立，教师安心、热心、舒心、静心从教的良好环境基本形成，师道尊严进一步提振。全社会对教师职业认同度加深，教师政治地位、社会地位、职业地位显著提高。

三、《师德师风建设意见》的任务举措

良好的师德师风是为师之本、树人之要、兴国之基，加强师德师风建设对教育强国至关重要。为应对当前师德师风建设存在部分教师政治意识、使命意识、修身意识、奉献意识不够强的问题②，《师德师风建设意见》将社会主义核心价值观贯穿于师德师风建设全过程，有利于全面提升教师思想政治素质和职业道德

① 李录琴. 新时代教师师德建设的基本方略[J]. 兰州教育学院学报，2020，36（8）：77-78.

② 王爱莲. 新时代教育强国语境下的师德师风建设[J]. 信阳师范学院学报（哲学社会科学版），2020，40（1）：28-31.

水平。

《师德师风建设意见》秉承坚持正确方向、坚持尊重规律、坚持聚焦重点、坚持继承创新的基本原则，从加强教师队伍思想政治工作、提升教师职业道德素养、将师德师风建设要求贯穿教师管理的全过程、营造全社会尊师重教的氛围、加强师德师风建设工作保障等五大方面提出了15项举措，包含“三个坚持”（坚持思想铸魂、坚持价值导向、坚持党建引领）、“三个突出”（突出课堂育德、突出典型树德、突出规则立德）、“四个严格”（严格招聘引进、严格考核评价、严格师德督导、严格违规惩处）、“四个强化”（强化地位提升、强化权利保护、强化尊师教师、强化各方联动）和“一个加强”（加强工作保障），全方位构建师德师风建设新格局。

（一）三个坚持，强化思想

行动前要先用理论武装思想，武装头脑。加强教师队伍建设，加强师德师风建设，必须先学习相关的教育理论和教育思想。[①]加强教师思想政治工作是全面贯彻党的教育方针的战略需要，是培养社会主义建设者和接班人的本质要求，是办好人民满意的教育的根本保障[②]。

《师德师风建设意见》以“三个坚持”为突破口全面加强教师队伍思想政治工作。第一，坚持思想铸魂，用习近平新时代中国特色社会主义思想武装教师头脑。开展习近平新时代中国特色社会主义思想系统化、常态化学习，加强对习近平总书记关于教育的重要论述的学习。统筹高校与党校资源，定期开展教师思想政治轮训，增进教师对中国特色社会主义的政治认同、思想认同、理论认同、情感认同。第二，坚持价值导向，引导教师带头践行社会主义核心价值观。以社会主义核心价值观为核心开展教育教学、建设学校管理及校园文化，凝聚师生员工思想共识。在学习中华优秀传统文化、革命文化和社会主义先进文化的过程中涵养师德师风。以社会实践和志愿服务活动为桥梁厚植教育情怀、强化责任担当。第三，坚持党建引领，充分发挥教师党支部和党员教师作用。重视教师党支部建设，重视党员教师队伍建设，使党员教师成为践行高尚师德的中坚力量，使教师党支部成为涵养师德师风的重要平台。严肃党内政治生活，以“三会一课”为基本制度，切实净化党风政风，提高党组织的凝聚力与战斗力。

（二）三个突出，提升素养

教师职业道德是一般社会道德规范的角色化和行业化。[③]教师职业道德是从

① 孟素卿．新时代背景下加强师德师风建设的途径[J]．才智，2020，（17）：13.

② 陈东琼，宁秋娅．新时代高校青年教师思想政治工作要有新作为[J]．中国高等教育，2019，（1）：33-35.

③ 傅维利，于颖．教师职业道德的独特品性及其价值实现[J]．教育研究，2019，40（11）：151-159.

事教育职业的人从思想到行为应当遵循的道德规范和行为准则，它不仅涉及教师个人道德修养，还是教育系统内部师德师风好坏的反映，更是整个社会道德水平的折射和晴雨表。①不难看出教师职业道德建设的重要性与必要性，它直接关系到整个社会的精神文明建设。

《师德师风建设意见》从理论层面、实践层面、法律层面对如何提升教师职业道德素养做出详细规划。在理论层面上，要突出课堂育德，在教育教学中提升师德素养。充分发挥课堂主要渠道作用，引导广大教师将立德树人放在首要位置，把握学生身心发展规律，以心育心、以德育德、以人格育人格，避免重教书轻育人倾向。加强对教师队伍建设的指导，将师德师风教育融入教师培养及培训全过程，尤其注重对新入职教师、青年教师的指导，锤炼教师队伍高尚道德情操。在实践层面上，突出典型树德，持续开展优秀教师选树宣传。深入挖掘优秀教师典型、大力宣传新时代教师新形象，充分发挥典型引领示范和辐射带动作用。开展优秀教师选树宣传活动、师德宣讲活动及一线优秀教师走进课堂活动，用真人真事诠释师德内涵。在法律层面上，突出规则立德，强化教师的法治和纪律教育。将法治教育纳入各级各类教师培训体系，提升教师依法执教、规范执教能力。全面梳理教师在各项教育教学活动中的纪律要求，依法依规健全规范体系，引导广大教师坚守道德底线。

（三）四个严格，规范管理

营造风清气正的教育生态，强化对教师队伍的教育监督和管理是第一步。②完善新时代师德师风建设的制度体系，将师德师风建设融入教师的资格认定、招聘引进、日常考核、职称评聘、推优评先等方面。对各种违规违法行为特别是处于“终身禁教”范围内的行为，建立完整的“负面清单”，让师德失范者付出沉重代价。

《师德师风建设意见》要求从源头上把控教师队伍师德师风质量，将师德师风建设要求贯穿教师管理全过程。第一，严格招聘引进，把握教师队伍入口。规范教师资格申请认定、完善教师招聘和引进制度。鼓励有条件的地方和学校将拟聘人员的心理健康测评结果作为聘用的参考，将思想政治和师德要求纳入教师聘用合同并加强试用期考察，对不合格人员取消聘用，解除聘用合同。此外，重视对从海外引进人才的全方位考察，提升人才引进质量。第二，严格考核评价，落实师德第一标准。将师德考核摆在教师考核的首要位置。在对教师考核时坚持多主体多元评价原则，采用基于事实的定性与定量相结合的方法，全面客观评价教师

① 张国权. 浅谈教师职业道德素养[J]. 科技创新导报，2011，（34）：235.

② 张敬波. 强化师德师风 营造良好校风[N]. 安徽日报，2019-12-24（5）.

的师德表现，及时反馈发现的问题，采取针对性的措施加强整改。对师德考核不合格的教师取消其参与各项活动的资格。第三，严格师德督导，建立多元监督体系。完善多方广泛参与、客观公正科学合理的师德师风监督机制，加强政府、社会和学校的监督。将各层次师德师风建设落实情况作为各自的年度考核内容，提高监督的效力。第四，严格违规惩处，治理师德突出问题。制定具体细化的教师职业行为负面清单，正视个别教师顶风违纪的现实，地方和高校要把群众反映强烈、社会影响恶劣的突出问题作为重点从严查处，对查到的问题开展集中治理。一经查实，要依规依纪给予处理或处分，严重的依法撤销教师资格、清除出教师队伍。同时健全师德违规通报制度和有关违法犯罪人员从教限制制度。

（四）四个强化，营造氛围

在我国5000多年的传统文化中，尊师重道一直受到高度重视，教师一直是一个受人尊敬的职业。[①]尊师重教不仅是中华民族的一种传统美德，还是教育事业发展的必然要求，更是经济社会发展、社会文明进步以及民族振兴发展的基础保障和客观要求。[②]但在当下社会中，还存在一些反面例子影响教师从教的信念与决心甚至诋毁了教师本身的尊严。

《师德师风建设意见》用四个强化着力营造全社会尊师重教氛围。一是强化地位提升，激发教师工作热情。肯定教师的价值和作用，在制定教师队伍建设重大决策和各地重要节庆日活动时，邀请教师参与并听取教师的意见。完善表彰奖励及管理办法，在作出重大贡献、享有崇高声誉的教师队伍中开展荣誉称号评选工作，加强对荣誉获得者的后续支持服务。二是强化权利保护，维护教师职业尊严。完善相关法律法规，明确教师教育管理学生的合法职权，研究出台教师惩戒权办法。基于真实客观，学校和相关部门依据法律法规对教师进行保护和惩罚，既绝不袒护任何一个有过错的教师，也绝不冤枉任何一个无过错的教师。三是强化尊师教育，厚植校园师道文化。从幼儿园开始加强师德教育，将尊师重教观念通过各种校园活动渗透进学生的价值体系。结合实际情况优先安排一线教师特别是长期从教的班主任和乡村教师进行疗休养，同时做好教师荣休工作。加强家庭教育，深化家校合作模式。四是强化各方联动，营造尊师重教氛围。通过新媒体平台传递教师正能量。鼓励社会各方积极参与，支持教师提升能力素养。

（五）一个加强，保障落实

加强师德师风建设、弘扬尊师重教传统是一直以来都是教师队伍建设的首要

① 陈焕友. 新课改下的“师道尊严”[J]. 中国教育学刊，2016，（S1）：165-166.

② 贺武华. “尊师重教”：由外向内的主体转向及教师自我认同提升[J]. 教育发展研究，2017，37（12）：66-70.

任务。为保证文件中具体任务举措的顺利开展，《师德师风建设意见》对师德师风建设任务落实做出部署。第一，加强组织领导。各地各校要将教师思想政治和师德师风建设作为其主要职责，夯实学校主体责任，压实学校主要负责人第一责任人责任。第二，加强督导检查。各地各校要建立健全责任落实机制，坚持失责必问、问责必严。第三，加强经费保障。财政部门要坚持将教师队伍建设作为教育投入重点予以优先保障，按规定统筹现有资金渠道支持师德师风建设。第四，形成合力。依托现有资源，建设一批师德师风建设基地，提高师德师风建设工作的科学性、实效性，形成师德建设合力，全面加强和推进师德建设。

第五节　其他相关政策文件解读

一、教师专业标准

我国一直重视教师的素养，随着教师专业化的发展，教师专业标准的重要性越来越被人们认可。人们认识到教师专业标准是教师队伍建设的基本依据，对深化教师教育改革，建立教师教育质量保障体系，不断提高教师培养培训质量有引领和导向作用，也是教师开展教育教学活动的基本规范。①

为落实教育规划纲要，构建教师专业标准体系，建设高素质专业化教师队伍，教育部于 2012 年研究制定了《幼儿园教师专业标准（试行）》《小学教师专业标准（试行）》和《中学教师专业标准（试行）》②，2013 年制定了《中等职业学校教师专业标准（试行）》③，2015 年制定了《特殊教育教师专业标准（试行）》④（以上文件统一简称为《专业标准》）。《专业标准》是国家针对幼儿园、小学、中学、中等职业及特殊学校教师专业素质的基本要求，是教师培养、准入、培训、考核等工作的重要依据。各地教育行政部门、开展教师教育的院校、中小学和幼儿园等要依据《专业标准》认真制订工作方案，精心组织实施，务求取得实效。

《国家中长期教育改革和发展规划纲要（2010—2020 年）》提出要严格教师资质，提升教师素质，努力造就一支师德高尚、业务精湛、结构合理、充满活力

① 吴传刚. 我国现行中小学教师专业标准改进研究[D]. 哈尔滨：哈尔滨师范大学，2019.

② 教育部关于印发《幼儿园教师专业标准（试行）》《小学教师专业标准（试行）》和《中学教师专业标准（试行）》的通知[EB/OL].（2012-09-13）[2020-11-18]. http://www.moe.gov.cn/srcsite/A10/s6991/201209/t20120913_145603.html.

③ 教育部关于印发《中等职业学校教师专业标准（试行）》的通知[EB/OL].（2012-09-13）[2020-11-18]. http://www.moe.gov.cn/srcsite/A10/s6991/201309/t20130924_157939.html.

④ 教育部关于印发《特殊教育教师专业标准（试行）》的通知[EB/OL].（2015-08-26）[2020-11-18]. http://www.moe.gov.cn/srcsite/A10/s6991/201509/t20150901_204894.html.

的高素质专业化教师队伍。而制订教师专业标准，正是落实教育规划纲要的一项重要紧迫任务。虽然各个《专业标准》的对象是处于不同层次的教师，但文件均由基本理念、基本内容和实施建议三部分构成。基本理念提出教师要以师德为先，学生为本，能力为重，终身学习，基本内容涉及三个维度即专业理念与师德、专业知识和专业能力，每个维度下针对不同阶段学生的特点对教师提出了具体细致的要求。总的来看，各《专业标准》文件有几个共同的特点。一是强化师德要求。要求教师要遵守职业道德规范，严格要求自己，在教育实践中践行社会主义核心价值观，增强教师育人的责任感和使命感。二是强调学生主体地位。教师要遵循学生身心发展规律，以学生发展为本，发挥学生的主动性，为每个学生提供适合的教育，促进学生全面发展。三是强调实践能力。要求教师把所学教育理论与教育实践活动相融合，不断研究，不断完善，提高专业能力。四是体现时代特点。教师要不断更新自己的知识和理念，不断提高自身的素质修养，紧跟时代脚步，为学生做好典范。

为确保《专业标准》的有效落实，文件专门对实施环节提出如下要求：第一，各级教育行政部门要将对应的《专业标准》作为各个层次教师队伍建设的基本依据，建立教师教育质量保障体系。第二，开展教师教育的院校要将对应的《专业标准》作为院校培养培训教师的主要依据，完善教师培养培训方案，加强教育实践，提高教师培养培训质量。第三，各层次学校要将对应的《专业标准》作为教师管理的重要依据，健全教师绩效管理机制。第四，各层次教师要把对应的《专业标准》作为自身专业发展的基本依据，严格要求自己，制定职业生涯发展规划，逐步提高自身专业能力。

二、《普通高等学校师范类专业认证实施办法（暂行）》

高质量的教师教育需求已成为国际社会的普遍共识，进入21世纪以来，英国、美国、德国、俄罗斯等国纷纷建立健全教师教育质量保障体系，从源头上保障教师队伍整体素质和专业化水平。①21世纪以来，我国教师培养模式在发展中也发生了变化，培养模式由封闭走向开放，由单一走向多元，教师储备队伍逐渐壮大，教师培养体系也更加灵活，但与此同时也使以往一些弊端更加凸显出来，如高师院校办学质量参差不齐、师范类专业学科发展边缘化、教师教育过程性评价缺失等。②可见，要想全面保障和提升师范生培养质量、构建高水平师范人才培养体系、造就党和人民满意的高素质专业化创新型教师队伍，亟需构建中国特色、世界水平的教师教育质量检测认证体系。其中，开展师范类专业认证是构建该体系

① 王定华. 我国高校师范类专业认证的缘起与方略[J]. 中国高等教育. 2019，（18）：20-22.

② 刘莉莉，陆超. 高校师范类专业认证的历史必然与制度优化[J]. 教师教育研究，2019，（5）：40-45.

的重要抓手和战略举措。

2017 年 10 月，教育部印发了《普通高等学校师范类专业认证实施办法（暂行）》（简称《实施办法》）①，由此正式在全国范围内开始实施师范类专业认证。《实施办法》旨在规范引导师范类专业建设，建立健全教师教育质量保障体系，不断提高教师培养质量。该文件由指导思想、认证理念、认证原则、认证体系、认证标准、认证对象及条件、认证组织实施、认证程序、认证结果使用、认证工作保障、争议处理和认证纪律与监督十二个模块组成，并以附件的形式详细具体地呈现了学前教育专业、小学教育专业及中学教育专业的认证标准。

《实施办法》指出要全面贯彻党的教育方针，落实立德树人根本任务，分级分类开展师范类专业认证，以评促建，以评促改，以评促强，为培养造就党和人民满意的高素质专业化创新型教师队伍提供有力支撑。要以“学生中心、产出导向、持续改进”为认证基本理念，展开对符合要求的普通高等学校师范类专业的认证。认证过程遵循自愿原则，各高校基于自身实际情况申请参加，最终，通过第二级认证专业的师范毕业生，可由学校自行组织中小学教师资格考试面试工作，通过第三级专业认证的师范毕业生，可由高校自行组织中小学教师资格考试笔试和面试工作。这有利于高等学校在对师范生进行培养时不陷入应试教育中，可以按照自己的人才培养模式开展培养，培养出符合基础教育需求的师资，招收到更好有志于基础教育教学工作的优秀高考生。②总的来看，三个等级认证之间相互衔接，逐级递升，一级为基本条件检测，二级认证为“上水平”，三级认证为“追卓越”③。

专业认证的产生基于行业自身发展需要而要求高等教育界不断提升质量的缘故。④

《实施办法》明确指出学前教育、小学教育和中学教育三类专业认证标准，对高等院校提出了更高的要求，各级各类认证标准呈现阶梯形逐层深化，从培养目标、毕业要求、课程与教学、合作与实践、教师队伍、支持条件、质量保障、学生发展八个方面列举了具体且详细的说明，为提高师范生培养质量奠定了坚实基础。除此之外，为保证师范专业认证质量，达到预期效果，《实施办法》制定了严密的监督机制：一是统一认证体系，二是明确职责分工，三是加强省部协调，四是开展阳光认证。在统一规则和标准下，坚持公平、公正、公开的原则，在教

① 中华人民共和国教育部. 关于印发《普通高等学校师范类专业认证实施办法（暂行）》的通知[EB/OL].（2017-11-08）[2020-11-20]. http://www.moe.gov.cn/srcsite/A10/s7011/201711/t20171106_318535.html.

② 何东. 关于普通高等学校师范类专业认证的思考[J]. 大众文艺，2019，（3）：194-195.

③ 周晓静，何菁菁. 我国师范类专业认证：从理念到实践[J]. 江苏高教，2020，（2）：72-77.

④ 王孙禺，赵自强，雷环. 中国工程教育认证制度的构建与完善——国际实质等效的认证制度建设十年回望[J]. 高等工程教育研究，2014，（5）：23.

师、学生和社会各界的监督下组织开展师范类专业认证，为培养新时代高素质专业化创新型教师队伍提供力量。

三、《教师教育课程标准（试行）》

教师队伍质量直接关系到教育培养人才的质量，高素质专业化教师队伍可保障教育体系的良性循环。为落实教育规划纲要，深化教师教育改革，规范和引导教师教育课程与教学，培养造就高素质专业化教师队伍，中华人民共和国教育部特制定《教师教育课程标准（试行）》（简称《课程标准》）[①]来应对人才培养的新需求。

就其价值而言，《课程标准》是我国教师教育改革与教师队伍专业化建设的里程碑，对提升我国教师队伍整体素质具有重大意义[②]。它体现了国家对教师教育机构设置教师教育课程的基本要求，是制定教师教育课程方案、开发教材与课程资源、开展教学与评价，以及认定教师资格的重要依据。就其内容而言，《课程标准》由基本理念、教师教育课程目标与课程设置、实施建议三部分构成。其中，教师教育课程目标与课程设置作为文件的主体对我国不同阶段教育类课程提出了详细要求与合理规划。

随着《课程标准》的颁布，我国师范教育已逐步向教师教育过渡与转变，随之也要求师范专业的本科院校必须转变培养教师的理念和模式。[③]“教师教育”取代“师范教育”，其内涵发生了本质变化。教师教育更强调教师的专业化，教师培养的终身化，即职前与职后的延续于一体化。[④]《课程标准》指出，在教师教育课程设置中，应遵循育人为本、实践取向、终身学习的原则和理念。文件中职前教师教育与职后教师教育课程目标及课程设置模块的内容，充分体现了教师教育的新内涵，这为教师整个职业生涯的发展打好基础。职前教师教育包含幼儿园、小学和中学三个阶段，不论是哪个阶段，在课程设置时都应注重培养职前教师对学生身心发展规律的了解，对学生学习过程的了解，对学生心理健康的关注，对学生品德发展的关注。而在职教师的教育课程要满足教师专业发展的多样化需求，充分利用教师自身的经验与优势，进一步深化和发展职前教师教育的课程目标，引导教师加深专业理解、解决实际问题、提升自身经验，促进教师专业发展。

---

① 教育部. 教师教育课程标准（试行）[EB/OL].（2018-08-23）[2020-11-20]. https://jyxy.lyu.edu.cn/ee/91/c1157a126609/page.html.

② 刘岗，牛慧宁. 教师教育政策目的一致性研究——基于《教师教育课程标准（试行）》与《中学教师专业标准（试行）》的比较分析[J]. 教育理论与实践，2019，（31）：25-29.

③ 周舟. 师范本科心理学课程的改革与建构——基于《教师教育课程标准（试行）》的研究[J]. 教育观察，2016，5（7）：98-100，138.

④ 钟启泉，王艳玲. 从“师范教育”走向“教师教育”[J]. 全球教育展望，2012，41（6）：22-25.

第三编

比较与借鉴：国内外教师教育的经验与特色

第五章

主要发达国家教师教育的发展与经验

改革开放40多年来，我国教师教育取得重大进展。在现代教师教育体系构建进程中，教师教育机构及其资质认证制度、教师教育专业及其制度、教师教育课程及其制度、教师教育管理及其制度、教师教育质量保障及其制度都取得重要发展。同时，中国教师教育在发展过程中又面临诸多挑战和困境。在探索和构建本土化教师教育新体系之时，合理借鉴发达国家教师教育成就和经验，把握教师教育未来发展趋势，探讨教师教育新型发展模式，可以有力地推动河南省乃至我国教师教育的发展。

第一节　美国教师教育的发展及启示

美国教师教育自19世纪20年代发展至今，已基本形成了较为完备的教师教育体系和模式，这为我国教师教育发展和开展相关研究提供有益借鉴与重要启示。系统考察美国教师教育历史与关键事件、改革与未来发展，基于河南省教师教育发展实际，借鉴和吸纳其经验和成果，为河南省教师教育发展提供不可或缺的重要视野及未来可能走向，这是研究美国教师教育发展的重要价值所在。

一、美国教师教育历史改革与发展趋势

美国教师教育发展历经教师教育机构、教师教育专业化、综合大学教师教育、教师培养、教师专业发展、教师教育课程、教师教育多元文化取向等重大变革，在发展改革过程中经历一系列关键事件，这些事件简要地勾勒出美国教师教育历

史发展的基本轨迹。本节即以这些关键事件为内容线索，对美国教师教育改革及其发展趋势做出追踪和解读。

（一）大学教育学院改革与发展

19 世纪早期，教师只是临时从事教学工作的人员，并未获得职业身份。直至 19 世纪 20 年代，美国公立学校建立，教师才成为专门人员。100 多年来，“美国的师范教育机构经历了一个从中等师范学校提高为独立的高等师范学院，再发展成为综合大学的组成部分即教育学院的演变过程”①。至此美国开启了教师教育大学化进程。国内学者周钧提及，美国教师教育大学化主要通过四种路径来完成：从师范学校到教师学院再到大学教育学院的教师教育系；从大学教育讲座制到教育系再到大学教育学院；大学直接建立教育学院；文理学院建立教育系。②20 世纪 30 年代前后，美国逐步形成高等师范教育体系。因此，19—20 世纪，美国教师教育发展历史可以视为“美国教师教育大学化的历史”。

美国教师教育大学化变革，直接导致教师教育机构转型、教师教育课程改革、教师教育专业化等方面的变迁。美国大学教育学院便是在此进程中催生的组织机构。美国大学教育学院在建立之初，主要以设立教育学讲座、开设教育学课程、创立综合性大学教育学院（含教育系）、创办教育研究生院等方式实施教师教育。③20 世纪初，美国工业化大发展，国际竞争加剧，社会对教师标准要求提高，在此背景下，全国师范教育及专业标准委员会（National Commission on Teacher Education and Professional Standards，NCTEPS）和全国教师教育认证委员会（National Council for the Accreditation of Teacher Education，NCATE）的出现及其所做出的工作直接推动了大学教育学院的发展。其中全国教师教育认证委员会历时 8 年调研，指出综合性大学教育学院无论是在师资质量、经费、教学设备方面，还是在学生本身知识结构及其专业的未来发展前景等方面，都比培养目标单一的师范学院更有利于培养高质量、高水平的教师。④在此阶段，教育学院实行单独建制。1980 年，教师教育全部由大学教育学院以及多科性学院的教育系承担⑤；教师教育模式革新，出现“能力本位”教师教育（competency-based teacher education，CBTE）和“微格教学”（microteaching）等；教师教育偏向普通教育课程，部分教育研究院制订了教学型文学硕士计划（Master of Arts in Teaching

① 成有信. 十国师范教育和教师[M]. 北京：人民教育出版社，1990：123.

② 周钧. 美国教师教育理论与实践[M]. 北京：北京师范大学出版社，2015：5.

③ 史晓明. 美国教师教育大学化研究[D]. 南昌：南昌大学，2014.

④ 杨之岭，林冰. 美国在师范教育改革中的探索和实验[J]. 北京师范大学学报，1983，（3）：18-26.

⑤ Wiggins S P. The American teachers colleges revisited[J]. The Journal of Teacher Education, 1967, (3): 227-232.

Programs）。20 世纪 80 年代以来，随着师范学院的全面升格，教师教育政策变化、教师教育理念更新，最终确立了美国大学教育学院教师培养格局。

自 20 世纪五六十年代起，美国大学教育学院基本垄断初任教师的培养，并形成了以教育学院为基地的大学本位教师教育格局。[①]但是，在美国教师教育大学化进程中，从不乏各类质疑和批评。教育学院在大学组织机构中地位低下，教育学被认为作为一个学术学科的条件不足[②]，教育学院充当了“教师培养工厂”，在教师培养方面缺乏学术严谨性[③]；教育学院教授因为其教育履历、教学倾向、专业经历、学科背景等原因，缺乏应有的专业地位，被视为“高等教育的二等公民”[④]。加之，教育学院经费削减、联邦政府和州政府教师教育政策掣肘、教育学院培养质量标准较低等问题，致使美国大学教育学院面临重重压力和挑战。

美国大学教育学院对此进行了一系列改革，以应对已来临的困境和风险。第一是加强组织机构调整和管理。大学教育学院在内部设立研究中心（研究所），同时整合资源，建立跨部门、跨学科和跨区域组织，与多学科组织、社区、中小学校等建立联系，更切实关注教学和学习。优化行政管理，使组织结构扁平化，提高管理效能。在行政管理方面，吸纳教师参与决策，保持管理的开放性。第二是建立大学与学区、专业组织等的合作伙伴关系，实行深度合作。专业组织是美国教师教育改革的重要参与者和推动者，对教师专业标准和教师教育质量保障体系建设发挥了重要作用。社区更为关注所辖范围内教师的专业标准和质量。美国大学教育学院与专业组织机构、社区建立合作，组建协同管理机构，加强教师实践学习，提升教师教育专业标准，这一模式逐渐演化为美国教师教育的第三条道路——城市教师驻校模式（Urban Teacher Residency Models）和成立“专业发展学校”（Professional Development Schools）。第三是整合理论与实践，重构教师教育课程。美国大学教育学院因学术性倾向而备受批评，被指责教师教育与中小学实践脱节，课程缺乏有效的教学策略。对此，美国大学教育学院重构教师教育课程，增加实际教学策略、课堂管理、专业合作和领导力等实践课程内容；拓展实习周期，实现学校课程学习与在中小学校实习全学程交替进行，提升未来教师培养质量。大学教育学院与中小学深度合作，建立专业发展学校。第四是改进教师培养模式。部分大学教育学院致力于构建教师教育共同体，将多学科背景专业人士、中小学资深教师纳入教育主体，综合大学学术资源和中小学实践资源，形成

① 张济洲，苏春景. 美国大学教育学院：教师教育大学化实践困境及改革[J]. 教育学报. 2010，(6)：110-114.

② Koerner J D. The Miseducation of America Teachers[M]. Baltimore: Penguin Books, 1963: 17.

③ Shen J P. The School of Education: Its Mission, Faculty, and Reward Structure[M]. New York: Peter Lang, Inc. , 1999: 41.

④ Shen J P. The School of Education: Its Mission, Faculty, and Reward Structure[M]. New York: Peter Lang, Inc. , 1999: 41.

合力，兼顾学术性和师范性，以增加教师培养实力。注重学科专业知识教育，在教师教育课程中，重点传授教学策略和培养技能。

（二）教师专业认证改革与发展

美国是世界上最早开展专业认证制度的国家，最早可追溯到1847年美国医学协会（AMA）和1904年的医学教育委员会（CME）。[①]时至今日，美国已构建起完整而成熟的各类专业认证体系，以其专业认证组织数量最多、权威性极强、认证程序严谨、认证标准先进、独立认证等优势居于世界领先地位。[②]美国教师认证制度有两种类型，一是院校认证，二是专业认证。专业认证是“以院校认证为前提，对院校中的某一或某些专业进行认证，主要关注那些被公认为进入某特定专业或职业做准备的教育计划的质量，是承认高等学校所开设的专业符合预先制定的合格标准的质量保证过程，由专门职业协会会同该专业领域的教育工作者一起进行，为进入专门职业的预备教育提供质量保证”[③]。教师教育专业认证就是“依据特定的标准，对教育领域中以培养教师为目标而设置的专业进行全面评价，以确保教师培养质量的评估制度”[④]。教师教育专业认证制度一般包括认证原则、认证标准和认证办法等内容。

美国教师教育专业认证作为教师培养质量的重要保障，经过多年改革创新，建立了完备的教师教育专业认证机制，具有以下几个特征。第一是专业认证机构保持独立性和权威性。美国教师教育专业认证机构最早是各州政府对本州教师教育项目实施认证；地区认证委员会对辖区高校实施非专业认证[⑤]；美国教师教育院校协会（American Association of Colleges for Teacher Education）对教师培养机构进行专业认证，后转变为全美教师教育认证委员会（National Council for Accreditation of Teacher Education）、教师教育认证委员会（Teacher Education Accreditation Council）和美国教师培养认证委员会（Council for the Accreditation of Educator Preparation）。美国教师教育专业认证机构多保持独立地位，组织具有非营利性、非政党性性质，作为第三方中介评估机构，以其高度专业性为教师教育提供认证标准和质量评估。第二是认证标准的发展性和连续性。专业认证组织定期修订认证标准，以教师教育发展形势为依据，以中小学教师行业发展动态为参考，及时跟进和满足中小学教师行业需求，以此对专业认证标准做出调整和修订，

① 王建成. 美国高等教育认证制度研究[M]. 北京：教育科学出版社，2007：45.

② 王薇. 美国专业认证制度的起源、组织及特点[J]. 教育评论，2018，（4）：150-153.

③ 张湘，张志英. 美国专业评估与认证制度对我国的启示[J]. 中国考试（研究版），2010，（1）：46.

④ 邓涛. 中国教师教育专业认证办法探析[J]. 高教发展与评估，2015，（6）：36.

⑤ ANGUS D L. Professionalism and the public good: a brief history in teacher certification[EB/OL]. (2016-06-02）[2020-07-06]. http://eric.ed.gov/?id=ED449149.

保持教师培养规格和质量的最新态势。第三是教师教育专业实施周期性认证，注重过程性评估。美国教师培养认证委员会提出，教师教育机构定期并系统地依据其所定目标和相关标准进行长期跟踪，监测认证各阶段中标准的实施情况，并利用调研结果去优化职前教师的培养方案，旨在通过过程性和动态性评估，促进教师教育机构的持续改进，优化教师培养模式。第四是专业认证内容注重教育实践。美国教师培养认证委员会注重教师必要的教学技能评估，及其学科知识在教学实践中的运用，并注重在学与教的过程中反思能力和帮助学生提升学业的能力的考核，将教师实践性知识和教学技能的习得程度纳入评价的重要内容。此外，美国教师教育专业认证已建构多层次组织共治的一体化认证体系，并保持着认证体系的开放性和多元性。

（三）教师教育模式改革与发展

教师教育模式，即教师培养机制，涵盖教师教育理念、目标、途径、课程等环节，教师教育主体通过统筹各环节资源，创新培养方式，实现协调发展。美国教师教育历经多重模式，本节主要介绍当前较为重要且典型的集中模式，即专业发展学校（professional development school）模式、选择性教师教育（alternative teacher education）模式和城市教师驻校模式。其中，专业发展学校模式与城市教师驻校模式存在发生的顺承关系和培养的共性关系，可以说专业发展学校“强调实践经验的重要作用、建立学习共同体、对教学进行研究等理念均体现了临床实践培养模式的特点，因而具有浓郁的临床实践色彩”①。其关于教师教育“临床实践”的探索为以后以“临床实践”为中心的教师培养模式变革提供了强有力的实践依据。因此，二者属于不同教师教育模式。

专业发展学校模式系美国专业发展学校创设后实施的教师培养模式。1986年，霍姆斯小组（Holmes Group）在《明日之教师：建立专业发展学校的原则》报告中提出建立“教师专业发展学校”。专业发展学校是“一种集培养新教师、进行研究和发展教学专业于一身的学校”②。这里的专业发展学校并不是重新建立独立的专门学校，而是“以中小学为基地进行的与大学合作的功能性建设，旨在推进教师教育改革与中小学校革新；它发挥教师培养培训、教育科学研究、教学实践改进和教学质量提高三方面的职能；在新教师培养，教师专业成长，推进教学研究、改进教学、课程开发和促进学生学习四个领域开展工作”③。专业发展学校统筹州政府、大学教育学院与中小学建立合作伙伴关系，形成协同创新和

① 索磊. 美国以“临床实践”为中心的教师培养模式研究[J]. 宁波大学学报（教育科学版），2014，（3）：54.

② Holmes Group. Tomorrow’s Schools: Principles for the Design of Professional Development Schools[R]. East Lansing: The Holmes Group, 1986.

③ 程茹. 美国教师教育协同创新模式及其中国化改造[J]. 高等教育研究. 2014，（5）：99.

教育平台，强调师范生教育教学实践能力，进一步深化改革人才培养模式，实现教师职前培养和职后培训一体化。专业发展学校联接师范院校和中小学校，从中构建起研究学习共同体，优化了大学教育和中小学教育资源，进一步促进理论联系实践，提升教师未来在中小学校的实际工作能力。专业发展学校改观了传统教师教育理念，师范院校对教师培养负有主导责任，同时中小学校也被赋予教师职前培养责任，这使得未来教师教育多元化发展形成了新格局。最后，专业发展学校“促成了美国向临床型教师教育的全面转型”①。

城市教师驻校模式主要是“针对城市学区优秀教师缺乏和新教师流失过大，而传统的大学教师培养、选择性教师计划和教师专业发展学校又无能为力的困境而提出来的教师教育第三条道路”②。教师驻校模式是师范生除在师范院校学习教育理论课程外，还需要以带薪方式在中小学驻校学习，该校提供实践指导老师，负责对实习生驻校期间所分配或指定事务的引导和管理。师范生毕业后，将继续在分配学区参与教学工作，完成职后培训。教师驻校模式将教育理论与教学实践紧密结合，师范生循环进行理论学习和实践训练，在大学参与理论学习和研究，在中小学开展课堂实践问题研讨，师范生与指导老师形成学习和实践共同体，协同发展。教师驻校模式还注重师范生在中小学在指导老师管理下，承担实际的教学任务，并被赋予更广泛的自由发展空间。在中小学，师范生得到强有力的支持，可以更快更好的完成教师角色的转变。教师驻校模式在获得学区支持的同时，也能够更好地为学区服务，为学区提供优质教师资源。

（四）教师教育课程改革与发展

美国教师教育课程在向地方教师行政机构备案后，均由教师教育机构自主设计和实施，课程多分为普通教育课程、学科教育课程、教育专业课程和教育实习经历四个模块内容。教师教育课程在经历学术主义、绩效主义、进步主义和社会重建主义等课程观后，出现课程整合取向、标准化取向和实践取向等趋势。③

教师教育课程趋向整合趋势。受专业主义和解制主义理论影响，教师教育课程更加注重师范生基本素养的培养，构建师范生广阔的视野和完备的知识结构。其中，普通教育课程、教育学专业课程和学科专业课程加速融合，趋于平衡和交融，并吸纳新的课程内容，建立开放灵活的课程体系，以保障未来教师具备良好的人文素养、科学素养和艺术素养。教师教育课程的融合还体现在重构教育理论和教学实践的比重与交互设计上，大学教育学院和中小学校协同合作，提高教师

---

① 程茹. 美国教师教育协同创新模式及其中国化改造[J]. 高等教育研究. 2014，（5）：102.

② 陶青，卢俊勇. “城市教师驻校模式”：美国教师教育改革的新方向[J]. 外国中小学教育，2011，（3）：16.

③ 吴路珂. 20 世纪美国教师教育课程观的流变与思辨[J]. 课程·教材·教法，2016，（5）：122-127.

培养质量。教师教育培养都重视较为宽泛的文理基础知识，建立综合性的人文知识、科学知识和社会学科知识的课程体系。

教师教育课程转型标准化取向。全美专业教学标准委员会颁布全美专业教学标准委员会标准和洲际新教师评估与支持联盟颁布洲际新教师评估与支持联盟标准，以及美国教师资格证认证制度的实施，并通过全美教师教育机构鉴定委员会认证实现教师资格证书的相互承认[①]，在此背景推动下，各地方教师教育课程对照认证标准进行实时调整，以使课程结构和内容更切合教师资格证考试要求，有效地回应了专业认证标准。

教师教育课程更趋向教学实践。专业发展学校和城市教师驻校模式的出现，都昭示着美国教师教育更注重未来教师教学实践能力，强调工作场所学习的重要性和必要性。未来教师在掌握扎实的基本教育专业知识外，还需要大量的教育实践作为必要补充，城市教师驻校模式，即为师范生提供情境学习的场所，实现“在行动中反映”（舍恩），融合知识的行动性、情境性、直觉性和情感特征，师范生同时可以从教师整体化的、情境化的经验来考察其思维和行动。[②]美国教师教育实践课程内容主要包括“对教育实践课程的认知、教育实践课程占总课时的比例和安排教育实习的时段等”[③]，其中表现出教育教学实践时间长、教育教学实践方式多样化、实践课程参与者多元化、教师专业性“在场”化等典型特点。

（五）质量保障体系改革与发展

美国教师质量保障体系是伴随教师教育机构的持续建立和改革发展而来的。在师范学校、师范学院、文理学院和大学教育学院时期，教师质量保障体系各不相同。美国对教师质量问题涉及广泛，如教师供求、培养、报酬、聘用、入职、专业发展、许可与文凭互惠、退休待遇等一系列问题，被中国学者热议的多是教师资格证书、教师教育质量认证、认证机构认证标准等。[④]本章节无力就美国教师质量保障体系做出全景式阐述。这里只就大学教育学院以来，美国教师质量保障体系建设和改革做一简要阐述。

美国教师质量保障体系可分为两大体系。一是专业取向或传统的教师质量保障体系。二是选择性路径的教师质量保障体系。其中，专业取向教师质量保障体系由多个层次的系统构成，可分为内部保障系统和外部保障系统。内部保障系统又可细分为内部专业保障系统和内部非专业保障系统。外部保障系统可分为外部

① Shen J P. The School of Education: Its Mission, Faculty, and Reward Structure [M]. New York: Peter Lang, Inc. 1999: 16-17.

② 范梅南. 教学机智：教育智慧的意蕴[M]. 李树英译. 北京：教育科学出版社，2001：719.

③ 李墨. 美国教师教育实践课程设置的特点及启示[J]. 当代继续教育，2014，32 （181）：63.

④ 洪明. 美国教师质量保障体系历史演进研究[D]. 福州：福建师范大学，2008：37.

行政保障系统、外部专业保障系统和外部非专业保障系统。[①]各类教师培养机构（含联邦政府、州政府、专业组织等）多元质量保障主体并存，且认证标准逐渐趋向统一，可以实现相互认证，形成教师职前培养、入职培训和在职教育的一体化。联邦政府采用专业标准评价教师培养项目培养质量和效果；建立学生成绩大数据系统测量学生成绩变化以及帮助教师和校长明确如何改善教学；招募、培养、奖励以及留住教师和校长，尤其在教师短缺的地区；扶持薄弱学校。[②]州政府通过项目审批、教师培养数据搜集分析与年度报告、教师资格证书许可，对教师培养起点、过程和终点的质量实施监控，以保障教师培养质量。教师教育专业组织通过项目认证保障教师质量，其认证标准根据市场需求、教师培养效果持续改进认证体系。

（六）教师教育政策改革与发展

美国教师教育政策主要是指，“联邦政府、总统通过立法制定的政策法规、教育部通过发表报告和计划以文件形式约束的改革政策、各州政府独立制定的政策，以及各利益团体和教师组织公开发起的，有一定财政和力量支持的，产生影响力的教师教育报告和计划规程”。[③]自21世纪以来，美国先后出台诸多教师教育政策，强化政府和专业组织对教师教育的导向，改革教师教育模式以保障教师教育质量，加大教师教育资助以吸引优秀毕业生从教，尤其在贫困地区，通过重塑教师职业形象以提高教师社会地位。[④]

当前美国教师教育政策改革主要体现在以下几个方面。第一，联邦政府和州政府逐年出具相关政策，加大对教师教育的资助和管理干预，同时又赋权于各区及其专业组织，保持宏观调控与开放自主的平衡。第二，美国教师教育政策通过“政府拨款支持、拓宽教师来源渠道、以绩效责任监督教学质量、树立教师教育高标准、重视专业性的特殊训”[⑤]等方式保障教师教育质量，同时有效引导了教师教育改革。第三，持续改进教师评价体系，不断健全教师质量保障机制。

二、美国教师教育对河南省的启示

美国教师教育发展居世界先进水平，其发展方式经过了“移植—调整—改革—发展—再改革—再发展”的曲折历程，河南省教师教育也可依此通过借鉴移

① 洪明. 美国教师质量保障体系历史演进研究[D]. 福州：福建师范大学，2008：315.

② U. S. Department of Education. Education Department announces 16 winners of Race to the Top-District competition[EB/OL]. (2017-09-20) [2020-07-06]. http//www.ed. gov/news/press-releases/education-department- announces-16-winners-race-top-district-competition.

③ 冯宁. 21世纪以来美国教师教育政策研究[D]. 昆明：云南师范大学，2015：11.

④ 高燕林，梁婷婷. 21世纪以来美国教师教育政策评析及启示[J]. 现代教育科学，2016，（1）：145-149.

⑤ 冯宁. 21世纪以来美国教师教育政策研究[D]. 昆明：云南师范大学，2015：55.

植—调整修订—改革实验—发展创新的路径进行改革，取得再发展。美国教师教育机构改革、完备的教师教育专业认证体系、丰富多样的教师培养模式、实践取向的教师教育课程、教师教育多元文化取向等先进经验，对于河南教师教育建设与发展具有重要的借鉴意义。

（一）完善教师教育体系，提升教师培养质量

美国教师培养模式中，综合化大学负责教师培养仍旧占据重要地位。美国已有 1300 多所大学教育学院承担了职前教师培养的任务，几乎占全美大学的一半。大学教育学院教师教育具有其他教育机构不可替代的优势，如大学可以为师范生提供更具宽度和深度的知识基础，使培养职能得以拓展与丰富，在经费、设备及就业前景上也能得到更多的保障，为教师个体发展提供了更好的环境。教育部师范教育司原司长管培俊提出，2005 年我国培养本专科师范生的综合性非师范院校达到 207 所，培养的师范类毕业生占全国师范类毕业生总数的 35%①，非师范院校已经成为我国教师教育的一支重要力量，教师教育体系趋向开放，开始逐步形成师范院校与综合性高校共同培养教师的新格局。截至 2019 年，河南共有本科院校 57 所（其中公办 38 所），专门师范院校只有 14 所，占比约为 24.56%，却承担全省大部分教师教育任务；综合性大学参与教师教育比例很低，如何鼓励且赋予更多的综合性大学参与开展教师教育，承担职前教师培养的任务，是河南省教师培养提升层次和走向开放的思路之一。

教师教育一体化是国内外教师教育改革的趋势，我国业已在探索构建新时代中国特色教师教育一体化体系。教师教育一体化追求教师专业发展的阶段性、连续性和终身性，多表述为教师职前教育与职后教育的统一。美国已建立开放、协同、联动的教师教育体系和机制，教师教育机构布局较为合理，综合大学、师范院校、区域政府、中小学等联合培养，教师教育主体多元化，并在培养目标、课程开设、教学管理、质量评估等方面均实现一体化的衔接。我国近年来也一改以往教师培养和培训相分离的旧态，如教师教育机构通过升级和合并，整合师范院校资源，优化教师教育结构布局。河南省在教育事业发展“十三五”规划期间，致力于推动建立高校、地方政府和中小学联合联动培养师范生的协同创新机制，建立以师范院校为主体、教师培训机构为支撑、现代远程教育为支持、立足校本的教师培训体系，且卓有成效。而对照美国教师教育体系建设，河南省在教师教育改革中，需注意在多元合作的教师教育体系中，如何明确规制各方权责，从而形成互相促进又相互制衡的良性合作局面；如何实现地方教育行政部门、大学、

① 中华人民共和国教育部. 2006 年第 19 次新闻发布会[EB/OL].（2006-09-07）[2020-07-06]. http://www.moe.gov.cn/jyb_xwfb/xw_fbh/moe_2069/moe_2096/moe_1153/tnull_17201.html.

中小学联合培养的一体化无缝衔接，从而保证大学与中小学联合培养教师的实效和质量；如何统筹兼顾教师职前和职后教育的一体化，改善停留于形式却实效不足的现状；等等。

我国教师教育改革已取得积极进展，正致力于“提升层次、走向开放、优化结构、提高质量”建设。而“建立开放灵活的教师教育体系，是今后我国教师教育改革发展的主要目标之一，也是新时期教师教育改革发展必须解决好的重大问题”，由此形成一个“构建以师范院校、其他举办教师教育的高校和教育机构为主体，以高水平大学为先导和核心，区域教师学习与资源中心为支撑，中小学校本研修为基础，职前职后教育一体化，学历教育、非学历教育相沟通，覆盖全国城乡、开放高效的教师教育网络体系”①。这也同样是河南省教师教育体系建设的重要战略。

（二）强化教师实践取向，提升教师专业素质

美国专业发展学校的兴起和发展，使大学与中小学形成学习共同体，通过双方互动和融合，实现教育理论和实践的紧密衔接和加速转化。教育实习在中小学校完成，使理论学习和实践培训更为一体化。师范生在教师专业发展学校的实习内容是中小学校实际开展的教育教学活动内容,这不仅包含观摩学习和听课评课，还包括学生管理、承担实际教学任务、参与课程设计研讨等内容，实现了“在教中学”（learning by teaching）、“在做中学”（learning by doing）和“在合作中学”（learning by collaborating），这为教师入职前熟悉工作环境、初步胜任教学管理工作、转变职业角色都奠定了坚实基础。

理论与实践孰先孰后一直是困扰职前教师培养的问题，传统的职前教师培养多基于“理论先导，实践补充”的模式，而中小学教师则基于实践本位，这反映在教育实习中则体现为，理论与实践并未实现预期的有效融合，而是发生碰撞和分离。师范生进入实习后，亟待解决课堂教学“如何做”而非“为什么”的问题。教育教学理论知识在面临复杂情境时开始失效。师范生的实习境遇客观上要求在其培养之初就重视实践课程和教学。反观河南省职前教师培养现状，则呈现以下几种态势。第一，在学习共同体构建方面。虽然已经普遍建立大学-中小学合作模式，教育硕士校内外双导师培养模式，但是二者有效互动少，致使培养实效偏低。合作中缺乏教育实习培养联盟，统筹设计无法实现预期效果。实习指导老师并未切实参与实习学校教育教学活动，无法切实起到实习指导作用，师范生教学能力的获取严重依赖于自身的经验反思，以及其实习学校指导老师的个人经验。第二，

① 中华人民共和国教育部. 教育部关于加快推进全国教师教育网络联盟计划，组织实施新一轮中小学教师全员培训的意见[J]. 中华人民共和国教育部公报，2004（10）：40-45.

在实践模块课程设置方面。国内大学课程管理普遍实行学分制，含理论课程和实践课程。按照河南省各师范院校人才培养方案的规定，四年制师范生修完 140—180 学分即可满足毕业要求。师范生在教师教育课程学习中，时常要面对诸如选修课与必修课、学科课程与专业课程、专业课程与实践课程的矛盾，如何深入构建师范生培养一体化课程体系，加强通识教育，强化学科课程学习，增加实践课程比重，是需要进一步思考和解决的问题。

（三）推进师范专业认证，促进教师教育发展

美国教师教育认证实现了教师教育认证标准、教师执照标准和教师资格证书标准的结盟，形成了教师质量的保障机制。我国教师教育认证方兴未艾，还在继续探索改革中。比如，已经实行的《普通高等学校本科教学工作水平评估方案（试行）》，针对高校办学指导思想、师资队伍、教学条件与利用、专业建设与教学改革、教学管理、学风教学效果、特色项目等几个模块的办学效果，每五年由教育部专家组实施本科教学工作合格评估。2017 年，教育部印发《普通高等学校师范类专业认证实施办法（暂行）》，由高校申请、教育评估机构组织专家现场考察、普通高等学校师范类专业认证专家委员会审定，完成对申请高校的师范类专业评估，每轮认证结论有效期为六年。这种评估在一定程度上有效地保证了综合性大学师范专业的办学水平，但是评估标准统一化，缺乏一定程度的灵活性和开放性，仅仅依靠特色项目还是限制了高校办学的自主空间。此外，师范专业是否要凸显产出导向，师范院校如何基于认证标准探索多元化发展，认证标准是否会成为师范专业发展导向的限制性蓝本，认证结果是淘汰还是妥协都引发教育工作者的思考。针对国内及河南省综合性大学教育学院、师范学院、高等师范专科学校等不同类型、不同办学层次的教师教育机构，可以适当设计多层次、多元化的认证标准，有针对性地实施评估和认证，切实履行以评促改，以评促建，以评促管，评建结合，重在建设的原则，做到扎实推动师范院校特色发展、追求卓越，从源头上培养新时代高素质专业化创新型教师。

（四）严格教师准入制度，提高教师资格难度

教师教育注重教师专业化发展，教师作为一种职业门类和专业活动，有其所独特的，区别于其他职业的专业知识和技能要求。合格的教师不仅需要具备扎实的教育理论知识，还需要具有较高的专业技能和较强的专业实践能力。师范生获得教师资格证，2013 年前师范生在完成正常学业（教育基本理论课程学习）和实践学习（教育实习）环节，进行申报，教育学和教育心理学成绩达标，体检合格即可发放中小学教师资格证。2013 年 8 月，教育部印发《中小学教师资格考试暂行办法》《中小学教师资格定期注册暂行办法》规定，参加教师资格考试合格是

教师职业准入的前提条件，教师资格考试实行全国统一考试。考试分为笔试和面试，全部合格后准予发放教师资格证。2020 年，全国所有省份已经实施统一考试。这种考试对于非师范生而言，考核内容仍旧不够合理。非师范生未参加任何教育实习，通过短时间的训练模拟，仍旧可以通过面试，取得教师资格证，然而未必可以胜任学科教学。教师资格证的获得，除去教育基本理论考试合格，还应该包括一定时长的教育实习，学生去中小学校参加实际教学管理工作，取得实习合格证明，应该成为教师资格证要求的重要内容之一。当然，鉴于教师规模的扩大，尤其是在有些农村学校师资紧缺的实际情况下，可以适当放宽标准，但是随着教师素质的不断提升及其对教师能力要求的提高，教师资格证的获得难度需要逐年增加。

美国教师教育体系呈现出开放性和多样化的趋势，已经形成比较完备的以高水平大学为先导，众多师范院校为主体，其他高校广泛参与，将多学科背景专业人士、中小学资深教师纳入教育主体，将大学学术资源和中小学实践资源形成合力，兼顾学术性和师范性，增加教师培养实力，学历教育和非学历教育相互沟通、相互促进的教育新体系，有效地保证了教师教育质量。美国教师教育专业认证保持更新和发展，形成多层次组织共治的一体化认证体系。教师教育课程趋向整合趋势和标准化取向，并向教学实践倾斜。教师教育政策更加注重区域自主性，评价体系更为科学和完善。美国教师教育发展给予河南教师教育诸多借鉴，河南在教师教育方面需要改革教师教育模式，提高教师培养质量；强化教师教育实习，提升教师专业素质；加强教师教育认证，促进教师教育发展；严格教师准入制度，增大教师资格获取难度。

第二节　英国教师教育的发展及启示

一、英国教师教育的发展状况

英国教师教育体系因为行政区域划分为三种体系。英国是由英格兰、苏格兰、威尔士和北爱尔兰构成的联合王国（United Kingdom），威尔士体制上从属英格兰，苏格兰和北爱尔兰是相对独立的教育体系。本节讨论的英国教师教育主要是英格兰（含威尔士）教师教育概况。

20 世纪 80 年代以来，欧美国家都先后开启了现代教师教育改革。英国与美国在教师教育改革方面存有诸多相似之处，如教师教育的政策驱动、地方教育自治权较大、多元化教师教育格局、完善的教师质量保障体系、教师培养模式实践取向等方面。然而在具体实施层面，又彰显其自身特色，具体体现为职前教师培养、专业认证评估、教师教育政策、教师教育课程、教学优先项目、学校直培项目、卓越教师计划等方面。

（一）职前教师培养发展概况

20 世纪 80 年代以来，英国中小学校教师都是由大学教育学院或高等教育研究院等高等教育机构来培养的，培养中小学教师的最主要途径是教育学研究生证书课程（Postgraduate Certificate in Education）和教育学士学位课程，[①]后因脱离学校教学实际实施高等教育机构与中小学校合作的教师培养模式。培养教学能力和基于实践的教师教育改革与培养方式演变为英国教师教育改革的目标和主导思想。[②]

近年来，英国职前教师培养改革主要着重以下几方面。第一是修定教师专业标准。2011 年，英国颁布《培训下一代优秀教师》（*Training Our Next Generation of Outstanding Teachers*），确定了继续深入实施"教学优先"职前教师培养模式，其中明确规定了优秀教师应具备的品质。[③]2012 年，英国继续修订并颁发新版本教师专业标准，其中明确规定了对教师教学方面的要求，如对学生要有较高的期望值，不断鼓励，以帮助其取得良好的成绩；具备扎实的学科和课程知识；能够根据学生的能力和需要，有效组织课堂教学；准确有效地应用教学评价。[④]第二是提升教师选拔标准。依照 2012 年颁布的教师教育国家标准，师范生普通中等教育证书考试等级必须至少达到 C 级，并且要通过严格的技能测试和面试筛选。[⑤]此外，在公立小学、公立中学、公立特殊学校、非公立特殊学校中任教都必须具有合格教师资格证[⑥]。第三是改革职前教师培养路径。英国职前教师教育主要有两类：一是面向中学毕业生的教育学士学位课程；二是面向已取得学科学士学位、欲从事教学工作的本科毕业生，专门接受专业教育。[⑦]针对不同类型群体，英国实施多种职前教师培养模式，现行的主要培养模式有教育学学士学位课程

① 徐文秀. 英国职前教师教育课程设计与实施个案研究——以伦敦大学学院中学英语 PGCE 课程为例[D]. 长春：东北师范大学，2019.

② 徐文秀. 英国职前教师教育课程设计与实施个案研究——以伦敦大学学院中学英语 PGCE 课程为例[D]. 长春：东北师范大学，2019.

③ Education，training and skills. Training our next generation of outstanding teachers An improvement strategy for discussion[EB/OL]. (2018-01-08)[2020-07-06]. https://assets.publishing.service.gov.uk/government/uploads/system/uploads/attachment_data/file/553876/DFE-00083-2011.pdf.

④ 许明. 英国教师专业新标准述评[J]. 福建师范大学学报（哲学社会科学版），2012，（4）：150-155.

⑤ 王璐. 提升职业吸引力、提高职前教育质量——英国教师教育改革最新趋势[J]. 比较教育研究，2012，(8)：20-24.

⑥ Get Into Teaching. Eligibility for teacher training[EB/OL]. (2018-01-08) [2020-07-06]. https://getintoteach ing.education.gov.uk/eligibility-for-teacher training.

⑦ 张文军，王艳玲. 职前教师教育中的"学校体验"：英国的经验与启示[J]. 全球教育展望，2006，（2）：23-28.

（Bachelor in Education Degree）模式、教育学研究生证书（Postgraduate Certificate in Education）模式、校本教师培训（School Centered Initial Teacher Training）模式、教学优先（Teach First）计划模式、“军教授”（Troops into Schools）项目模式、“开始教学”（Now Teach）计划、未来教学学者计划（Future Teaching Scholars）、在校研究员（Researchers in Schools）项目等，解决了普通合格教师和非传统型教师入职路径问题。第四是加大职前教师培养资助力度。英国教师职前培训主要以助学金和奖学金的形式进行资助，符合条件的个人通过自主申请可以获得资助，甚至已取得教师资格证的教师也可以享受带薪培训项目。第五是注重教师职前实践学习。这一点与美国多有类似，英美教师教育机构都与中小学建立了亲密的合作伙伴关系，大学教育学院与中小学校共同承担教师职前培养任务，从而更加切实锻炼未来教师的实际教学能力。

（二）教师教育认证发展概况

教师教育专业认证是一种质量评估的形式，其结果由二进制（是/否）表示，通常是指部分机构或项目能否获得公共认可。专业认证是实现教师教育质量保障和实施教师教育质量评估的重要手段之一。美国教师培养认证委员会将认证分为机构认证和专业认证。因此，专业认证评估涉及认证机构和专业认证标准及过程两部分内容。

英国教师教育专业认证坚持“健全、公平和可靠的，应提供教师可持续发展的机会”的理念。教师教育专业认证评估在以下几个方面保持了其特色，并取得了良好效果。第一是英国教师教育专业认证形成行政力量和专业组织双主体认证格局。这主要缘于英国开放教师教育市场，在实行国家监管的同时，兼顾多方利益需求。英国颁布教师标准《胜任教学：合格教师标准与教师职前培训要求》（*Qualifying to Teach: Professional Standards for Qualified Teacher Status and Requirements for Initial Teacher Training*），并在全国范围内实施，以监督和保障教师教育质量，同时英格兰教学委员会（The General Teaching Council for England）对辖区教师行业行使自治管理权。政府机构和专业组织成为教师教育认证的协同主体。第二是英国教师教育重视师范生的适合性，对准入标准做出严格规定。英国教师认证标准中通过对未来教师的教育履历、学业成就、学术资格、认知态度等方面进行考察，判断其是否具有从事教师的潜力和资质。第三是英国教师教育认证标准更加关注教师的持续发展，如职前培养包含教师信念、价值观及持续发展能力培养，职后培训含有教师的继续教育等方面的内容。第四是英国教师教育认证强调对个性化和差异化的尊重。“教师培训署强调对每一个学生的发展，能力超常至落后儿童，培训机构对每一个参加学员的需求的满足，到学校培训与发展机构明确要求差异化教学以满足学生需要，认证机构始终通过认证要求来传达专业性的教育理念，尊重每一个个体。”①

（三）教师教育政策发展概况

英国教师教育已经形成了比较完善、成熟的法律和政策体系，机制比较健全，效果比较突出，特别是在培养机制、专业标准、课程设置、质量保障与评价以及职后培养等方面取得了一些较为宝贵的经验。②具体而言，英国教师教育政策体现出以下几方面的特征。

第一是重视职前教育，追求卓越教师培养。早在 1972 年，英国教师教育和培训调查委员会公布《詹姆斯报告》（*The James Report*），开启了英国教师教育一体化进程，有力地促进了教师的专业发展。1997 年，英国教育与就业部发布《卓越的学校》（*Excellence in Schools*）白皮书，设置高级技能教师（advanced skills teachers）岗位，提升教师地位，奖励杰出教师。2006 年，教学与技能部实施《优秀教师计划》，对优秀教师标准、职责和权益做出明确规定。2011 年，教育部出台《培养下一代卓越教师计划》，主张增加教师薪酬，提升教师地位，加强在职培训，培养卓越教师。2016 年，政府发布《卓越教育无处不在》，旨在“让每个孩子和年轻人都能够获得世界一流的教育”，其中对卓越教师的选派、培养、聘用、培训、待遇、专业发展等方面都给予极大支持。英国教师教育自开始至今，逐渐明确了追求卓越的教师教育理念和价值取向。第二是政策驱动下的教师教育改革重视实践教学。英国与其他欧美国家都非常注重大学教育学院与中小学校的合作，建立教师培养联盟，强调“教师应该在真实的情境中建构知识体系和教学能力”③。《培训下一代卓越教师》计划提及要构建更为有效的培养模式——以中小学为基地的教师实践培养模式。④此外，英国教师教育政策在强化教师专业标准建设、重视学校本位教师职前教育、实施多元化教师培养模式、推进教育公平等方面进行了多次改革，取得显著成效。

（四）教学优先计划

教学优先计划是英国 21 世纪初一种教师教育模式创新，可以将其视为教师教育课程。自计划实施以来，英国本土培养了数量可观的优秀教师，缓解了师资短缺问题，且在一定程度上有力地推动了教育均衡发展。教学优先计划产生之时，正值英国新工党推进教师教育改革，出于解决师资紧缺和改造薄弱学校的目的，受为美国而教计划的影响，教学优先计划开始形成。

① 苏明明. 英国教师教育认证组织的发展历程研究[D]. 武汉：华中师范大学，2019.

② 崔秀兰. 二战后英国卓越教师政策发展研究[D]. 哈尔滨：哈尔滨师范大学，2019.

③ 俞亚萍，王红梅，梁云. 美英澳教师教育政策的共性研究及启示[J]. 黑龙江高教研究. 2019，（12）：84-88.

④ 谌启标. 新世纪英国教师教育改革政策述评[J]. 比较教育研究，2013，（9）：57-61.

第一，教学优先计划是一种带薪顶岗式的职前教师培训课程。所谓“带薪顶岗”，即受训学员参加工作同时接受培训，并获得一定薪酬。受训学员以在中小学校从事教学工作，接受在校老师指导，同时学习大学的教育专业知识和学科知识。第二，教学优先计划是一种改造薄弱学校的创新模式。改造薄弱学校是由政府政策驱动的，引入企业组织，并联合教育部门，在全国招募一批优秀学生，融通教师培养和领导能力培养，受训考核合格后赴薄弱学校从事至少为期两年时长的教学工作，以缓解薄弱学校教师短缺、教育质量低下的问题。第三，教学优先计划招募规格较高、遴选程序严格、培养模式丰富。教学优先计划生源招募是从全国一流的大学中挑选学业成绩优秀的毕业班学生，还规定了比较严苛的最低入学条件。为保证生源充裕，该项目制定了各类招生策略，以吸引和鼓励优秀毕业生报名参与。教学优先计划注重考核申请人的个人能力和品质，符合报名条件的申请者，需要接受学校雇主和教育专家的严格审核，审核内容包括教学演示、小组案例研讨、能力面试考查。受训学员的主要学习场所被安排在城市中心区的薄弱学校，企业参与教师职前职业技能培训。第四，教学优先计划重视领导力培养。教师领导力是教师在课堂内外对自身的教学及学生的学习实施领导的能力[①]，对领导力的培养是出于该项目“培养各行各业优秀的领导者和管理者”的目的，这也是出于招揽无意于从教的优秀生源而做出的策略。

（五）学校直培项目

学校直培项目（School Direct Training Programme）是英国职前教师培养模式的创新，通过扩大中小学校参与权重，形成以中小学校为主导的教师教育项目。学校直培项目机构由教学领导学校、教师培养学校、教师培训机构组成[②]，学员面向全日制学生、毕业生和研究生招聘，部分学员完成培训后获得相应的教师资格证或研究生教育证（Postgraduate Certificate of Education）。学校直培项目运行包含招聘选拔学员、开展学科知识教育和教学实践培训、导师指导，最后进行评估反馈，完成项目实施。

首先，学校直培项目更加关切教学实践。学校直培项目是基于高素质和领导力培养的职业培训项目，系三方合作共同培养，而直接培养学校一般是实习学校，其理论学习是基于儿童发展开发和生成的课程内容。在实践课程学习过程中，每周都设置了专业训练课程，实习期需参与实习学校的教学会议、教学案例研讨、工作坊、学生行为管理等未来在教学工作中的具体事务，并实时接受大学和实习

① 哈里斯. 教师领导力与学校发展[M]. 许联，吴合文译. 北京：北京师范大学出版社，2007：1.

② Department for Education, National College for Teaching and Leadership. School Direct: plan your programme[EB/OL]. (2014-08-06) [2020-07-06]. https://www.gov.uk/government/publications/school-direct-plan-your-programme-2.

学校指导老师的指导、评估和反馈。这种长时段的情境式学习，为受训学员的实践能力培养提供了坚实的基础。其次，学校直培项目更加关注学员的提前适应与交流。参训学员在大学完成基本学习任务后，进入实习阶段。在参与实习之前，学员已经积累并具备了部分教学实践经验,熟悉了所实习学校的教学开展和运行、学校环境、学校师生、课程设置、教育管理等方面的基本情况。这对于其提前适应实习学校和进一步完成即将开始的实习任务做好了基本准备。实习学校在接到实习生即将来校实习任务后，会提前与实习生对接。实习学校会提前邀请实习生来校参观，以让学员熟悉学校基本情况，并为其布置学习任务，甚至会直接聘用实习生来校提前参与学校教学或其他具体事务，使其提前融入实习学校。部分实习学校还会集中实习生群体，搭建交流平台，实施一些基本技能训练，为实习培训做好相应的准备。最后，实行双主体综合过程性评估。英国大学和合作学校建立伙伴关系，对职前教师进行联合培训已是常态。学校直培项目也采取了双主体培训模式。大学与实习学校密切合作，大学负责学科教学，指派导师跟踪指导，实习学校负责教学实践训练，并分配优秀在职教师作为指导老师，此外指导团队还包括部分教育顾问和专家，教学管理人员，等等。这种大学和实习学校一体化培训、双导师指导模式，形成了学员在评估期间面临双主体过程性评估。双主体是指大学和实习学校，也可以视为大学指导老师和实习学校指导老师，从实习生进入实习后，双方将对实习生第一阶段表现进行初步评估，并给予积极反馈，完成第一学期的进度评估。第二学期大学指导老师进入实习学校，与实习学校指导老师共同对实习生课堂表现情况做出最后评估。

（六）校本培训模式

校本培训（school-based teacher training），即学校本位培训模式，是“以参培教师所在学校为基地，以解决中小学校和教师个体发展中存在的实际问题为出发点，在院校和培训机构等多方合作下开展的一种培训模式”①。英国校本培训具有几个关键点，第一培训基地是教师任教学校；第二培训目的是服务学校，促进教师专业发展；第三培训内容针对性极强，指向教师的专业实践。从某种程度上讲，英国是校本培训的发源地。②20 世纪 80 年代以后，校本培训模式在世界各国开始大规模实施。1999 年，我国召开“面向 21 世纪中小学教师继续教育和校长培训工作会议”，教育部明确提出，中小学教师的全员培训要以校本培训为主。③

英国校本培训模式可简要表述如下。第一，教师培训需求源于其自身教学能

① 孔凡琴，孟繁胜. 英国校本培训的实践特色及对我国的启示[J]. 中小学教师培训，2016，（7）：71-74.

② 杜静，英国教师在职教育发展研究[D]. 重庆：西南大学，2007.

③ 刘要悟，程天君. 校本教师培训的合理性追究[J]. 教育研究，2004，（6）：77-83.

力提高的需要，且符合学校发展实际需求。学校是校本培训的场所，学校发展也是教师参加校本培训的归宿。第二，校本教师培训是一种典型的实践模式。教育理论知识不再是专家学者的专属，中小学教师不再是“教育知识的兜售对象和消费者、旁观者，被动地消费专家们生产的知识”①，教师实践知识的介入，使其成为教育理论知识的参与者和生产者。教师既是一名被动的培训对象，同时也是一名积极的研究者。校本培训更加注重教师教育教学行动过程中所际遇的课堂情境和实践困境，基于教师的个人经验和专业经验②，通过校内合作，并与校外机构合作实施。第三，校本培训中要求教师全员参与和全程参与。这破除了教师培训是优秀教师进修学习的专利，这是提升全校教师整体专业能力的重要方式。但是这并非一种补偿机制，而是一种常态化制度，已经成为英国教师在职教育的一项基本国策和重建学校运动的一部分。

二、英国教师教育对河南省的启示

英国教师教育在教师教育政策驱动、地方教师教育、教师教育格局、教师质量保障体系、教师实践能力培养模式等方面取得了宝贵经验，又先后实施了教学优先项目、学校直培项目、卓越教师计划，取得重大成效，彰显出英国特色。这些经验对于我国教师教育发展，具有重要启示价值。

（一）实施多元合作的教师教育治理模式

教师教育治理是指教师教育建设和发展的教育机构认证、教师专业标准认定、教师培养效果评估等，是保障教师教育高效运行和教师培养治理的重要手段。在教育主体方面，政府、教育机构、社会作为共同主体，采用一定的治理方式共同参与教师教育事务管理。③2010 年，英国发布《教学的重要性》白皮书，提出建立以教学学校为基地的区域性教师教育联盟，教师教育联盟以教学学校为基地，有效联动高等院校和其他教师教育机构，是一个综合、多元的教师培训体系。联盟成员之间保持一致的教育理念，共享教育资源，提高了教师教育的质量和连续性。这与美国专业发展学校相似，均是合作学校与大学教育学院共同参与教师培养，且二者既地位平等、资源共享、相互制衡，又保持各自特色和优势。

当前，国内教师教育还是以政府为主导，教师教育机构按照既定管理规定执行，中小学校只被动承担师范生教育见习和教育实习的短期任务，作为大学教育学院培养教师的补充环节。其中，政府、教师教育机构、中小学校虽然在培养内

---

① 刘要悟，程天君. 校本教师培训的合理性追究[J]. 教育研究，2004，（6）：77-83.

② 徐碧美. 追求卓越——教师专业发展案例研究[M]. 陈静，李忠如译. 北京：人民教育出版社，2003：68.

③ 刘冬冬，李想. 教师教育治理：科学内涵、困境分析及其消解路径[J]. 教育理论与实践，2018，（4）：34-38.

容上相互链接，却暴露出几点问题，如教师教育机构无法真正发挥自主作用，实施教师培养模式的根本性改革；中小学校无法参与综合性大学师范生培养方案的制定和修订，不能参与师范生教育实习内容的研讨，不直接对教育实习效果负责，等等。这直接影响了教师教育一体化改革。河南省教师教育体系中，政府部门权责规制不够，监管不够到位，难以切实获得教师教育改革的成效；与中小学相比，高校管理得较为宽松，对于师范生的培养，与中小学校的合作性较弱，难以发挥合力。大学与中小学合作双方仍旧难以实现深度合作；中小学校身份尴尬，培养话语权弱，教育实习认知错位。这些问题都亟待在教师教育治理过程中要重新理顺教师教育主体构成、权责分配等方面的问题，以便形成多元合作模式。建立多元化教师教育管理体系，政府、大学、中小学充分合作，完善治理模式，充分利用各方资源，只有这样才能为教师教育提供切实保障。

（二）加强高校与中小学合作伙伴关系

大学与中小学校合作，联合培养教师，已经是包括英国在内的多数欧美国家的主流教师教育模式。牛津大学教育研究系与牛津郡中小学建立了合作关系，被视为合作式师范教育成功模式之一。①河南省高校与中小学校合作关系并不乐观。学者孙自强认为，当前我国大学与学校合作存在三个弊端：一是合作理念上，对理论和实践的简单化理解；二是合作角色上，角色定位模糊；三是合作机制上，大学主导或者政府主导倾向严重。②河南省大多数师范院校教师较为重视学术性知识，缺乏中小学教学工作经验，尽管有“双师型”教师参与教学，但是“双师型”教师多是“双证书”教师，并非具有丰富的中小学一线教学经验；大学教育学院尽管与中小学校签订了实习（见习）培养协议，却难以彻底实施；教师在指导毕业生实习期间，很少真正入驻中小学校，与中小学指导老师开展课程和教学研讨，参与中小学教学工作，与中小学指导老师一起跟踪指导毕业生实习。这种形式大于实际的合作，直接影响了师范生培养效果。只有真正建立起大学与中小学的合作伙伴关系，各方教师相互交流和研讨，大学教师深入中小学教学一线，大学与中小学校共享平台和资源，师范生持续性参与合作中小学校的实际工作，才能够有效促进师范生教育理论的实践转化，提高教师的教学能力。

（三）丰富卓越教师的培养形式和机制

2004 年，英国教育部和“伦敦挑战”（London Challenge）项目组发起“卓越教师计划”（Outstanding Teacher Program），追求教师专业技能的提高。2012

① 苏尚锋. 大学与中小学合作共同体的特质及其构成[J]. 教育发展研究，2014，（20）：6-10.

② 孙自强. 实践共同体视域下 U-S 合作模式的重构[J]. 教育研究与实验，2016，（4）：77-81.

年，英国教育部实施《培养下一代卓越教师》，继续推动卓越教师教育。当前英国已经形成比较完备的卓越教师培养体系，其独特的卓越教师培养理念、培养标准、培养内容、保障机制、效果评估等对我国优秀教师教育建设发展提供了启示。

对照河南省教师教育开展情况，参考英国卓越教师培养经验，河南省在教师教育改革进程中需要注意以下几点。第一是英国卓越教师培养主要采用多元主体参与、联合培养的模式。卓越教师培养可以紧密依托中小学校，将未来教师置身于实际工作场所和工作情境，延长实习时长，接受中小学校工作任务，承担教学和管理工作，充分利用和整合各类资源，强化职前教师培养的有效性，提高师范生教学实践水平。第二是合理修订卓越教师专业标准。卓越教师专业标准包括了教师的专业精神、专业知识与专业技能三方面的要求。英国教育部为培养卓越教师设置了全方位的评价维度，确定了教师专业标准的准入门槛，从而从源头上保证了卓越教师队伍的质量。我国教师专业标准并未进行分层设计和评估，教师专业标准制定停留于文本，来源于理论衍化，缺乏对中小学教学实践的深度调研；具体条例较为泛化，一定程度上影响了可操作性和可行性。卓越教师专业标准应当是引领性和示范性的，对于教师专业发展具有较大鼓励和引导作用。河南省需要广泛调查中小学校优秀教师专业水平，深入研讨优秀教师专业标准，构建具有河南特色的、先进的卓越教师专业标准。第三是科学评估卓越教师培养效果。英国卓越教师培养质量评估，既有来自英国教育标准局的外部评价，又有内部管理机制设置的独立的自我评估，二者相互参照，最终形成一致性意见。河南省现行教师培养效果评价缺乏系统的评估体系，评估形式多是在既定评估框架下经过对照比对，实行估值赋分定级，评估时间比较固定，这些均不利于卓越教师的培养。卓越教师质量评估应该是动态跟踪式评价和反馈，有整改评估，有后续二次培养质量的再评估。评估主体应该是多主体的，评估内容也应该是多向度的，以全方位保障卓越教师培养质量的提升。

（四）政府加强薄弱学校的关注和扶持

河南省地处中原，地理位置较为封闭，经济发展水平并不高。2019 年，河南省总人口 10 952 万人，常住人口 9640 万人，农村常住人口 4476 万。河南辖 17 个地级市，1 个省直辖县级市，21 个县级市，83 个县，53 个市辖区，1791 个乡镇，660 个街道办事处。农村地区和人口在河南省占比比较高。农村地区，尤其是偏远地区的中小学校，教育质量低下，师资队伍建设不足，福利待遇差，资源匮乏，一系列原因导致农村薄弱学校难以吸引和招聘到优秀教师，使得农村薄弱学校长期处于低水平教学和教师高流失的状态。

薄弱学校亟待政府予以大力关注和扶持。河南省对农村基础教育也予以特别关注和支持，先后实施“特岗计划”、农村教育硕士师资培养计划、“农村学校”

地方公费师范生培养计划、首席教师岗位计划等，逐年加大基础教育教师补充力度，充实农村师资。此外，河南省政府和教育行政部门可通过政策制定和推行切实鼓励大学或优质中小学校积极与薄弱学校建立合作,实行校际教师的交流学习，谋求共同发展；师范生教育实习可以安排实习教师至薄弱学校承担相应的教学任务，指导老师进驻实习学校，全学程跟踪指导，通过流动性的实习老师暂时缓解薄弱学校师资不足的问题，同时大学教育学院指导老师的加入可以提升当地教育教学水平；大学教育学院可以指派教师对农村薄弱学校实施对口支援，并予以奖励。总而言之，农村薄弱学校的扶持和振兴，是实现教育可持续均衡发展、追求社会公平的必经之路。

英国教师教育通过政策驱动，强化教师专业标准建设、推动校本教师教育，以促进教育公平。英国先后实施教学优先项目、学校直培项目、卓越教师计划、校本教师培训等，有效提升了教师教育质量。河南教师教育应汲取英国教师教育的有效经验，进一步推动大学与中小学校合作，联合培养教师；建立多元化教师教育管理体系，政府、大学、中小学充分合作，完善治理模式，充分利用各方资源，为教师教育提供切实保障。在校本培训中，允许师范生参与所实习学校的校本培训计划，职前教师可借此获得和积累更多的教育教学实践知识。改进教师教育评估体系，实施多主体评价、多向度内容评价，注重过程和业绩评价，全方位保障教师培养质量的提升。政府和教育行政部门要密切关注薄弱学校发展，鼓励大学或优质中小学校积极与薄弱学校建立合作，实行校际教师的交流学习，以谋求共同发展。

第三节　日本教师教育的发展及启示

日本教师教育发展较早，早期效仿美国，进行本土化改革，形成了较为先进的教师教育体系。我国早期师范教育是以日本模式为参照创立的①，后又学习欧美发达国家教育教师经验。纵观日本教师教育发展，在教师教学实践能力培养、教师资格制度、教师继续教育和校本研修等方面，都为我国教师教育提供了可资借鉴的先进经验。

一、日本教师教育的发展

日本教师教育兴起于19世纪中期，幕府统治结束，明治维新开始，日本实施“富国强兵”“殖产兴业”“文明开化”系列改革，大兴教育，创立近代学制，重视基础教育发展，这直接推动了日本师范教育的形成和发展。日本在第二次世界

① 陈永明. 日本教师教育的经验与缺失[J]. 上海师范大学学报（哲学社会科学版），2013，（2）：86-95.

大战战败后，被美国占领。1946 年，美国督促日本政府实施教育改革，建立民主化教育体制。受美国直接影响，日本参照美国教师教育模式，升格师范院校，帝国大学增设教育学院，综合性大学开设教师培养课程，承担教师教育任务。20 世纪 50 年代中后期，日本获得政治独立，仿效美国教育模式，实施本土化改革，基础教育得到飞速发展，这对教师教育质量提出了更高要求。其间，日本改革教师资格制度，重设教师培养机构，提升教师培养层次，修订教师教育课程，形成了比较完善的教师教育体系。

（一）教师教育课程改革

日本教师教育课程按照课程内容可分为教育基础课程、学科专业课程和教育实习课程。教育基础知识是指教育科学基本理论知识，主要是教育基本原理及其课程的开发与实施和教学策略问题。在本科阶段，教育基础理论课程是必修课，要求学生对教育基本概念和历史有所了解。教育基础课程还包括教育心理学，主要用来解决教育现场发生的各类儿童发展问题，主要涉及几个方面的内容：一是发展、学习、动机、记忆、人格等教育心理学的基础知识；二是人际关系与集体活动、发展与适应障碍、积极心理学、儿童青少年的攻击性、教育评价等教育实践性的教育心理学；三是学校、家庭介入的方法等教育课题①。从内容可以看出，基础理论课程具有显著实践性，以规避理论与实践脱节的风险。除此之外，还包括学生指导及教育咨询，以及中小学校“特别活动”的理论与方法等。日本的基础教育还特别关注障碍儿童的发展与教育，要求所有的教师都需要正确理解有特殊教育需求的儿童并且能够恰当应对。

关于学科专业知识的教学内容，大学还专门开设了“教师职业实践演习”课程。“教师职业实践演习”在教学目标上更加注重“培养实践经验，在教学过程中则采取角色扮演、团体讨论、事例研究、实地调查、模拟课堂等教学形式”②。在该课程的教学过程中，大学会聘请合作中小学中的在职教师参与教学。在进行课程评价时，侧重对学生的教师使命感、责任感、合作能力、班级管理能力、学科教学指导能力等方面的考察。③对于学科专业知识的学习，大学会开展多种实践活动，如东京学艺大学的社会、英语、学校教育等课程通过编写学习指导教案、举行模拟授课、参观学校等体验性活动来提高学生的教育实践能力、适应能力和创造能力等④。日本教育实习课程主要包括“各类应用实习、小学教育实习、初

① 东京学艺大学课程安排[EB/OL].（2015-12-25）[2020-07-06]. http://portal.u-gakugei.ac.jp/syllabus/.

② 谷峪，崔玉洁. 21 世纪以来日本教师教育课程改革述评[J]. 比较教育，2014，（8）：8-11.

③ 東京学芸大学教員養成ｶﾘｷｭﾗﾑ開発研究ｾﾝﾀｰ. 教師教育改革のゆくえ－現状・課題・提言[M]. 東京：創風社，2006：121.

④ 王晨. 日本教师教育课程实践性探索——以东京学艺大学为例[J]. 教育论坛，2017，（1）：64-69.

高中教育实习、特殊学校教育实习、教职实践演习课程、研究实习、养护实地研究等选修课程”[①]。教育实习课程则要求毕业生参与中小学校的教学实践活动，更充分地了解未来实际工作事务，以积累教学实践经验。

日本教师教育课程中较为典型的是地方性课程和校本课程。东京市、京都市、三鹰市等地区根据本地实际需求，自行开设教师教育课程，以便更具针对性地为本地区培养中小学教师。日本大学有开发、编制、修订和开设教师教育选修课程的自主权，教师教育人员可以根据秉持的教育理念，自行决定增设部分课程。中小学可以由经验丰富的在职教师，根据学校特色、学生需求、实际发展等研发校本课程，并予以实施，教职组委会给予必要支持。

（二）教师资格制度发展

教师资格制度是教师教育制度的重要组成部分。教师教育制度按照教师教育阶段进行区分，可以分为职前教师培养制度、教师资格和聘用制度、教师研修制度等。其中，教师资格和聘用制度包括教师资格制度、教师职务制度和教师聘任制度等。教师资格制度“一般规定了教师资格的类别、适用范围、有效期限，以及关于学科、学历、身体等方面的相关要求”[②]。教师资格制度直接关乎教师准入、教师培养规格和教师培养质量，是保障教师专业素养和高质量教师培养规格的重要制度。日本自 19 世纪 60 年代发展教师教育起，就通过一系列政策文件，对教师资格获得、教师资格证书考试内容、教师资格认定规格等提出要求。

日本教师资格制度发展至今已有约 150 年的历史。进入 21 世纪以来，日本教师资格制度又出现新的发展态势。第一，教师资格实行更新制。2000 年 3 月，教育改革国民会议第二分科会第一次会议提出，聘用非师范专业背景的教师时，需要考虑对其教师资格证进行定期注册更新。2001 年 1 月，文部科学省公布《21 世纪教育新生计划》的时间表，“将改善教师许可证、更新教师研修制度以及通过奖惩分明等措施，提高教师素质，培育作为教育教学专家的教师”[③]。2005 年 3 月，初等中等教育分科委员会下设教师资格制度工作小组，并发布《关于今后教师培养和资格制度的应有状态》的报告，重点强调了教师培养和资格制度改革。2007 年 6 月，教师资格更新制度出台，于 2009 年正式实施。该制度规定，“教师资格证的有效期限一律定为 10 年。教师要在有效期限内接受资格更新讲习和结业认定，资格更新的实施主体为作为资格管理方的都道府县教育委员会”[④]。这

---

① 王晨. 日本教师教育课程实践性探索——以东京学艺大学为例[J]. 教育论坛，2017，（1）：64-69.

② 张泽东. 日本中小学教师资格制度变迁研究——制度有效性理论的视角[D]. 长春：东北师范大学，2015.

③ 吕可红，张春浩. 日本《21 世纪教育新生计划》述评[J]. 外国教育研究，2002（10）：18-22.

④ 张泽东. 日本中小学教师资格制度变迁研究——制度有效性理论的视角[D]. 长春：东北师范大学，2015：96.

对在职教师产生了直接影响，在职教师每隔10年必须进行教师资格更新，通过二次学习，完成相应课程并顺利结业，教师资格才能持续有效；否则，教师资格将失效。[①]日本实施教师资格更新制度，主要是为了保证教师在其职业生涯期间具备必要的专业素养，并具有可持续性的学习和适应能力。第二，提升特别支援学校教谕资格证的持有率，放宽标准，对特别支援学校聘任教师予以倾斜。《教师资格证法》规定，对于特别支援学校，任职教师除需要具备一般性教师资格证，还应该持有特别支援学校教谕资格证。但是在附则中又专门提出，“作为缓和措施，即使暂时没有特别支援学校教谕资格证也可以担任特别支援学校教师”[②]。这是因为日本重视障碍儿童教育，特别支援学校对教师素养与能力要求更高，现有教师（已获得特别支援学校教谕资格证者）无法满足特别支援学校需求，都道府县教育委员会放宽特别志愿学校教师聘用要求，政府予以政策支持，以解决面临的现实问题。

（三）教师继续教育特色

20世纪80年代开始，日本教师继续教育同职前教师教育一同发展。后期日本效仿欧美国家教师教育模式，尤其受美国教师教育影响，日本根据本国教师状况，摸索并构建起比较完备的教师继续教育体系。日本教师继续教育在教育机构、教育理念、教育活动、教育模式等方面具有本土化特色，并构成了独具日本特色的教师继续教育体系。

授业研究是日本教师在职培训的一种典型模式，也是日本教师专业发展的核心方式，近年来逐渐发展为日本教师的日常工作方式。[③]授业研究围绕实际课堂开展教师合作研究，因此也被称为“课例研究”。授业研究模式包含宏观长远的教学目标设计；教师集体研制教学计划；教师现场观摩课堂教学行为；全面记录课堂教学过程；课后谈论反思；等等。[④]这也基本是授业研究的操作步骤，即确定教学目标、制订教学计划、实施授课、评价反思、修改计划、重新讲授、评价和再反思、分享成果。通过循环实践反思达到教学能力提升的效果，成为日本教师专业发展的重要策略之一。

日本教师研修具备强有力的政策支持。日本相关政策规定了教师研修的必要性和义务性，以及研修的方式和内容。《教育公务员特例法》规定，“公立学校教职员作为地方公务员，其研修由任命权者即县教育委员会负责组织实施各种研

① 吕可红，张春浩. 日本《21世纪教育新生计划》述评[J]. 外国教育研究，2002（10）：18-22.

② 王国辉，杨红. 日本教师培养与资格制度改革的新动向[J]. 河北师范大学学报（教育科学版），2017，19（1）：95-100.

③ 杜静，常海洋，等. 回归实践：教师教育价值重构[M]. 北京：科学出版社，2020：200.

④ 杨帆，夏慧贤. 日本课例研究的特征及对教师专业发展的影响[J]. 外国中小学教育，2008，（12）：31-34.

修活动。教职员作为学校教育的关键人物，必须具备自主性和创造性，应具备与儿童沟通的完善个性和良好能力，以对学生进行适当的指导，与一般公务员有所差异”。《地方教育行政组织运营相关法律改正》对教师教育评价做出规定，指出“在教师对学生指导不当情况下，经所在学校校长、任命权者、判定审查委员会认定，该教师需要接受校内外短期或长期的指导改善研修，并根据研修结果的评价情况接受处罚或人事调动”。《关于教育职员许可法及教育公务员特例法的部分改正法》调整了教师研修内容，制定教师许可证更新制度，并特别指出“公立小学、初中、高中、中等教育学校、特别支援学校及幼儿园教师的任命权者即各教育委员会在教师指导不当的情况下，必须根据实际情况组织必要的研修（指导改善研修）以帮助指导不当的教师得到能力的提升”[①]。

日本极其重视教师校内研修，并取得了显著成效。教师在职学习已经形成一种研修文化，尽管是非法定学习，但是中小学教师尤其是公办学校的教师均积极参与校内研修。校内研修内容偏向实践，日本教育专家佐藤学认为，教师是在复杂的语境中展开的实践性的问题解决过程；是要求高层次的思考、判断、选择的决策过程。教师作为专业人员，需要在校内研修中通过群体探讨和反思共同的教学实践、构建实践中的理论，不断地促进专业发展。研修过程中，教师通过同行或者学习共同体内部成员的指导和训练、评价和反馈，提升自身专业能力。

日本教师研修建立了完备的学习网络和合作机制。日本设有国家、都道府县、市町村三级教师研修网络。在国家层面，由文部科学省和国家教师研修中心（National Center for Teacher’s Development）负责组织开展全国教师研修工作。各都道府县成立“教师研修中心”。其中有 62 个城市设有市教师研修中心，各自负责开展本地区的教师研修工作。日本根据不同教师群体类型开展行政研修、自主研修、校内研修等。这样，日本在职教师研修体系“在纵向上各级教师研修中心上下联动，在横向上各类教师研修并行，从而形成了严密、健全的教师研修网络，在组织上保障了在职教师研修工作的顺利进行”[②]。教师研修的培养主体有负责教师职前培养的大学、有负责入职培训的教育委员会、有负责实习训练的中小学校。2001 年 8 月，文部科学省发表《为了促进教师培养中大学与教育委员会的合作—大学、学校、教育委员会联起手来》报告，促使三者建立起合作机制。[③]这种合作机制表现为四种形式，即利用大学实施硕士水平的在职教育、大学与教育委员会合作开展短期培训项目、大学与教育委员会合作开发培训课题、大学协助中小学进行校内研修。研修方式采取开设专家讲座，并组织相关科研机构、高等

① 高彦颖. 日本中小学教师研修体系研究[D]. 上海：上海师范大学，2015.

② 曲铁华，郝秀秀. 日本教师继续教育的特色及对我国的启示[J]. 中小学教师培训，2016，（6）：74-78.

③ 夏惠贤，杨伊，徐田子. 国际视野中的大中小学伙伴关系建构：基于知识生产模式视角[J]. 比较教育学报，2020（5）：13-26.

教育机构和中小学校合作开展的教育实习、海外派遣、研究生院派遣、合宿研修等多种形式的研修活动，研修内容包含实际教学中的各个科目，囊括人权教育、环境教育、国际教育、学生间欺辱等问题的应对等社会关注的教育课题，这促进了教师研修的国际化和信息化。

（四）教师教育评价改革

日本教师教育评价改革与发展可以从两方面来看，一是教师教育认证资格的评鉴认证；二是教师专业素养评价。日本教师教育认证中，评鉴认证是其重要环节。所谓评鉴认定，是对教师培养组织机构办学水平、办学能力、办学层次等培训质量进行评鉴。评鉴对象是已经通过前期资格认证的培训机构。评鉴方式是对开展认证的教师培训机构进行实际考察和定期审核，分为自评和外部评鉴两种方式。评价机构多保持第三方独立身份，不受政府直接指导，其评鉴结果由政府管理。需要说明的是，不同类型的教师教育项目，归属相应的认证机构，其认定程序不尽相同，但是大致包括以下环节：第一是教师教育机构向认证机构提交书面申请材料接受审查；第二是认证机构组织教育专家进行实地考察，采集认证证据；第三是认证机构制定认证报告，提交中央教育审议会进行审核，出具认证结果；最后公布认证结果。[①]

日本自 20 世纪 80 年代教师教育改革以来，教师专业素养就是其持续追求的重点。1997 年，日本教师教育审议会发表《关于面向新时期的教师教育的改革策略》，1998 年发布《关于扩充硕士课程的教师教育》，1999 年发布《关于教师培养、录用、研修的一体化》，对教师教育课程、在职教师继续教育和教师专业发展提出指导性意见。2006 年，中央教育审议会发表《今后的教师教育、教师资格认定的应然状态》[②]，明确提出师范生应该具备作为教师的最低限度的素质能力。2010 年，以别葱淳二、岩田康之为代表的研究小组开展教师教育评价体系研究，推广实施日本教师专业素养评价。2012 年，中央教育审议会发布《关于综合提升贯通教师生涯的素质能力的策略》报告，提出教师素养与能力应该包括教师专业发展意识和能力、知识和技能，以及人格魅力。这些报告对教师专业素养的重视具体体现在其要求和评价体系指标中，即按照评价理念和目标开展具体评价。值得一提的是，日本大学自治的传统在教师教育评价中得以体现，如各级各类师范院校（大学教育学部）评价标准具有差异性，师范大学和大学教育学部的教师教育课程评价方式也不尽相同。

① 谢雪军. 教师教育认证机制的国际比较探讨[J]. 继续教育研究，2016，（4）：76-78.

② 夏鹏翔，刘慧. 当代日本教师教育评价研究及启示[J]. 课程. 教材. 教法，2018，38（1）：137-141.

二、日本教师教育对河南省的启示

日本教育体系已经走向现代化，其发展独具日本特色。日本教师教育非常注重教师专业技能训练，其教师研修模式比较先进，对河南省教师教育发展提供了诸多可资参考的内容。

（一）加强教师专业技能训练

中小学校教师非常注重教师专业技能水平，教师教学能力往往决定了教学效果。对于师范生而言，教育实习是教学专业技能得以提高的重要途径。河南省各所大学教育学院（或师范院校）教育实习的实施方式很相似。教育实习时间安排集中，多数时长为 18 周左右，且集中在最后一学期完成，实习学校或统一指定分配，或是直接安排学生自主联系实习学校，学生进入实习单位后，往往依赖于实习学校分配的指导老师，大学（师范院校）参与度较低，二者缺乏深度合作，学校对于学生的教育实习反馈缺乏必要的关注。实习评价以提交实习作业、实习鉴定报告为考核标准，一定程度上忽视了学生教育实习期间教学专业技能的训练和提高。

若是要切实加强教师专业技能训练，就需要大学教育机构与实习学校结成亲密伙伴关系，实行联合培养。高校要增加教育实习的比重，以及教师培养课程的教育实习学分。学生的教育实习活动穿插安排，贯穿学习的全学程，对所掌握的教育专业理论知识循环持续验证。在实习学校承担教学任务，参与实习学校教育管理工作，真正做到在做中学，在学中做。要彻底打破大学和中小学校形式化的合作模式，政府组织第三方机构实施监督和考核。

（二）构建严密联动培训网络

日本的教师研修体系已经形成了纵横交错的、严密的教师研修网络。由前文可知，日本教师研修体系在纵向上分为国家、都道府县、市町村三级，在横向上分为行政研修、自主研修、校内研修三类，各级各类培训组织层次分明、分工明确，但又注重各组织之间的联动与配合。我国教师研修实行的是家，省（自治区、直辖市），县（乡），校四级体系。在研修体系中，尤其是县（乡）级教师进修学校培训方式落后、师资队伍教学水平较低，而乡镇教师培训机构形同虚设，无法承担起教师进修学习的任务。全国各地实施的“国培计划”项目，面向的是卓越教师培养，覆盖面不够，无法使教师全员受惠。教师继续教育系统需要开发多种培训通道，搭建研修平台，优化研修环境，实施学分银行制，全方位保障教师在职阶段的教育效果。

（三）强化教师继续教育体系

教师教育时限贯穿教师的整个职业生涯，教育空间不局限于师范学校与教学单位、教师培训机构。教育机构要“在完善的连续的教师教育体系中为受教育者提供的教育，需要时间、空间上的多元性质，在形式、途径上要具有多样性质”①。2011 年，教育部颁发《教育部关于大力加强中小学教师培训工作的意见》，对教师培训模式、制度、体系、保障等方面提出了新的要求并出台了相关举措。这是促进我国教师继续教育发展的重要文件。

强化教师继续教育体系，要做到以下几个方面。一是依托各类教师教育机构（高等院校、科研院所、教育专业组织、优质中小学校等）等建立中小学教师继续教育基地，持续开展教师理论研讨和专业技能训练。结业时进行量化和过程考核，并发放结业证书，建立继续教育学时和学分制度，并将之纳入教师晋升和职称评定中。二是由政府和教育主管部门利用各级各类学校、图书馆、博物馆、科技馆、美术馆等社会文化教育机构开放的教育资源，以现代科学手段为依托，建立开放式教师教育机构，形成开放的教师教育平台，如远程网络教学平台等，为教师提供便捷性和灵活性的，多种形式的教师教育机会。三是创新和完善现有教师继续教育机制，合理统筹教师教育机构，促使教师学历提升教育和技能教育的协调发展，以职前教育、在职培训和职后教育一体化。

日本教师教育实施多样化认证资格评鉴认证，注重教师专业素养评价。日本教师研修建立了完备的学习网络和合作机制，促进了教师培养的国际化和信息化；日本还采取延长学制的方式来保证教师教育的质量，把师资培养提高到硕士层次。河南教师教育发展可以借鉴日本教师教育经验，从以下几方面做出调整：一是大学教育机构与实习学校结成亲密伙伴关系，实行联合培养。二是持续改革教师教育体系，尤其是教师在职教育体系。在职教师需要按政策要求完成规定的学习内容；政府和学校为教师在职研修提供必要的资源，并进一步优化网络研修平台，保障教师在职研修效果。

第四节　澳大利亚教师教育的发展及启示

澳大利亚长期处于英国殖民统治之下，直至 1986 年，澳大利亚才正式脱离英国而成为独立国家，所以英国对澳大利亚教师教育建设和发展影响较大。20 世纪以来，经过多年发展，澳大利亚已经形成一套完整而高效的教师教育体系，成为国外教师教育高质量发展的典型。

① 崔铭香. 终身教育与个性化教育[J]. 河北师范大学学报教育科学版，2003，（5）：39-44.

一、澳大利亚教师教育模式与特点

澳大利亚教师教育模式比较丰富，中小学教师培养依托综合性大学，教师教育就形成了本科培养模式、本科双学位培养模式、硕士培养模式。这三种模式可以统称为大学本位教师教育模式。澳大利亚教师教育模式中校本入职指导（school-based induction）、合作伙伴模式、实践教学模式、培训包计划等颇具特色。

（一）校本入职指导模式

校本入职指导的产生源于2002年8月，澳大利亚联邦教育部发布《一种值得关化的道德——对初任教师的有效计划》（*An Ethic of Care: Effective Programme for Beginning Teachers*），通过对新入职教师工作情况进行调查，澳大利亚联邦教育部提出了初任教师接受入职教育后应达到的六个基本目标：从学生角色顺利过渡到教师角色、适应社区和学校以及课堂的环境、理解自己的教学职责、促进初任教师专业水平发展、促进初任教师的个人和专业发展、提高初任教师的入职率和留任率。该计划还把入职教育分为定向、确立和发展三个阶段，在不同阶段针对初任教师的具体问题和需求提供不同的帮助和支持，这就充分考虑了教师实际情况和教育发展规律，便于循序渐进地开展入职教育。2007年2月，澳大利亚联邦议会发布《教师教育调查报告》（*Top of the Class: Report on the Inquiry into Teacher Education*），对教师教育提出的12条建议中强调以苏格兰“教师入职计划”为蓝本，从为初任教师提供入职培训经费、确保政府资助的招生名额与特定的师资需求相对应两方面入手建立本国教师入职计划[①]。

校本入职指导是以大学为基础的理论培养和以入职学校为基础的具体实践指导相结合的入职指导模式。这就要求学校要为新入职教师提供“为期至少一年的有计划、有系统而持续的支持和帮助。其目的在于帮助初任教师克服教学中所遇到的困难和问题，提高教学的有效性，减少挫败感，尽快适应教师角色”[②]。为保障校本入职指导计划的开展，《教师教育调查报告》提出一系列建议：一是资金支持方面。建议对实习实行单独资助，用于实习的资金不能列入大学奖学金之中。同时，建议借鉴英国苏格兰的见习模式，在原有基础上增加资金用于全日制学生教学课程。二是教学任务设置方面。在见习期间，新毕业的教师无须承担全额的教学任务，且20%的教学时间用于接受面对面的教学指导。三是教学指导方面。初任教师在有经验的教师指导下听课并参加专业发展课程，且保持与大学的

① 杜静，颜晓娟.政策群视阈下的21世纪澳大利亚教师教育改革及启示[J]. 比较教育研究，2014，36（10）：43-49.

② 王华莎. 21世纪澳大利亚初任教师入职教育政策研究[D]. 桂林：广西师范大学，2016.

联系。初任教师的指导老师也要接受培训，以便更好地承担起指导新人的责任，同时指导老师也会得到一定的报酬，联邦政府与雇主将按照其起始工资的10%支付报酬，而是否担任指导老师将遵循自愿的原则。①

（二）合作伙伴模式

澳大利亚教师教育非常注重大学与中小学校建立合作伙伴关系，对职前教师进行联合培养。20世纪90年代以来，澳大利亚60%的职前教师教育课程在中小学进行，14所大学的教育院系与130多所中小学建立了伙伴合作关系。②澳大利亚悉尼大学与部分中小学校建立了长期的伙伴合作关系，并且每个学位课程都设有一个咨询委员会，委员会包括所有利益相关者和课程审议人员。大学与中小学指导老师各司其职，对教师教育效果负责。其中，中小学指导老师直接引导职前教师进行实践教学，帮助职前教师获得专业实践体验；大学指导老师帮助职前教师了解各种教学方法，掌握各种教学技巧，学习相关理论知识，完成教育教学研究。③

首先，教师教育合作伙伴模式为师范生提供了理论和实践交互印证的条件，使课程学习紧随教学实践，直接提高了其未来实际教学能力；其次，大学的合作伙伴为大学教育学院提供了更为丰富的教育资源，这些资源是大学所缺乏的，不仅包括实践教学基地和场所，还包括经验丰富、具备较高教学技能水平的中小学指导老师。而中小学校可以在师范生实习期间，对其进行过程性评价和结果考核，分担学校教学工作量,甚至可以基于学校工作需要而优先聘用考核优秀的毕业生。因此，澳大利亚众议院教育与职业培训常委会在调查报告《一流课堂》中明确指出，随着时间的推移，这种最初建立在实习基础之上的伙伴合作，最终将覆盖教师教育各个阶段的所有领域，它将改变这个国家教师培养的方式。

（三）实践教学模式

澳大利亚教师教育历来重视教师职前实践教学。实践教学模式发展到现在，有两类模式占主流，一类是大学本位实践教学模式，另一类是合作伙伴联合实践教学模式。大学本位实践教学模式注重教师的专业知识和学科知识教学，实践教学穿插其中，作为教学的必要构成环节，其带有一种辅助性质，因此实践教学处于边缘地位。而合作伙伴联合实践教学模式，即与大学建立有合作伙伴关系的中小学校参与实践教学通过提高实践教学比重，使职前教师能够处于真实的教学场所，获得浸入式学习体验，通过参加实际教学工作、接受中小学校指导老师的引

---

① 黄孔雀. 澳大利亚新教师入门指导政策新进展[J]. 外国中小学教育，2009，（2）：37-40.

② 赵凌. 澳大利亚的教师教育认证机制解析[J]. 比较教育研究，2010，（9）：87-90.

③ 李铭玉. 澳大利亚职前教师教育的实践教学研究[D]. 济南：山东师范大学，2016.

导，使职前教师获得实际工作能力的提升。

澳大利亚大学本位实践教学模式可以分为连续式实践教学和集中式实践教学。连续式实践教学是指，“职前教师在进行教育实践期间，不断往返于实习学校和大学教师教育学院之间，每周固定一到两天的时间去实习中小学进行实践活动，两到三天的时间在大学教育学院学习专业理论知识”①。集中式实践教学是指，“大学教育学院统一安排师范生到指定的中小学进行连续集中的实践锻炼和教学实习”②。澳大利亚教师教育在安排实践教学时结合两种方式，使实践教学活动能够贯穿师范生全学程教育，通过持续性的专业实践活动，不断发展和完善他们的教学理论与实践教学知识。

伙伴合作教学模式是澳大利亚现行的主流模式。大学本位实践教学模式缺乏中小学立场，其培养方式为大学所认定的结果服务，而非直接指向未来中小学教师的胜任能力，非常不利于师范生实践能力训练和提升，因此大学开始逐渐注意寻求合作伙伴，与中小学校共同培养教师，即伙伴合作教学模式。澳大利亚大学与中小学建立合作伙伴关系多是得到政府政策和资金的支持。2007 年，澳大利亚实施“教师教育实践内容改进计划”，当年即拨款 7700 万澳元，2008 年政府又追加 800 万澳元，用于教师教育机构保证师范生从事高质量的教学实践活动，以及改进伙伴合作关系。③参与合作的中小学校积极性很高，双方建立起友好、平等、共赢的伙伴合作关系。在合作关系中，中小学校作为合作伙伴，具有优先选择优秀职前教师的权利，这有利于增强本校师资力量；中小学教师可以获取更多参与教育教学研究课题的机会；中小学指导老师在指导职前教师实践教学过程中，通过发现教育问题，反思自身教学实践存在的问题，接受大学指导老师的指导和培训，使在校教师获得更多的学习机会。④

（四）培训包计划

培训包计划为澳大利亚国家培训框架（Australian National Training Framework，ANTF）的核心组成部分，经由国家批准认可，是一整套职业能力认证的标准，用来认可和评估人们在工作现场有效工作所需的技能和知识。⑤培训包计划也可被看作是澳大利亚高职教师任职资格确认标准。培训包是职业教育特有的能力认证体系，第一是 TP 开发者为国家技能委员会和企业。根据行业标准，面向市场统一制定能力标准，高职教师因此必须具备市场和行业所要求的各

① 李铭玉. 澳大利亚职前教师教育的实践教学研究[D]. 济南：山东师范大学，2016.

② 李铭玉. 澳大利亚职前教师教育的实践教学研究[D]. 济南：山东师范大学，2016.

③ 俞婷婕. 澳大利亚政府优质教师计划研究[M]. 北京：教育科学出版社，2013：98.

④ 李铭玉. 澳大利亚职前教师教育的实践教学研究[D]. 济南：山东师范大学，2016.

⑤ 徐中意. 澳大利亚培训包的优势及其对我国高职课程改革的启示[J]. 比较教育研究，2009，（6）：82-85.

类能力，能够胜任高职院校教学活动和技能培养工作。第二是 TP 依据行业需求和特点，综合制定出全国统一的、可鉴定的能力标准，以此在高职教师入职前对其进行能力考核，考核合格者颁发四级资格证书。比如，澳大利亚职校教师任职需要具备“培训与鉴定”培训包四级资格证书，这包含教学环境的协调能力、教学设计能力、课堂授课与促进学习能力、考评（或鉴定）能力、培训咨询服务能力、教学质量管理能力、语言和数理表达能力、其他通用能力等 8 个能力模块，共 55 个能力单元的考核。[①]第三是培训包提供多级别资格证书，每级资格证书均包含有相应能力标准，且各级资格证书中所含能力标准内容可进行灵活拆解和组合，形成新的资格证书的获取标准，教师借此实现了职前教育和职后教育的一体化。

二、澳大利亚教师教育对河南省的启示

澳大利亚已经建成了完善而高效的教师教育体系，是高质量和特色鲜明的典型代表。[②]对比河南省教师教育发展现状，河南省需要学习和借鉴澳大利亚在教师实践教学、教师教育课程设置、农村教育扶持等方面的先进经验，以促进河南本土教师教育改革发展。

（一）创新实践教学模式

澳大利亚教师教育实践教学体系比较完善，在实践教学理念、实践教学课程设置、实践教学模式、实践教学评价等方面，都具有先进经验，能够在职前教育阶段开展较高水平的专业技能培训。

20 世纪 80 年代以来，澳大利亚历次教育改革，都凸显出实践教学的重要性。目前推行的伙伴合作教学模式就是实践教学的典型案例。我国对实践教学比较重视，但是还没有将实践教学放置在同课程教学同等重要的地位。第一，教师教育重在教师培养效果，尤其是教师专业能力的提升。教师教育机构要深刻把握实践教学内涵，重估实践教学价值和定位，充分认识实践教学在教师教育过程中的重要作用。第二，在实施实践教学过程中，大学教育学院要重新思考实践教学课程设置是否合理，适当延长教育见习和教育实习时间，使教育实习能够贯穿师范教育过程的各个时段，对学到的理论能够实时予以实践验证和转化。中小学校在管理实习生时，不仅需要考核实习生教学任务完成的质量，还需要督促实习生注意在教学过程中增强教学反思意识。第三，实践教学评价需要注意以下几个方面。首先，由大学教育学院和中小学联合，针对实习学校教学实际，科学制定评价标准和细则；其次，对于实习生教学实习的考核，要注重过程性考核和结论考核。实习生在完成实践教学任务过程中所体现出来的学科教学技能、班级管理能力、

---

① 林少群，从评课入手培养教师的专业发展能力[J]. 新课程研究，2011，（7）：32-33.

② 刘江岳. 专业化：中学教师职前教育研究[D]. 苏州：苏州大学，2014.

学生教育水平需要重点考核，还需要把实习生所表现出的教师职业素养、专业热情、反思意识、科研能力等方面的内容也纳入考核范围，形成全面性和全程性评价。政府和教育主管部门要促进高校与中小学积极合作，使其建立伙伴关系，协调各方利益关系，建立教师实践教学基地，以便保障实践教学质量和效果。

（二）改革教师教育课程

澳大利亚教师教育课程兼顾学术性和师范性。与澳大利亚教师教育对比，我国教师教育更倾向学术性，而忽略了师范生教育的实践性，疏离了培养优秀教师的目的。河南省在教师教育发展进程中，承担教师教育任务的高校需要重新审视教师教育目标定位是否合理，以此调整教师教育课程结构，以教师专业标准的达成为直接目的，重视教师培养的师范性，调整学术性比重，合理建构师范生知识结构。

教师教育课程要构建丰富的课程内容体系。教学是一门艺术，但不是一项纯粹的技能。因此，教师知识结构的构建，不仅需要教育学、心理学及其学科教学知识等基础课程内容，还需要辅修教育学学科之外的其他学科课程。师范大学需要为师范生提供丰富多样的课程内容，设置开放性课程、活动性课程、工具性课程等多种类型课程，以开拓师范生专业视野，使其具备多学科知识，提升其创新能力和后续可持续发展能力。此外，还需要注意设置包括人文社会科学、民族多元文化在内的多元文化课程，提倡多学科的多元文化整合，使未来教师具有倾听不同文化声音之能力。

（三）推进教师专业化建设

教师专业化建设包括以下几方面内容。首先是推进教师专业标准建设。教师专业标准涵盖职业道德、职业态度、职业能力、职业知识等教师所需要具备的素质与能力等方面的内容。澳大利亚实行的是教师准入考核，一般是所有报考教师职业的人员先进行一定时期的培训，取得相应培训合格证，并通过严格的标准考核才能够入职。河南省教师招聘主要是以思想道德考察、年龄、学历、专业、工作经验等内容为准入条件，而后进行专业知识和能力的考核，这种考核方式不容易全方位地考核未来教师的职业态度和实际教学能力。高校教师更是先上岗，再通过考试获得高校教师资格证，无法深入考核其工作水平和教学能力。对此，可以对教师专业技能和水平实施阶段性考核，并制订相应的继续教育方案，明确各阶段考核标准、考核内容和考核要求，以保证高水平、高能力的教师从事教育工作。

2016 年，河南省教育厅成立“河南省终身教育学分银行”，建立个人学习账号和学分累计制度，初步实现了学习成果认定和学分积累、转换，促进了学历教育与非学历教育、职前教育与职后教育的衔接，各类高等学历教育互通，搭建了纵向衔接、横向沟通的终身学习的“立交桥”。然而，现在面临的问题是国家资历框架普适性如何，尚未得到实质性验证；能力单位的工作逻辑对学科课程的解构，是否削弱了其学术性效度；学分银行制度中能力单位坚持职业导向，更加亲近于职业教育和应用型课程，各类专业是否具备同类效能有待商榷。国家督学、教育部学位与研究生教育发展中心主任王立生提及，“我国教育体系内部各级各类教育之间立交桥尚不完备；国民教育整体质量保障体系尚待健全；教育育人标准与行业用人标准尚未对接；我国与别国在资历互认的理念和能力上还存在差距；以学生为本，服务学生成长成才的学习成果可积累可携带可转移可认可的体制机制尚未建立”①。河南省通过开展学分银行试点工作，对接国家资历框架，建立了河南省学分认证体系，但是开展基于学分银行的教师教育，如构建教师能力标准体系，完善资源供给机制，实现教师学习成果认证、积累与转换，仍旧任重道远。

澳大利亚教师教育实施的各类模式，已取得良好效果，这为河南教师教育提供了参考。河南教师教育应做到以下几点。第一，创新实践教学模式，高校与中小学积极合作，建立伙伴关系，协调各方利益关系，开拓教师实践教学基地，以保障实践教学质量和效果。第二，改革教师教育课程，教师教育课程要构建丰富的课程内容体系。第三，建立一整套教师资格标准体系。

国外教师教育发展，尤其是西方发达国家，经过历次改革发展，领先于我国。美国、英国、澳大利亚、日本等国家作为教师教育发展的先进样本，皆体现了教师教育趋向于本土化改革、实践倾向、政策促进、制度革新、特色项目制等趋势，教师培养更加注重学生实践能力培养，突出终身学习理念，倡导教师合作学习和教师专业学习共同体的建设等。河南教师教育目前还存在师德师风培养重视不足、职前课程建设与实施不合理、乡村教师资源存在供需矛盾、职后教师培训机制不完善、教师信息素养发展滞后等问题，对此河南开展教师教育时，应该基于河南发展实际和地域特色，借鉴国外教师教育先进经验，从教师教育政策驱动、模式更新、课程改革、专业认证评估、教师专业发展、体系构建等方面入手，切实提高教师教育质量。

① 王立生落实十九大精神 加快推动国家资历框架建设[EB/OL].（2018-04-19）[2020-07-06]. http://www.moe.gov.cn/jyb_xwfb/moe_2082/zl_2017n/2017_zl76/201804/t20180419_333588.html.

第六章

我国其他省（市）教师教育的现状与特色

当前，为建设社会主义现代化强国，党和政府对高素质教师队伍建设的重视达到了新的历史高度，对教师队伍建设也提出了更高要求。全国各地的教师教育工作也取得了大量而富有成效的成果。北京市、上海市和江苏省的教育发展水平处于领先地位，是全国教师教育的领头羊，这三个省（市）的教师教育工作特色鲜明。本章将以北京市、上海市和江苏省为例，对教师教育的发展现状进行解读和剖析，总结这些省（市）教师教育发展的特色，以期为助推河南省教师教育发展水平的提升提供有价值的参考和借鉴。

第一节 北京市教师教育的现状与特色

一、北京市教师教育的现状

北京市作为我国首都，是全国政治中心、文化中心、国际交往中心和科技创新中心城市，也是全国落实教育优先发展战略地位最好的地区之一。20 世纪 90 年代，北京就提出在全国率先实现教育现代化，逐步达到发达国家的教育水平。北京市拥有丰富的优质教育资源和人才资源，其教育实力毋庸置疑在全国首屈一指。高质量的师资力量是北京市优质教育资源的重要组成部分。北京教育总体发展水平，如教育普及水平、人力资源开发水平、教育经费保障水平、教师规模及质量等方面已经达到世界主要发达国家水平。北京市在教师教育发展方面取得的巨大成就虽然与北京所处的政治、经济地位有关，但也离不开北京市的教育发展战略定位、教师教育培养模式的创新等。因此，本节对北京市职前教师教育概况和在职教师教育概况进行阐述，探索北京市教师教育发展的经验及特色。

（一）北京市职前教师教育概况

北京市高校云集，拥有众多的高等教育机构。北京共有大学 99 所，其中一流大学建设高校 9 所、一流学科建设高校 27 所、中央部属的高校 26 所。[①]高水平的师范院校也汇集于此，如北京师范大学、首都师范大学专职承担着培养教师的任务。北京市还有不少综合性及其他类型的大学也承担着师范生培养的责任，如北京联合大学、首都体育学院、北京外国语大学、北京体育大学、中央音乐学院等院校都设有师范专业。北京市高校的师范生培养形成了独具特色的模式，为北京乃至全国输送大批高质量教师人才。北京市实施的卓越教师培养计划 2.0，确立增加首都师范大学、北京联合大学和首都体育学院三所市属院校师范类本科专业招生计划，支持相关院校增设相关学科教育专业（师范），委托相关院校培养师范生，扩大师范生的培养规模，鼓励非师范专业开设教育类课程。

首都师范大学是北京重点建设的市属重点大学，入选教育部“卓越教师培养计划”“国家大学生创新性实验计划”“乡村教师支持计划”“北京市双培外培计划”。2017 年，学校成立教师教育学院，标志着学校强化教师教育办学特色、提升教师教育整体实力进入新阶段。在培养模式研究的理论架构上，首都师范大学教师教育研究团队构建了卓越教师 PRIDE 发展模型图。卓越教师 PRIDE 发展模型含有五个要素，即丰富的实践能力（practice capacity）、较强的研究能力（research capacity）、宽广的国际视野（international vision）、扎实的学科基础（discipline knowledge）、深厚的教育知识（education knowledge）。[②]针对卓越教师发展模型，首都师范大学教师教育学院基于卓越教师计划开展了一系列工作，如在课程体系、课程实施方式方面，突出创新性与实效性。卓越班注重学生的师德教育，组织学生走近特级教师，形塑师德修养；赴革命老区支教，培养家国情怀；与同辈深入对话，锤炼从教志向。卓越班定期组织读书沙龙，阅读教育学经典原著，促进学生形成理论自觉。[③]卓越班通过案例教学、探究式教学、互动式教学等教学模式，培养学生的自我学习与反思探究能力。卓越班经常组织学生参加和观摩各类实践技能比赛，以提升学生的实践能力。卓越班还经常带领学生参与各类国际交流，以拓展其全球视野，力求做到面向世界、面向未来培养卓越教

① 院校信息库 阳光高考. 院校库[EB/OL].（2021-05-19）[2021-05-20]. https://gaokao.chsi.com.cn/sch/search.do?searchType=1&yxls=moe&ssdm=11&start=20.

② 首都师范大学. 首都师范大学卓越教师培养计划工作概况[EB/OL].（2020-09-23）[2020-09-30]. https://jsjy.cnu.edu.cn/info/1017/1599.htm.

③ 首都师范大学. 首都师范大学卓越教师培养计划工作概况[EB/OL].（2020-09-23）[2020-09-30]. https://jsjy.cnu.edu.cn/info/1017/1599.htm.

师。[①]首都师范大学在教师培养模式中探索出多种新颖的方式，其中2010年创办的“物理师范特色实验班”成效显著。“物理师范特色实验班”是经过笔试、说课、面试等环节层层选拔，挑选出具有优秀中学教师潜质的物理系师范生进行为期两年的针对性培养。特色班实行“双导师”制，为每位学生配备一位中学物理特级或高级教师和一位本系导师，进行双向指导。[②]特色班注重实践取向，教育见习时间为两年，从教学实际需求入手，教学指导结合案例分析。雄厚的师资力量、丰富的教育实践经验和师范生的自觉主动参与等要素构成了首都师范大学富有特色的师范生培养模式。

北京联合大学师范学院人才培养方案具有以下几个特点：一是人才培养目标的针对性强。师范专业人才培养目标与职场所需的知识和技能需求保持一致。二是学科专业课程的类别细化。各师范专业制订的人才培养方案中的课程可细分为通识教育必修课程、通识教育选修课程、学科大类必修课程、学科大类限选课程、专业必修课程、专业限选课程、专业任选课程、集中实践教学环节、创新创业教育选修课程、创新创业实践活动和社会实践等部分。三是设置创新创业类选修课程。各师范专业培养的人才需具备较强的创新创业精神和社会责任感，在具体课程的安排上也专门设置创新创业类选修课程。四是实践教学环节灵活且多样。教学计划中不但设置教育见习与教育实习，还专门安排集中实践教学课程模块，根据各个师范专业的特点、职业专业技能和经验的要求，课程设置灵活且多样。[③]北京联合大学师范学院着力打造创新型教师培养模式，全面提升育人质量。

首都体育学院体育教育专业培养计划旨在满足国家发展和北京市城市发展战略需要。其培养目标定位为：培养德智体美劳全面发展，具备系统、扎实的体育教育基本理论、基本知识和基本技能，具有现代教育、健康理念以及较强的创新精神和实践能力，热爱教育事业，具备良好师德规范的多能一专的中小学体育师资。首都体育学院体育教育专业培养模式的特点体现在以下方面：一是建立专业的核心课程群。其中包括6门学科课程和7门术科课程，并依托优势学科带动相关学科发展，迄今已建成2门国家级精品课程，1门国家级精品视频资源共享课，1门首批国家级一流本科线上课程、1门国家体育总局精品课程、2门北京市级精

① 首都师范大学. 首都师范大学卓越教师培养计划工作概况[EB/OL].（2020-09-23）[2020-09-30]. https://jsjy.cnu.edu.cn/info/1017/1599.htm.

② 张宇，王晶莹. 特色师范教育的三年实践综述——以首都师范大学物理师范特色实验班为例[J]. 首都师范大学学报（自然科学版），2016，37（3）：36-39.

③ 周生芳. 师范院校人才培养新特点分析——以北京联合大学师范学院为例[J]. 高教学刊，2016，（23）：76- 77.

品课程。[①]二是综合育人。将“以产出为导向”“以学生为中心”“以课堂教学为基础”作为育人理念，首都体育学院着力从第二课堂、师德培养、网上教学、名校学分互认、强化实践环节等方面提升综合育人质量。三是创建国家级优秀教学团队。其中包括 1 个国家队身体运动功能训练团队，1 个北京市级优秀教学团队和 2 个北京市级学术创新团队。四是建设教学科研工程。整合全校教育资源，建成若干个新型的学科群、核心课程群，探索组建国内体育教育专业课程联盟，加强科学研究的教学应用和成果转化。五是双创培育。新生入学进行专业“引航教育”，从大学一年级开始着手培养学生的专业意识和职业精神，通过搭建学校、社会和企业平台，培养学生的创新意识，并在教育实习、训练实践、科研实践、大型赛事志愿者服务和社会实践活动中，增强学生教学方法创新和教学组织形式创新的能力。[②]六是培养具有国际视野的体育教育人才。体育教育专业建立了优秀足球教师英才班和冰雪运动项目方向班，为北京市校园足球和冬奥会培养高质量的中小学体育师资。[③]首都体育学院体育教育专业将教育与体育精神融合发展，充分利用优质的实践教学资源，为学生实践能力培养发挥重要作用。

北京市为提高师范生培养质量，在深化教师教育教学改革、创新师范生培养模式、统筹规划师范生教育实践和放眼国际化培养模式等方面做出了积极的探索。以首都师范大学教师教育学院、北京联合大学师范学院、首都体育学院三所院校为代表的市属高校紧随时代发展的步伐，不断创新师范生培养模式，突出各校优势与专业特色，成为职前教师教育的典范。

（二）北京市在职教师教育概况

在职教师教育是教师教育的重要组成部分，不仅关乎教师个人专业发展和教师队伍整体素质，而且对教育质量有着直接而深远的影响。北京市高度重视在职教师教育工作，坚持创新性与科学性的原则，努力推动本市在职教师教育高质量发展。据 2019 年相关数据统计，北京市有普通小学专任教师 6.93 万人，初中专任教师 3.71 万人，普通高中专任教师 2.06 万人，中等职业学校（机构）专任教师 0.6 万人，普通高等学校专任教师 7.2 万人。由于北京市各区在地理环境、人口分布、文化基础、经济发展水平等方面存在差异，因而各区域教师队伍状况不同，在职教师教育方式也存在差异。各区域结合本地实际，积极探索和开创多样

① 首都体育学院 体育教育训练学院. 体育教育专业介绍[EB/OL].（2021-04-20）[2021-05-20]. https://specs.cupes.edu.cn/zyjs/zysz/b2493eff31ce4c70b38b10db5823b9ac.htm.

② 刘建兵，梁令，郑歌德，等. 高等体育院校体育教育专业建设的实践探索：以首都体育学院为例[J]. 首都体育学院学报，2019，31（4）：340-344.

③ 首都体育学院 体育教育训练学院. 体育教育专业介绍[EB/OL].（2021-04-20）[2021-05-20]. https://specs.cupes.edu.cn/zyjs/zysz/b2493eff31ce4c70b38b10db5823b9ac.htm.

化的在职教师教育方式，提升教师教育的有效性与针对性。本节以北京市几个具有代表性的区域以及拥有深厚教师教育资质的北京教育学院为例，对北京市在职教师教育进行概述。

北京市海淀区作为全国知名的教育文化科技大区和智力资源最密集的地区，在发展教育方面有着先天优厚条件，更有着良好的发展基础。海淀区注重创新人事管理机制，在全国首创“区聘校用”模式，建立非编制管理教育人才储备库。整体储备库分为高端人才储备库、一般人才储备库、特岗人才储备库、返聘教师库、临岗教师库等。①2020 年，海淀区教师进修学校推出“领航名师之声”系列微课，由名师利用 5 分钟的时间以线上交流的方式与同行进行交流。海淀区教师队伍建设的特色是：以师德师风建设为统领，把握教师队伍的方向；以加强培训培养为核心，全面提升教师的育人能力。②海淀区创新在职教师教育管理，为在职教师发展创造了良好的生态环境。

西城区教师队伍建设的着力点在于干部教师的培训，以提高干部教师的领导力与责任感。教师培训实行贯通式任职，打破区域的边界，打破学段的边界；与高校联合举办多期西城区中小学校级领导干部研修班；建立国外人才培训基地，选派优秀书记、校长赴英国等地进行培训；区长带头讲好新任教师第一课；开展“我身边的好老师”评选活动；充分利用现代信息技术和网络资源优化教师培训；完善骨干教师队伍的选拔、培养、管理和使用机制。③西城区努力打造教育集团交流平台，建设优质学校共同体。

朝阳区坚持人才强教战略，推进教育强区建设。朝阳区教育人才工作的主要做法包括：一是区委、区政府将教育人才队伍建设纳入全区人才队伍建设的重点，成立教育发展保障领导小组，教育系统成立人才工作领导小组，实行多部门的联动。二是明确目标，进行整体设计，创新人才工作新格局。确定干部教师队伍的四个人才梯队，包括基础人才、骨干人才、专家团队和教育家人才，从而形成朝阳教育系统人才结构阶梯模型。三是依托境内外基地开展高端人才培训，全体教职工接受国际化素养提升培训。四是品牌引领持续发力，推动人才工作新突破。该区开展了名校长工程和名师工程，并启动了“好书记”评选，设立了“好书记工作室”。五是关爱人才、完善相关机制，优化人才发展新环境。④朝阳区设立

① 陈卫亚. 教育现代化背景下的首都基础教育教师队伍建设趋势与策略——首都基础教育人才发展 2018 年研讨会综述[J]. 北京教育学院学报，2019，33（1）：87-92.

② 陈思. 首都基础教育教师队伍建设面临的挑战与创新探索——首都基础教育人才发展 2019 年研讨会综述[J]. 北京教育学院学报，2019，33（6）：89-92.

③ 陈卫亚. 教育现代化背景下的首都基础教育教师队伍建设趋势与策略——首都基础教育人才发展 2018 年研讨会综述[J]. 北京教育学院学报，2019，33（1）：87-92.

④ 陈卫亚. 教育现代化背景下的首都基础教育教师队伍建设趋势与策略——首都基础教育人才发展 2018 年研讨会综述[J]. 北京教育学院学报，2019，33（1）：87-92.

优秀教师专项奖金，为符合条件的优秀人才提供住房，设置朝阳教育“特殊贡献奖”等荣誉称号，构建人才激励保障体制。

丰台区在教师在职教育领域积累的成功经验包括三个方面：一是系统构建用人机制，优化教师队伍的专业结构，包括强化资源的整合利用、实行编制的动态管理、加大购买服务的力度。二是健全教师培养机制，促进教师队伍的专业成长，包括各梯队教师的培养以及区级名师评选等活动的开展。三是搭建校长发展平台，提升干部队伍整体素质[①]，包括推行校长职级制，持续开展办学实践研讨会等。

东城区着重加强“四名工程”建设。该区创建了“名师、名校长、名教研员、名学科”工作室为特征的“四名工程”，发挥特级教师的引领作用，同时聘请北京师范大学教授、首都师范大学教授作为工作室理论导师，为各工作室选拔优秀成员。东城区逐渐形成了教师培养“621”模式，即一个工作室带动 6 名教师，一个市级骨干带动 2 名教师，一个区级骨干带动 1 名教师。

大兴区以问题为导向、以市区校三级联动为策略，立足教师分科培训。大兴区积极引入北京教育学院专题研究项目，与美国常青藤机构合作实施中小学英语教师高端研修项目，与北京外国语大学合作实施英语骨干领航研修项目，实现教师综合语言素养、专项教学技能的提升。[②]另外，大兴区携手京津冀努力实现一体化发展，启动“一十百千万”工程，实现了优质资源共享和教师专业能力与水平的提升。

通州区立足国际视野引领，促进基础教育人才发展。北京市发布《关于促进通州区教师素质提升支持计划（2017—2020 年）》之后，通州区以教师素质提升为主线打造“铸梦人”队伍，出台了一系列与之配套的管理办法，探索出新型的教师培训提升模式。在北京教育学院指导下开展的“协同创新学校计划”，依托北京师范大学未来教育高精尖中心，搭建了教师网络研修平台。[③]此外，通州区还举办了“名师国际化素质提升高端培训”，拓展骨干教师国际视野，推进通州区教育国际化向纵深发展。

房山区教师队伍呈现出两个显著特点：一是教育规模相对较大，教师数量多，层次多，分布散；二是教师专业水平城乡差异大、发展不均衡，导致需求的多元化。基于教师队伍的这两个特点，房山区建立了以推动教师专业发展为主体，以

---

① 陈思. 首都基础教育教师队伍建设面临的挑战与创新探索——首都基础教育人才发展 2019 年研讨会综述[J]. 北京教育学院学报，2019，33（6）：89-92.

② 陈思. 首都基础教育教师队伍建设面临的挑战与创新探索——首都基础教育人才发展 2019 年研讨会综述[J]. 北京教育学院学报，2019，33（6）：89-92.

③ 陈卫亚. 教育现代化背景下的首都基础教育教师队伍建设趋势与策略——首都基础教育人才发展 2018 年研讨会综述[J]. 北京教育学院学报，2019，33（1）：87-92.

骨干教师队伍建设和班主任骨干队伍建设为两翼的教师队伍发展格局。[①]房山区注重构建教师专业发展课程体系，实施区域联合培训，提升培训效果。

北京市各区域围绕新时代教师队伍建设开展工作，在解决具体问题过程中积累了许多成功经验。北京市各区域教师培训基于问题，系统思考，顶层设计，多措并举，稳步推进，探索出多条教师专业能力提升路径，有效地带动了北京市教师整体素质的提高。

北京教育学院作为专业的教师培训学校，承担着北京市中小学教师及管理人员继续教育的使命。学院启动实施北京市中小学名师名校长名园长发展工程、协同创新学校计划、乡村教师素质提升工程、紧缺急需学科干部教师研修项目、启航计划、青蓝计划、卓越计划等一批优质品牌项目，为首都中小学师资水平与教育质量的提高提供了有力支持。[②]基于北京教育学院发展规划和国际化发展战略，北京教育学院与加拿大约克大学亚洲商务管理中心合作成立了中加教师研修中心（简称“中加中心”）。中加中心聘请加拿大专家，协助开展教师培训活动，其中包括讲座培训、工作坊、到校现场指导等多种形式，惠及学员达到千人以上。北京教育学院与加拿大多个地方教育局所属的 10 余所中小学建立了合作交流关系。中加中心主要负责国际化培训资源引进、国际合作与交流、国际化培训课程的实施。北京教育学院突出问题导向和需求导向，在教育人才发展领域努力实现更大的突破。

为全面提升教师队伍整体素质，北京市各区充分发挥优势，开创了具有自身特色的在职教师教育教育工作。北京教育学院为首都中小学教师的在职培养工作做出了重要贡献，为积极推进北京市中小学教师队伍建设发挥了重要作用。北京市在职教师教育机制为我国教师队伍建设实践活动树立了榜样，凸显了北京市教师队伍建设的特有的区域特色。

二、北京市教师教育的特色

北京市教师教育经历百年的发展，经过不断变革与调整，逐渐形成带有北京特色的教师教育。北京市教师队伍学历程度与专业化程度领先全国，师资力量雄厚。北京市拥有高水平的师范院校，不断创新职前教师教育模式，并注重提高职前教师的综合能力。北京教育学院与各地区合力构建新时代在职教师教育机制，以需求为导向，创新教育内容和方式，形成富有张力的在职教育网络，努力打造新时代高素质教师队伍。

---

① 陈思. 首都基础教育教师队伍建设面临的挑战与创新探索——首都基础教育人才发展 2019 年研讨会综述[J]. 北京教育学院学报，2019，33（6）：89-92.

② 北京教育学院. 北京教育学院学院简介[EB/OL]. [2020-06-25]. https://www.bjie.ac.cn/xxgk/xyjj/.

（一）师资队伍建设领先全国，向着高水平教育现代化迈进

北京教育经过多年的发展改革，教育现代化建设取得了巨大的进步。在教育普及水平、师资队伍发展水平、教育经费投入水平等教育发展主要指标方面，北京市长期处于全国领先地位。同时，北京市教育总体发展水平已达到世界主要发达国家水平。

高质量的师资队伍已经成为北京市教育资源的显著特征之一。北京市各级各类专任教师拥有本科及以上学历的比例比较高，而且高学历比例也在逐年提高，拥有研究生学历的专任教师比例和教师队伍的整体学历水平领先全国，已经达到发达国家的水平。截至 2018 年，幼儿园专任教师的本科毕业比例为 43.81%，研究生毕业比例为 1.08%；小学专任教师的本科毕业比例为 84.83%，研究生毕业比例为 8.12%；初中专任教师本科毕业比例为 79.33%，研究生毕业比例为 19.86%；普通高中专任教师本科毕业比例为 69.74%，研究生毕业比例为 30.14%；中等职业学校专任教师本科毕业比例为 81.54%，研究生毕业比例为 15.89%；普通高校专任教师本科毕业比例为 12.97%，研究生毕业比例为 86.57%，其中博士毕业比例为 63.9%。①同时，北京市各级各类教育师资队伍拥有高级职称的比例也处于全国领先地位。截至 2018 年，幼儿园专任教师的高级职称比例为 1%，小学专任教师的高级职称比例为 6.24%，初中专任教师的高级职称比例为 26.75%，普通高中专任教师的高级职称比例为 39.93%，中等职业学校专任教师的高级职称比例为 32.26%，普通高校专任教师的高级职称比例为 63.24%。②整体来看，北京市各级各类教育师资队伍拥有十分雄厚的基础和非常高的整体素质，处于全国领先水平，正在向着高水平教育现代化迈进。

（二）创新教师教育培养方案，深化教师培养模式改革

北京市教师教育模式注重创新能力培养，培育适应未来需求的创新型人才。各高校师范专业不断改进教学方法与手段，推进小班化教学改革，以提高课堂教学效率。北京市师范类专业人才培养方案突出实践育人导向，积极鼓励师范生参加教育实践活动，统筹规划教育实践课程，利用多种形式提升师范生的教育教学能力、教学研究能力与实践创新能力。北京市建立高等院校与区政府、中小学（幼儿园、中等职业学校）联合培养师范生的新机制，拓展师范生教育实践基地。师范生教育实践采用“双导师制”。北京市的师范院校与综合大学、科研院所、行

---

① 桑锦龙. 高水平教育现代化视野中的北京市教师队伍建设[J]. 教师发展研究，2020，4（1）：61-67.

② 桑锦龙. 高水平教育现代化视野中的北京市教师队伍建设[J]. 教师发展研究，2020，4（1）：61-67.

业企业、区政府深度合作，共同建立师范生培养协同创新中心。[①]各师范院校积极构建师范生国际化培养平台，形成具有北京特色、辐射区域、影响全国的师范生国际化培养模式，培养更多具有国际视野的、专业化的优秀教师。

首都师范大学构建了卓越教师 PRIDE 发展模型，以先进理论构建教师教育培养模式，满足教学实际需要，突出师范生个性发展，形成了独特的学科风格。北京联合大学师范学院有针对性地培养师范人才，细化学科专业课程，开设创新创业类课程，设置灵活多样的实践教学环节。首都体育学院为国家培养人才储备力量，对体育教育专业课程体系进行科学设计，多元化综合育人，开展名师教学，打造教学科研工程，培育创新创业人才。北京市师范专业以新时代教师素质要求和国家课程标准为导向，不断加大教师培养力度，改革和加强师范教育，创新师范教育培养模式，以提高教师培养质量。

（三）深化教师培训机制改革，稳步推进教师队伍发展

北京市教师教育以体制机制改革为动力，以学校发展与教师成长需求为牵引，坚持需求导向、贴近实践、引领发展和开放协作。教师教育机构着力创新教育内容与方式，努力提高教师教育供给端的质量，完善教师专业发展支持服务平台。北京市教师教育为教师专业成长提供丰富、多元、开放的选择，满足教师个性化发展的要求，健全教师培训机制，以实现《首都中长期人才发展规划纲要（2010—2020 年）》提出的战略目标。[②]北京市构建“市—区—校”三级培训管理体系，形成分工明确、合作联动、相互衔接、研训一体的培训实施体系和管理体系。一方面，该体系分岗位、分学科、分学段、分层次管理，构建相应的培训目标与课程体系；[③]另一方面，该体系全方位、全过程引领教师专业成长，使教师在不同的发展阶段能够有针对性地参加学习培训，促进教师专业持续性发展。

北京教育学院通过启航计划、青蓝计划、卓越计划等，引导三个梯队的教师实现了多维度的发展和跨越；通过协同创新学校计划，深入一线学校，帮助教师解决工作中的实际问题。北京教育学院在培训的实施过程中，注重培训资源向郊区倾斜，同时坚持实践导向，注重培养学员的问题解决能力，并突出问题导向和需求导向。[④]北京教育学院作为北京市教师培训基地，与各区域合作，形成北京

① 北京市教育委员会. 北京市教育委员会、北京市机构编制委员会办公室、北京市人力资源和社会保障局、北京市财政局关于印发加强和改进师范生培养与管理的意见通知[EB/OL].（2016-09-30）[2020-06-06]. http://jw.beijing.gov.cn.

② 李海燕，钟亚妮. 在反思中前行——北京市中小学教师培训的基本经验和发展前景[J]. 北京教育（普教版），2016，（5）：32-33.

③ 佚名. 北京教育学院丰台分院[J]. 北京教育（普教版），2019，（3）：101-102.

④ 陈思. 首都基础教育教师队伍建设面临的挑战与创新探索——首都基础教育人才发展 2019 年研讨会综述[J]. 北京教育学院学报，2019，33（6）：89-92.

市教师培训网络。北京市从人才强教、各方联动、党建引领、立足国际视野等多个方面开展在职教师教育，突出实践与创新，以全面提升教师队伍整体素质。

第二节　上海市教师教育的现状与特色

改革开放以来，上海长期担当着中国教育改革排头兵的角色。上海坚持教育优先发展战略，全面深化教育综合改革，实现了教育先一步、高一层的发展，教育现代化总体水平位居全国前列。上海教育所呈现出的区域教育发展的巨大活力和突出成效是中国教育改革与发展成就的生动例证。[①]上海作为中国的前沿城市，是中国面对世界的窗口。上海市委、市政府2018年1月公布的《上海市城市总体规划（2017—2035年）》中明确了上海城市的性质：长江三角洲世界级城市群的核心城市，国际经济、金融、贸易、航运、科技创新中心和文化大都市。随着上海国际化大都市建设步伐的日益加快，上海教育面临新的机遇，正在发生新的变化。上海教育的国际影响力不断提升，在国际竞争中的地位得到进一步凸显。上海教育发展坚持“六个始终”：始终坚持党对教育事业的全面领导，始终把立德树人作为根本任务，始终不断增强人民群众的教育获得感，始终把教师队伍建设作为基础工作，始终坚持改革创新，始终持续扩大教育对外开放。[②]本节将分析上海职前教师教育、在职教师教育的现状及特色，探索、总结上海优质教师队伍建设的宝贵经验。

一、上海市教师教育的现状

上海教师队伍的整体质量处在全国乃至世界的前端。2015年以来，经济合作与发展组织（OECD）研发实施了教师教学国际调查（TALIS）项目，参加调查的上海初中教师在专业发展、课堂利用效率、引导学生个性化学习等十多项指标在世界上排名第一。虽然上海教育的成功涉及政策、家庭、社会、文化、历史等诸多因素，但是不可否认教育改革为上海教育质量的提升起到了富有成效的关键性作用。[③]上海市结合自身发展定位和国家教育现代化的目标对教师队伍建设进行了理性而清晰的战略规划。

---

① 黄亮. 上海基础教育改革与发展的成功经验——兼论上海一流教师队伍的建设[J]. 现代基础教育研究，2019，35（3）：34-39.

② 中华人民共和国教育部. 上海召开全市教育大会加快建设具有世界影响力的社会主义现代化一流教育[EB/OL].（2019-07-02）[2020-06-10]. http://www.moe.gov. cn /jyb_sjzl/s3165/201907/t20190702_388668.html.

③ Liang X Y，Kidwai H, Zhang M X. How Shanghai Does It: Insights and Lessons from the Highest Ranking Education System in the World [M]. Washington, DC: World Bank, 2016.

（一）上海市职前教师教育概况

上海市的师范专业主要集中于华东师范大学与上海师范大学，但华东师范大学归属于教育部，本节将以上海市市属师范院校——上海师范大学为例，分析上海市教师职前教育模式及特色。上海师范大学作为上海市重点建设高校，是一所以文科见长并具教师教育特色的文、理、工、艺等学科协调发展的大学。2017 年，联合国二类机构——教科文组织教师教育中心落户该校，进一步提升了学校教师教育的全球影响力。为应对学生发展核心素养培育对教师能力素养提出的时代挑战，上海师范大学构建了师范生核心能力素养“SCIL”模型，以重新构建适应未来教育形态和社会发展的教师教育形态。①“SCIL”模型构成要素包括：2S——目标导向的自主学习（goal-oriented self-learning）能力和自主发展能力goal-oriented self-development）；4C——独立思考与批判性思维（critical thinking）能力、创造性地解决问题（creative solution）能力、沟通交流（effective communication）能力以及团队合作（team collaboration）能力；2I——国际素养（international cultivation）、信息素养（information literacy）；1L——领导力素养（leadership）。上海师范大学将师范生核心能力素养“SCIL”模型精准地融入人才培养模式变革诸环节，通过改革一系列师范生培养方式，建立起培养未来卓越教师的特区。这一系列培养方式主要包括 100%面试确保“适教乐教”、由大牌教授担任“世承班”导师、“浸润式”实践教学、实施“本硕贯通”培养计划和海内外联动实习等。

100%面试确保“适教乐教”是指，上海师范大学在试点之初就将师范生定位于优质、高端，新生不仅需要笔试，还需要面试，接受层层考核。面试中对考生的职业志向、行为品德、心理素质、团队精神等各个方面进行考查，避免部分不适合从事教师职业的考生误入师范专业，确保每名师范生都“适教乐教”。

上海师范大学师范生培养不仅在入口严格把关，而且创新培养方式，包括设立“世承班”，为新生配备班导师，并以课程改革强化学生专业能力。学校为师范生量身定制课程体系培养方案，如开设“计算机与现代教育技术应用基础”，代替原来的计算机公共课程。另外，还为理科专业开设“大学语文”，为文科专业开设“文科高等数学”，以完善师范生的基本素养结构。在技能课程板块，设立发声训练技巧、写作、书法、形体训练、英语语音训练、语言表达、礼仪训练等 7 门技能课程，以提高未来教师的综合素质。②上海师范大学还为“世承班”

① 柯勤飞，张益. 基于 SCIL 核心能力素养的教师教育模式改革探索——以上海师范大学为例[J]. 教育发展研究，2017，37（20）：61-67.

② 董少校，建培养未来卓越教师的“特区”——上海师范大学免费师范生培养改革纪实[N]. 中国教育报，2014-05-06（3）.

推出探究式学习特色课程，如“教育名著导读”课，引导师范生从原著中感受教育本质。

上海师范大学对师范生实施“浸润式”实践教学，帮助他们增加对教师职业的认同。大一到大三每个学期有一周教育见习期；大四第一学期为教育实习期，第二学期为教育研习期。教师教育专业实施驻校实习，以班级为单位入驻实践基地中学，担任助教，并参与中学生课外活动指导、组织学生研讨等。

对师范生实施“本硕贯通”的培养计划，做到学科知识和教学能力培养的贯通，既要有扎实的学科基础，又要有较强的教学技能和教学研究能力。学校为每一名师范生配备校内外“双导师”，校内导师原则上具备正高职称，有着丰富的教育教学经验和深厚的基础教育研究积累，校外导师全部是上海基础教育一线正高级教师。师范生“本硕贯通”培养是新时期深化教师教育培养改革、为上海基础教育培养高学历层次优质师资的重要举措之一。

为了有效提升教育硕士生的实践能力，上海师范大学研究生院创建海内外联动实践基地，在提升全日制教育硕士生实践能力方面成效显著。上海师范大学选取了多所上海市实验性示范性中学，建立了高端教育实践基地。①境外实践有利于提高该校师范生的综合素质，境外见习的主要目的是了解当地基础教育制度、课程结构体系、课堂教学方法等；中外教育方法的比较，有利于拓展学生的视野，提高学生的专业创新能力。

为了打造未来的卓越教师队伍，上海师范大学为师范生量身定制搭建平台，创建海内外实践基地，开展深入式实践教学，完美实现教师教育职前职后的一体化，拓宽师范生国际视野，满足上海国际大都市对基础教育的高水平要求。

（二）上海市在职教师教育概况

2019 年，上海全市拥有幼儿园专任教师 4.32 万人、普通小学专任教师 5.95 万人、普通初中专任教师 4.31 万人、普通高中专任教师 1.86 万人、职业高中专任教师 0.28 万人、中等专业学校专任教师 0.47 万人、普通高校专任教师 4.63 万人。②为了提升教师专业发展的成效，上海市建立起“三位一体”的教师专业发展体系，实施了教师职级晋升、教师在职培训和专业发展、教师绩效评价等举措，这三种制度的有效组合与互动塑造了教师专业发展的实践样态，促进了教师发展机制的良性构建。上海市着力打造以服务教育发展战略、立足实践需求、问题解决为主导的新型教师发展系统。

---

① 刘兰英，陈晖，陆祺. 创建海内外联动实践基地 提升全日制教育硕士生实践能力——上海师范大学教育硕士实践基地建设的探索[J]. 学位与研究生教育，2018，（10）：36-41.

② 上海市教育委员会. 2019 年上海市教育工作年报[EB/OL].（2020-04-23）[2020-07-01]. http://edu.sh.gov.cn/xxgk_qtgz_jygznb/20200514/0015-gw_9042020001.html.

2015 年 1 月，上海首次参加经济合作与发展组织开展的教师教学国际调查项目。调查结果显示，上海有 11 个项目，在参与项目的 38 个国家（地区）中居于领先地位：上海教师学历水平高，大学本科及以上的初中教师达 98.5%；上海教师专业准备充分，在学科内容方面准备充分的达 97.9%，在教育教学方法方面准备充分的达 96%。这些数据显著优于教师教学国际调查国际平均水平——93.9% 和 89.7%。优秀人才是基础教育教师队伍的核心，对于教育的发展和创新至关重要。[①]上海教师队伍取得了如此卓越的成绩离不开上海市教师队伍体制与机制的不断创新和完善。

上海注重优秀教师的精致培养，并积极发挥离退休教师的作用。“双名工程”是上海市普教系统名校长名师培养工程，其基地规模较小，每个基地学员一般不超过 15 人；培养期限较长，5 年为一期；重视专业实践能力的深度培养，培训课程中“本学科本体性知识拓展、更新、提升”和“教育教学实践能力”占总学时的比例分别为 33.3%和 17.9%。上海市搭建起优秀教师课堂教学系列展示和学科教学研讨的开放平台——“讲台上的名师”系列活动。该系列活动关注教师的实践智慧，让做好充分准备的教师在公开展示中发现不足，通过辐射自己的实践经验和成果，不断回眸与审视自己的思想和行动，检验行动的科学合理性。另外，上海市教育主管部门发动优秀在职教师与离退休教师参与各级各类培训及对郊区（县）学校的指导，建立市级“优秀教师资源服务信息平台”，把离退休且愿意为郊区（区）教育服务的优秀教师的信息分门别类建库。[②]这些离退休优秀教师到郊区（县）领衔“特聘岗位工作室”，以项目任务的方式培训、带教、指导学科教师；在对口帮扶的市区和郊区之间，建立特聘教师指导团。

上海还鼓励教师团队发展。由志同道合的教师群体以研究的方式共同解决教育教学实际问题。团队成员围绕教学问题驱动研究，分享各自的教学际遇和思考，完成对教学知识有意义的理解，提升教师的专业能力，实现实践共同体的真正意义。

上海教育的城乡问题复杂，区域之间、学校之间的教师水平仍然存在差异，尤其是市区与郊区之间的教师差异以及城镇学校与乡村学校的差异比较突出。上海市基础教育教师队伍建设不仅追求优质，而且重视优质的均衡。在存在差异的前提下，上海既追求均衡，又要确保已经处于较高师资水平的学校持续发展。上海各县（区）教育局结合区域实际制定创建规划，积极推进本县（区）专业学校建设。其中，上海市农村优秀青年教师专题研修班是由青浦区教师进修学院承担具体的培训任务，培训以行动教育为主旨，帮助学员积累实践经验，缩小城乡教

① 王洁．世界一流的教师队伍如何打造？[J]．人民教育，2016，（8）：52-54.

② 王洁．世界一流的教师队伍如何打造？[J]．人民教育，2016，（8）：52-54.

师在教育教学实践上的水平差异。此外，上海市教委设计了针对农村教师队伍的全方位专项培训，从职初、5—10 年教龄的经验教师到校长及教师培训者，关注不同层面教师的需要，为他们的成长量身定制培训课程①，从整体上提升周边县区教师队伍的专业水平。

近十年来，上海市教师队伍建设已从规模发展转换为内涵发展，以学生发展为本，以提高课堂实践能力为重，形成了方式丰富、内容创新、途径多元的良好发展局面。上海市构建了精细化的教师培训体系，以满足教师专业发展需求为导向，以提升教师专业发展水平为特征。在职教师教育由市级规划指导、区统筹落实、学校主体实施，构建面向全社会开放的教师培训体系。上海市教师培训具备丰富的线上线下优质资源，依托高校、科研机构、区教师进修院校等，组成教师教育资源联盟。②上海市围绕提升在职教师专业水平这一核心，发展研究团队，突出需求导向，努力打造高素质创新型教师队伍。

二、上海市教师教育的特色

上海市作为全国教育综合改革试点，在中央先行政策的支持下，聚焦立德树人，打造高素质专业化创新型上海教师队伍。上海已基本建立了比较完备的教师培养培训体系、畅通的教师职业发展通道、健全的师德师风建设机制以及丰富多元的专业发展模式，教师队伍整体水平和综合实力稳步提升。上海市把培养优质教师作为提高教育质量的重要内容，这是上海教育成功的重要因素。经过多年来的不断探索和改革，上海教师教育已培养和培训了世界一流的师资队伍。

（一）打造世界一流教师队伍，多渠道培养造就高端人才

上海教师队伍建设的目标是培养世界一流的师资队伍。到 2035 年，教师专业水平、信息素养、国际视野、创新能力和综合素质将达到国际一流水平，实现教师队伍治理体系和治理能力现代化。上海市教师队伍建设通过创新机制，建立系统、科学、完备的教师专业发展体系，打造高水平教师队伍。教师队伍建设主动回应未来城市功能、教育改革、人口结构和信息技术等内外部形势变化带来的新需求，紧跟时代发展潮流，走在社会变革前端。在持续加强教师队伍建设的背景下，上海市的教师队伍规模稳步增长，结构更加优化，教师队伍整体水平和综合实力不断提升。

为了打造专业而卓越的教师队伍，上海教师教育的主要思路为：面向全体、高端引领、区域均衡、关注新教师。上海市教委通过实施人才高峰计划扩大全国

① 王洁. 世界一流的教师队伍如何打造? [J]. 人民教育，2016，（8）：52-54.

② 王洁. 世界一流的教师队伍如何打造? [J]. 人民教育，2016，（8）：52-54.

影响力的同时，不忘加强教师梯队建设，鼓励全国优秀应届高校毕业生来沪从教，关注“种子”教师的培育，助力青年教师成才，做好教育人才储备，形成人才高地。上海市落实人才计划，深化上海高校特聘教授（东方学者）、青年东方学者岗位计划，培养引进具有国际影响力的学科领军人才。上海实施基础教育领军人才培养计划，推进名师名校长后备人员培养工程、中青年骨干教师团队发展计划、“讲台上的名师”、特级教师培养、高峰计划、攻关计划、种子计划等人才培养计划，助推“强校工程”学校教师专业发展，扩大优质师资辐射示范作用。

（二）立足海派文化，放眼国际视野改革教师教育

文化是涵养教育变革的内生力量。上海市在历史发展中处于融汇东西方、本地与外埠文化的前沿阵地。上海被贯通传统和现代的趋时求新、兼容并包的海派文化浸润，使之成为中国都市文化的先行者。①上海城市精神是海纳百川、追求卓越、开明睿智、大气谦和。改革开放以来，上海教师教育系统围绕质量、均衡、创新等改革主题从实践层面对海派文化进行了诠释。在海派文化的影响下，上海教师教育具有很强的包容性，积极吸收海内外先进的教师教育理念，探索出适合上海本土的教师教育发展模式。

上海教师教育着眼于国际视野，致力于培养走在世界前端的卓越教师和未来教育家，深入推进教师教育引进来与走出去战略。其中引进来战略的措施为：参加经济合作与发展组织开展的教师教学国际调查项目；加大高水平外籍教师引进力度，引进世界名校师资，实施上海市“海外名师项目”；加强与联合国教科文组织的合作，建立专门机构推进教师教育的国际合作与交流。走出去战略的措施为：上海教师教育机构与海外各级各类学校建立广泛联系，开展多种形式的人文交流，扩大教师互访；支持教师出国（境）访学进修交流，支持教师赴海外攻读学位和访学进修；实施“上海高校国际水平师资培养计划”，在海外建立上海教师培训基地，探索提升上海高校教师国际化水平的新模式和新方法，进一步推进上海高校内涵建设。

（三）创新教师教育途径，挖掘教师专业发展能力

上海市职前教师培养以上海师范大学为主体。上海师范大学基于师范生核心能力素养“SCIL”模型，创新发展教师教育途径，注重实践导向，培养“适教乐教”的未来教师，形成了师范生培养的新特色。其师范生培养特色包括四个方面。一是严格选拔人才，为专业化教师队伍奠定基础。二是开创特色课程，强化学生

① 黄亮. 上海基础教育改革与发展的成功经验——兼论上海一流教师队伍的建设[J]. 现代基础教育研究，2019，35（3）：34-39.

专业能力。三是构建“浸润式”实践教学模式，开拓师范生视野。四是实施小班制培养与校内外“双导师”制。上海市师范院校着力探索与时俱进的教师培养新途径、新方法，努力探索符合上海实际需求的发展道路，力争培养未来卓越教师。

上海市积极探索构建教师在职培训有效机制，通过教师培训提升教师专业能力，以促进学生成长。上海搭建适合时代发展的专业培训平台，重构教师培训与发展体系，旨在关注教师专业发展，将教师专业发展放在上海教育改革的核心位置，同时还关注教师的个性化教学行为。上海已确立200多所教师专业发展学校，这些学校根据教师发展需要来设计教师培训目标和任务，开设厚基础、宽口径、多样化的教师教育课程，帮助教师形成一种教育、教学、研究、学习合一的专业生活方式。上海市将教师培训从学校强制安排和分配转变为教师分层、分类、分科、分年龄组培养，从“被动盲目学习”转变为“主动系统学习”，以推进教师专业化发展。上海市的各个地区发展差距较大，但上海十分重视师资力量的均衡发展，注重扶持农村教师队伍。另外，上海市创意性地发挥离退休教师的力量，建立特聘教师指导团。上海教师信息技术培训不仅指导教师学会使用慕课、微课、翻转课堂、直播课堂等信息技术平台，更注重培养教师的创新能力，使教师从信息技术的使用者转化为数据技术的合作者和开发者。①教师教育研究者全方位、多角度、有实效地解决教师专业化过程中存在的问题，以提升教师的专业能力；建立学校间合作交流的教学实验区，以区域划分、学科优势、文化增进等为目标，激发教师潜能，全面促进教师发展。

高效的教师专业发展体系、以学生为本的教师实践理念、教师实践范式的改革、师资资源的均衡配置以及教师教育终身化理念是上海成功实现教师教育内涵式发展的有效途径，也是上海教师教学国际调查项目取得优异成绩的决定性因素。上海中小学教师教育改革在突破传统教师教育观念、培养教师专业能力等方面形成了可模仿、可复制、可持续的教育经验。

第三节　江苏省教师教育的现状与特色

一、江苏省教师教育的现状

江苏省历来崇文重教、文教昌明。1863年后，洋务学堂在江苏次第开办，如张骞创办的通州师范学校等，江苏传统教育改革之路由此开启。实业家、教育家张謇创办的私立通州师范学校，在全国首开近代私立师范教育之先河，②优先发展师范教育成为这一时期江苏兴学的突出主题。江苏作为我国师范教育的发祥地

① 杨庆媛. 教师专业发展路径的上海经验[J]. 长春师范大学学报，2019，38（5）：130-133.

② 刘齐. 江苏教育发展70年[J]. 江苏教育，2019，（74）：8-15.

之一，经历了数百年发展历程。传承百年文化，江苏教师教育始终以支撑与引领基础教育发展为己任，在改革探索中谋求新发展，为建设"强富美高"新江苏奠定了基础。

（一）江苏省职前教师教育概况

江苏省多所院校拥有师范专业，如南京大学、南京师范大学、江苏大学、江苏师范大学、江苏第二师范学院、南京晓庄学院、淮阴师范学院、南京师范大学泰州学院、盐城师范学院、南通大学、扬州大学、江苏理工学院等。该省师范专业队伍规模宏大，各个高校又具有不同的特点。下面将以南京师范大学教师教育学院、江苏第二师范学院、南京晓庄学院为例阐述江苏省教师教育的发展观念及模式。

南京师范大学作为中国师范教育的重要发祥地之一，其教师教育已经形成了鲜明特色。为回应时代对教师教育发展提出的新要求，南京师范大学于2005年新建专门的教师教育学院。教师教育学院以培养未来教育家为目标，融教学、科研、管理、服务于一体，构建新型"大学+师范"的教师教育体制和运行机制。[①]汉语言文学（师范）、英语（师范）等数十个教师教育方向的师范生由教师教育学院招生和管理，教师教育学院和相关专业学院实行"共同培养，双向强化"的人才培养机制。教师教育学院的师范生的专业素养培养贯穿四年学习全程，学科专业课程与学习活动的开展，与同专业或相近专业非师范生同规格进行，确保师范生学科专业素养与教师专业素养双向强化，同步高水平发展。此外，南京师范大学还在江苏省内优质中小学校聘请了以特级教师、教授级高级教师为主体的一线教师为校外兼职教师，组建了稳定的实践教师队伍。为切实提高教师教育专业人才培养质量和教师专业化水平，南京师范大学在汉语言文学、数学与应用数学、英语等专业的本科师范生中选拔具有卓越教师和未来教育家潜质的学生进入"3+1+2"和"3.5+0.5+2"人才培养模式改革项目。[②]进入该项目的学生，除通过3年的课程学习和教育实践，通过研究生学位论文答辩、获得教育硕士专业学位外，还须通过"南京师范大学卓越中学教师评价中心"的档案袋评价、现场评价及综合实践创新评价等三级评价体系的考核，考核合格后授予"南京师范大学卓越中学教师项目结业合格证书"。[③]这样一个培养模式的改革能吸引和保障真正"适教乐教"的优秀学生接受高质量的教师教育，在师德培育、知识习得和能力锻

① 南京师范大学. 教师教育学院简介[EB/OL]. [2020-07-05]. http://jsjyxy.njnu.edu.cn/xygk/xyjj.htm.

② 王玲玲. 时代呼唤"未来教育家"——访南京师范大学教师教育学院院长杨作东[J]. 教育家，2016，(45)：54-56.

③ 王玲玲. 时代呼唤"未来教育家"——访南京师范大学教师教育学院院长杨作东[J]. 教育家，2016，(45)：54-56.

造等方面培养其成长为未来教育家的所必备的优良品质。

江苏第二师范学院实施的卓越乡村教师培养计划入选“江苏省高等教育综合改革试点”项目。江苏第二师范学院与优质实践基地相结合建立“乡村教育工作站”，强化共建与管理，保证学生有效地开展分段式见习、实习和研习活动。在分阶段下基层见习、实习的过程中，定期组织实践教学改革与发展论坛和乡村教师培养工作研讨会以及开展乡村学校调研活动等，围绕“推动实习基地建设，提高实践教学质量”的主题展开研讨交流。江苏第二师范学院采取引进来和走出去战略培养学生。其中，引进来——邀请各地教育局分管领导和一线教师来学校开展卓越乡村教师培养工作研讨会；走出去——到学生学籍所在地，即学生未来就业地的教育局和中小学（幼儿园）开展调研工作。[①] 引进来走出去战略通过双向互动了解当前乡村教师队伍建设中存在的主要矛盾和需要解决的突出问题，听取用人单位对学校人才培养规格、模式、方案等方面的要求和建议，实质性地推进多方协同改革师范生培养模式。此外，该培养计划持续为师范生的职前和在职培养提供智力支持与专业发展指导，在“教学探究—教学实践—教学反思”三段式卓越乡村教师培养全程始终贯彻“双导师”制，实施全程跟踪，开展过程性评价与考核。[②]江苏第二师范学院在长期实践中努力建构教育情怀浓厚、学科基础扎实、实践取向鲜明的卓越乡村教师培养体系，为江苏卓越乡村教师队伍储备力量。

南京晓庄学院建于 1927 年，始于由陶行知先生创办并担任校长的晓庄试验乡村师范学校。南京晓庄学院本着“职前培养与职后培训一体化”的教师培养思路，整合全校教师教育师资队伍和教学资源，专门成立了教师教育学院。南京晓庄学院依据陶行知先生的生活教育理念，提出“广义的教师教育课程观”，又称“大课程与大教学观”，即将教师教育的人才培养活动予以课程化的解释、建构与规范，以建立起学科知识课程与实践活动课程、教育科学世界与教育生活世界有机融合的课程结构与内容体系。[③]该课程体系包括学科知识课程、教育技能课程、教育实践课程、跟师学习课程、教育研究课程、名著导读课程、专业社团课程、就业学习课程等，打破了原有课程内容滞后、空间狭窄、形式单一的局限。南京晓庄学院通过举办校长（园长）论坛、遴选建立教育实践基地、聘请优秀中小学幼儿园教师上课和大学教师到中小学幼儿园挂职工作等方式，主动了解基础教育，

① 王仁雷，宋雅，潘文，等. 卓越乡村教师培养体系的建构与实践——以江苏第二师范学院培养模式为例[J]. 江苏第二师范学院学报，2019，35（3）：1-4，124.

② 王仁雷，宋雅，潘文，等. 卓越乡村教师培养体系的建构与实践——以江苏第二师范学院培养模式为例[J]. 江苏第二师范学院学报，2019，35（3）：1-4，124.

③ 李洪天，张相学. 教师教育课程改革的理念、制度与经验——以南京晓庄学院为例[J]. 生活教育，2013，（10）：88-91.

研究基础教育，将高等教育与基础教育密切联系。[①]南京晓庄学院践行陶行知教育思想，目前已经形成了系统的教师教育课程理念、制度与经验。

新时代教育的发展，要求教师要有更高的站位、更丰厚的学识、更广阔的视野。江苏省全面实施卓越教师培养计划，将教学改革作为提高新时代师范教育的重要任务。各师范院校通过提升专业办学效能，形塑和夯实教师教育内部质量保障体系来提升教师教育质量水平。

（二）江苏省在职教师教育概况

2019 年，江苏省小学专任教师 33.21 万人，初中专任教师 20.1 万人，普通高中专任教师 9.93 万人，普通高等学校专任教师 12.06 万人。[②]近年来，江苏省将教师培训工作放在教育现代化的重要战略地位，举办多次相关会议对教师教育改革发展工作进行了战略部署。江苏省全面实行五年一周期的中小学教师和校长全员培训制度，建设县级教师发展中心，省级培训规模年均达 12 万人次。江苏省通过实施“青蓝工程”“333 工程”“江苏人民教育家培养工程”“江苏特聘教授计划”，探索高校与企业人才培养合作模式。江苏省通过选聘科技企业家到高校担任兼职教授，构建农村教师补充新机制，实施“万名大学毕业生支援农村教育工程”等措施吸引优秀人才到农村任教。

在江苏省政府的大力支持下，2003 年江苏在全国率先启动实施教师海外培训计划，已累计选送培训教师和管理者数万名，取得了显著成效。从探索招标到创建海外基地再到稳定发展，江苏教师教育经历了长期的发展历程。江苏省在英国、澳大利亚、加拿大、美国等国家建立了多个教师海外培训基地，大力开展教师海外学习培训工作，每年选派数千名在职教师出国进修。江苏省的海外教师培训工作在多年的探索实践中，从创建海外基地到稳定发展，不断提升教师海外培训的质量，不断拓展在职教师的视野。在多年的探索实践中，江苏省坚持政策支持、经费保障、注重均衡、分类培训、质量为先、树立标杆辐射带动，不断提升教师海外培训的质量。

江苏师范大学承担的教师培训工作立足苏北，放眼全国，广交盟友，扩大合作。江苏师范大学构建出一套科学规范、行之有效的卓越教师培养模式——区域定制的 3I3P 跟进式培养模式。区域定制 3I3P 跟进模式包含六个要素，一是 investigation，即深度调研，共商发展规划。通过学校走访、课堂观摩、个别访谈对学生知识能力和发展目标进行调查咨询，指导其以开题形式申报发展规划，厘清不同诉求，协商优化发展目标，指明发展路径。二是 inquiry，即课堂问诊，凝

① 李洪天，张相学. 教师教育课程改革的理念、制度与经验——以南京晓庄学院为例[J]. 生活教育，2013，（10）：88-91.

② 国家统计局. 北京市教育指标[EB/OL]. [2020-06-20]. http://www.stats.gov.cn.

练教学主张。专家团队定期走进学员课堂，通过观课诊问、问题叩问、复盘追问、启发反问，引导学员进行反思总结，通过理论输送提升其价值理念，丰富其思想，通过方法注入提炼其教学主张。三是 interaction，即平台搭建，在线社区互动。指导教师帮助学员分学科组建学习共同体，借助网络平台构建网络社区，实现线上线下一体化互动交流。培训团队阶段性地为学员推送名师优课、名家讲座、名篇名作等系列化的培训资源包，不断完善培训课程。四是 precision，即师徒结对，对学生实施精准指导。培训团队为每名学生都引介一名教学名师，学员拜师学艺。团队帮助师徒建立“虚拟名师工作室”，名师精准指导，手把手传授技艺，双方互动交流，实现合作共赢。五是 project，即项目助力，以教研学促发展。培训团队会同项目市教育局为学员设立专项课题，鼓励学员学习理论，阅读文献，申报课题，学习调查研究，开展行动研究，探索实验研究，从而走上一条教研一体、研学并进、创新发展的宽阔的发展道路。六是 perfection，即“四高”引领，知识能力共育卓越。采取“四高”策略培育卓越教师——高水平专家引领，直面当下教育发展形势；高境界名校访学，借鉴他山之石；高层次读书交流，思想分享，共同提高；高水平课堂教学研讨，促进专业发展。[①]目前，区域定制 3I3P 跟进模式与多地教育部门形成了良好的战略合作关系。

近年来，江苏教育涌现出了许多具有借鉴和推广意义的新技术与新应用，如江苏省教育信息化公共服务平台及智慧教育建设、泰州的“泰微课”、常州数字化学习平台、淮安的“十大教学模式”数字化工程、徐州的智能巡课系统等。江苏省创建的信息技术教育教学应用新模式，在创建强交互、深体验、智能化的智慧教育环境方面进行了前沿性探索，为教育资源的统建共享提供了宝贵经验。

立足新方位，站在新起点，江苏省聚焦一线，打造教师培训高质量品牌，注重管理，推动教师管理体制改革提升，为一线教师专业成长指引方向。此外，江苏省还积极指导各地精准把握教师队伍建设的时代脉搏和改革方向、推动各地教师队伍建设改革行稳致远，保持特色发展。

二、江苏省教师教育特色

江苏坚持应用驱动原则，把社会需要放在首位，以创新教师教育模式、提升教师教育管理和教育服务水平为基本路径，在应用中体现核心理念，在应用中探索创新模式。江苏省构建了“三位一体”协同育人模式，基本形成了教师教育新体系。江苏省的师范院校数量多、规模大、文化底蕴深厚，教师教育模式呈现多元化发展趋势。江苏省自全面开展卓越教师培养计划以来，多方协调合作，积极

① 江苏师范大学. 基于区域定制 3I3P 跟进卓越教师培养[EB/OL]. （2020-08-21）[2020-08-27]. http://edu.jsnu.edu.cn.

构建共享共创的教师教育机制。

（一）三位一体协同育人，教师教育新体系基本形成

江苏省构建教师教育一体化模式，校地协同合作。江苏省建立以教育行政部门为主导、师范生培养院校为主体、教师发展机构为纽带、中小学幼儿园为基地的教师教育协作机制。各地区教育行政部门主要负责教师教育工作的统筹规划，参与师范生培养工作，保障在职教师培训的有效开展。师范生培养院校主要承担师范生培养工作，积极参与在职教师研训和基础教育教学改革。教师发展机构负责区域内教师研训工作的组织实施和指导服务，配合教育行政部门安排好师范生教育实习工作。教师发展示范基地校引领和指导片内学校校本研训工作，为师范生教育实践、在职教师跟岗研训提供条件和指导。①教师职后培训目标主要是满足教师专业持续发展与终身学习的要求，重点关注教师的教育教学组织、反思、科研、课程开发与资源整合利用能力、课程改革和教学方法创新能力。江苏省成立“三方协同”卓越教师培养工程是教师教育一体化模式的优秀案例，江苏师范大学与泰州市教育局及所辖中小学合作签署《共建教师教育协同创新联盟协议书》《泰州市中小学卓越教师培养工程协议书》，探索多元化、有针对性的人才培养模式。该模式具有鲜明的特色：菜单定制——深度调研，厘清学员诉求，共商发展目标，量身定制培训方案；精准互动——互动型拟定发展规划，促成师徒结对，互动型凝结教学主张。②该项目的实施形成了融培养、培训、研究和服务于一体的教师教育工作新模式。三方协作机制，形成了充分发挥各自优势的协同创新联盟，实现了 1+1+1>3 的效果，使基础优秀师资的培养形成合力，对提升师资队伍水平具有一定的借鉴意义。

（二）师范院校底蕴深厚，卓越教师培养计划全面展开

作为教师队伍的工作母机，江苏省各师范院校依据卓越教师培养要求与自身办学理念逐渐形成了独特的卓越教师培养模式，努力营造出有利于教师成长的校园环境。江苏省众多高校拥有师范专业，部分院校历史悠久，积淀深厚，文化浓郁，教师教育特色鲜明。南京师范大学率先进行师范生培养体制改革——成立教师教育学院，释放教师教育发展活力。南京师范大学教师教育学院以培养未来教育家为目标，培养目标是满足国家和民众对教育的期待，培养具有世界眼光的卓

① 教育部. 省教育厅 省发改委 省财政厅 省人社厅 省编办关于印发江苏省教师教育创新行动计划（2018—2022 年）的通知[EB/OL].（2018-04-08）[2020-05-25]. http://www.moe.gov.cn/s78/A10/moe_1801/ztzl_jsjy zx/ssjz/gdbf/201804/t20180420_333763.html.

② 江苏师范大学. 基于区域定制 3I3P 跟进卓越教师培养[EB/OL].（2020-08-21）[2020-08-27]. http://edu.jsnu.edu.cn.

越教师。为回应时代对优质师资的需求，南京师范大学教师教育学院以远大的教育理想和独到的教育思想为指引，以广博的知识为经纬，以深厚的教育为本源，以卓越的实践能力为动力，以丰满和谐的人性为基石，构筑“信、真、善、能、美”的未来教育家核心素养培养体系，促进未来教育家成长。①南京晓庄学院前身是伟大的人民教育家陶行知先生于1927年3月创办的晓庄试验乡村师范,其为我国乡村师范教育的发祥地。南京晓庄学院传承弘扬陶行知教育思想,形成了“教学做合一”的校训和“教人求真，学做真人”的校风，培育出“大爱、奉献、担当”的晓庄精神，为社会培养输送了10余万名基础教育师资和各类专门人才，涌现出数百名中小学特级教师、教学名师和教育管理者。②该校推进基于OBE成果导向教育理念的教学模式改革；建立产教融合、国际合作、U-G-S（高校–政府–中小学幼儿园）一体化协同育人机制，坚持深度融合战略，主动对接地方需求，积极打造服务社会良好形象。南京晓庄学院首创顶岗实习、置换研修模式为乡村教师的职后教育和师范生缺少实践基地开辟了一条新路径；探索“乡村教师定向培养”路径致力于为基础教育相对薄弱的地区培养高素质本土教师。

江苏省全面开展卓越教师培养计划2.0,已成立多个国家级和省级“卓越教师培养计划改革项目”，江苏省教育厅要求各学校要以此为契机，找差距、补短板、寻突破、促发展，切实改变和扭转师范教育、师范院校、师范专业、师范学生、师范教师弱化的局面。卓越教师的培养，是推动教育事业科学发展、全面实施素质教育、构建高素质专业化教师队伍的迫切需要。江苏省通过改革教师教育招生选拔、专业教学、实习实践以及质量评估等培养环节，以全面提升教师的师德水平和业务能力，打造卓越教师培养系统工程。

（三）合理利用多方资源，提升教师培训效能

2012年，江苏省在全国率先启动了县级教师发展机构建设。到2020年初，省、市、县三级教师发展机构已经初步建成。江苏的教师发展机构建设坚持效能原则，自下而上、分级推进、逐步完善。省、市、县三级教师发展机构分工明确，系统规划，促进了其整体发展。县级教师发展机构 “以评促建、以训赋能、以研深化”，市级教师发展机构“自主定位、创新实践、《标准》推进”，省级教师发展机构“优选人员、扩大职能、专业引领”。江苏省加强地方教师发展机构建设，明确其主要职能，并将之分为教师发展规划研究、教师发展政策研究、教师教育课程建设、骨干教师培养、教师教育协调管理等五个方面；加强教师发展机构内涵建设，主要体现为制定发展性建设标准，设计引领教师发展的培养项目，

① 王玲玲. 时代呼唤“未来教育家”——访南京师范大学教师教育学院院长杨作东[J]. 教育家，2016，（45）：54-56.

② 南京晓庄学院. 学校简介[EB/OL].（2020-07-30）[2020-08-25]. http://www.njxzc.edu.cn/4/list. htm.

开展示范性教师培训活动，开展教师发展问题研究。[①]为促进信息技术与教育主流业务的深度融合，江苏全面启动智慧江苏建设工作，建立教育智库，通过构建互联网环境下的智慧教育新业态,促进教育利益相关者的智慧养成和可持续发展，实现物联网、云计算、大数据等新一代互联网技术与教育教学的深度融合，促进全省教育的流程重组、结构重构、文化重建以及品质的全面提升。

江苏师范大学推出的区域定制的3I3P跟进式培养模式，方式新，反响好。该模式采取的措施创新、务实。其一，采用跟踪指导方式，包括人员跟踪、课堂跟踪、课题跟踪、思想跟踪、效能跟踪。其二，利用信息化助力资源共享，包括搭建信息化网络平台、打造“泰微课”、信息化追踪学员发展、信息化塑成“泰州师说”。

江苏省建立了多个教师海外培训基地，大力开展教师海外学习培训工作。江苏教师海外培训计划，旨在深化教育领域综合改革，通过海外培训、跨境合作、跨文化交流等方式，建设一支具有国际视野、先进教育理念和较大教育影响力的高水平、高素质师资队伍，引领教育事业科学、优质、均衡发展，加快江苏教育现代化进程。江苏省教师发展机制建设立足于江苏省情，一定程度上为新时代教师发展机制建设提供了认识论和方法论上的借鉴。

北京市、上海市和江苏省三省（市）依据国家教师教育总方向，立足于各地现状，发挥政策和制度管理的正向引导作用，创新发展教师教育，提高教师队伍质量。三个省（市）教师教育改革均是基于当地教育需求与存在的问题，推出具体的解决方案，使教师教育改革更具针对性与实效性。三个省（市）的教师教育发展都具有鲜明的特色。首先，三个省（市）的教师教育都形成了多元化的教师培养格局，开启与地方政府和中小学校合作的培养卓越教师的模式，培养适应社会发展需求和教育需求多样化的创新型教师。其次，三省（市）都致力于改变教师教育职前培养与在职培训脱节的状况，推进教师教育一体化建设。实施三位一体培养方案，加强地方政府、大学与中小学的合作，注重教师教育实践，创新教师教育体制。最后，三个省（市）作为教育发展较为先进的地区，都将教师教育视野放眼国际，吸取先进的教师教育培养模式，结合地区发展需求，创建符合新时代要求的、满足当地社会发展需求的、立足国际视野的教师教育发展机制。这三个省（市）在我国教师教育的发展和变革中居于领先地位，已经形成了较为成熟的教师教育模式。我国其他地区在借鉴的过程中可有效避免异质性过大而导致的“水土不服”。因此，河南省可以从北京市、上海市和江苏省的教师教育经验和特色中汲取可行性方案并加以落实，这对于河南教师教育的发展中具有重要的现实意义。

---

① 徐伯钧. 我国地方教师发展机构建设研究——基于江苏省的实践探索[J]. 中国教育学刊，2020，（6）：56-62.

第四编

问题与反思：以河南省教师教育的现状与归因为例

第七章

河南省教师教育的现状

中原崛起，教育为基，教育振兴，教师为本。河南省教师教育作为河南省教育事业的工作母机，是提升河南省教育质量的动力源泉，具有先导性、奠基性的战略地位。教师是发展教育事业的根本，因此我们要优先谋划教师工作。

2019 年，河南全省共有各级各类学校（机构）5.34 万所（约占全国的 1/10），教育人口 2853.55 万人，其中，在校生 2677.10 万人，教职工 176.45 万人（约占全国的 8.22%，其中乡村教职工 42.61 万人），教育人口占总人口的 26.16%。①面对庞大的教育人口和教师队伍，河南省高度重视教师教育工作，不断深化教师教育体制机制改革，创新教师培养和培训模式，着力推进现代教师教育一体化体系建设。河南省在省级层面和各市、县级层面均成立了教师教育专职管理机构来加强教师教育工作。河南省教育厅设立了教师教育处，处室职责主要为拟定河南省教师教育工作的政策及指导性教学文件，统筹河南省师范教育改革与发展，指导中小学教师的培养和培训工作，规划和指导全省教师培养培训基地建设，负责全省公费师范生、特岗教师、中小学教师援疆工作，负责教师资格制度的有关实施工作，积极推进全省中小学教师队伍建设等工作。河南省辖区内各市教育局也对应设立有教师教育处（科）来具体负责本市教师教育相关工作。上述机构的设立切实保障了这些机构对教师教育发展的组织领导。

近年来，河南省教育厅等多个部门出台一系列文件、多次召开相关会议和举办一系列活动，用于支持教师教育发展。2012 年，河南省发布了《关于启动实施教师教育课程改革研究项目的通知》《关于启动实施河南省教师教育改革创新实验区引导发展计划的通知》《关于成立河南省教师教育课程改革工作领导小组的

① 河南省教育厅办公室. 关于印发 2019 年河南省教育事业发展统计公报的通知[EB/OL].（2020-04-13）[2020-05-15]. http://jyt.henan.gov.cn/2020/04-13/1605175.html.

通知》《关于公布河南省中小学幼儿园教师教育专家的通知》等。河南省通过举办教师教育类课程教师及教师教育管理者培训班，开展国家级教师教育精品资源共享课推荐工作等。2013 年，河南省出台了《河南省教师教育改革创新实验区管理办法（试行）》《河南省教师教育课程改革研究项目管理办法（试行）》《河南省教师教育精品资源共享课管理办法（试行）》等，公布第二批教师教育改革创新实验区，召开了河南省教师教育网络联盟计划试点工作会等。2014 年，河南省成立了县级教师培训机构联盟，举办了河南省教育信息化与教师教育高级研修班和第二届海峡两岸四地科学教师教育高峰论坛，开展了首届河南省教师教育教学成果奖评审等系列工作。2014 年 4 月 15 日，河南省发布《关于深化教师教育改革的实施意见》，要求建立“国培”“省培”“市培”“县培”“校培”五级联动机制，构建以全员培训为主要标志的、为基础教育和职业教育服务的教师教育终身学习体系。[①]2016 年河南省出台《河南省小学教育专业全科教师培养方案（试行）》《河南省小学教育专业全科教师教育教学能力培养指导标准（试行）》等，召开年度全省基础教育暨教师教育工作会议，启动河南省教师教育联动发展共同体建设计划等工作。2017 年，河南省出台《关于加强基础教育与教师教育协同创新促进基础教育教学成果培育的指导意见》，公布了首批河南省中小学学科教育教学研究基地名单，采取“双向选择”“专家指导”“动态评估”“交流展评”等措施，建立高校、教科研机构和中小学幼儿园多方参与、协同创新的基础教育教学成果培育机制。[②]2018 年，河南省开展年度河南省教师教育教学成果奖暨推荐基础教育国家级教学成果奖评审工作，举办第十届县级教师培训机构优质课比赛暨 2018 年度优秀教师教育论文评选活动，成立河南省教师教育协同创新联盟，召开全省教师教育联动发展共同体建设计划专项工作推进会等工作。2019 年，河南省出台了《关于全面深化新时代教师队伍建设改革的实施意见》《河南教育现代化 2035》《加快推进河南教育现代化实施方案（2018—2022 年）》等。这些文件和政策明确提出，要加大师范教育支持力度，实施教师教育振兴行动计划，创建一批国家和省级高水平师范教育基地[③]；以国家级教师教育改革试验区建设和卓越教师培养培训模式改革等为抓手，构建具有河南特色的高水平教师教育体系[④]；实施教师待遇提升行动计划，确保中小学教师平均工资收入水平不低于或

① 河南省教育厅，河南省发展和改革委员会，河南省财政厅. 关于深化教师教育改革的实施意见[EB/OL].（2014-04-15）[2020-07-30]. http://jyt.henan.gov.cn/2015/01-04/1602500.html.

② 河南省教育厅. 印发《关于加强基础教育与教师教育协同创新促进基础教育教学成果培育的指导意见》的通知[EB/OL].（2017-03-30）[2020-08-20]. http://jyt. henan.gov.cn/2017/03-30/1603703.html.

③ 中共河南省委，河南省人民政府. 关于全面深化新时代教师队伍建设改革的实施意见[J]. 河南教育（基教版），2019，（6）：7-10.

④ 中共河南省委，河南省人民政府. 河南教育现代化 2035[EB/OL].（2019-12-27）[2020-07-30]. http://fzghc.ayit.edu.cn/info/1035/1120.htm.

高于当地公务员平均工资收入水平[①]。2020 年，河南省公布了首批河南省教师教育实践基地和河南省中小学教师校长研修院建设单位名单，制订了年度教师教育课程改革研究项目计划，举办了第二届中原名师发展论坛暨首届豫哈教育家培育峰会、河南省中小学教师信息技术应用能力提升工程 2.0 省级培训团队研修班、河南省第十二届县级教师培训机构优质课比赛决赛、河南省落实省重点民生实事加快农村教师周转宿舍建设项目推进会等活动。通过这一系列文件、会议和活动，河南省全力营造全省教师教育发展良好环境，有力地保障了河南省教师教育持续向好发展。

在教师教育联动发展方面，河南省实施了教师教育改革创新实验区建设计划，已打造教师教育改革创新课改实验区 20 个，构建起由 20 所高校、16 个省辖市教育局、1200 余所中小学幼儿园和教研室、县级教师培训机构组成的教师培养培训联动机制。[②]河南省还实施了教师教育联动发展共同体建设计划，以东南西北中 5 个片区为单位，建立了 8 个师范院校牵头、18 个省辖市共同参与的联动发展共同体，有效地推动了高等院校、地方教育行政部门、县（市）教师发展中心和中小学幼儿园“四位一体”的教师专业发展支持服务体系建设。

在卓越教师培养方面，河南省启动了卓越中小学教师培养改革试点工作，引发了全省师范院校对“3+1”“4+2”等人才培养模式的实践探索。[③]河南大学的卓越教师班、河南师范大学的未来名师班、洛阳师范学院的大地名师班和商丘师范学院的师范生成长工作坊等都是职前引领职后、职后反哺职前、用一线名师培育未来教师的典型案例，有力地推动了传统师范教育向现代教师教育迈进。

在大、中、小学联盟方面，河南省成立了河南省教师教育协同创新联盟，建立了以省内师范院校为主体，各级教育行政部门和优质中小学幼儿园共同参与，共建共享优质教育资源，构建地方政府、高校和中小学幼儿园联合联动、开放灵活的教师教育新体系。河南省逐步打破了不同隶属关系的教师机构之间相互分离的管理体制，将高校与地方政府、教研机构和中小学等各个机构部门的职能有机统一起来，使其互相协调，发挥整体功能，初步形成了地方教育行政管理部门、地方教研机构、高校和中小学四位一体、职前培养与在职培训相互贯通、城乡均衡发展的一体化联动、共同发展的新格局。

① 中共河南省委，河南省人民政府. 加快推进河南教育现代化实施方案（2019—2022 年）[EB/OL].（2019-12-27）[2020-07-30]. http://ms.zzedu.net.cn/space.jsp?uid=5901&do=thread&id=50494.

② 河南省教育厅. 河南深化新时代教师队伍建设改革，落实立德树人根本任务[EB/OL].（2020-09-04）[2020-10-21]. http://zt.haedu.gov.cn/2020jsj/2020/09/04/1599201916240.html.

③ 河南教育宣传网. 以师资水平的提升推动基础教育高质量发展——河南省“国培计划”十周年概览[EB/OL].（2020-09-22）[2020-10-23]. http://zsc.shuren100.com/Home/News/details/id/3853.html.

第一节　河南省职前教师教育的现状

职前教师教育是教师教育的第一个阶段，重在为基础教育培养师资，是为中小学输送优秀师资人才的第一道关口，其成功与否直接影响着中小学师资的优劣和教育教学质量的好坏。河南省出台了多项职前教师教育相关政策，包括地方公费师范生招生政策和卓越教师培养政策等，逐步扩大师范生招生数量，吸引大量优质师范生生源，不断提高师范生生源质量。河南各县（市）教育部门、承担教师培养任务的高校认真落实各项职前教师教育政策，确保职前教师教育工作扎实推进，稳步提升职前教师培养质量。

一、职前教师教育概况

河南省通过政策引导、课程重构和质量评价等措施在教师教育领域进行综合改革，创新职前教师培养模式，健全高校、地方政府和中小学联合联动培养师范生的协同创新机制；加大师范专业建设支持力度，改革师范专业招生办法；以师范专业认证为抓手，引导高校加强师范类专业建设，创建一批国家和省级高水平师范教育基地，推动师范教育高质量发展。

河南省共有高等院校 152 所，其中师范类院校 21 所，其他非师范类院校 131 所。开设师范类专业的非师范类院校有 43 所。在省内所有设有师范专业的高校中，河南大学、河南师范大学、信阳师范学院、郑州师范学院、洛阳师范学院、安阳师范学院、南阳师范学院和商丘师范学院等院校承担了河南省绝大部分的本、专科普通师范生和地方公费师范生的招生和培养任务。从历年的师范生招生情况来看，河南省各级各类师范生的招生人数逐年增加，招生规模不断扩大，职前教师教育任务越来越重。

2019 年，河南省共有研究生培养机构 27 处，具有博士学位授予权的普通高等学校有 9 所，具有硕士学位授予权的普通高等学校有 19 所；博士学位授权一级学科 87 个，博士专业学位授权点 5 个；硕士学位授权一级学科 334 个，硕士专业学位授权点 223 个。2019 年，全省研究生毕业 16 107 人（其中，博士研究生 335 人），招生 20 962 人（其中，博士研究生 937 人），在学研究生 55 395 人（其中，博士研究生 3271 人）。[①]河南大学拥有教育学博士学位授权点（每年招生约 7 人），河南师范大学拥有教育博士专业学位授权点（2018 年开始招生，每年招生约 13 人）；郑州大学、河南大学、河南师范大学、河南理工大学、信阳师

① 河南省教育厅. 河南省教育厅关于印发 2019 年河南省教育事业发展统计公报的通知[EB/OL].（2020-04-13）. [2020-05-15]. http://jyt.henan.gov.cn/2020/04-13/1658657.html.

范学院、洛阳师范学院和河南科技学院等 7 所高校也拥有教育硕士专业学位授权点。

河南省开设有师范专业的高校充分发挥大学的教师教育优势，着力构建职前教师教育新体系，努力建强做优职前教师教育。

河南大学是一所国家“双一流”建设大学，通过构建教师教育体系、培育教师教育资源、打造教师教育品牌，彰显了教师教育实力。该校教师教育涵盖本科、硕士、博士等层次，有可分为学历教育与非学历教育等层次。该校现有 18 个本科师范专业，15 个教育硕士方向，为基础教育领域输送了大批优质师资。2018 年 9 月，该校成立了教师教育学院，旨在统筹师范类本科生和教育硕士培养，整合力量加强教师教育相关研究，构建出以教师教育学院整体统筹为龙珠，以教育科学学院科研引领为龙头，以各学院师范专业为龙身，以远程与继续教育学院为龙足，校内多个学院协作，校外 U-G-S 联动的发展模式。在师资方面，河南大学建立了包括校内外专家、省内外一线名师在内的优秀教师教育专家库。其中，承担教师教育的教师有 2100 余名，包括国家级和省级教学名师与教师教育专家近 70 名。在课程资源方面，该校获批的国家级教师教育精品资源共享课程和在线开放课程有近 10 门。河南大学正以教育部“本硕一体化卓越中学教师培养计划”为抓手，努力打造卓越教师培养品牌。

河南师范大学是河南省师范院校和师范专业建设的典型代表，该校以 G-U-S 协同模式为载体，促进师范生职业能力的大幅提升。该校以“国培计划”为引领，整体构建国培、省培、市培、县培、校培五级培训体系，拥有五个国家级教师教育培训资质学科，获批教育部——乐高“创新人才培养计划”教师培训基地。该校探索树立教师教育质量观—构建质量标准与评判依据—加强教师教育督导与质量监控—形成持续改进与优化机制的“四位一体”质量保障模式，突出“高端化”教师培养、“集群化”学科建设、“智库化”教育服务和“道义化”师范文化的特色发展模式。

信阳师范学院是河南省重点建设的两所师范大学之一，牵头成立了“豫南教师教育联盟”，构建了师范与非师范教育、本科生教育与研究生教育、职前教育与职后培训协调发展的人才培养体系，拥有国家级教师教育精品资源共享课程，建有河南省基础教育研究中心和河南省研究生教育创新培养基地、全国教育硕士专业学位研究生联合培养示范基地等，拥有 400 余名国家级和省级优秀教师。

商丘师范学院推进专业结构优化整合，打造“教师教育精品工程”，培养地方基础教育急需的“一专多能全科式”学前、小教教师。该校构建“以学习者为中心”的教育生态，围绕学生进行制度设计和教育教学改革。该校瞄准教改方向，推动培养模式改革创新，构建“2110”人才培养模式，即 2 年专业基础教育，1

年校内专业与教师教育，1 年顶岗实习，实现“0”距离就业。[①]该校以推动职前职后贯通为重点，与地方政府签订相关协议，基地共建、资源共享、人才共育，有效地解决了教师教育“校地两张皮”的问题。

为了从源头上吸引优质生源报考师范专业，河南省于 2016 年正式启动了省级地方公费师范生的定向招生培养工作，洛阳市率先启动实施市级免费师范生招生培养政策，被录取的免费师范生可享受“两免一补”（免缴学费、免住宿费和补助生活费）的特殊优惠政策，毕业后不再参加招教考试，直接分配入编入岗，同时享受国家奖学金等其他全日制在校生享受的相关政策。2018 年，免费师范生教育更名为公费师范生教育。这项政策的实施是河南省职前教师教育的一项重大制度变革。河南省地方公费师范生教育政策是加强乡村教师队伍建设、推动乡村教育发展、促进义务教育均衡发展的重要举措。其实施时间虽然不长，但已经成为省内农村教师补充的重要来源和渠道，不仅为乡村学校培养了一批优质师资，而且对实现对乡村教育的精准扶贫、加大乡村教育师资的补充力度起着积极的推动作用。

为大力提升教师职前培养的质量，2015 年河南省启动实施了教育部和河南省卓越教师培养计划。其中，河南大学、河南师范大学、郑州幼儿师范高等专科学校、郑州师范学院和河南科技学院承担了教育部卓越教师培养计划改革项目；河南师范大学、信阳师范学院、洛阳师范学院、安阳师范学院和南阳师范学院承担了河南省中学卓越教师培养计划改革项目；郑州师范学院、周口师范学院、商丘师范学院、平顶山学院和南阳理工学院承担了河南省小学卓越教师培养计划改革项目。安阳师范学院、河南教育学院、许昌学院、焦作师范高等专科学校和安阳幼儿师范高等专科学校承担了河南省幼儿园卓越教师培养计划改革项目。经过几年的持续推进，河南省在分类推进中学、小学、幼儿园、职教、特教教师培养模式改革，建立高校、政府、中小学“三位一体”协同培养师范生新机制，推动以师范生为中心的教育教学改革等方面取得了重要进展，充分发挥了高素质教师培养的示范引领作用。

同时，河南省教育厅于 2019 年成立了普通高等学校师范类专业认证专家委员会，负责河南省高校师范专业认证工作的规划、咨询、指导、审定等工作，就专业认证发展规划、制度建设等提出咨询意见和建议，对拟承担专业认证的教育评估机构进行指导和督查，审定专业认证结论，受理专业认证结论异议的申诉，并对专业认证工作的开展进行指导和检查等。[②]河南省教育厅和各高校十分重视师

① 郝瑞明. 构建联合联动体制机制，推进校地校企融合发展[EB/OL].（2019-05-05）[2020-08-13]. https://www.sqnu.edu.cn/info/1099/3566.htm.

② 河南省教育厅. 关于成立普通高等学校师范类专业认证专家委员会的通知[EB/OL].（2019-03-11）[2020-08-15]. http://jyt.henan.gov.cn/2019/03-11/1658274.html.

范专业认证工作，努力推进师范专业建设，已取得了一定的成效。教育部于2020年7月公布了2020年通过普通高等学校师范类专业认证的专业名单，河南有5个专业通过第二级专业认证，分别是河南大学的学前教育专业、地理科学专业；河南师范大学的物理学专业、体育教育专业；信阳师范学院的数学与应用数学专业。[①]师范类专业认证为河南高校师范专业的建设和发展注入了新的动力与活力，但这方面的工作还处于初始阶段，需要进一步持续加强和推进。

此外，河南省设有师范专业的高校对师范专业的课程建设、教学改革和师范生就业等工作也都予以高度重视。各高校不断优化师范专业的课程设置，增加教师教育类课程和实践类课程的比重；持续推动教育教学模式改革，加强实践教学，注重协同联动培养；加强引导和支持师范生的就业工作，加大对基础教育教师的补充力度，为师范生提供更多就业机会和就业保障。这些方面的工作都有了很大的进展，也取得了不小的成就。河南省是国家和地方“农村义务教育阶段学校教师特设岗位计划”实施规模最大的省份。自2009年实施“特岗计划”以来，中央财政、省财政分别累计投入经费54.1亿元、39.2亿元，招聘15万余名高校毕业生为特岗教师到河南省农村义务教育阶段学校任教，受益范围覆盖全省109个县（市、区）、7000多所农村学校。[②]“十三五”期间，河南省累计招聘7.6万名高校毕业生为特岗教师到全省农村义务教育阶段学校任教，“特岗计划”工作被评为全国乡村教师队伍建设优秀工作案例。河南省地方公费师范生培养计划和农村学校教育硕士师资培养计划，吸引了众多优秀大学毕业生到农村从事教育工作。“十三五”期间，河南省累计培养1.46万名公费师范生，通过“农村学校教育硕士师资培养计划”累计选拔了1000名优秀应届高校毕业生到农村，参加服务农村教育工作，为河南省农村教育注入了新的活力，促进了农村教师队伍建设和农村教育事业的发展。

整体来看，河南省高度重视师范生的招生、培养和就业工作，通过政策引导和改革推动，增强了师范专业的吸引力，师范生生源质量逐步提高，招生规模不断扩大，培养层次和质量稳步提升，就业结构进一步优化，服务教育一体化发展的能力不断增强，为河南省教育事业的改革发展提供了可靠的保障。

二、地方公费师范生招生与培养状况

教育均衡发展就是尽可能缩小区域之间、城乡之间和学校之间的发展差距，使各级各类学校在教育资源配置、办学条件和教育质量等方面都处于一种比较均

① 教育部办公厅. 关于公布2020年通过普通高等学校师范类专业认证的专业名单的通知[EB/OL].（2020-07-29）. [2020-10-19]. http://dxs. moe.gov.cn/zx/a/jj/200729/1571590. shtml.

② 河南省教育厅. 河南深化新时代教师队伍建设改革，落实立德树人根本任务[EB/OL].（2020-09-04）[2020-10-21]. http://zt.haedu.gov.cn/2020jsj/2020/09/04/1599201916240.html.

衡的状态，让所有受教育者在义务教育阶段都能接受本应享受到的社会给予的公平教育。免费师范生政策的出台正是破解城乡教育不均衡问题、吸引更多家庭不够富裕的优秀学子从事教育事业的重要举措。国家在2007年出台了教育部直属师范大学实行师范生免费教育的政策，在北京师范大学、华东师范大学、东北师范大学、华中师范大学、陕西师范大学和西南大学六所部属师范大学实行师范生免费教育。[①]国家通过试点，积累经验，建立制度，为培养造就大批优秀教师和教育家奠定基础。

河南省于2016年发布了《关于做好2016年小学教育（全科教师）专业招生工作的通知》，出台了《河南省定向免费师范生（小学教育专业全科教师）招生政策》，正式启动了省级地方免费师范生的招生工作。河南省免费师范生按照“农村方向、小学定位、供需对接、全科培养、两免一补、定向就业”的工作方针，以培养农村小学全科教师为载体，重点面向农村教学点培养一批“下得去、留得住、教得好”的小学全科教师。[②]2016年全省共招生1000名（本科650名，专科350名），其中，河南师范大学招收本科150名、信阳师范学院招收专科100名，洛阳师范学院招收本科100名，安阳师范学院招收本科100名、周口师范学院招收本科100名、商丘师范学院招收本科100名、南阳师范学院招收专科100名、郑州师范学院招收本科100名和专科50名、焦作师范高等专科学校招收专科100名。被录取的免费师范生入学后，与就业协议地和培养院校签署正式定向就业协议，承诺毕业后到协议地农村教学点服务6年，在学习期间享受“两免一补”政策，即免学费、免住宿费、可以获得一定的生活补助费。

洛阳市率先启动了河南省的市级免费师范生教育政策，于2016年4月出台了《洛阳市人民政府关于洛阳市农村小学全科教师培养工作实施方案》，以单独招生的形式，按照“面向农村、按岗培养、定向招聘、定向就业、限期服务”的原则，启动实施高中起点专科层次的农村小学全科教师公费定向培养计划。[③]该项目由洛阳市财政出资，洛阳市委托洛阳师范学院在洛阳市农村地区为乡村偏远地区的小学招收150名学生进行专科层次培养。学制3年，被录取的免费师范生签订经协议地县（市、区）政府和洛阳师范学院签字盖章的培养协议书，承诺毕业后到协议地农村教学点服务6年，同时，享受学习期间免学费、免住宿费、获得国家补贴和奖学金等待遇。2016年，在河南省农村小学全科教师培养工作年会上，河

① 教育部. 关于教育部直属师范大学师范生免费教育实施办法（试行）的通知[EB/OL].（2007-05-09）[2020-11-20]. http://www.moe.gov.cn/jyb_xxgk/moe_1777/moe_1778/tnull_27694.html.

② 河南省教育厅办公室. 河南省定向免费师范生（小学教育专业全科教师）招生政策[EB/OL].（2016-06-28）[2020-06-16]. http://jyt.henan.gov.cn/2016/06-28/1605285.html.

③ 河南省教育厅新闻办. 洛阳市启动农村小学全科教师培养工作[EB/OL].（2016-04-01）[2020-06-17]. http://jyt.henan.gov.cn/2016/04-01/1610745.html.

南省教育厅用“洛阳模式”来概括洛阳师范学院的经验，并建议推广。“洛阳模式”通过建立“三位一体”培养机制，实行定向公费培养；建立学校、教育行政部门和小学“三位一体”协同育人新机制，邀请当地教育局、小学校长、优秀教师参与小学人才培养方案的制订、课程设置、专业思想教育及职业技能指导，形成高校教师和小学名师共同指导师范生的“双导师”制。①该模式引起了全省其他 8 所承担小学全科教师培养任务院校的浓厚兴趣，2017 年，已成功推广到信阳师范学院、南阳师范学院、郑州师范学院和焦作师专等院校。从洛阳师范学院 2016—2019 年的免费师范生招生录取情况看，主要呈现以下特点：农村学生报考热情度高，均为第一志愿录取；报考专科层次人数较多，竞争激烈，录取分数远远高于省定分数及单招分数；学生报考本科层次人数较稳定，最低录取分数高于省定线 50 分以上。②可见，师范生定向招生、公费培养、定向就业等政策深受社会、家长和学生的欢迎，顺应河南省社会和教育发展的实际需求，为解决农村师资队伍建设问题提供了新的途径和方法，这些师范生已经成为农村教师优质教育资源的有效补充。

为切实加强河南省乡村教师队伍建设，更好地解决乡村教师补充问题，2017—2018 年，河南省扩大了小学教育（全科教师）专业免费师范生的招生规模，全省 8 所师范院校面向设岗县定向招收小学教育（全科教师）专业学生 6000 人，其中本科层次 2000 人、专科层次 4000 人。与 2016 年相比，总共扩招了 5000 人。

为加快推进乡村小学和特殊教育教师队伍建设，2019 年，河南省在继续招收 3000 名本、专科层次小学教育（全科教师）专业公费师范生的同时，开始定向招录特殊教育专业本科层次公费师范生 100 人，由郑州师范学院承担招生和培养任务。

为做好河南省首届（2019 届）公费师范毕业生（小学教育专业全科教师）定向就业工作，河南省教育厅等部门加强领导，明确责任，密切合作，保证符合毕业资格的全科教师到乡村教学点任教，切实把河南省公费师范生就业政策落到实处。③2019 届专科层次公费师范毕业生，经过 3 年的学习，按规定要取得毕业证书和教师资格证书。由培养高校按照对应协议地开具就业报到证，依据与设岗县签订的定向就业协议书履约任教，在农村从事小学教育工作 6 年以上。全科教师要严格履行协议，未按协议到设岗县从事教育教学工作的，须按协议规定向协议

① 河南省教育厅新闻办. 洛阳师范学院：走出小学全科教师培养的“洛阳模式”[EB/OL].（2017-11-07）[2020-06-18]. http://jyt.henan.gov.cn/2017/11-07/1638601.html.

② 张政英. 农村小学全科教师培养存在的问题及推进策略——以洛阳师范学院为例[J]. 林区教学，2020,（4）：121-124.

③ 河南省教育厅办公室. 河南省教育厅等四部门关于做好小学教育专业全科教师（2019 届河南省公费师范生）定向就业工作的通知[EB/OL].（2019-07-19）[2020-06-11]. http://www.hateacher. cn/content.html?id=330.

地退还已享受的公费教育费用，并缴纳50%违约金，故意违约且拒不办理解约手续者将违约事实记入个人诚信档案。

有学者对2016—2019年河南省专科层次小学全科师范生招生政策实施情况进行了调查。入学动机调查结果显示，有37.4%的学生和70.5%的家长选择“两免一补包分配的优待”，31.6%的学生选择“家庭经济条件所限”，18.1%的学生选择“受亲友劝导”。关于政策的认可情况，选择“非常认可”和“比较认可”的同学共占93.6%。对家长的电话访谈进行分析后发现，有97.7%的家长表示“非常认可”。①可见，家庭经济困难和免学费及工作有保障是专科层次的小学全科师范生报考的主要动力，学生和家长都非常认可该政策，尤其是家长，更看重毕业后的工作保障问题。

河南省教育厅结合乡村教学点和农村学校的实际师资需求，在继续实施农村小学全科教师和特殊教育教师公费招生与培养计划的基础上，于2020年启动实施“农村学校”地方公费师范生培养计划。②河南省“农村学校”地方公费师范生培养计划定向招收本科层次“农村学校”地方公费师范生2000人，主要培养农村学校紧缺学科和薄弱学科师资，实行分学科培养。学生在校培养期间，免除学费。毕业后到农村学校和乡村教学点从事教育教学工作时间不少于6年。

在招生院校方面，2016—2020年，承担河南省小学教育（全科教师）专业本科层次定向招生任务的高校有河南师范大学、郑州师范学院、洛阳师范学院、安阳师范学院、周口师范学院、商丘师范学院、南阳师范学院和信阳师范学院8所师范院校；承担河南省小学教育（全科教师）专业专科层次定向招生任务的高校有信阳师范学院、洛阳师范学院、南阳师范学院、郑州师范学院和焦作师范高等专科学校5所师范院校。承担2019—2020年特殊教育专业本科层次定向招生任务的高校为郑州师范学院。承担2020年“农村学校”地方公费师范生本科层次定向招生任务的高校为河南大学、河南师范大学、信阳师范学院、洛阳师范学院和南阳师范学院5所高校。

在招生规模方面，在政策指导下，2016—2020年，河南省招收各类省级地方公费师范生共计15 100人。其中，招收小学教育（全科教师）专业本科层次公费定向师范生5550人，招收小学教育（全科教师）专业专科层次公费定向师范生7350人，招收特殊教育专业本科层次公费定向师范生200人，“农村学校”地方公费本科层次定向师范生2000人。本科层次共计7750人，专科层次共计7350人，本、专科招生比例基本持平。

① 申盼. 专科层次小学全科师范生招生政策研究——以河南省为例[J]. 当代教育实践与教学研究，2020，（8）：120-121.

② 河南省教育厅. 河南省教育厅关于做好2020年河南省地方公费师范生定向招生工作的通知[EB/OL].（2019-06-12）[2020-06-11]. http://www.henan.gov.cn/2020/06-12/1548766.html.

2018 年，地方免费师范生更名为地方公费师范生，继续享受“两免一补”待遇，虽只有一字之差，但含义不同。免费有照顾贫困生之义，而公费则更体现出国家对于师范教育的高度重视，有助于激发师范生作为国家公费培养教师的使命感、自豪感和荣誉感，增强师范生政策的适切性和吸引力，能把更多的优秀人才吸引到教育事业上来，让更多、更优秀的人才从事教育、扎根教育、终身从教，进而提升教师队伍的素养，提高教育质量。

地方公费师范生政策的实施有助于解决农村地区教师学历低、年龄大、师资紧缺等问题，缓解结构性缺编等问题，促进河南省城乡教育的均衡发展。2019 年，河南省首批 350 名专科层次小学全科教师都回到生源地农村地区从事教学，有效解决了农村地区教师紧缺问题，优化了农村地区教师队伍的结构。河南省地方公费师范生政策采取定向招生、公费培养和定向就业的方式，这是河南省基础教育教师队伍建设的重要内容，是破解当前河南农村基础教育师资难题的新举措，也是河南农村教师专业化队伍建设与基础教育教学质量提升的有效途径。

地方公费师范生政策通过提供公费教育吸引、培养大批优秀乡村教师，保证乡村教师的供给水平，有助于优化乡村教师质量，促进城乡教师资源的均衡配置。一方面，地方公费师范生政策有助于吸引和培养大批优秀乡村教师。当前农村学校师资呈现结构性缺编，部分副科教师数量不足，教师整体质量以及教师从教意愿不足等问题比较突出，这些都成为阻碍农村教育质量提升的主要问题。地方免费师范生政策的实施对于一部分家境不太富裕的乡村学生来说,有很大的吸引力，具有积极的鼓舞作用，甚至成为家庭和个人的荣誉。相对于部属名校公费师范生来说，他们的职业定位更加务实和准确，毕业后更愿意留在农村任教，投身于农村教育事业。地方公费师范生政策可以吸引一大批真正愿意投身农村教育事业的优秀学子。另一方面，地方公费师范生政策是农村学校优质师资定向补充与教师质量优化的重要手段和渠道。[①]地方公费师范生政策作为国家公费师范生政策的模拟、扩展和推广，是河南省依照本省农村教育的实际需求，制定并逐步实施的一项重要教师补充政策，是地方政府探索农村教师质量提升与优化的实践结晶，也是一种应对河南省农村教师“下不去、干不好、留不住”难题的有效策略。

目前，河南省地方公费师范生教育处于发展的起始阶段，在读师范生和毕业师范生人数相对较少，培养和就业问题还没有完全凸显，还存在稳定性方面的问题，对于政策的未来发展状况还有待进一步观察。小学全科师范生在进行该专业报考时，外在的、现实动机比较突出。不管是学生还是家长，都非常看重毕业后

① 苏尚锋，常越. 地方公费师范生政策与乡村教育的“留住机制”[J]. 河北师范大学学报（教育科学版），2020，22（2）：73-79.

的工作保障，功利性较强，乡土情怀相对缺乏。[①]有必要在培养过程中引入竞争淘汰机制，以确保生源质量和提升人才培养质量。另外，应加大政策宣传力度，充分发挥亲友教师职业的影响和推动作用,在亲情带动下增强师范生的教育情怀，同时加强心理疏导，让师范生真正热爱农村教育事业。

总体来说，地方公费师范生政策需要地方政府和社会各界站在全局的高度予以积极支持和鼓励，需要在维护免费师范生个人权利和保证地方教师资源配置有效实现的情况下，寻求二者的有效结合点，以促进政策更有效地落实和推进。作为农村学校教师补充队伍的新生力量和未来的中流砥柱，地方公费师范生政策直接影响着乡村教育的可持续发展。河南省在地方公费师范生数量有保证的情况下，要进一步提高培养质量，不断优化本省地方公费师范生培养模式，加快推进地方公费师范生培养进程，为河南农村教育可持续发展做出重要贡献。

三、“卓越教师”招生与培养状况

为推动教师教育综合改革，全面提升教师培养质量，教育部于 2014 年启动实施“卓越教师培养计划”，在全国 64 所院校实施 80 个卓越教师培养计划改革项目，分类推进中学、小学、幼儿园、职教、特教教师培养模式改革，建立高校、地方政府、中小学“三位一体”全方位协同、合作共赢长效培养师范生的新机制，积极推动以师范生为中心的教育教学改革。[②]一是优化招生制度，推进多元化招生选拔改革，通过自主招生、入校后二次选拔、设立面试环节等多样化的方式，遴选乐教适教的优秀学生攻读师范专业。二是开展生动有效的就业教育，鼓励引导师范生到基层，特别是农村中小学任教。三是建立模块化的教师教育课程体系，突出实践导向的教师教育课程内容改革。四是推进以“自主、合作、探究”为主要特征的研究型教学改革，着力提升师范生的学习能力、实践能力和创新能力。五是建立教师教育师资队伍共同体，形成教师教育师资队伍共同体持续发展的有效机制。2018 年 9 月，教育部对卓越教师培养计划进行了升级，发布了《关于实施卓越教师培养计划 2.0 的意见》，推动一流师范院校和一流师范专业建设，分类推进教师培养模式改革，计划经过 5 年左右的努力，办好一批高水平、有特色的教师教育院校和师范专业，协同培养机制基本健全，教师教育师资队伍明显优化，教师教育质量文化基本建立。[③]在实施“卓越教师培养计划 2.0”的背景下，

① 申盼. 专科层次小学全科师范生招生政策研究——以河南省为例[J]. 当代教育实践与教学研究，2020，（8）：120-121.

② 教育部. 关于实施卓越教师培养计划的意见[EB/OL]. （2014-08-18）[2020-06-12]. http://old.moe.gov.cn//publicfiles/business/htmlfiles/moe/s7011/201408/174307.html.

③ 教育部. 关于实施卓越教师培养计划 2.0 的意见[EB/OL]. （2018-10-10）[2020-10-14]. http://www.moe.gov.cn/srcsite/A10/s7011/201810/t20181010_350998.html.

教师教育改革必须加强战略谋划，精准发力，坚持问题导向，创新人才培养体制，优化课程体系，完善保障机制。

河南省教育厅于 2014 年 9 月转发了《教育部关于实施卓越教师培养计划的意见》和《关于开展卓越教师培养计划改革项目申报和遴选工作的通知》，并就河南省具体实施工作提出意见：一是高度重视卓越教师培养计划实施工作；二是扎实推进卓越教师培养计划项目实施工作；三是认真做好卓越教师培养计划改革项目申报工作。[①]要求各有关高校结合本校实际情况，根据申报条件、限额和遴选方式等，认真遴选符合条件的改革项目进行申报。

河南省教育厅于 2014 年 10 月就河南省卓越教师培养实施工作提出明确意见和要求。各高校要充分利用河南省教师教育改革创新试验区、“双导师”制等项目建设成果，努力推动建立高校与地方政府、中小学“三位一体”协同培养新机制，强化招生就业环节，推动教师教育教学改革，整合优化教师教育师资队伍，切实推进教师教育工作内涵式发展，全面提高教师培养质量。[②]河南省教育厅计划设置幼儿园、小学、中学、中等职业学校、特殊教育学校教师培养改革项目，周期同为 10 年，同时将加强对卓越教师培养计划改革项目的指导、督查，及时总结项目推进情况，向社会公布卓越教师培养质量年度报告，宣传计划实施成果。

为推动教师教育综合改革，培养让党和人民满意的“四有”好教师，河南省教育厅于 2015 年发布《关于启动实施卓越教师培养计划的通知》，决定启动实施省级卓越教师培养计划，并提出了具体实施意见。一是各相关高校要整合优化教师教育师资队伍，切实推进教师教育工作内涵式发展，实现对高等师范教育的分类指导、特色发展、转型发展，实现高等师范教育与基础教育的融合与协同，实现从“教书匠”的训练走向卓越教师的培养；二是各计划实施高校要严格按照教育部相关政策要求和项目方案，精心筹划，周密安排，在招生选拔、培养模式、课程体系、教学改革、师资队伍建设等方面加快推进教师教育领域内的综合改革；三是各计划实施高校务必加强领导，做好顶层设计，建立良好的卓越教师培养计划工作机制，力争取得一批标志性成果。[③]河南省教育厅设立河南省卓越教师培养计划改革项目办公室，委托河南省教师教育协同创新联盟秘书处负责卓越教师培养计划改革项目的具体组织工作，并相应成立专家委员会，负责改革项目的指导、咨询服务等工作，对计划实施高校在项目、经费、政策等方面予以优先

① 河南省教育厅办公室. 河南省教育厅转发教育部关于实施卓越教师培养计划的意见[EB/OL].（2014-10-09）[2020-06-13]. http://www.ha edu.gov.cn/2014/10/09/1412841518078.html.

② 河南省人民政府门户网站. 省教育厅就“卓越教师”培养工作提出明确要求[EB/OL].（2014-10-27）[2020-06-06]. http://www.henan.gov.cn/2014/10-27/330696.html.

③ 河南省教育厅. 关于启动实施卓越教师培养计划的通知[EB/OL].（2015-05-27）[2020-06-13]. http://jyt.henan.gov.cn/2015/05-27/1602709.html.

支持。各计划实施高校也要指定专门机构具体负责项目的规划、实施、管理和检查等工作。

河南省实施的教育部卓越教师培养计划改革项目有："本硕一体化卓越中学教师培养计划"（河南大学）、"河南省幼儿教师卓越化培育工程——两校联合培养模式改革与实践探索"（河南师范大学、郑州幼儿师范高等专科学校）、"地方师范院校与医学院校、特殊教育学校联合培养卓越特教教师的改革与实践"（郑州师范学院）；"农科类卓越中等职业学校教师培养改革与实践计划"（河南科技学院）。

河南大学"本硕一体化卓越中学教师培养计划"是该校2014年获批的一项国家培养计划，实行"本科与教育硕士一体化"和"分散与集中相结合"的"3+1+2"的创新培养教育模式。[①]该培养计划项目班以新时期基础教育发展的新态势和教育教学改革对高素质中学教师的需求为导向，以加强师德师魂、学科专业基础与教育教学能力以及自我发展能力为重点，培养师德高尚、教育信念坚定、学科专业知识扎实、专业化程度高、能够引领中学教育教学改革的卓越中学教师。[②]"3+1+2"培养教育模式是指本科阶段各师范专业相关学院学习3年、教育科学学院学习1年和教育硕士研究生阶段学习2年。符合条件的普通本科学生在大四学年初通过个人申请，教务处资格审查，主管部门和专家组集体面试等环节，选拔进入卓越教师班学习。大四学年由教育科学学院主持安排卓越教师班课程学习，之后，以保送研究生资格进入最后两年的教育硕士学习阶段。完成4年本科阶段学习任务并达到毕业条件者，颁发河南大学本科毕业证书，授予学士学位；完成2年教育硕士研究生阶段学习任务并达到毕业条件者，颁发河南大学硕士研究生毕业证书，授予教育硕士（学科教学）学位。其中，本科第四学年、硕士第一学年，除课程学习外，每周在开封市内优质中学跟岗见习两天；硕士第二学年全程在省内一流中学驻校培养。河南大学自2015年9月组建第一届卓越班，目前已招生六届，第一届和第二届各招生20人，第三届19人，第四届30人，第五届25人，第六届25人，共计139人。经过6年多的实验探索，在实验阶段，成绩突出的河南大学，成功进入了正式实施的院校序列，卓越教师培养计划从实验探索阶段进入到可持续发展的全新阶段。经过6年多的实践探索，河南大学卓越教师培养计划从本科至硕士阶段，已全学段贯通，围绕培养卓越教师这一轴心，形成了阶段化、联盟化、多科化、实战化的"一轴四化"培养模式，培养体系已基本完备，培养成效显著。

---

① 河南大学教育科学学院. 河南大学 2017 年"本硕一体化卓越中学教师培养计划"开班仪式圆满举行[EB/OL].（2017-10-11）[2020-11-14]. http://jykx.henu.edu.cn/info/1060/2878.htm.

② 河南大学教务处. 2020 年河南大学"本硕一体化卓越中学教师培养计划"项目班招生通知[EB/OL].（2020-09-09）[2020-11-14]. http://jwc.henu.edu.cn/info/2124/6747.htm.

河南省中学卓越教师培养计划改革项目包括：以国家级示范项目为依托的卓越中学教师培养体系的综合改革与实践（河南师范大学）；卓越农村中学教师培养模式改革与实践（信阳师范学院）；中学物理卓越教师本硕一体化“2+2+2”培养模式的研究与实践（洛阳师范学院）；基于双导师制的“双千对接”工程：中学卓越教师培养的改革与实践（安阳师范学院）；基于教师专业标准的卓越中学教师协同式培养模式改革与实践（南阳师范学院）。

河南省小学卓越教师培养计划改革项目包括：小学全科教师培养模式改革实践（郑州师范学院）；互动共生：师范院校与基础教育合作机制探索（周口师范学院）；地方师范院校卓越小学教师培养改革与实践（商丘师范学院）；基于卓越的全科型小学教师培养的研究与实践（平顶山学院）；实践取向的卓越小学教师培养研究（南阳理工学院）。

河南省幼儿园卓越教师培养计划改革项目包括：“四县双百”行动：中部贫困地区农村幼儿园卓越教师培养模式的改革与实践（安阳师范学院）；校园共育：卓越幼儿园教师培养模式的理论研究与实践探索（河南教育学院）；基于艺术教育方向的卓越幼儿园教师培养模式的改革与实践（许昌学院）；卓越幼儿教师“一体化”培养模式改革研究（焦作师范高等专科学校）；学前教育专业五年一贯制培养模式的改革与实践（安阳幼儿师范高等专科学校）。

实施卓越教师培养计划对于河南省教育发展意义重大。各承担单位只有明确卓越教师培养目标，以师范生为本，优化教师教育课程结构体系，加强教师教育师资队伍建设，针对卓越教师培养计划实施过程中遇到的问题，不断进行有益探索和创新，才能保证卓越教师培养计划顺利实施。

河南省实施卓越教师培养计划以来，实施机构按照项目实施精神和要求，紧密结合本地、本校实际，在协同培养模式、招生就业、教学改革、师资队伍建设、师德培养、教育实习、实践教学以及加强培养计划的组织保障等方面进行了积极探索和创新。河南省卓越教师培养计划的实施是新时代河南教师教育振兴发展的重要内容，也是当前和今后一段时期全面提升河南教师教育质量的重要举措，在优秀师资人才培养上发挥了积极的引领作用，培养了一批师德师风高尚、业务能力过硬、创新能力较强、综合素质较高的专业化中小学教师。

实施卓越教师培养计划既符合中小学对优秀教师人才的需求，也是培养卓越人才的发展趋势，深受社会的认同和支持。但是在河南省作为新实施的项目，受发展的阶段性、局限性等因素影响，在具体实施过程中仍然存在一些有待解决的问题。一是卓越教师协同培养机制尚停留在表层。比如，目前实现的更多的是高校、政府和中学的基本合作，并未完全形成一体化协同培养模式；地方政府的参与度和支持力度比较低；中学多是被动配合；就“双导师”制而言，尚缺乏真正适合卓越教师班学员发展需求的导师。二是卓越教师培养配套管理还不够规范，教育见习和全面跟岗实习未完全落到实处，效果不够理想。三是卓越教师计划班招生宣传力度不够、宣传方式单一，效果不佳，没能引起相关部门的足够重视。

职前教师教育作为教师专业发展的起步阶段和教师职业的起点，承载着教师职业发展的重任，其培养质量直接影响教师专业发展前途和教育事业的发展进程。河南省职前教师教育虽然取得了很大的成就，但还存在一些问题和不足，如师范生的学历和能力不太匹配，教师教育的开放性和专业性失衡，等等，致使培养质量未能达到预期标准，与本省基础教育的现实需求和造就高素质专业化教师队伍的目标之间还存在一定差距。河南省必须正视职前教师教育中出现的问题，在结合本省实际情况的基础上，有针对性地提出解决对策，为本省教师教育长足发展打下坚实基础，进而促进河南省教育事业健康快速发展。

第二节　河南省在职教师教育的现状

在职教师教育是教师教育的重要阶段和重要组成部分，是职前教师教育的必要延伸和继续。它包括学历补偿性的专业进修学习和旨在提高业务能力的继续教育培训等，具有补偿、更新和提高的功能，是实现教师终身学习、促进教师专业发展和提高教师队伍整体素质的重要方式和有效途径。河南省依托“国培计划”，启动“省培计划”，引导带动县（市、区）培训和“校培”，以“国培计划”为引领建立一体化管理、差异化培训、相互衔接的联动培训机制，形成从幼教到高中、从农村到城区的以全员培训为标志的大培训格局，构建起为基础教育服务的教师终身学习和专业发展新体系。

一、在职教师教育概况

河南省辖 17 个地级市、1 个省直辖县级市（济源市）、21 个县级市、83 个县、53 个市辖区，拥有十分庞大的教育体系和教师队伍。据《2019 年河南省教育事业发展统计公报》，2019 年，全省共有幼儿园 2.32 万所，幼儿园教职工 39.07 万人，其中园长 2.70 万人，专任教师 22.62 万人。全省共有义务教育阶段学校 2.27 万所，教职工 93.37 万人，其中专任教师 86.77 万人。小学 1.81 万所，另有教学点 1.37 万个，小学学校教职工 53.94 万人，其中专任教师 51.04 万人，生师比 17.9：1。另有代课教师 2.90 万人，兼任教师 0.16 万人。普通初中 4603 所，其中九年一贯制学校 1117 所。普通初中学校教职工 39.43 万人，其中专任教师 35.74 万人，生师比 14.3：1。另有代课教师 0.84 万人，兼任教师 0.15 万人。全省高中阶段教育学校 1558 所，普通高中 889 所，其中十二年一贯制学校 119 所。普通高中学校教职工 18.57 万人，其中专任教师 16.30 万人，生师比 15.6：1。[①]由此可见，河南省教师队伍十分庞大，在职教师教育任务极其繁重。

河南省已陆续出台了一系列促进在职教师教育改革发展的政策，包括《河南省“十三五”基础教育教师继续教育工作指导意见》《河南省中小学教师信息技术应用能力提升工程 2.0 实施方案》《关于组织实施义务教育师资薄弱环节改善暨中小学教师素质提升工程的通知》等。河南省教育厅明确指出，要完善五年一周期不少于 360 个学时的基础教育教师全员培训制度；市、县两级要按教职工工资总额的 1.5%—2.5%足额安排，将教师培训经费列入财政预算，幼儿园、小学、初中、普通高中要按照年度公用经费预算总额的 5%安排教师培训经费；建立教师工作定期督导检查制度，建立培训档案管理制度，实行教师终身学习“一人一号”，通过大数据分析，实现教师培训项目全过程管理，以教师培训管理的信息化推动教师教育的现代化；充分发挥河南省教师教育协同创新联盟和河南省县级教师培训机构联盟的智库作用，组建由专家、教授、知名学者和中原名师等组成的若干专家团队，培育并加强教师培训和教师专业发展学科建设，支持 1—2 所高等师范院校申报设立教师培训和教师专业发展硕士学位点。[②]到 2023 年，河南通过全省中小学教师信息技术应用能力培训，构建以校为本、基于课堂、应用驱动、注重创新、精准测评的教师信息素养发展新机制。[③]河南聚焦改善全省义务教育阶段教师队伍建设中的薄弱环节，采取集中培训、“一对一”结对帮扶、送教下乡、网络研修等形式，通过抓高端、补短板、强弱项、建机制，引导全省完善教师培训体系，科学制定教师培训规划，全面提高教师队伍整体素质和专业化水平。[④]近年来，河南省不断增加教师教育经费投入，科学规划教师教育经费支出，并向乡村教师倾斜，实施乡村教师生活补助政策。农村中小学教师工资年平均增长 1 万元以上，乡村教学点教师增长 1.5 万元以上。出台农村教师周转宿舍、住房建设相关实施方案，力争在 3—5 年基本满足农村教师住房需求。[⑤]河南省教育厅每年安排经费约 1 亿元，培训紧缺薄弱学科（领域）教师、骨干教师等近 1.65 万人。同时，河南省还成立多个专门在职教师教育机构专职负责在职教师

① 河南省教育厅办公室. 河南省教育厅关于印发 2019 年河南省教育事业发展统计公报的通知[EB/OL].（2020-04-13）[2020-06-15]. http://jyt. henan.gov.cn/2020/04-13/1658657.html.

② 河南省教育厅. 关于印发《河南省“十三五”基础教育教师继续教育工作指导意见》的通知[EB/OL].（2017-05-11）[2020-11-29]. http://www.haedu.gov.cn/2017/05/11/1494478304153.html.

③ 河南省教育厅. 关于印发河南省中小学教师信息技术应用能力提升工程 2.0 实施方案的通知[EB/OL].（2020-01-02）[2020-07-30]. http://www.haedu.gov.cn/2020/01/02/1577927954862.html.

④ 河南省教育厅. 河南省教育厅关于组织实施义务教育师资薄弱环节改善暨中小学教师素质提升工程的通知[EB/OL].（2020-09-14）[2020-11-20]. http://jyt.henan.gov.cn/2020/09-14/1879106.html.

⑤ 中国教育报. 打造新时代河南高素质教师队伍[EB/OL].（2020-09-11）[2020-11-30]. http://www.moe.gov.cn/jyb_xwfb/moe_2082/zl_2020n/2020_zl50/202009/t20200911_487191.html.

教育工作，建成5所国家级、46所省级示范性县级教师培训机构，组建了河南省县级教师培训机构联盟，依托全省优质中小学幼儿园，建立了300所河南省教师教育实践基地，采取多项在职教师教育措施，促进在职教师教育的发展。

河南省各县（市、区）也多措并举、层层落实任务，优先支持教师教育发展，强化教师教育各项保障，扎实推进教师教育工作，不断提升教师专业化发展水平。

郑州市结合教育发展实际，研究制定符合郑州市教育行业特点的中小学、幼儿园教师招聘办法，将部分学校作为公开招聘改革试点单位试行自主公开招聘。完善引进高层次紧缺人才办法，并引进高层次教师办法写入《郑州市事业单位公开招聘工作规程》。郑州市坚持“合理流动、资源共享、均衡职称结构比例、年龄结构比例”原则，大部分县（市、区）实现了师资配置再优化、教育教学经验融合再提升，并将均衡师资配置作为实现教育均衡发展的突破口，围绕“均衡优质发展”这一主题，进行一系列的探索与尝试。郑州市金水区开展“人走关系走”型教师交流，打破教师资源的壁垒。新郑市每年城乡学校教师交流进出数量保持平衡，坚持学科进出平衡，保持乡村学校各个学科能够开足开齐，在教育教学、干部调配、师资安排等方面实行一体化的管理和评价体制，促进学校间办学理念的交流、管理经验的分享、校园文化的影响、优质资源的互用。荥阳市理顺农村教育“二元化”行政管理体制，全面实行城乡一体化人事管理机制，各乡（镇）中小学校长在全市范围内统一选拔，统一任命，统一管理，所在乡镇党委政府对校长履职情况及学校工作予以监督。郑州市通过完善教师队伍补充机制、推动区域内教师交流、全面实施乡村教师支持计划和激励政策等途径，切实保障教师教育均衡发展。郑州市出台《郑州市人民政府办公厅关于印发郑州市乡村教师支持计划实施细则的通知》，以稳定乡村教师队伍、提高乡村教育质量、促进乡村教育发展为根本，积极探索提高乡村教师队伍建设的新机制和新办法。如郑州市各县（市、区）每年公开招聘教师，明确有面向农村学校招聘教师的名额，专项用于愿意长期到乡村从教的高校毕业生。郑州市财政每年拿出资金用于该市农村中小学教师生活补助，并对乡村从教20年以上的优秀教师进行表彰。郑州市制定《关于做好郑州市乡村教师生活补助发放工作的通知》，从发放范围和发放标准、经费保障、资金预算申报等方面进行了规范，并要求县（市、区）按照1∶1配套比例，对乡村教师给予不同标准的生活补助。郑州市要求城市中小学教师晋升高级教师职称，应有在农村学校或薄弱学校任教一年以上经历，专业技术中高级岗位设置向乡村学校倾斜，按照城乡统一标准核定中高级岗位。

濮阳市围绕大力加强师德师风建设、充分发挥示范引领作用、认真组织实施“特岗计划”、完善经费保障机制等重点，切实做好教师教育发展保障工作。濮阳市把师德师风建设贯穿到学校管理和育人的全过程，通过开展多种形式的师德主题教育活动，开展师德典型巡回报告进校园等活动，营造重德养德、尊师重教的浓厚氛围。同时，进一步建立和完善师德考核评价激励机制，制定出台《濮阳市中小学师德考核办法》，严格实行师德一票否决制。定期开展专项治理督查，对体罚学生、有偿补课等违反师德师风的行为，予以严肃处理。全面提升培训项目质量，不断提升"国培计划"及各类培训项目实施的质量和水平。濮阳市注重发挥梯级教师和名师工作室的示范作用，坚持遴选梯级教师培育对象，启动优秀青年教师精准培育计划，并针对乡村教师实施"领雁工程"，开辟专门通道，聚焦乡村教师的专业成长,把梯级教师培育工作作为教师队伍建设的龙头和核心来抓，为梯级教师培育和专业成长提供政策、经费和环境等保障。濮阳市还认真组织实施"特岗计划"，落实好服务期内特岗教师的工资与补贴发放、社会保障待遇落实、周转房安置等工作，确保"特岗"教师的年工资待遇不低于当地新入职公办教师。给予"特岗"教师特殊的关心、支持，解决好"特岗"教师服务期间的工作、学习和生活问题，及时落实好服务期满"特岗"教师工作岗位，保证服务期满留任"特岗"教师按时入编上岗。积极创造条件支持"特岗"教师专业发展，帮助他们尽快成长为教学能手和业务骨干。同时，严禁出现"特岗"教师脱岗、空岗、吃空饷现象。濮阳市完善经费保障机制。建立稳定的教师教育经费保障机制，该市教育局把各县（区）教师培训经费列支及使用情况纳入教育督政的重要内容，要求各县（区）教育局协调落实教师培训经费，同时用好、管好教师培训经费，确保专款专用，严防虚报、挤占、挪用、截留教师培训经费行为的发生。

信阳市全方位推进中小学教师教育技术能力建设。一是充分发挥政策引领作用。信阳市教育局建立配套制度，将取得教育技术能力培训考试合格证书与教师的职称评定、职务晋升、骨干教师评选、岗位聘任挂钩；二是狠抓培训基地和培训者队伍建设。信阳市教育局责成各县（区）教师进修学校承担中小学教师教育技术能力培训基地建设工作。各进修学校建立了多个计算机网络和多媒体教室，同时组建了一支具有教育技术学硕士学位和丰富中小学教研经验的主讲教师队伍；三是科学设计方案提升培训效果。把讲授与研讨、网络培训、上机练习、课例设计等形式有效地结合起来，积极探索参与式、互动式教学方式，着力提高教师实际运用教育技术的能力。

在师德师风建设方面，河南省做了大量的探索工作，努力打造新时代河南教师新形象，颁布了《河南教师誓词（试行）》，建立了教师入职宣誓制度；下发了《关于全面加强中小学师德师风建设的通知》，完善了宣传、教育、考核、奖惩、监督"五位一体"的中小学幼儿园教师师德建设长效机制，开展了"河南最美教师"、师德标兵和师德先进个人等公益评选表彰活动，在全省大力弘扬尊师重教良好风尚，着力营造重德养德、尊师重教的浓厚氛围，努力推动师德师风建设向制度化、规范化、常态化方向发展，着力构建教师师德建设的新体系。河南省教师连续多年在全国最美教师、全国时代楷模、全国教书育人楷模等评选活动中获得表彰，在全国展现了河南教师美丽阳光、爱岗敬业、无私奉献的时代教师新形象。

在教师培训方面，河南省"国培计划"和"省培计划"经历了起步与探索、反思与转型阶段，培训模式和内容越来越贴近教学、贴近课堂、贴近教师的需求和成长规律，给教学、教研工作注入了源头活水。全省教师队伍整体素质得到显著提升，参训教师学习热情高涨。河南省通过构建教师培训新体系，提升精准培训的能力，创新模式、注重实效，培养出了一大批"四有"好老师。10多年来，河南省累计投入"国培计划"资金15亿元，培训教师近168万余人次，打造了一支培训团队、物化了一批研修成果、建立了一批实践基地、形成了一系列管理机制、构建了一个服务体系。以"国培计划"为引领，河南省启动实施了"省培计划"，每年投入2000多万元，引导带动市级年均投入达1.6亿元，建构起"国培"强引领、"省培"做示范、"市培"重辐射、"县培"保全员、"校培"促常态的一体化管理、差异化培训的五级教师培训联动机制，形成了从幼教到高中、从农村到城区的大培训格局，有力支撑了全省126万余名教师的专业发展。[①]"国培计划"和"省培计划"为河南省教师搭建了有效的专业发展新平台，成为教师成长的基础。河南省通过建立五级联动培训机制，形成了有效引领教师培训和发展的新格局，并惠及最偏远的乡村学校教师，发挥了示范引领和促进改革的重要作用。

在职教师教育有助于教师自身专业发展水平的提高，也直接影响着教育教学质量的提高。河南省不断加强在职教师教育，创新在职教师管理机制，优化教师资源配置，努力造就一支师德高尚、业务精湛、结构合理、充满活力的高素质、专业化教师队伍。经过近些年的发展，河南省在职教师教育模式日渐完善，全省教师队伍整体素质明显提升，为全省教育事业快速发展奠定了坚实基础。

二、师德师风建设状况

立人先立德，树人先树品。以师德师风建设为重要抓手，全面构筑有利于学生全人成长、道德发展的教育系统，是提升育人水准的有力切入点。加强师德师风建设是新时代教育事业科学发展的内在要求，是创办人民满意的教育、提高教育事业品质的坚实支柱。

榜样的力量是无穷的。榜样是旗帜，代表着方向；榜样是资源，凝聚着力量。学习具体的典型榜样，往往比接受抽象的说教要有效得多，由一到十、由点到面，相互感染，进而形成竞相效仿、共同发展的新局面。师德师风建设同样需要借用

① 河杨雷. 以师资水平的提升推动基础教育高质量发展——河南省"国培计划"十周年概览[EB/OL].（2020-09-22）[2020-10-23]. http://zsc.shuren100.com/Home/News/details/id/3853.html.

榜样的力量，充分发挥先进学校的示范带动作用。教育行政主管部门应通过树立和宣传师德师风先进学校典型，弘扬高尚师德、强化师德教育，引导中小学校高度重视师德师风建设、全面提升师德水平。

河南省十分重视师德师风建设工作，坚持把师德师风建设摆到教师队伍建设的首要位置，把师德师风作为评价教师队伍素质的第一标准，把立德树人作为根本任务，多措并举，常抓不懈，积极开展多渠道、多层次、多形式的教育活动，不断加强师德师风建设和管理。截至 2020 年，河南省已累计评选出河南最美教师 52 名、师德标兵 20 名、师德先进个人 200 名，营造了良好的师德师风建设氛围。山村教师张玉滚荣获"时代楷模"称号，刘文婷等 4 名教师入选"全国教书育人楷模"名单，梁琰等 2 名教师获得"全国最美教师"荣誉称号，等等，河南先进教师群体名扬全国，充分展现了新时代河南教师的新形象。

河南省将师德教育作为必修内容贯穿于教师职前培养、职后培训和管理的全过程。河南省教育厅颁布了《河南教师誓词（试行）》，制定了新教师入职宣誓制度；把师德建设情况纳入教育督导范围，实行师德考核一票否决制；建立了省、市、县三级教师信用体系和师德档案制度；成立了河南省师德教育专家库和河南省师德建设研究中心，作为师德建设领域的新型智库，承担河南省师德师风建设理论研究、项目规划制定、政策制度建设等工作，为培育一支"四有"好教师队伍提供智力支持；开展师德建设大调研、大观摩和先进事迹宣传活动；召开师德建设座谈会；支持师德师风结对共建；健全师德师风培训、奖惩和监督机制等，努力提升教师的师德师风水平，引领广大教师自觉以德立身、以德立学、以德施教、以德育德，努力打造一支师德高尚、业务精湛、结构合理、充满活力的优秀教师队伍。

河南省委高校工委、河南省教育厅每年组织开展师德主题教育系列活动，包括师德主题报告会、"师德师风先进校"创建活动、师德演讲比赛、师德征文活动和师德师风优秀案例评选等。其中，2017 年，河南省开展了"心系中国梦，做好引路人"师德主题教育活动，主要内容有：开展师德教育主题征文活动；开展师德师风优秀案例评选；开展最美教师巡回报告活动；开展师德学习交流活动；建立健全宣传、教育、考核、奖惩、监督"五位一体"的师德建设长效机制。①2018 年开展了"不忘初心，立德树人"师德主题教育征文、演讲比赛和师德师风优秀案例评选工作，弘扬广大教育工作者爱岗敬业、教书育人、为人师表、无私奉献的精神风貌，展现新时期广大教育工作者的崇高精神境界和高尚道德情操。②2019

① 河南省教育厅. 关于在全省教育系统开展"心系中国梦做好引路人"师德主题教育活动的通知[EB/OL].（2017-03-14）. [2020-10-19]. http://www.hateacher.cn/content.html?id=172.

② 河南省教育厅. 关于开展不忘初心立德树人师德主题教育征文 演讲比赛和师德师风优秀案例评选工作的通知[EB/OL].（2018-06-25）. [2020-10-14]. http://www.hateacher. cn/content.html?id=282.

年开展了“学习时代楷模，成就出彩人生”为师德教育主题的演讲比赛暨师德征文、师德师风优秀案例评选等，深入宣传“时代楷模”张玉滚同志先进事迹的精神内涵和时代价值，激励广大教师忠诚党和人民的教育事业，增强教书育人的责任感和使命感，共遴选推荐 73 名演讲选手参加省级决赛，并征集 3000 余篇师德主题教育征文、师德案例参与评审。①这些活动自开展以来，得到了全省教育系统的积极拥护和广泛关注，在全省教育系统掀起了向“时代楷模”学习、争做“四有”好老师的学习热潮。2020 年，河南省开展了“牢记育人使命，志做‘四有’教师”师德教育主题征文和师德师风优秀案例评选活动。②此项活动旨在激励和号召河南全省广大教师守初心、担使命，进一步强化师德教育、践行师德规范、弘扬高尚师德，彰显新时代教师的责任与担当，真正成为有理想信念、有道德情操、有扎实学识、有仁爱之心的“四有”好老师。通过一系列主题教育活动，河南省努力培养广大教师忠诚教育事业、履行神圣职责、敬业爱岗、以生为本的职业素养，造就学为人师、行为世范的师德风范，全面提升全省教师的师德师风水平。

2010 年以来，河南省每年组织开展中小学师德师风先进校创建活动。各地中小学校积极参与师德师风先进校创建活动，在自评基础上申报师德师风先进校。市教育局在县（区）教育局推荐的基础上组织评估验收，并对评估优秀的学校推荐申报省级中小学师德师风先进校。各地区以开展创建活动为载体，加强中小学师德师风建设，树立教育良好形象。从 2011 年开始，河南省每年组织开展对全省中小学师德师风先进校创建活动进行评估验收工作，每年评选出一批中小学师德师风先进校，以评促建，以评促改，评建结合，不断加强中小学师德师风建设，进一步促进教师职业道德建设工作制度化、规范化，在师德师风建设方面发挥了引领示范和辐射带动作用。

为切实加强河南省师德师风建设，弘扬人民教师的高尚师德，增强教师教书育人的荣誉感和责任感，积极营造尊师重教的浓厚氛围，从 2015 年开始，河南省委宣传部、河南省教育厅、河南省新闻出版广电局和河南日报报业集团联合组织开展“河南最美教师”评选活动，每年评选一次。③通过该评选活动，河南省全方位展现广大人民教师潜心育人、默默奉献的高尚品格和精神风貌，营造尊师重教的社会氛围，激励广大教师努力做有理想信念、有道德情操、有扎实学识、有

① 河南省教育厅. 关于在全省教育系统深入开展“学习时代楷模成就出彩人生”师德主题教育活动的通知[EB/OL].（2019-03-18）. [2020-11-12]. https://www.htu. edu. cn/sdzthd/2019/0527/c5795a145620/page.htm.

② 河南省教育厅. 关于开展“牢记育人使命，志做‘四有’教师”师德教育主题征文和师德师风优秀案例评选活动的通知[EB/OL].（2020-05-13）. [2020-10-20]. http://www.hateacher. cn/content.html?id=459.

③ 河南省教育厅. 关于开展“河南最美教师”评选活动的通知[EB/OL].（2015-05-05）[2020-10-15]. http://jyt.henan.gov.cn/2015/05-05/1602672.html.

仁爱之心的“四有”好老师。

同时，河南省加强对“河南最美教师”评选活动的宣传，开展“出彩河南人”之“最美教师”宣传推介活动和河南最美教师师德报告会，引导全社会关心和支持教师队伍建设与发展。活动得到社会各界、教育系统广大教职工的高度关注和热烈拥护，公众参与热情高涨、反响强烈，河南省各地各校掀起了学习最美、崇尚最美、争当最美的热潮。各地、各校持续推动河南最美教师学习活动，激励广大教师以最美教师为榜样，不忘初心，立德树人，争当最美教师，成就出彩人生。

河南省通过广泛深入宣传“英雄教师”李芳、“时代楷模”张玉滚等优秀教师的先进典型事迹，引导全省广大教师人人参与、全员参与，真正将学习先进典型活动落在实处，落实到每一位教师。河南省委高校工委、省教育厅党组先后组织开展学习李芳同志先进事迹座谈会①、“寻找李芳式的好老师”大型宣传推介活动②、“向李芳同志学习，争做‘四有’好老师”主题教育活动③、“争做李芳式的好老师”主题征文活动④、向“时代楷模”张玉滚同志学习等活动，营造学习先进、争当先进的浓厚氛围，大力弘扬奉献、奋斗精神，鼓励广大教师以先进教师为榜样，爱岗敬业、潜心教书、用心育人、无私奉献，更好地担负起学生健康成长指导者和引路人的责任，努力做党和人民满意的“四有”好老师，展现新时代教师的崇高精神境界和高尚道德情操。

为建立师德建设长效机制，河南省教育厅研究制定了中小学教师师德行为“十不准”和加强师德建设的若干意见，逐步建立了师德问题报告制度和舆论监督制度，并对各地师德建设工作进行督导检查。河南省教师正以本省先进教师典型为榜样，担负起学生健康成长指导者和引路人的责任，努力做党和人民满意的“四有”好老师。师德先进典型不仅为广大教师树立了榜样，更为维护教师队伍良好形象、持续提升师德社会满意度、办好人民满意教育奠定了坚实基础。在先进典型的引领下，河南省教师的思想道德素养和人格魅力持续提升，师德师风建设水平不断提高，并取得了显著成效。

三、在职教师培训状况

在职教师培训是提高教师资质水平，并为促使教师充分发挥其潜能而培养其

① 张楠．河南省教育系统学习李芳同志先进事迹座谈会在郑州召开[EB/OL]．（2018-07-12）[2020-10-17]. http://www.hateacher. cn/content.html?id=132.

② 中共河南省委高校工委，河南省教育厅．关于开展“寻找李芳式的好老师”大型宣传推介活动的通知[EB/OL]．（2018-11-11）[2020-10-20]. http://www.hateacher.cn/content.html?id=156.

③ 中共河南省委高校工委，河南省教育厅．关于深入开展“向李芳同志学习，争做‘四有’好老师”主题教育活动的通知[EB/OL]．（2018-10-08）[2020-11-10]. http://www.hateacher.cn/content.html?id=286.

④ 中共河南省委高校工委，河南省教育厅．关于举办“争做李芳式的好老师”主题征文活动的通知[EB/OL]．（2018-10-08）[2020-11-10]. http://www.hateacher.cn/content.html?id=155.

必需技能的重要活动。在职教师培训是教师继续教育的主要形式、教师专业发展的枢纽阶段、教师教育改革的发力点与聚焦点，其质量直接影响教师的专业发展水平、教师队伍质量和学校教学水平的提升。河南省重视在职教师培训工作，扎实推进“国培计划”和“省培计划”，在“国培计划”没有覆盖的区域，安排专项经费，积极实施“省培计划”，并充分发挥其引领、带动和提升作用，提高在职教师培训的实效。河南省教育厅注重引导各地深入开展教师培训工作，实现骨干教师培训的全覆盖，督促各地建立具有自身特色的教师培训体系，打造地方培训特色。

（一）“国培计划”实施状况

“国培计划”实施10多年来，河南省分批次实施了教师培训团队研修、送教下乡培训、乡村教师访名校培训、乡村教师网络研修和乡村校园长培训等项目，实现了培训项目的全覆盖，全方位、多角度提升了全省乡村教师队伍的整体质量。各承训单位在省教育厅的指导下，积极创新，带动和促进了全省教师培训模式的改革。“国培计划”从1.0版到3.0版，随着现代信息技术快速发展，河南省紧抓时代机遇，创新实施“互联网+教师培训”新模式，建立了近百个县域内的网络研修社区，教师网上和网下研修结合、虚拟学习和教学实践结合的混合学习模式日趋成熟。线下学习更加突出了实践性和实战性，基于教学现场、走进真实课堂的培训效果越来越好，教师边学习、边实践、边应用、边提升的机制基本建立。①同时，河南省还建立了线上线下相结合的需求调研、过程管理和绩效评价机制，不断提高在职教师培训的针对性和有效性。

“国培计划”在河南省的执行过程分为三个阶段，包括培训准备阶段、培训实施阶段和培训考评与反馈阶段。②第一个阶段是培训准备。首先，河南省教育厅专门设立“国培计划”项目办公室，并分设具体项目执行办公室，采取实地考察、问卷调查、访谈等方式对“国培计划”项目实施情况进行全面细致的专项调研，并做好项目规划设计。其次，“国培计划”项目办公室在河南省教师教育网和教育部项目管理系统发布项目招标公告，遴选培训机构。评审分为网络评审和集中评审两个环节。入围的培训机构与各项目县双方对接，共同细化设计各项目的具体实施方案。复核入围的培训机构与各项目县实施方案，报教育部、财政部评审。最后，采取教师申请、学校推荐、省级教育部门审核的程序来选派参训学员。第二个阶段是培训实施。首先，实施集中培训。参训教师按照河南省教育厅的安排，

① 河南教育宣传网. 以师资水平的提升推动基础教育高质量发展——河南省“国培计划”十周年概览[EB/OL].（2020-09-22）[2020-10-23]. http://zsc.shuren100.com/Home/News/details/id/3853.html.

② 陈风. “国培计划”在省级层面的执行过程分析——以河南省乡村教师访名校项目为例[D]. 开封：河南大学，2017.

到指定的院校（机构）进行集中培训。培训机构认真落实培训方案，提前让参训学员了解培训方案、课程表、授课教师等信息。其次，开展训后跟踪指导活动。教师培训主要以教师工作坊的形式来进行，将网络研修与集中培训相结合，实现教师学用结合，以确保研修实效性。最后，采取网上诊断、问题解答、资源分享等方式，由工作坊坊主对教师进行个性化指导。第三个阶段是培训考评与反馈。一方面，开展项目绩效考评。按照"实事求是、客观公正、科学有效、分类考评"的原则，对"国培计划"各项目的设计方案、实施情况、绩效目标实现程度、预算执行情况等内容进行综合性考评。另一方面，总结项目实施工作。省"国培计划"项目办公室根据评估结果进行下一年度培训机构和项目县的遴选与调整工作。

河南省"国培计划"分"中西部项目"和"幼师国培项目"两大类实施。"国培计划（2018）"具体培训项目分别按照教师培训团队研修、送教下乡培训、教师工作坊研修、乡村教师访名校和校园长培训五类设计。[①]其中，送教下乡培训项目是河南省"国培计划"工作的重点，包括高校送教下乡项目和项目县送教下乡项目。教师工作坊研修项目旨在建立"个人空间—工作坊—学校社区—区域社区"一体化的县域网络研修社区，建立校本研修常态化运行机制，推进乡村教师边学习、边实践、边提升。乡村教师访名校项目下设教学点教师访名校、村小教师访名校、"特岗教师"研修项目、乡村新建公民办幼儿园教师（含转岗教师）培训、紧缺薄弱学科（领域）教师培训、乡村中小学主干学科教师（含乡村公民办幼儿园教师）培训、少先队辅导员培训、党员教师培训、家庭教育指导师培训等 9 个子项目。"国培计划（2019）"与"国培计划（2020）"的具体培训项目基本相同。其中，中西部项目包括乡村中小学教师专业能力建设、中小学教师信息技术应用能力提升工程 2.0、乡村中小学校长领导力培训、乡村学校校本研修和紧缺薄弱学科（领域）教师培训等项目；幼师国培项目包括幼儿园教师职业行为准则培训、幼儿园新入职教师规范化培训、非学前教育专业教师专业补偿培训、乡村幼儿园教师保教能力提升培训、幼儿园骨干教师访名校浸润式培训、幼儿园园长法治与安全教育培训、乡村幼儿园园长办园能力提升培训、幼儿园教师信息技术应用能力提升工程 2.0、家庭教育指导师培育对象培训和送教下乡培训等项目。[②]每一类培训项目的具体申报条件要求都很高。比如，要求申报单位须是具备教育部"国培"资质的单位，承担过"国培"项目、培训效果好、社会信誉度高的单位，部属师范大学、省部共建师范大学或省内外省级及以上示范性单位，等等。"国培计划"绩效考核结果排名末位的项目承训单位不能再参与同类项目

① 河南省教育厅，河南省财政厅. 关于遴选 2018 年"国培计划"项目承担单位的通告. [EB/OL].（2018-05-11）[2020-06-20]. http://www.hateacher.cn/content.html?id=189.

② 河南省教育厅，河南省财政厅. 河南省教育厅 河南省财政厅关于遴选 2020 年"国培计划"项目承担单位的通告[EB/OL].（2020-04-08）[2020-06-27]. http://jyt.henan.gov.cn/2020/04-08/1605171.html.

的申报。实行申报方案专家评审末位淘汰制。培训项目的申报要求也很严格：要突出项目主体，紧紧围绕助力项目县教师培训机构、中小学幼儿园、校（园）长和教师等 4 个主体的发展需求；要加强培训专家团队建设，遴选熟悉基础教育情况的高校专家和具有较强培训能力的一线优秀教师、教研员、校长组建高水平的培训专家团队；要分层分类设置培训内容，根据所申报项目实施要求，有针对性地设计培训内容模块和专题，注重实践性培训环节的合理安排；要结合实际创新培训模式，将互联网+、大数据、虚拟现实、人工智能等新技术融合运用到教师培训中，不断创新培训模式；要加强全过程质量管理，以项目目标为出发点和落脚点，从培训调研、方案研制、答辩立项、组织实施、动态调整、后期跟踪、经费管理、总结提升等各个环节加强质量管理；要提高成果产出质量，打造一批教师成长典型案例和一批接地气、有实效的校本研修模式，建立不同县域内教师专业发展常态化、长效化新机制。

河南省教育厅组织专家对各申报单位的“国培”培训方案进行评审和筛选，经商河南省财政厅同意后，开始进行组织和实施工作，就具体实施提出明确要求。一是各单位要提升工作站位，不断提高精准培训的组织实施能力，不断增强教师立德树人的本领，建设适应教育现代化要求的高素质专业化创新型教师队伍。二是各单位要强化能力建设，持续加强县级教师培训机构建设力度，完善县级教师发展支持服务体系。三是各承训单位要修订完善培训方案，制订科学合理的分阶段、递进式培训项目组织实施方案，不断提升教师培训的专业性、科学性和时代性。四是各承训单位要改进培训内容，实施实践性培训、案例式教学和参与性培训，实践性课程比例不少于 50%。五是各承训单位要创新培训模式，将大数据、虚拟现实、人工智能等新技术融合运用到教师培训中，实施同步在线、异步在线、同步异步相结合的混合动态延伸培训模式。六是各承训单位要规范过程管理，落实首席专家负责制，配备学科班主任和生活班主任，加强项目实施的过程管理，提升管理与服务质量。七是各承训单位要提高培训成果质量。要坚持成果导向，分项目、分类别、分对象设置不同的培训成果，不断提升教师参训的成长感和获得感。八是各承训单位要加强经费管理，完善项目预决算，严格经费报销，提高经费使用效益，同时要保留经费使用原始单据备查，确保专款专用。九是各市县要精准选派学员，建立教师参训数据库和储备库，按照参训学员遴选条件，根据各项目分配名额统筹做好各类项目参训教师的选派工作。十是河南省教育厅持续加大绩效管理力度，定期对各市县学员选送率、结业率和选送质量，各承训单位报到率、结业率及实施情况等进行通报，实施项目绩效考核末位淘汰制度。[①]这

① 河南省教育厅. 河南省教育厅关于组织实施“国培计划（2020）”——河南省中小学幼儿园教师培训项目的通知[EB/OL].（2020-08-15）[2020-10-20]. http://jyt.henan.gov.cn/2020/08-15/1879079.html.

些具体要求从思想、能力、培训方案、培训内容、培训模式、培训过程管理、培训成果质量、经费管理、学员选派和绩效管理等方面对“国培”实施过程进行了全方位的部署，为各承训单位提供了明确的指导，确保“国培”得以顺利实施。

河南省教育厅严格按照“国培计划”项目设置安排和参训学员名额分配表，遴选参训人选，坚持“公开、公平、公正”的原则，采取教师申请、学校推荐、教育行政部门审核的方式选派有需求的教师参加培训。①在对推荐的参训学员进行审核时，河南省教育厅严格审查学员资质，确保学员完全符合参训条件，均衡考虑学员的地域分布，扩大项目覆盖范围。参训学员一经确定，原则上不能更改。各单位要积极为参训学员创造学习条件，及时通知并督促参训学员按时参训、完成各项学习任务，确保参训率和结业率。

为保证“国培计划”的有效、深入实施，河南省加强培训的过程监督，按照《河南省“国培计划”过程管理视导评价表（试行）》，委托第三方按照过程管理、培训成果考核、参训教师满意度、相关利益群体评价等进行绩效评价，持续实施项目绩效考核末位淘汰制。②考评内容主要有四个方面：一是整体培训情况、取得的成效。二是主要举措、经验和亮点，包括项目协同实施情况、网络研修社区和教师专业发展支持服务体系建设情况等。三是存在问题及对策分析。四是项目后续实施的安排与设想。③考评方法采取单位自评、网络匿名评价和专家现场考评相结合的方式。项目绩效考评评估结果根据综合考评得分，分为优秀、合格和不合格三个等级。省教育厅将根据项目绩效评估结果，对绩效评估优秀的单位予以奖励，并在下一年度优先安排同类项目；对绩效评估不合格的项目单位，将调整培训计划或取消项目承担资格；对严重违背有关规定的相关单位和人员给予通报批评并追究责任。

河南省“国培计划 3.0”开局良好，项目实施整体目标高质量完成，项目全过程绩效管理创新推进，项目实施质量大幅提高。“国培计划”示范引领、雪中送炭和促进改革的宗旨得到进一步强化，提质增效、服务大局、教师中心和遵循规律的新精神得到了有效贯彻和落实。④河南省各地各单位按照教育部和河南省教育厅要求，结合实际情况，根据在线培训需求，采取在线培训的形式组织实施急需的培训项目，研制教师培训课程新方案，发挥教师培训者新作用，提升在线培

① 河南省教育厅教师教育处. 关于组织 2020 年“国培计划”——示范性项目参训学员选派工作的通知[EB/OL].（2020-09-14）[2020-06-20]. http://www.hateacher.cn/content.html?id=483.

② 河南教育宣传网. 以师资水平的提升推动基础教育高质量发展——河南省“国培计划”十周年概览[EB/OL].（2020-09-22）[2020-10-23]. http://zsc.shuren100.com/Home/News/details/id/3853.html.

③ 河南省教育厅. 关于对“国培计划（2017 年）”——河南省中小学幼儿园教师培训项目进行绩效考评的通知[EB/OL].（2018-01-12）[2020-06-22]. http://www.hateacher.cn/content.html?id=212.

④ 河南省教育厅新闻办. 河南省 2020 年“国培计划”实施工作管理者高级研修班视频会议举行[EB/OL].（2020-05-15）[2020-06-10]. http://www.haedu.gov.cn/2020/05/15/1589511022133.html.

训的效果。

河南省自2010年“国培计划”实施以来，进展顺利，参训中小学教师众多，该项目成为河南省中小学教师接受素质提升的重要途径和平台。“国培计划”为河南省中小学培训了一大批骨干教师、名师和管理者，对提高中小学的教育教学质量有很大的促进作用。一是“国培计划”为中小学教师提供了高质量的学习基地和良好的实习机会。为了确保国培的质量，河南省教育厅遴选了一批优质中小学学校作为“国培计划”培训基地，这些基地都是由各地市推荐的优质中小学，教学质量高、教师素质好、教学理念先进、教学条件优越，河南省教育厅还专门给这些学校下拨经费，用于校园建设和接纳国培学员进行学习，为国培学员提供良好的学习基地。许多教育专家、教学名师及一线的中小学教学骨干教师参与了培训，让中小学教师和管理者零距离接触教育界的顶级权威，接收最新、最前沿的教育教学理念，为国培学员提供良好的学习机会。二是“国培计划”使培训机构和基础教育建立了紧密的联系。“国培计划”是由省级教育行政部门统筹、地方教育行政部门协调、各地培训机构承办、基层学校和教师参与的一项庞大的系统工程，培训机构和当地教育部门建立紧密的联系。在项目实施过程中，培训机构及时从教育行政部门获取最新的教育政策和教育动态；在地方教育行政部门的配合下，到基层学校进行培训需求调研，通过跟班听课、开座谈会、发放调查问卷等方式，了解基层教育的现状，倾听基层教师的呼声，了解基层教育的需求；在培训过程中，培训机构还可以和基础教育一线教师密切接触，全面掌握他们的动态。这些工作，不仅为培训机构做好国培工作服务，而且对培训机构的发展也有很大的帮助。①三是“国培计划”为在职教师教育积累了丰富的高质量的教学资源。教育部为“国培计划”的顺利实施，建立了严格的质量监控体系，对培训师资有严格的要求。在实施“国培计划”中，知名高校教授和一线名师为国培学员讲学及上示范课。这些高水平的教授、名师的授课视频和课件成为教师教育的珍贵教学资源。同时，参加国培的学员大多数是当地的骨干教师，在培训过程中，他们参与教学设计，参加教学比武，也生成大量的高质量的学科教学资源，如教案、教学课件、教学视频，这些来自一线的教学资源也非常有用。“国培计划”是一项“功在当代，利在千秋”的伟大事业。

但是“国培计划”在实际的操作过程也存在一些有待改进的地方。一是培训模式及方法相对固定单一。自实施“国培计划”以来，一些培训模式长期固定不变，具体的培训方法也比较单一，理论研修与实践研修结合得不够紧密，理论研修课程、课时较多，实践研修课时相对不足。二是缺乏有效的后期跟踪指导。在实际培训中，一些培训机构往往只关注参训学员在培训期间的学习状况，忽视培

① 陈文中．“国培计划”对地方高校教师教育的促进作用[J]．考试周刊，2016，（14）：14.

训的跟进指导，虽然在培训方案中设计了跟踪指导的内容，但在实施过程中却落实不到位。培训结束后，对有些教师只进行简短的电话联系和反馈，反馈后的专家指导和与专家的深入交流则难以保证，影响了培训的效果。

（二）“省培计划”实施状况

“省培计划”是河南省为进一步加强全省教师队伍建设，全面提高教师队伍素质而实施的一项省级重点师资培训计划。河南省教育厅、财政厅于 2011 年 11 月启动了“省培计划”，对 2011—2020 年省内中小学及幼儿园教师队伍培训工作目标与任务等进行了全面规划。河南省投入 2020 万元，专门用于培训河南优秀中小学教师和幼儿园名师，打造豫籍中小学名师。到 2015 年，培育 300 名省级中小学和幼儿园教育教学专家、2500 名省级中小学名师；到 2020 年，省级名师达到 5000 人。[①]“省培计划”项目分两大类实施：第一类是中小学教师省级示范性培训项目，包括中小学优秀教师境外培育研修项目和中小学幼儿园名师培育项目等，由省教育厅直接组织实施；第二类是中小学教师地方培训项目，包括中小学教师置换脱产研修、短期集中培训、远程培训、学前教育教师培训、农村中小学送教下乡五类项目，由各地市结合当地实际，采取多种方式开展培训。和以往的培训不同的是，在此次出台的“省培计划”中，专列了“中小学优秀教师境外培育研修”项目，其目的是每年从河南省中小学和幼儿园中选拔一批优秀教师送到境外高校和培训机构进行研修，学习先进理念。

河南省教育厅对“省培计划”各类项目都进行了需求调研、培训方案研制、审核与实施。第一，对中小学优秀教师境外培育研修项目进行需求调研、培训方案研制、审核和实施。河南省教育厅设在河南师范大学的河南省中小学优秀教师境外培育研修项目办公室主要负责境外培育研修项目的调研与实施工作。项目培训方案主要包括两个方面：一是为期 1 周的境内研修方案，针对学员开设国外中小学教育方面的专题讲座，组织学员学习如何进行中外教育交流的视听说互动活动以及参与境外研修的注意事项等内容；二是为期 20 天左右的境外研修方案。此项目的实施包括教师遴选、教师资格审查及出境前培训、境内外培训机构的遴选与联系等工作。第二，对名师培育项目进行需求调研、培训方案研制、审核与实施。2013 年，河南省教育厅启动了中原名师培育工程。河南大学、河南师范大学、河南教育学院、郑州师范学院、郑州幼儿师范高等专科学校及各自的基地中小学校等都是省级名师培育项目的培训基地。这些院校进行了形式多样的培训需求调

① 大河报. 我省启动“省培计划”2020 万元打造中小学名师[EB/OL].（2011-11-05）[2020-06-11]. http://www.haedu.gov.cn/2011/11/05/1320460621975.html.

研，力图广泛了解学员的专业需求。[①]郑州和濮阳两市教育局因加大在名师培育工程中的投入力度和注重创新而取得了较为显著的成效，河南省教育厅专门印发材料推广两地经验。其中，郑州市的经验集中体现在目标制定和规划合理、培训课程资源丰富、重视搭建多渠道的名师培养平台、组织高质量的名师培育活动、及时提炼和总结经验等方面。从省级名师培育方案的实施情况来看，各培训单位都严格落实省级名师培育对象的资格审定、培训、考核、选拔及认定等环节。第三，对地方项目进行培训需求调研、培训方案研制、审核与实施。2013 年，河南省教育厅、财政厅召开了“省培计划”——地方培训项目启动会暨评审会，本着“高标准、严要求”的原则，对各地“省培计划”培训实施方案逐个进行点评，并提出针对性的修改意见。[②]河南省教育厅指导各地在训前组织学员参与现场或网上发布的问卷调查，征集和整理学员的问题、困惑和案例等，完成培训需求的前测工作，据之进行项目规划、培训方案和课程模块研制、培训团队组建等。地方项目培训方案的内容一般包括：明确所实施项目的类别及目标定位，实施规划培训学科、参训人数、培训机构、时间安排和经费管理等工作；结合学员的培训需求，设置课程模块，设计培训内容、培训形式、学时等；培训绩效展望和分析，包括经费投入的情况、对学员的影响等。地方项目培训方案需提交省级专家组审核，各地根据专家组反馈的共性或个性问题进行修订后才可付诸实施。目前，河南省地方项目的实施基本趋于常态化。

河南省教育厅于 2016 年对“省培计划”（2017—2020 年）地方培训项目进行需求调研，进一步深化了教师教育领域的综合改革。[③]“省培计划”自 2012 年实施以来，培育了 1 万余名省级骨干教师，较好地发挥了示范引领和辐射带动作用，为河南省建设教师队伍梯队攀升体系和五级联动教师培训机制做出了重大贡献。但是，由于资金较为分散，各县（市）培训规模受限、培育的省级骨干教师学段和学科不均衡，严重影响了教师队伍整体素质的提升。从 2017 年起，“省培计划”由原来的自下而上申报变为自上而下全省统筹实施，河南省教育厅、省财政厅要求各单位制定“十三五”省级骨干教师培育规划，并上报“省培计划”（2017—2020 年）地方培训项目需求。培训指标向乡村教师倾斜、向紧缺薄弱学科教师倾斜，将“省培计划”与贯彻落实乡村教师支持计划结合起来，与区域教师梯队攀升体系建设结合起来，与区域教师专业发展支持服务体系建设结合起来。

① 吕敏霞. 河南省实施“省培计划”的成效、问题与改进建议[J]. 河南教育学院学报（哲学社会科学版），2014，33（6）：37-41.

② 河南省教育厅办公室. “省培计划”地方培训项目启动[EB/OL].（2013-03-06）[2020-06-12]. http://jyt.henan.gov.cn/2013/03-06/1614938.html.

③ 河南省教育厅办公室. 关于对“省培计划（2017-2020）”地方培训项目进行需求调研的通知[EB/OL].（2016-06-29）[2020-06-23]. http://www.haedu.gov.cn/2016/06/29/1467166902823.html.

河南省“省培计划（2020）”项目分示范性项目、一般性项目和专项项目三类。其中，示范性项目聚焦教师培训师培育对象的培育，一般性项目聚焦中小学名校长、名师、幼儿园骨干园长及骨干教师等教师群体的专业成长，专项项目聚焦教师教育管理者和特定教师群体业务能力的提升。该项目由北京大学、北京师范大学等22个单位承办。[①]河南省教育厅要求各承训单位整合资源，加大政策经费支持力度，推动新时代中小学教师梯队攀升体系和教师专业发展支持服务体系建设；精准匹配培训内容，分层、分类构建培训课程体系；充分利用互联网、大数据、人工智能等信息技术，以异步、同步、同步与异步相混合的方式开展在线培训；抓好学员通知报到、课程安排、班级管理、食宿安排、成果打造、跟踪问效等各个环节；树立一批教师成长典型案例，为每位教师量身打造一节金课，形成生成性课程资源，并建立有效的培训成果转化机制；严格经费报销，提高经费使用效益，确保专款专用。同时，各县（区、市）教育行政部门要严格按照分配名额和遴选条件统筹安排好学员的选派工作，确保足额完成下达的指标，确保参训学员的报到率。河南省教育厅进一步加大绩效考核力度，把培训计划名额完成率、报到率、报送资料质量和水平将作为年终绩效评估、下年度引导奖励的重要依据，根据综合成绩实行年度末位淘汰制。

河南省在“省培计划”方面取得了很大的成就。一是扩大了培训对象的范围，重视针对农村教师的培训工作。“省培计划”重视开展中小学教师全员培训和针对农村教师的培训，扩大了培训对象的范围，这一点主要是通过地方项目的实施来实现的。“省培计划”明确提出，地方项目的培训对象是中小学幼儿园教师，要适当向农村教师倾斜；要充分考虑学员地域分布的均衡性，并扩大项目覆盖范围，充分考虑“国培”或“省培”未涵盖的教师群体，避免重复培训等。农村教师培训机会较少，教师发展不平衡，这是河南乃至全国的教师培训普遍存在的情况，“省培计划”地方项目选择培训对象的做法弥补了这方面的不足。二是培养了一大批名师并积累了有效的教师培训经验。到2020年，河南省名师培育工程已认定了一大批从幼儿园到高中不同学段的省级名师和省级骨干教师。这批名师、骨干教师或走上了领导岗位，或成长为反思型、科研型教师，或成为“国培”“省培”“市培”计划的专家库成员，成为河南省基础教育战线的业务骨干和领军人才。“省培计划”培育了一批优秀“种子”教师，发挥了示范引领作用，有助于提高广大中小学教师，特别是农村教师队伍的整体素质，推进义务教育的均衡发展。[②]河南省通过“省培”计划，积累了丰富、有效的教师培训经验。河南省教

① 河南省教育厅. 河南省教育厅关于组织实施河南省 2020 年“省培计划”培训项目的通知[EB/OL].（2020-06-05）[2020-07-12]. http://www.haedu.gov.cn/2020/06/05/1591321449197.html.

② 吕敏霞. 河南省实施“省培计划”的成效、问题与改进建议[J]. 河南教育学院学报（哲学社会科学版），2014，33（6）：37-41.

育厅遵循“分级负责、上下联动”的实施原则，采用自上而下的培训措施落实和自下而上的培训经验探索相结合的方式，以点带面促使名师发挥群体引领和辐射作用，引领全省专任中小学幼儿园教师群体实现专业成长。三是壮大了地方尤其是县级教师培训机构的力量。自 2012 年起，河南省教育厅启动了县级教师培训机构标准化和示范性评估认定工作。河南省教育厅还组织了优质课比赛、优秀论文评选、示范性县级教师培训机构评选和年度评估等活动，加强县级教师培训机构质量建设。河南省每年安排经费 400 万元，带动县（区、市）投入 1 亿多元，稳步推动了县级教师培训机构的省级示范性和标准化建设工作，46 个单位达到省级示范性，29 个单位达到省级标准化，很多县实现了从无到有、从有到优，夯实了县域教师专业发展的基础。河南全省涌现出一大批先进典型。比如，卢氏县、濮阳县、滑县的送教下乡和教师工作坊研修模式已经走出河南、走向全国，永城市、中牟县成为新建县级教师培训机构的标杆。[①]由此，以县级教师进修学校为主的地方教师培训机构通过配合实施“省培计划”中的地方项目、名师培育项目等，在原来主要发挥中小学教师学历补偿教育功能的基础上，迅速发展壮大起来，为促进河南省教师专业成长发挥积极作用。

除了取得上述成效之外，河南省实施“省培计划”的过程中也存在一些问题。一是地方项目种类略显单一。地方项目包括短期集中培训、置换脱产研修、远程培训、学前教育教师培训、送教下乡五类项目，各地可结合实际设置上述五类项目或从中选择一二。由于培训时间集中易操作、工学矛盾易解决、所涉及的参与方较少和成本低等原因，各地在实践中主要开设的是短期集中培训和远程培训项目，其他几类项目则较少开设。地方项目的开设种类略显单一，很多教师没能享有充分的接受培训的机会，也没能享受到接受多样化的培训服务，地方项目的实施效果受到了一定程度的削弱。[②]二是名师培育项目的考评方式与标准不够完善。有的单位较少或没有考虑学员返校实践环节的表现，仅对学员集中培训期的表现进行考评并选拔出省级名师；考评学员的表现时，培训单位主要以实践基地校的名师意见为依据，同时综合学员出勤情况等来考评学员，但由于学员往往被分配到不同的实践基地校，这就可能存在着对学员的评价标准不一的问题。这些问题的解决有助于提高名师培育的质量和名师选拔的公平性。

通过“国培计划”和“省培计划”的实施现状，可以看出河南省在职教师培训存在以下特点：第一，发展理念由分散走向一体。在培训补偿发展阶段，教师培训的主要目的是达到一定的学历标准。到高质发展阶段，教师培训把培养和培

① 河南教育宣传网. 以师资水平的提升推动基础教育高质量发展——河南省“国培计划”十周年概览[EB/OL].（2020-09-22）[2020-10-23]. http://zsc.shuren100.com/Home/News/details/id/3853.html.

② 吕敏霞. 河南省实施“省培计划”的成效、问题与改进建议[J]. 河南教育学院学报（哲学社会科学版），2014，33（6）：37-41.

训作为一个整体，并从体系和规划的视角来把握教师培训过程，体现了教师发展的一体化理念。第二，培训课程由重理论转向重实践。随着培训内容由单一知识维度逐渐变化为道德、知识、能力三维标准，培训内容的实践倾向也愈加明显，实践课程在培训中的重要性越来越突出。第三，培训价值由重工具转向重人本。无论是在教师培训的补偿阶段还是规模发展阶段，教师培训的主要目的都是适应社会发展、适应教学需求，教师培训更多地体现在教师作为教育发展的工具价值上。在工具价值的基础上，高质发展阶段注重教师个人专业发展的本体价值得到了重视和体现。

河南省在职教师培训实现了从短期集中、置换脱产为主的培训到网络远训、混合培训、送教下乡和工作坊研修等的转变。“国培计划”和“省培计划”与时俱进，培训方式持续创新，培训实效不断提升。所有这些方面都促进了参训教师的专业发展，进而有效地带动了教师队伍的整体素质提升。在取得重大成就的背后，在职教师教育也存在着一些问题，如不同类别和层次的培训项目之间缺乏整体统筹和协调；培训精英化问题严重，普及性不够；“国培”“省培”指标少，参训条件门槛高，参训人员相对集中，青年教师、普通教师参训机会少；教师参训动力不足；培训针对性还不够强；训后跟踪落实不够；等等。这些问题都需要河南省教育相关部门和工作人员予以高度重视，认真加以研究，提出切实可行的解决对策并在实际工作中落实。

第三节　河南省教师资格考试管理与教师梯队建设现状

教师资格考试既是教师职业准入制度的主要内容和保障教师队伍质量的关键环节，也是教师专业化建设的基础和保障，旨在促进教师队伍的规范化、生态化和持续专业化。其承载着国家意志，蕴含着师范性和专业性，内在规定着选拔出高素质专业化创新型教师的价值追求。教师资格考试制度在保障教师从业者基本素质中发挥着重要的作用，对于教师专业化发展和教师队伍建设也具有重要的价值和意义。

河南省教师资格考试自 2015 年起不再由本省自行组织命题和考试，开始归入国家统一考试和认定范围，同时，试行 5 年一个周期的中小学教师资格定期注册制度，考试制度和管理愈加完备和规范。

在教师梯队建设方面，河南省按照“建标准、育名家、强体系、抓引领、促全员”的发展思路，健全以中原名师为引领，从县级骨干、县级名师到市级骨干、市级名师，再到省级骨干、省级名师的新时代中小学教师梯队攀升体系，发挥名师骨干教师的示范引领、辐射带动作用，形成一级带一级、骨干带全员的教师发展新局面。

一、河南省教师资格考试管理状况

教师资格考试既是国家监测和保障教师质量的工具，也是判断教师教育教学专业认知能力的一种有效工具，具有个体发展性价值和社会功能性价值。教育部于 2013 年发布《教育部关于印发<中小学教师资格考试暂行办法><中小学教师资格定期注册暂行办法>的通知》，其中规定，承担教师资格考试改革试点的省（区、市）组织实施教师资格考试，中小学教师资格实行 5 年一周期的定期注册。①河南省自 2015 年起开始改革中小学教师资格考试和认定制度，实施国家中小学教师资格统一考试和认定政策，试行 5 年一周期的中小学教师资格定期注册制度。②河南省根据教育部关于教师资格考试管理的政策，对本省的教师资格考试制度、认定制度和注册制度进行了全面的改革。

第一，改革中小学教师资格考试制度。按照“国标、省考”的要求，自 2015 年起，河南省开始参加国家中小学教师资格统一考试。申请认定中小学、幼儿园和中等职业学校教师资格人员，笔试与面试的科目、试题、方式、标准、时间、合格成绩有效期等，均按照教育部统一规定执行。河南省普通高等学校大专毕业班学生、普通本科三年级及以上学生、专升本三年级及以上学生，可在就读学校所在地报考。在读研究生不受年级限制，可在就读学校所在地报考。非普通高等学校在校生须具有河南户籍或持有有效期内的河南省居住证，并取得相应学历。被撤销教师资格的，5 年内不得报名参加考试；受到剥夺政治权利，或故意犯罪受到有期徒刑以上刑事处罚的，不得报名参加考试。报名资格审查贯穿教师资格考试、认定的全过程。河南省教师资格考试包括笔试（教育理论考试）和面试（教育教学技能测试）两种形式。笔试时间和内容全省统一，由河南省教师资格管理办公室负责组织实施（包括命题、阅卷、成绩发布等），面试由省辖市教育局或县（区）教育局负责组织实施。教师资格考试的笔试为一张综合试卷，内容涵盖六个教育学分支学科：中小学教育学、中小学教育心理学、教师职业道德、教育法规概论、学生与团队管理概论和教学方法导论。笔试成绩在申请当年和次年有效。③面试采取结构化面试、情境模拟等方式，通过备课（或活动设计）、试讲（或演示）、答辩（或陈述）等环节进行，主要考核申请人职业道德、心理素质、

① 教育部. 教育部关于印发《中小学教师资格考试暂行办法》《中小学教师资格定期注册暂行办法》的通知. [EB/OL]. （2013-08-21）[2020-06-08]. http://old.moe.gov.cn/publicfiles/business/htmlfiles/moe/s7151/201309/156643.html.

② 河南省教育厅. 关于印发《河南省中小学教师资格考试和定期注册制度改革实施方案（试行）》的通知[EB/OL]. （2015-07-08）[2020-06-11]. http://jyt.henan.gov.cn/2015/07-08/1602789.html. [2020-06-11].

③ 陈建国. 教师资格考试及管理现状调查研究——以河南省为例[J]. 中国教育学刊，2015，（4）：79-83.

仪表仪态、言语表达、思维品质等教学基本素养和教学设计、教学实施、教学评价等教学基本技能。报名参加河南省中小学教师资格考试面试的考生应当已参加全国中小学教师资格考试笔试，相应各科成绩合格并在两年有效期内。就目前教师资格考试的形式和内容而言，考试的形式是比较合理的，但考试的内容还不足以考查出申请者的实际应用能力，因此，有待进一步改革完善。

第二，改革中小学教师资格认定制度。申请幼儿园教师资格的，应当具备幼儿师范学校毕业及以上学历；申请小学教师资格的，应当具备中等师范学校毕业及以上学历；申请初级中学教师资格的，应当具备高等师范专科学校或者其他大学专科毕业及其以上学历；申请高级中学和中等职业学校教师资格的，应当具备高等师范院校本科或者其他大学本科毕业及以上学历。跨学科认定应参加国家教师资格统一考试。2016 年起入学的全日制普通院校师范生和全日制教育硕士，申请认定中小学教师资格，均应参加国家教师资格统一考试。自考、成招师范类专业毕业生，申请认定中小学教师资格须参加国家教师资格统一考试。申请者须参加中小学教师资格考试并取得“中小学教师资格考试合格证明”且在规定有效期内，普通话水平应当达到国家语言文字工作委员会颁布的“普通话水平测试等级标准”二级乙等及以上标准，符合《河南省教师资格申请人员体格检查标准》。可见，河南省教师资格认定工作愈加规范、严格和有序。

第三，实行中小学教师资格定期注册制度。河南省自 2015 年开始，选新乡市作为注册试点。定期注册的对象为河南省公办普通高中、初中、小学、幼儿园和中等职业学校的在编在岗教师。河南省从 2015 年起，选新乡市作为试点实行中小学教师资格首次注册和 5 年一个周期的定期注册制度。待时机成熟后，再在全省范围内推开。2016 年新增洛阳市、濮阳市、信阳市 3 个省辖市为第二批定期注册试点。2017 年新增安阳市、焦作市、鹤壁市、济源市、滑县、长垣县为第三批中小学教师资格定期注册试点。2018 年新增漯河市、周口市、驻马店市、平顶山市、南阳市、邓州市、鹿邑县、新蔡县、固始县开展了第四批中小学教师资格定期注册试点。2019 年新增郑州市、开封市、商丘市、许昌市、三门峡市、巩义市、兰考县、永城市、汝州市为第五批改革试点地区。

通过改革试点，规范统一教师资格考试标准，完善考试内容，强化职业道德、心理素养、教育教学能力和教师专业发展潜质，引导教师教育改革，严把教师职业准入关口，结合新任教师公开招聘制度改革，逐步形成了“国标、省考、县聘、校用”的教师准入和管理制度。开展中小学教师资格考试改革试点，是建设高素质教师队伍的重要任务，是建立健全教师管理制度的重要内容，对于提升教师队伍整体素质、提高教师社会地位、吸引优秀人才从教具有重要意义。目前，河南省教师资格证相关改革试点工作正稳步推进，进展顺利，推动了教师教育的改革发展。

实施中小学教师资格定期注册是健全教师管理体制、提高教师队伍素质的重要举措。该制度破除了教师资格终身制，既有利于盘活现有教师资源存量，激发教师潜心教学、加强学习研究的热情，又有利于教育行政部门和学校摸清教师队伍底数，规范教师资格证书管理，推进教师持证上岗制度的落实。但是在教师资格定期注册过程中，存在高段低聘注册等问题。高段低聘在定期注册过程中能通过注册，但具备高段教师资格证书的教师并不一定适合去教低年级的学生，而且这种默认的注册方式会促使更多教师热衷于考取高段的资格证书，使教师资格证书出现高段资格证书一边倒的畸形发展态势。另外，一些不符合定期注册标准的教师依然在一线教学，并没有完全脱离教学岗位，致使教师资格定期注册制度难以完全真正落实。

中小学教师资格统一考试政策实施以来，河南省已形成比较规范的教师资格认定程序，明确了申请不同层次和不同类型学校教师资格的条件，对师范生培养具有明显的促进作用，有助于提高高校师范生培养质量和教师队伍整体质量，化解师范生与非师范生在选择教师职业培养道路上的矛盾，有利于推动高师院校在教师教育人才培养目标与方向上的转型发展。

现行教师资格证书制度在保障教师从业者基本素质中的作用功不可没，但因其具有同质性大大削弱了教师资格证书在促进教师专业发展中的作用。目前的教师资格证书是同质性的，仅有学段和学科的区分而没有等级的差异，不能体现教师在专业水平和能力方面的差异。这样的制度弱化了教师资格证书的功能，致使其失去了促进教师专业发展的功用。由于教师资格证书缺乏分级，无论工作尽心与否、努力与否、出色与否，这张证明自己任职资格的证书不会有任何变化。①教师资格证书按学段和学科认定，并作为教师聘用的必备前提条件，但其使用还不够规范，一些学校招聘教师时并未严格执行必须取得教师资格证的规定，存在先上岗后考证的现象。教师资格证任教学科与实际任教学科在一定程度上也存在不一致的现象。语文、数学、外语等主要学科教师的任教学科与其教师资格证书基本一致，但在一些学校政治、历史、地理、生物等学科教师所持有的资格证书与其任教学科并不完全一致。为使教师资格证书具有持续性且有利于促进教师专业发展，河南省应逐步建立并推行教师资格证书的晋级制度，将资格证书的级别和专业权限与有效期相结合，建立教师职业发展阶梯，推行教师资格证书晋级制度，使教师资格认证等级多层次化。

二、河南省教师梯队建设状况

教师队伍是推动国家教育发展的主体，拥有一批高素质的教师队伍是保证和

① 陈建国. 教师资格考试及管理现状调查研究——以河南省为例[J]. 中国教育学刊，2015，（4）：79-83.

提高教育教学质量的重要基础，因此，必须加强教师队伍建设。而教师梯队建设是教师队伍建设的一个非常重要的环节，对于提高教师队伍的整体素质起着极为重要的作用。良好的教师梯队不仅会对教师教育和管理起到正面的推动作用，也会通过潜移默化的方式激发教师的工作和学习热情，增强教师的进取心，促使教师不断自我完善和提高。加强教师梯队建设，将不同梯队的教师按实际能力和需求分层次进行有侧重点的培养和培训，有助于促进教师专业素养的不断提升，加速形成一支业务精良、结构合理、创新进取、充满生机和活力的专任教师队伍，对于教育事业高效和可持续发展具有十分重要的现实意义。

名师和骨干教师是河南教育事业发展的重要资源。河南省已出台多项教师梯队建设工作相关政策，采取多种有针对性的措施，引导、激励各级各类学校、教研机构和教育行政管理部门努力提高教师管理服务水平，积极实施教师继续教育和培训，努力构建以中原名师为引领，以省、市各级名师和骨干教师为支撑的教师梯队攀升体系，打通整体向上的发展通道。

河南省在 2008 年启动了中小学名师培育工程，2013 年启动了中原名师培育工程，2014 年启动了中小学教师专业发展梯队攀升体系建设计划。依托“国培”和“省培”等培育平台，累计培育认定中原名师 117 名、省级名师 6200 多名、省级骨干教师近 4.6 万余名，杨文普、刘新选等 4 名教师入选国家“万人计划”教学名师，19 名教师入选中原“千人计划”教学名师。[①]引导带动市、县培育认定了相应比例、相应层级、相当规模的市、县级名师骨干教师队伍，各项培育工作向乡村教师倾斜，基本构建起从校级骨干到省级骨干、从县级名师到中原名师的中小学教师梯队攀升体系，形成了中小学教师教育发展的新格局。优秀教师脱颖而出的机制初步建立，有力推动了全省教师队伍整体素质的提升。

2013 年，河南省启动实施了中原名师培育工程，以中原名师为依托，将其所在学校打造成区域性的校本研修、教师发展和课程改革中心。[②]中原名师培育工程旨在培育一批基础教育的领军人才和教育教学专家，致力于构建起以中原名师为引领、从新入职教师到教育教学专家、从校级骨干到省级骨干、从县级名师到省级名师的河南省基础教育教师梯队建设体系，促进河南由教师大省迈向教师强省。2013 年度安排培育了 711 名省级名师培育对象，10 名首届中原名师已于 2013 年 7 月确定和公布。[③]中原名师培育工程得到了社会各界的广泛关注和认可，《人

---

① 杨雷. 以师资水平的提升推动基础教育高质量发展——河南省“国培计划”十周年概览[EB/OL].（2020-09-22）[2020-10-23]. http://zsc.shuren100.com/Home/News/details/id/3853.html.

② 河南省教育厅. 河南启动名师培育工程[EB/OL].（2013-06-24）[2020-05-25]. http://jyt.henan.gov.cn/2013/06-24/1623730.html.

③ 河南省教育厅办公室. 关于 2013 年度省级名师培育工作若干问题的通知[EB/OL].（2013-09-16）[2020-05-25]. http://jyt. henan.gov.cn/2013/09-16/1655207.html.

民日报》曾在头版头条以《河南创新开展乡村教师支持计划：农村娃“名师”教》为题予以报道。[①]河南省委组织部将中原名师列入省人才质量发展指数，河南省人社厅将中原名师、省级名师列入职称评审绿色通道，这激发了教师专业发展的内在动力。

河南省教育厅于 2014 年开始对全省中小学教师专业发展梯队攀升体系建设进行全面部署，明确提出了教师梯队建设的指导思想、基本原则、主要任务和保障措施。[②]河南省教育厅提出要以提高师德师能为核心，以优化结构为主线，以加强梯级教师队伍建设为重点，以深化教师教育领域综合改革为动力，努力建设一支数量充足、师德高尚、业务优良、结构合理、充满活力的高素质专业化教师队伍。基本原则包括：统一规划，分步实施；统筹兼顾，适当倾斜；逐级递升，有序推进。主要任务有：以中原名师为引领，以层级名师为中坚，以层级骨干教师为主体，以新入职教师为基础，以促进教师专业化成长为目标，建立教师梯队标准体系；以“国培计划”“省培计划”和中原名师培育工程及教师专项发展计划等项目为依托，建立教师梯队培育体系；建立教师梯队建设管理体系、培养选拔机制和发展激励机制。同时，河南省教育厅提出了组织、经费、智力和制度四个方面的保障。该政策为河南省教师梯队攀升体系建设指明了发展方向、提供了重要依据和保障，确保该项工作得以规范、有序开展。

2013—2017 年，河南省累计认定中原名师 74 人、省级名师 3500 余人、省级骨干教师近 3 万人。[③]以此，引导市、县构建起区域内教师梯队建设体系，致力于全体教师的专业化成长，基本建立起教师队伍梯队攀升体系，有力推动了全省教师队伍整体素质的提升。

2018—2019 年，河南省教育厅采取第三方评价方式，经过考核、公示等程序，共认定 41 名中原名师，其中 2018 年度中原名师 19 名[④]、2019 年度中原名师 22 名[⑤]，授予中原名师河南省中小学幼儿园教师教育专家称号，并以中原名师姓名命名组建中原名师工作室，同时授予其所在学校河南省教师发展学校称号，按项目予以 20 万元资助。《关于全面深化新时代教师队伍建设改革的实施意见》（2019

---

① 人民日报. 河南创新开展乡村教师支持计划：农村娃 “名师” 教[EB/OL].（2015-07-15）[2020-06-24]. http://www.wenming.cn/whtzgg_pd/ggjxs/201507/t20150715_2732133.shtml.

② 河南省教育厅办公室. 关于建立中小学教师专业发展梯队攀升体系的意见[EB/OL].（2014-12-11）[2020-06-20]. http://www.haedu.gov.cn/2014/12/11/1418281977695.html.

③ 河南省教育厅. 关于进一步加强中原名师培育工程管理工作的通知[EB/OL].（2018-01-22）[2020-07-25]. http://www.hateacher.cn/content.html?id=268.

④ 河南省教育厅. 河南省教育厅关于公布 2018 年度中原名师的通知[EB/OL].（2018-07-17）[2020-06-25]. http://jyt. henan.gov.cn/2019/07-19/1834748.html.

⑤ 河南省教育厅办公室. 河南省教育厅关于公布 2019 年度中原名师的通知[EB/OL].（2019-07-04）[2020-06-27]. http://jyt. henan.gov.cn/2019/08-26/1834749.html.

年5月出台）指出：经过5年左右努力，培养中原“千人计划”中原教学名师150名，中原名师、省级名师10 000名，省级骨干教师50 000名。到2035年，培养造就数以十万计的骨干教师、数以万计的卓越教师和数以千计的教育家型教师。①河南省要求各级名师和骨干教师不忘初心、牢记使命，潜心育人、扎根河南、无私奉献，努力成为豫派实践型教育名家，充分发挥对全省教师专业发展的示范、指导和支持作用。

为了进一步加强河南省中小学教师梯队攀升体系建设，全面提升教师队伍能力素质，全面推动河南省教师队伍建设再上新台阶，河南省教育厅于2020年4月印发了《河南省新时代中小学教师梯队攀升体系建设方案》②，对河南省中小学教师梯队攀升体系建设进行了重新规划和优化升级。河南省将按照“建标准、育名家、强体系、抓引领、促全员”的发展思路，努力建设一支高素质专业化创新型教师队伍。总体目标为经过5年左右的努力，培育认定中原名师300名，省级名师8000名，省级骨干教师4.2万名，引导市县培育相应层级、相当规模的名师和骨干教师。层级教师培育标准完善，教师人才培育模式成熟，教师人才培育基地优化，豫派实践型教育名家群体效应初步显现，教师梯队攀升体系不断增强。基本原则有：质量为本，选育并重；把握标准，强化考核；分类培育，示范引领；统筹兼顾，梯次推进。主要任务包括：一是放大教师梯队攀升格局。健全以中原名师为引领，从县级骨干、县级名师到市级骨干、市级名师，再到省级骨干、省级名师的新时代教师梯队攀升体系，推动河南省国家“万人计划”教学名师、中原“千人计划”教学名师等教师高层次人才队伍建设实现新突破。二是做优教师人才培育基地。认真遴选一批在国内外具有较高知名度和社会美誉度的高等院校、教师进修学校和中小学幼儿园，建立中原名师、省级名师和省级骨干教师培育基地，打造河南教师专业发展的研究基地、培育基地。三是打造梯级教师培育标准。着眼当前、立足长远，由省教育厅负责结合河南省实际制订中原名师、河南省名师、河南省骨干教师的培育标准，市、县教育行政部门分别负责制订本级名师、骨干教师培育标准，建立梯级教师培育标准体系，以标准化引领规范化，以规范化提升教师梯队攀升体系的建设质量。四是创新选拔培育模式。继续实行混合动态延伸的培育模式，具体环节由培育对象和培育基地共同商定，通过导师指导、基地研修、任务驱动、成果考核，持续提升培育工作的针对性和实效性。五是完善名师辐射引领机制。建立中原名师网络工作室，充分发挥大数据、人工智能等新技术在教师队伍建设中作用，通过在线课堂、双师课堂等，实现名师资源的全

① 中共河南省委，河南省人民政府. 关于全面深化新时代教师队伍建设改革的实施意见[J]. 河南教育（基教版），2019，（6）：7-10.

② 河南省教育厅. 河南省教育厅关于印发河南省新时代中小学教师梯队攀升体系建设方案的通知[EB/OL].（2020-04-22）[2020-06-19]. http://jyt.henan.gov.cn/2020/04-22/1605186.html.

共享、辐射带动的全方位和示范引领的全覆盖。另外，河南省教育厅还为河南省新时代中小学教师梯队攀升体系建设提供了组织、经费、智力和制度方面的实保障。该方案的出台为河南省构建新时代中小学教师梯队攀升体系树立了新的标杆、注入了新的动力，有助于加快河南省中小学教师梯队攀升体系建设的进度，并提高其建设的质量。

2020 年，河南省教育厅认定了 1029 名河南省中小学幼儿园名师和 4383 名河南省中小学幼儿园骨干教师。①同时，河南省教育厅还确定了 167 名教师为河南省 2020—2022 年中原名师培育对象，培育周期为 3 年，在全国范围遴选确定的中原名师培育基地，进行为期 3 年的系统性、专业性、递进式在职培育。②各级名师和骨干教师不忘初心，立德树人，努力做党和人民满意的“四有”好教师，不断发挥在教育教学、教育科研、指导青年教师成长等方面的示范引领和辐射带动作用，带动全省基础教育教师整体素质不断提升，为推动河南省由教育大省迈向教育强省做出贡献。

河南省通过加强教师梯队建设，激发了全省广大教师的工作积极性和创造性，促进了教师职业道德水准、专业化水平、科研能力和整体素质进一步提升，增强了整个教育组织的创造精神和活力，形成了以中原名师为引领、以省市级名师和骨干教师为支撑的教师梯队新体系，为教育事业的发展提供了坚实的人才保障。

河南省教师梯队建设还涉及考核与奖励、个人与团体等很多关系的处理，目前尚存在一些问题。一是教师梯队建设机制还不够完善、制度落实不到位。在具体政策实施过程中，一些主观意愿、客观条件（参选人的硬件标准、具体的量化指标等）以及主客观标准不在一个合理的比例之内等，这就会影响到制度落实的程度。二是随着教师梯队建设的持续推进，考核种类越来越多，考核任务越来越重，加重了教师的工作负担和压力。教师梯队建设在师资队伍建设中具有重要的引导作用和监督作用，是一项需要长期不断完善的系统工程，事关人才队伍建设的成效和国家教育战略目标的实现，需要社会各阶层的共同重视和积极努力。

为了保障教师教育质量，河南省不断完善教师教育评价体系，积极推进教师教育评价“管、办、评”分离改革工作。2014 年 1 月，河南省教育评估中心正式成立，该中心由河南省教育厅主管，以服务教育事业科学发展为宗旨，是目前河南省唯一一家省级第三方教育评估专业机构。该中心建有省内外一流专家组成的专家库，中心广泛开展各级各类教育评估、评审、评价及教育数据咨询，开展教育评估理论研究、学术交流、咨询服务和培训工作。河南省教师发展评估院由河

---

① 河南省教育厅. 河南省教育厅关于公布河南省中小学幼儿园第十一批名师、第十二批骨干教师的通知[EB/OL].（2020-05-06）[2020-06-20]. http://jyt. henan.gov.cn/2020/05-06/1605196.html.

② 河南省教育厅. 河南省教育厅关于公布 2020—2022 年中原名师培育对象的通知[EB/OL].（2020-10-27）[2020-11-26]. http://news.haedu. cn/newstongzhi/2020/1027/1124384.html.

南省教育厅批复筹建，并于 2017 年 12 月依托河南师范大学揭牌成立。评估院目前承担河南省师范类专业认证及各级各类教育行政部门研究确定的教师能力发展监测、教师发展软环境监测等专业发展评估等项目的具体实施工作；承担各级教育行政部门或机构委托的各类教育质量状况调查与评价工作；组织开展教育评估理论研究，参与教育评估政策制定。评估院重点围绕智库团队建设、开展各级各类教师专业发展评估、承担各级各类教育质量状况评价等领域开展工作，通过建立协调机制，做好服务保障，不断提升服务河南省教师专业发展的能力和水平。评估院的发展目标是力争成为引领河南省乃至全国教师教育和基础教育发展的学术引擎与学术高地，为学校、县区、省市和国家教师教育发展规划与教育决策提供智力支持，努力建设成为河南省教师教育领域具有重大影响、专业化、综合性的研究与服务平台。

为推进各级行政部门更好地履行教师教育发展职责，河南省不断健全教师教育监督机制，进行及时有力督导。在省级层面，河南省成立了河南省人民政府教育督导委员会，建立河南教育督导网。2019 年 9 月，河南省人民政府教育督导委员会会议召开，会议审议并通过了《河南省人民政府教育督导委员会工作规则》《2019 年对省辖市省直管县（市）人民政府履行教育职责评价推进全省教育大会精神贯彻落实专项督导方案》《河南省人民政府教育督导委员会关于聘任第七届省督学的通知》等文件。[①]2020 年 3 月，河南省人民政府教育督导委员会办公室印发《2020 年河南省教育督导工作要点》，要点指出：大力推进督政工作。开展义务教育阶段教师队伍建设和教师工资待遇落实情况专项督导。对“一补两贴”政策执行情况以及义务教育教师平均工资收入水平不低于当地公务员平均工资收入水平情况进行督导，推进教师待遇政策落地落实。[②]在教育督导方式上，河南省进行了“四结合”：一是要将传统途径和新的方法结合起来，利用丰富多样的督导方式，提升工作的针对性和实效性；二是要将“督”和“导”结合起来，在“督”的同时强化“导”的能力，从专业角度对督导对象进行指导帮助；三是将奖优和惩劣结合起来，对督导中发现的典型，好的表彰推广，差的突出治理；四是将督导与审计、巡视结合起来，借助巡视和审计部门的专业性，弥补教育督导力量的不足，达到事半功倍的效果。河南省在日常的督导工作中要求做到“四有”，规范运行机制，提高工作水平。即：工作有规划，按照规划有序实施，强调对重点问题的专项督导和对重大事项的挂牌督办；实施有标准，制定科学的评价体系，建立规范的督导程序，得出精准的评测结果；目标有把控，实事求是、切合实际

① 河南省教育厅新闻办. 省政府教育督导委员会会议在郑州召开. [EB/OL].（2019-09-30）[2021-05-18]. http://jyt.henan.gov.cn/2019/09-30/1622409.html.

② 河南省人民政府教育督导委员会办公室. 2020 年河南省教育督导工作要点[EB/OL].（2020-03-26）[2020-11-30]. http://dudao.haedu.gov.cn/2020/03/17/1584435173713.html.

地制定督导目标，让督导对象尽力而为、量力而行；推进有韧劲，盯住重点问题不放松、咬住关键事项不松口，用钉钉子的精神去推动问题解决，一抓到底，真正督出成效。[①]教师教育督导作为教师教育管理系统工程的重要组成部分，与教师素质的提高、教师积极性的发挥有着密切联系。到目前为止，河南省已构建起省、地（市）、县（市、区）三级教师教育督导网络，形成了一支专兼职结合的教师教育督导队伍；坚持对好的督导成果进行推广，以点带面，拓宽成果的积极意义，激发广大教师蕴藏着的巨大潜能，激励先进更先进，促进后进赶超先进；保障教师教育目标有效实现，促进教师教育质量不断提高，从而提升教师实践能力，提高教育教学质量，推动全省教育事业良性发展。

近年来，河南省相继召开一系列涉及教师教育发展的重要会议，陆续出台一系列有关加强教师教育发展的政策文件，积极履行省级层面的组织和管理职责，不断推进教师教育高质量发展，从指导思想、目标任务、总体要求等方面统筹规划，不断加快推动教育现代化；不断加大教师教育支持力度，发挥综合性大学的教师教育优势，构建具有河南特色的高水平教师教育体系，为河南教师教育发展提供政策支持和良好环境；加大教师教育资金投入力度，保障教育经费供应，探索信息技术和教育融合的新型教学方式，实现教育信息化创新应用；积极完善教育评价标准和督导管理体制机制，切实保障教师教育质量。各地市和高校、中小学等积极探索多种教师教育发展模式，积极完善教师教育管理、督导和评价体制，不断深化教师教育领域综合改革，努力构建具有河南特色的高水平现代教师教育体系，不断推进教师教育高质量发展，教师教育成效提振显著。

当前，河南省教师教育改革向纵深发展，教师教育专业化和一体化程度不断加深，教师教育的模式与路径更加趋向多元，现代教育技术对教师教育也产生了深刻的影响。河南省基础教育改革对师资的要求业已从追求数量转向追求质量，走向卓越是河南教师教育发展的必然趋势。新时期河南省教师教育发展依然任重而道远，要努力建设高素质、专业化、创新型教师队伍，持续推动教师教育高质量发展，为全省教育事业持续健康发展做出更大贡献。

① 郑邦山．深化教育督导体制机制改革 推进政府更好地履行教育发展职责[EB/OL].（2020-02-20）[2020-11-30]. http://www.moe.gov.cn/jyb_xwfb/moe_2082/zl_2020n/2020_zl09/202002/t20200220_422622.html?ivk_sa=1023197a.

第八章

河南省教师教育存在的问题及归因

第一节　河南省教师教育存在的问题

当今社会处在一个科技与信息交叉混合的时代，各种新的技术和思想不断变化，人们对新时期教师的期望值在不断提高，在这样的背景下，教师教育面临着巨大的压力和挑战。河南省虽然一直在为教师队伍的建设和发展不断努力和探索，实施了很多有利于中小学教师发展的策略，为中小学校不断补充着优秀的教师，取得了比较优异的成绩，但是由于各种条件的限制，河南省教师教育的发展仍然存在一些问题，这在很大程度上阻碍了河南教师群体的专业发展。

一、教师工资待遇较低且不均衡

教师的工资收入是激发教师执教热情、献身教育事业的重要因素之一，同时也是衡量社会对教师乃至教育事业重视程度的标志之一①，经济合作与发展组织曾经在2003年发起一个全球性的研究项目，选择一致的框架研究多个国家的情况并重点研究了三个问题：一是教师工资对年轻大学毕业生是否有吸引力；二是当度过了最初求职的困难后，教师工资能否让最有效力的教师留下来；三是教师工资是否能够有效地激励教师持续进行专业发展②。研究结果显示，起点工资与教

① 付卫东. 县域义务教育教师工资待遇不平衡不充分：难题及破解——基于中西部6省16个县（区）160余所中小学的调查[J]. 河北师范大学学报（教育科学版），2019，21（4）：5-12.

② 光明日报. 教师工资高还是低[EB/OL].（2015-07-09）[2020-11-19]. http://cpc.people.com.cn/big5/n/2015/0709/c83083-27278227.html?kgr.

师队伍能够吸纳到的劳动力特质密切相关。因此，实现教师工资稳步上涨、提高福利待遇是增强教师职业幸福感和获得感的有力举措。河南省在保障教师工资福利待遇方面出台和实施了一系列措施，如2019年7月1日起，河南省财政厅主动谋划“一补两贴”经费筹措办法，将河南乡镇、村、教学点的教师生活补助，分别提高到每人每月200元、300元和500元；国家集中连片特困地区教学点教师，每人每月最高补贴800元。同时，中小学班主任津贴每人每月不低于400元，并发放教师教龄津贴按每多一年增加10元的标准累计。[①]各县（市、区）积极推进落实提高教师待遇的政策，郑州市相关部门联合出台《关于尽快落实提高教师待遇政策的通知》，落实“中小学班主任津贴不低于500元”的标准[②]。洛阳市相关部门印发《关于建立寄宿制普通高中教师生活补助制度的意见》，以班级为单位按加班课时进行补助(经测算市属公办寄宿制普通高中每班每月补助6880元)，根据各寄宿制学校班级数量和有效月数（9个月）确定各寄宿制高中学校教师生活补助资金额，以学校为主导研究制定具体实施方案，根据教师实际超时工作量制定办法统一发放。[③]《洛阳市义务教育阶段乡村教师生活补助、公办中小学（中等职业学校）班主任津贴和地方教龄津贴有关问题的通知》中提出，按照高于省定的标准，每月按照500元标准拨付；乡镇、村、教学点教师生活补助标准统一定为200元/月、500元/月、800元/月[④]。鹤壁市积极与教育、人社部门沟通对接，对全市中小学教师工资落实情况和相关政策落实情况进行全面排查，全市中小学教师工资均得到足额落实，并确保补贴资金及时预拨至教师个人手中。截止到2019年7月31日，鹤壁市共发放补贴555.84万元，惠及21 927人。[⑤]各市县在全面落实提高教师工资待遇方面取得了长足的进步，切实保障了中小学教师工资待遇的稳步提高，使中小学教师获得了切实的利益。但是由于区域环境和经济发展条件的限制，河南省教师工资待遇方面仍面临整体工资水平偏低及区域分化明显的问题，这些问题依然限制了河南省教师队伍的建设进程。

---

① 河南省教育厅. 央视《新闻联播》《新闻直播间》连续聚焦河南提高乡村教师待遇落实情况[EB/OL].（2019-09-11）[2020-11-19]. http://jyt.henan.gov.cn/2019/09-11/1622358.html.

② 郑州市人民政府. 郑州市出台政策提高教师待遇 中小学班主任津贴不低于500元[EB/OL].（2019-08-28）[2020-11-19]. https://www.henan.gov.cn/2019/08-28/944486.html.

③ 洛阳市教育局. 关于建立寄宿制普通高中教师生活补助制度的意见[EB/OL].（2017-12-28）[2020-11-20]. http://www.lyjyj.gov.cn/GovInfoShow.aspx?ID=285.

④ 洛阳市人民政府. 落实教育优先发展 保障“两个只增不减”[EB/OL].（2020-10-30）[2020-11-19]. http://www.ly.gov.cn/html/1/2/10/65/66/10931462.html.

⑤ 河南省财政厅. 鹤壁市提高教师待遇三项政策全部落实到位[EB/OL].（2019-09-26）[2020-11-19]. https://www.henan.gov.cn/2019/09-26/956356.html.

（一）教师工资水平相对较低

教师工资水平低，一方面体现在整体水平低于其他地区。据统计，河南省教师工资在全国排名倒数第五。教师工资最高的地区是北京市，教师月平均工资在5000 元左右，加上其他的补助，该地区教师每年的工资可达到 10 万元左右；教师工资位列第二名的是广东省，该地区小学教师以及新入职教师月工资在 5600元左右，每年还有各种附加福利可达 2 万元左右。[①]而河南省由于区域条件和经济条件发展的限制，教师的工资每月一般在 3000 元左右。据调查，河南省某镇小学中的高级教师月工资为 2586 元，加上每月 300 元左右的绩效工资，每月共收入2886 元，每年收入约为 35000 元。[②]省内东部某些农村小学特岗教师的基本工资仅有 2000 元左右，加上偏远地区教师补助及班主任补助，实际工资只有 2500元左右。除此之外，教师的其他收入也处于较低水平。在个别乡村地区，中小学教师的工资还没有农民工的工资高，这极大地影响了中小学教师的职业认同感和职业幸福感。

另一方面，教师工资低还体现在增长的幅度小于其他地区。2019 年，中央对乡村教师生活补助政策覆盖河南省所有县（市、区），覆盖教师数达到 43.7 万人。由于受益教师数量多，人均补助为 276 元/月，在全国连片特困地区乡村教师生活补助标准排名倒数第四[③]。在《乡村教师支持计划（2015—2020）》实施后，西部地区获得的农村教师津贴和乡村教师生活补助较多，提升的速度较快。东部非连片特困地区乡村教师生活补助也高于河南省，在东部 7 个非连片特困地区中，乡村教师生活补助最低的是天津市，每个教师每月可获得 281 元的补助，已经超过河南省的标准。特别是北京市，每名教师每月可获得 2584 元的补助。对于广东省来说，教师有 30 余万人，与河南省覆盖的教师人数最为接近，但是其乡村教师所获得的生活补助为 1013 元/月[④]，远远超过河南省乡村教师获得的补助。这种“中部塌陷”现象应该引起我们的关注。西部地区由于政策的大力支持，其教师所获得的补助和津贴呈现较快的上升趋势，而东部地区本身就经济实力雄厚，教师的工资一直位列全国前位。作为中部的人口大省，河南省得到的政策资源和经济资源稍显不足，导致中小学教师的工资明显低于其他地区。

---

① 聊城中公教育. 2018 教师工资排名，这五个省排名倒数[EB/OL].（2018-07-27）[2020-11-19]. https://baijiahao. baidu. com/s?id=1607131364628541743.

② 马文起. 农村小规模学校教师工作转包状况、原因及治理——基于河南省 B 镇 12 所农村小规模学校的实证调查[J]. 教学与管理，2018，（13）：21-23.

③ 教育部办公厅. 教育部办公厅关于进一步做好乡村教师生活补助政策实施工作的通知[EB/OL].（2020-06-19）[2020-11-19]. http://www.moe.gov.cn/srcsite/A10/s7030/202006/t20200628_468807.html.

④ 教育部办公厅. 教育部办公厅关于进一步做好乡村教师生活补助政策实施工作的通知[EB/OL].（2020-06-19）[2020-11-19]. http://www.moe.gov.cn/srcsite/A10/s7030/202006/t20200628_468807.html.

这样一来，省内教师的薪资需求长期得不到满足，工资对教师的激励作用就会减小，教师心理落差会持续加大。如果师范毕业生为了追求高的工资与好的待遇选择东部发达地区的学校，那么就会造成河南省人才资源的流失。而在职教师也会产生一定的抵触心理，特别是有家庭负担的教师，较低的工资水平会对其造成较大的经济压力，导致教师工作积极性受到影响。虽然教师不只是纯粹的“经济人”与“理性人”，但过低的教师工资很难让他们保持对教学工作的热爱，因此提升教师的工资不仅有助于减少他们的经济压力，更重要的是增加教师的职业认同感和归属感。

（二）省内工资分化较为明显

除了整体水平低于其他地区外，河南省内教师工资水平也存在较为明显的地区差异。以各地民办初中教师工资为例，郑州市民办学校招聘的教师工资最低为4000元/月，最高可达15 000元/月，洛阳市民办学校教师每月的工资为6000—12 000元，开封市民办学校教师每月的工资为4500—6000元，商丘市民办学校教师每月的工资为4000—8000元，信阳市民办学校教师的每月工资为2500—4000元，驻马店民办学校教师的每月工资为3000—5000元。[①]就公办学校而言，省内各地区的工资也存在差异。郑州市公办初中学校教师每月的基本工资是2900元，每月绩效工资为1100元，加上平时考核奖及班主任津贴补助，每月工资为6000—7000元；信阳市公办初中教师的平均月工资在3000元左右；许昌市公办初中学校教师平均月工资为3500元左右。有些农村学校教师每月的基本工资仅有1900元，加上各种补贴及补助，每月也只有2500元左右。从中，我们可以看出，与郑州市相比，其他市、区教师的工资还是存在一定的差距。特别是一些偏远地区的学校，教师的工资远远落后于城市学校教师的工资，省内教师的工资水平较为不均衡。

教师工资水平、构成对其工作心理及工作行为的影响，一般是通过薪酬公平感的中介作用来实现的，所谓“教师薪酬公平感”，是教师对薪酬管理体系和管理过程的一种主观感知和看法。[②]高水平的教师工资是政府对教师工作能力和工作效果的认可，也是教师地位获得肯定的表现。教师会觉得自己的工作表现得到了应有的回报，进而会在教学中投入更多的精力。但如果相同条件下，不同地区教师的工资存在较大差异，教师的公平感将会受到影响。部分教师会认为，政府没有充分关注自己的工作付出，与其他教师相比，同样的工作量却没有获得同样的回馈，这种薪酬差异所带来的不公平感会反映到教师日常工作当中，容易使他

① 万行教师人才网. 热招职位[EB/OL].（2020-11-20）[2020-11-20]. https://zhengzhou. job910. com/.

② 蒋莉. 教师工资水平、构成对薪酬公平感的影响研究[J]. 上海教育科研，2019，（1）：21-25.

们产生较低的教学效能感，不利于教师工作价值的获得和认同。应届毕业生多会选择工资待遇高的省会城市或者各市、区学校，就职乡镇学校的意愿大打折扣。

二、教师工作负担较重

在 2019 年 1 月召开的全国教育工作会议上，教育部部长陈宝生表示，今年要把教师减负作为一件大事来抓，教育部将专门出台中小学教师减负政策。[①]2019 年 12 月，国务院办公厅印发《关于减轻中小学教师负担进一步营造教育教学良好环境的若干意见》，要求各地区各部门结合实际认真贯彻落实。随后，河南省各市也积极推动教师减负工作的落实。濮阳市教育局局长表示："要想尽一切办法破除形式主义、官僚主义，增强服务意识，提高工作效能，真正为学校减负、为教师松绑，让大家腾出时间抓教学、抓落实，全力办好人民满意的教育。"[②]安阳市委市政府督察局会同市教育局认真研究制定安阳市中小学教师减负清单，建立监测信息月报制度，针对教师和学校的督查、检查、评比、考核等事项名目多、频率高的现象，各类调研、统计、信息采集等活动交叉重复、随意借调教师等问题进行持续督导检查。[③]中小学教师减负工作的积极开展意味着河南省中小学教师队伍建设工作取得了较大进展，教师的职业幸福感也会逐步增强。但由于河南省受教育人口众多，教师资源的结构性紧缺，部分乡村地区的教师工作负担依然沉重，这主要表现在两个方面：一是教师教学任务工作量大，工作时间长；二是教师非教学任务量大，教师身心状况欠佳。

（一）教育教学任务量大，工作时间长

教师的教学任务包括教师所承担的课堂教学工作，主要有备课、上课、课后作业辅导与批改等。在河南省部分乡村学校，教师数量明显不足，一些学校还存在"大班额"与"超大班额"的情况。一个教师需要承担多个班级或者年级的课程任务，有些"主科"教师还需要承担音体美等艺术类课程，教师每天工作的时间远超过 8 个小时。信阳市 S 县某乡村寄宿制小学的 365 名专业课教师中，每周 16—20 节课的教师比例为 49.8%，超过 21 节课的教师比例为 19.3%，每周 16 节以上的乡村寄宿制小学教师所占比例为 67.1%。认为工作任务比较重但还能胜任的教师比例为 43.1%；认为工作任务非常繁重，感觉疲惫的占 18.2%。[④]这些都表

① 陈宝生. 落实 落实 再落实——在 2019 年全国教育工作会议上的讲话. [EB/OL]. （2019-01-30）[2020-11-20]. http://www.moe.gov.cn/jyb_xwfb/moe_176/201901/t20190129_368518.html.

② 河南省教育厅. 濮阳：减负松绑让干部教师安心治学从教[EB/OL]. （2019-04-25）[2020-11-19]. http://jyt.henan.gov.cn/2019/04-25/1632851.html.

③ 安阳市人民政府. 安阳市持续抓好中小学教师减负工作[EB/OL]. （2020-05-07）[2020-11-25]. http://www.henan.gov.cn/2020/05-07/1373456.html.

④ 蒋大霞. 乡村寄宿制小学教师专业发展支持体系研究——基于 S 县的调查[D]. 信阳：信阳师范学院，2019.

明该校教师的工作量比较大。随机抽取某市某所初中学校的教师进行访谈，据她所说，她教的是初二年级的物理课，需要带两个普通班和一个重点班，后来因为一名老师家中有事请假，她就需要多带一个普通班的物理课。除此之外，学校开展的培优课堂也是由她来推动，一星期两节课，一节课 80 分钟。总体算下来，这名教师每星期的课时量达到 24 节。某小学特岗教师说，他们学校数学和语文老师实行包班制，俩人都是班主任。语文老师上午上完课，数学老师下午上课，第二天再调换过来，基本就是连着上课，每星期的课时量在 20 节左右。也有些教师抱怨，只是教课还好，几个班的进度一样就不用重复备课，但批改作业真是一项巨大的工程，几个班加起来 100 多份，改起来真是头疼。据了解，省内不少教师都承担着跨班、跨年级、跨学科的教学工作，他们本身的教学工作负担已经严重超负荷。

与课堂教学工作密切相关的是班级管理工作。在一些乡村学校，很多教师都是班主任，他们需要对班级事务进行管理。除了日常的教学任务外，他们还需要承担班级的卫生与纪律的维持、班集体建设、意外事件的处理、与家长的沟通、对学生的心理辅导等工作。比如，学校组织的运动会、主题班会、家长会、班级评比等都需要班主任组织推动。特别是在一些偏远的乡村学校，校内多数学生都是留守儿童和单亲家庭子女，父母长期不在孩子身边，家庭教育一直缺位。乡村教师就需要付出更多的时间和精力投入到对学生的生活和学习的关注中，并对学生进行必要的心理辅导。濮阳市某乡村小学教师说，班上有好几个孩子都是父母不管不顾，爷爷奶奶只负责穿衣吃饭，毕竟他们对孩子的教育问题了解很少。所以，孩子的思想品德需要老师去进行约束和引导，心理问题也需要老师解决。在一些寄宿制学校，教师还需要对学生的住宿进行管理，有些学校安排班主任值班查寝，所有的工作结束后，时间已经到了晚上 11 点左右，这远远地超出了教师正常的工作时间。洛阳市某寄宿制高中教师表示，如果有学生出现逃学、打架等问题，那么教师将是第一责任人，所以教师要全方位对所有学生进行监管，预防意外事件的发生。这确实需要花费教师很多精力与时间。有一次为了找到逃课的学生，老师们一直忙到凌晨 3 点钟。此外一些学校的教师还要承担学生营养餐的发放、卫生管理等工作。这些额外的教育教学工作会延长教师的工作时间，从而导致乡村教师的工作量的增加。

（二）非教育教学工作压力大，身心状况堪忧

按照《中华人民共和国教师法》等文件的有关规定，除了常规的教育教学活动，教师有义务承担学生全面发展、自我专业发展以及学校活动开展等相关责任

和工作。①但这些工作与教育教学工作没有明显的界线，教师会承担事务性工作。教师工作的边界不断被延伸，各种教学外的工作被不合理地安排给教师，教师的工作负担不断加重，教师的身心状况受到影响。

政府相关部门近几年出台了多种有利于民生的政策措施，各地区也重点推进了这些政策的实施，这些政策确实促进了当地的发展。但在有些情况下，教师需要承担政府部门的摊派任务和调研检查工作。教师成为这些任务的执行者，此时的教师已经不仅仅是教师，而是学校管理层下的工作人员。调查发现，在河南某市开展的文明城市活动中，该市某中学的教师需要准备各种材料，配合学校应对各种检查与整改，还需要参与到城市整改的一些环节中，这占用了老师大量的时间。该校某教师谈到，创文明城市那段时间每天都在整理材料，来来回回地跑。每个教师都忙得不可开交，那几天整理材料都要到凌晨一两点了，感觉创文明城市的重担都压到教师身上了。河南某县乡村校长表示："牵扯到县里好多走村入户排查，需要上交各种数据，如本县区 3—16 岁适龄儿童的就学情况、家庭情况，在校生的有关信息等，需要分门别类统计出来，然后一遍一遍地提交。这些数据今天报跟明天报的都不一样，有错误的要修改。"②这就需要教师往返各户进行资料搜集，从而耽误教师教育教学的时间。也有教师表示，每次到了快考核的时候，我们要准备好多材料，特别是教案。有些部门要求教案要比讲的课程进度快 2—3 个课时，教师就得熬夜补写教案，感觉写教案就是为了应付检查一样，但大家也没办法。有些调研项目所需要的材料是重复的，表格上的有些信息来来回回需要填好多遍，很耽误时间。

与低水平的工资待遇相比，河南省的教师承担着沉重的工作压力和心理压力。由于文凭在社会生活中的重要作用，学生和家长把对"文化资本"的渴望与诉求倾注在教师的身上，教师就成为寄托希望的重要对象。由于河南省人口众多，这种渴望与诉求所带来的压力要比其他省份更重一些，教师需要付出更多的精力和时间。有学者认为，河南省的教师拿着最低的工资，却做着最多的工作。教师过重的负担会引发出多种问题。一方面教师的身心经受不同程度的摧残，长期担负高强度的体力劳动或者长期从事超负荷的脑力劳动，可使人的生理和心理负担增大，容易导致慢性病的发生，使身体长期处于亚健康状态。调查显示，在河南省 15 个县 717 位在职农村教师中，有 99.2%的教师感觉有压力，其中 76.6%的教师感觉压力非常大和比较大。另有 8.2%的教师出现了比较明显的情绪衰竭的情况，即这些教师处于极度疲劳状态，约有 37.7%的教师以消极否定、麻木不仁的态度

① 朱秀红，刘善槐. 我国乡村教师工作负担的问题表征、不利影响与调适策略——基于全国 18 省 35 县的调查研究[J]. 中国教育学刊，2020，（1）：88-94.

② 朱秀红，刘善槐. 我国乡村教师工作负担的问题表征、不利影响与调适策略——基于全国 18 省 35 县的调查研究[J]. 中国教育学刊，2020，（1）：88-94.

对待工作和工作对象，另外有40.9%的教师成就感低落得分较高，42.8%的教师有抑郁情绪并伴随一定的睡眠障碍等躯体症状。[①]以河南省郑州外国语中学为例的名牌中学教师压力调查结果显示，93.6%的老师认为学校工作安排得“较为紧张”，虽然学校实行弹性工作制，但95.6%的教师每天工作时间超8小时，有51.6%的教师超过10小时，86.8%的教师认为自己处于亚健康状态，54.9%的教师感觉亚健康状态给自己的工作带来了消极影响。[②]在对濮阳市台前县某高中122名教师的调查中，只有16个教师认为自己非常健康，大多数教师认为自己处于亚健康状态。[③]这些数据表明，省内某些教师的生活和工作状态不容乐观，部分教师面临情绪枯竭和职业倦怠的问题。据某位乡镇初中教师说，他有段时间天天吃药，学生太调皮捣蛋，学校给的压力很大，晚上睡不着觉，身体抵抗力直线下降。据了解，这种情况并不只是个案，学生的安全问题、学习问题、心理问题等带给教师的心理压力使教师出现不同程度的不适症状。另一方面，过多的工作会挤占教师大量的休息时间，教师的专业发展也会受到限制。非教育教学工作的被迫承载使教师很难专心于推动教学工作的正常展开，部分教师反映自己根本没有时间批改学生的作业和单独辅导某些学生，教学反思等方面的时间投入更是不足。特别是乡村教师，没有完整的、集中的时间进行自我发展，专业提升的速度比较缓慢。受此影响，部分教师的教学质量很难保证，课堂的教学效果也会受到影响。教师长期处于工作付出与工作回报不匹配的状态，教师的生活质量会受到影响，这在一定程度上会影响教师队伍的稳定性。

三、乡村教师资源供需矛盾

乡村学校教师队伍的数量和质量水平关乎乡村教育的发展，对于乡村的整体建设也有着重要的影响。国家和河南省政府也发布了一系列乡村教师支持计划，一定程度上缓解了乡村教师供需之间的矛盾。但是随着二胎政策的放开及社会竞争压力的增加，河南省作为农业大省和人口大省，其面临的教师资源短缺问题仍然无法避免。当前，河南省的基础教育发展水平仍存在着较大的城乡差距，乡村地区条件差、生活不方便，且发展空间较小等一系列原因导致乡村教师队伍在数量和质量上均有问题，与实际需求有着较大的差距。

---

① 李迎春. 农村教师生存现状研究——基于河南省的调查[J]. 中州学刊，2010，（4）：121-123.

② 王丽娟. 名牌中学教师压力现状与应对研究——以河南省郑州外国语中学为例[J]. 中国教育学刊，2014，（5）：20-23.

③ 韩玉娟. 高中教师幸福感现状、成因及提升策略研究——基于台前县某高中的调研[D]. 开封：河南大学，2013.

（一）乡村教师数量较少

通过“特岗教师”计划、“硕师计划”等政策扶持，河南省的乡村学校每年都会招聘一批教师以壮大乡村教师的队伍。但在某些偏远农村地区的学校，他们仍旧面临“进不来”和“留不住”的问题。一方面，新教师不愿意到乡村学校。在对师范生就业的意向了解中，虽然就职意向为教师的人数很多，但愿意回到乡村地区的人数却较少。另一方面，老教师离开乡村学校的比例较高。很多教师把乡村学校当成一个“跳板”，在任教几年之后，想办法从乡村学校调往城市学校。特别是一些年轻教师和优秀教师，乡村学校的现状不能满足他们的发展需求，在工作一段时间后他们纷纷离开，乡村学校的师资队伍“入不敷出”，甚至一些地区已经威胁到国家规定的一些课程的开展。

此外，就生师比方面来讲，河南省某些乡镇的生师比仍然达不到基本标准。在时间、办学条件、级别、类型等条件基本相同的情况下，学生越多，教师的工作任务越重。因此，生师比保持在一定范围内有利于效率的最大化。《河南省义务教育学校办学条件基本标准（试行）》规定，初中学生与教职工比约为 13.5∶1，小学的生师比 19∶1。位于河南省驻马店市泌阳县的郭集镇共有中心学校 1 所，教师 97 名，学生 1564 名，生师比约为 16.1∶1；小学 14 所，教师 128 名，学生 4092 名，生师比约为 32.0∶1。[①]位于周口市商水县平店乡共有教师 350 余名，其中包括招教教师和特岗教师，还有 30 余名代课教师，生师比约为 20∶1。[②]可以看出，这些地区的学校教师负担仍比较重，远远达不到政府所设定的基本标准。教师的工作量超出负荷，这也在一定层面上加速了教师流失率，极易陷入恶性循环。

（二）乡村教师结构失衡

乡村教师队伍除了在数量偏少外，教师队伍结构上的失衡也令人颇为担忧。教师性别、学科、学历以及职称的合理分布不仅有利于基础教育的发展，还有利于乡村教师队伍的稳定。但从相关数据来看，在河南省乡村地区的基础教育发展中，教师在这些方面的配置都不太理想。

第一，性别比例失衡，男性教师较少。教师作为普通的职业，对性别并没有特殊要求，正常来说并不会造成性别失衡的问题。但普遍现象却是女教师人数远远超过男教师，男教师通常被调侃为“国宝”“稀有资源”“重点保护对象”。

① 刘博. 教育公平视域下《乡村教师支持计划》实施现状——以河南省泌阳县与商水县为例[D]. 武汉：华中师范大学，2018.

② 刘博. 教育公平视域下《乡村教师支持计划》实施现状——以河南省泌阳县与商水县为例[D]. 武汉：华中师范大学，2018.

例如，在河南省平顶山市鲁山县某农村中学，男性教师占比为45.24%，女性教师占比为54.76%。[①]在2017年濮阳市的招聘人数中，清丰县、南乐县、范县小学的女性教师比例分别为92.66%、95.20%、88.67%。[②]其他乡村学校也存在类似问题。严重的性别比例失衡在一定程度上会影响孩子的成长，容易造成性格上的缺陷。此外，年龄段比较集中的女教师容易出现“集体休产假”现象，这会给课程安排带来困难。

第二，学科分布不均，副科教师缺乏。按照教育部的相关规定，中小学校除了开设相应的考试科目外，还需要开设音乐、体育、美术、计算机等课程。但在大多数的乡村学校中，语文、数学、英语教师基本够用，但音乐、体育、美术、计算机等副科教师却存在大量缺口，甚至有些学校因缺少专任教师导致相应课程无法开展。还有一些学校安排语文、数学、英语学科的教师兼上音乐、体育、美术、计算机等课程，一个教师身兼多个学科的情况在乡村学校很常见，而且这些教师都是业余学习相应课程的内容，多数达不到相应的学科要求。这不符合学生全面发展的需要，也偏离了素质教育的要求。

第三，学历层次偏低，高学历教师不多。在学历层次方面，乡村教师明显没有城市教师高。大多数乡村学校很少拥有研究生及以上学历的教师，这些高学历教师一般任教于城市学校。而乡村学校年长教师的第一学历一般为中等师范，大部分教师的最高学历为专科，仅有一小部分本科毕业的新教师。其中，一部分教师的最高学历为第二学历，即通过在职进修获得，多为非全日制教育，这在一定程度上限制了教师的整体素质。乡村教师学历整体偏低使学生接触不到最新的教学方式和教学理念，从而会影响学校教学质量的提高，学校的生源也会受到影响。

第四，职称结构失当，高职称教师比例偏低。高职称的教师一般具有熟练的教学技能技巧，他们积累了丰富的教学智慧，这对于新手教师的发展及整个乡村学校的教学质量来说都有着重要的影响。在河南省乡村学校的职称结构中，无职称的教师仍然占有一定的比例，这些教师通常是刚刚走上工作岗位，教学经验较为缺乏。获得正高级职称或高级职称的教师通常流往城市学校，导致乡村学校的高职称教师较少，大多数乡村教师的职称为一级及以下。这样的职称结构既不利于乡村学校教学质量的提高，也不利于新手教师的成长。

四、教师职后培训效果仍需提升

近几年，河南省投入大量的人力和物力在全省范围内开展“国培计划”“省培计划”等教师培训工作。这些培训项目主要以各地师范高校为培训主体，组织

① 殷祥光. 贫困地区农村中学教师流动问题研究——以河南省鲁山县为例[D]. 郑州：郑州大学，2016.

② 龚德群. 河南省濮阳市义务教育均衡发展问题研究[D]. 呼和浩特：内蒙古师范大学，2019.

中小学教师参加统一培训。"国培计划"和"省培计划"等项目的实施为推动河南省教师队伍的建设做出了巨大贡献，教师的专业素养也得到不同程度的提高。但是面对众多教师，这种统一培训的方式却存在不少问题，导致教师职后培训工作未能够达到预期效果。

（一）培训的内容比较宽泛，针对性不强

培训内容应该与教师发展的需求息息相关，这样才能及时发现教师存在的问题，弥补教师教学中的不足。但是就目前来看，河南省多数培训项目的内容仍过于宽泛，培训的内容与参训者的需求之间仍存在差距。

一方面，培训内容普适性较强，在一定程度上忽视了教师的个性特点。参训教师在学历、任教学科、教龄上存在差异，每个教师所面临的专业成长需求也不相同，但由于培训条件的限制，培训内容过于追求普适性，同一批参训的教师学习的内容一样，甚至不同批次的老师培训的内容也是相同的，导致具有不同学习需求的教师难以得到满足。在新乡市中小学体育骨干教师职后培训中，有26.66%的教师认为，培训的内容不够合理①，未能满足他们参与此次培训的需求。有些教师期望获得职业规划的相关指导，而有些教师则期望获得班级管理的技巧，还有些教师期望获得教学设计的方法，然而统一的培训内容缺少针对性和层级性，模糊了教师的需求。

另一方面，培训内容理论知识偏多，实践性不强。职后教师的培养多以知识取向为主，培训专家往往会把自己的研究成果作为培训内容传授给一线教师，试图"依据最新的教育理念'命令'教师该怎么做，而这些明显带有探索性的教育理念与当前的教育现实又是有距离的"②。通过对 Z 市某高中教师进行访谈了解到，有些教师认为培训的内容过于理论化，在实际的教学中很少能够运用到。高中教师培训的某些课程内容多倾向于新课标、政策文件的解读，这些培训内容难以与实际教学紧密地结合起来，教师参加完培训，在实际工作中依旧会按照原来的方式进行教学。在针对"培训中学到的知识和技能能否应用到教学实践中"的调查中，该校教师认为很少有能够运用到实际的教学中的，培训中都是一些理论知识太多，不够实用，平常在学校教学的时候是很少有时间和机会用到教育学的理论知识的。"我觉得一些实际的教学方法、班级管理的经验一类的，对实际工作能够起到指导作用的。"③可以看出，河南省教师对具有示范性、操作性的培训内容比较青睐，而部分培训项目的内容存在重叠的现象，实践内容较少，不能具体问题具体分析，造成培训内容与教师实际教学相脱节，使培训

① 梁世杰. "国培计划"背景下新乡市中小学体育骨干教师职后培训质量保证研究[D]. 开封：河南大学，2018.

② 吕珩. 浅谈我国教师在职培训存在的问题与对策[J]. 成人教育，2010，（5）：46-47.

③ 杨莹莹. 普通高中教师培训策略研究[D]. 新乡：河南师范大学，2019.

流于形式。

（二）培训形式比较单一，参训教师积极性有待激发

培训内容需要通过一定的形式来呈现，多样化的培训形式能够提高教师的参与积极性和对培训内容的接受度，有利于预期培训目标。针对新乡市中小学体育教师职后培训的调查结果显示，首先，专家报告（或讲座）是目前教师们参与最多的一种形式，约有 92.2%的教师参加过这种类型的培训。其次是远程教育，约有 71.1%的教师参加过这种形式的培训。参加过观摩示范课、教师之间相互交流心得体会、反思性实践等形式培训的教师分别占 51.11%、38.89%、22.22%，另有 10%的教师选择了其他。[①]可见，专家报告与远程教育这两种形式是最常见的培训方式。不少“国培计划”或“省培计划”等项目都是以专家报告这种形式进行的，这种培训方式容易导致填鸭式的理论输送，专家与教师之间的互动较少，只有个别教师能够针对教学中出现的问题与专家交流，而多数教师并未从培训中获得心理与行为上的积极变化。这种形式过于枯燥，难以引起参训教师的共鸣，教师的积极性很难被调动起来。有些教师看似参与了培训，但实际上并未融入学习中，甚至一些教师连笔记都不做，培训过程中玩手机的现象并不少见。远程培训这种形式更考验教师的自制力，所以很多情况下由于教师工作任务重，这种远程培训容易流于形式，教师只是为了完成规定的课时，并未把它当做自我提升的渠道。有教师坦言，上级规定必须在那个网站上学习完所有的课程，但老师没有那么多的时间，一般就把电脑打开，然后播放着视频去做其他的事情。可见，这种形式对教师的吸引力更是不足，很容易流于形式。据调查，教师最喜欢的是名师引领、案例分析、示范观摩、实践考察等四种培训方式。[②]他们更希望能够直面教学现场，希望培训内容能够与实践紧密结合起来，但在实际工作中，很少采用这些培训方式，导致教师参加培训的积极性不太高，不能够满足教师的参训需求。

（三）培训的过程管理有待加强

培训过程的科学管理是培训顺利进行的重要因素。培训的每一个环节都与培训的最终结果息息相关，包括培训前的需求调研、培训中的实施管理、培训后的反馈跟踪等。在河南省的教师培训项目实施中，一些环节的管理仍存在问题。首先，培训前很少有项目能够对教师的需求进行调查，导致培训的内容和形式与教师的需求脱离。针对新乡市中小学骨干教师培训的调查结果显示，42.22%的参训教师表示没有接受培训前的需求调研，24.44%学员表示一般没有，有 11.11%学员

① 梁世杰.“国培计划”背景下新乡市中小学体育骨干教师职后培训质量保证研究[D]. 开封：河南大学，2018.

② 曹书韵.“国培计划”河南师范大学 2013~2017 年农村初中生物教师培训需求的调查与解析[D]. 新乡：河南师范大学，2018.

表示很少有，只有 15.56%的学员表示接受过培训前的需求调研，还有 6.67%选择不确定。在培训需求调研与培训需求的匹配度调查中，47.78%教师选择不匹配，22.22%教师选择不太匹配。只有 10%的教师选择匹配，15.56%教师选择基本匹配，还有 4.44%教师选择不确定。①另外，还存在培训前对教师的时间安排、工作安排、生活安排没有进行过调查，直接确定参训教师的名额的现象，这就在一定程度上忽视了教师的个人需求。其次，在培训过程中，一些培养单位对教师的管理较为强硬。据调查，很多教师认为自己已经是成年人，培训应该以自我约束、自我管理为主，但有些培训项目的纪律约束较为严格，引起部分教师的心理抵触。在培训后，部分培训项目会对教师的满意度进行调查，包括培训教师、培训单位的食宿条件等方面，这有利于提高教师的满意度。但是，一些培训项目却缺少对参训教师实际教学能力改进的后续追踪反馈，教师能否将培训所学习的知识和技能应用到教学当中，针对教师的教学理念和教学行为是否发生了积极的变化等问题并没有建立科学的反馈机制，不利于下次培训内容和形式的调整。比较理想的状态是，整个培训过程应该环环相扣，以教师需求出发，建议科学的反馈机制，只有这样才能保证培训的顺利开展。

（四）培训成果难以落地

河南省是公认的高考“难省”，用“千军万马过独木桥”来形容可谓生动形象。2019 年河南高考报名人数突破百万，达到 108.2 万人，这是 10 多年来高考报名人数最多的一年。②当年高等教育的毛入学率只有 49.28%，这就意味着有将近 50 万名考生没有接受高等教育的机会。优质高校数量不足导致同样的分数下河南考生不一定获得同样的入学机会，所以河南考生需要更高的分数才能具备考进好大学的优势。学生的升学渠道窄、升学竞争压力大，学校和家长更加注重学生的分数，这样教师承受的压力更大。在这种无形的压力下，即使教师接受了先进的教育理念，培训效果依旧不会理想，教师的教学目的依然会逐渐偏向升学考试。

在对河南省部分地区的中小学教师进行访谈时，调查组发现即使是刚接受过先进理念培养的教师所持有的教育理念也是如此。河南某市 X 乡村中学教师说，升学还是学生和教师最主要的目的，虽然素养的全面提升很重要，但是学生考不上好的大学就失去了很多机会，所以升学起码在他们学校还是最主要的，每次考试成绩出来，学校都会有各个班级考试成绩的排名。某高中教师也表示，现在是高考的关键期，如果再放任学生按照他们的想法来，那就很难保证他们能考上理

---

① 梁世杰. “国培计划”背景下新乡市中小学体育骨干教师职后培训质量保证研究[D]. 开封：河南大学，2018.

② 中国教育在线. 河南高考报名人数突破 100 万 考生上 211 院校有多难?[EB/OL].（2019-06-07）[2020-12-05]. https://gaokao. eol. cn/gaokao/gkyc/201906/t20190607_1662807. shtml.

想的大学。老师只有管得严一些，要求多一点，他们才能多学一点。毕竟“严师出高徒”。在问到“如何提高学生的成绩时”，好几个教师表示他们的方法就是让学生多背、多写、多做题，他们觉得这种方式能够较快地提高成绩，而且他们的老师也是这样教他们的。可以看出，教师培训所输送的先进教学理念没有适合的土壤生根、发芽，其并没有真正地影响教师的教学实践，多数教师对教学目的的理解与当前素质教育所倡导的理念还是有一定距离的。在教师的培训课堂上，“以学生为中心”“因材施教”“采用多元化的教学方法”等先进教育理念都会传送给教师，但是在实际教学中这些先进理念却不能很好地被教师吸收应用。在对河南省泌阳县郭集镇和周口市商水县进行的调查显示，当地“特岗教师”的入职培训往往匆匆开始，草草结束，整个过程缺少培训计划的合理制订和安排，很多地方采取一天甚至半天的封闭培训办法。在问及“特岗教师”培训是否对日后从教产生很大帮助时，31.5%的教师选择了“一般”，68%的教师选择了“没有帮助”，仅有 0.5%的教师选择了“帮助很大”。[①]甚至有些教师认为，教师培训听起来很好，但实际上做起来很难，这些培训没有什么用，参不参加都行。因此，不少教师直接把外出参训当作休息日，认为自己终于可以从繁重的工作中解脱出来，能够好好放松一下。对部分中小学校而言，教师培训耽误了学校的课程计划，所以不愿意让一些教学水平高超的教师外出参加培训，害怕教师参训期间教学质量的下降。这种对教师培训认识的偏差反过来又会影响培训效果，一定程度上阻碍了教师培训项目在中小学校的实施。

五、承担教师培养的高水平大学优势不足

随着教师教育体系的不断改革，河南省建立了相对完善的教师教育培养体系，在改革过程中基本满足了中小学校的师资需求，推动了河南省基础教育改革质量的不断提升。当然，强大的教师资源的输出离不开各层级教师教育培养机构，各层级教师教育培养机构顺应基础教育的改革，培养了一批又一批的高素质教师。但是由于河南省经济发展水平的限制及政策因素的影响，教师教育培养机构的优势并不明显。一方面，与其他东部地区相比，河南省教师教育培养机构的数量稍显不足，而且在知名度上，东部地区参与教师培养的机构在学历上和级别上要明显超过河南省的培养机构。培养机构数量和质量上的优势不足与强大的师资需求形成鲜明的对比，如果这一矛盾得不到化解，中小学教师的数量和质量将会受到一定程度的影响。另一方面，在教师教育培养机构内部，课程设置也不太合理。师范专业的课程设置同质化较为严重，且部分师范专业的课程设置未能摆脱传统“老三门”的圈子，师范生培养的针对性稍显不足。

---

① 刘博. 教育公平视域下《乡村教师支持计划》实施现状[D]. 武汉：华中师范大学，2018.

（一）高校层级稍低且数量较少

《2019 年河南省教育事业发展统计公报》显示，全省有博士学位授权普通高等学校 9 所，硕士学位授权普通高等学校 19 所。[①]其中，最高学历层次为博士的、具有师范专业的普通高等学校只有 1 所，具有硕士学位授权且有师范专业的普通高校仅有 9 所。在这些院校当中，河南省没有一所“985”工程院校参与教师培养，“211”工程院校仅有一所，但不是师范类院校；国家“双一流”建设高校只有河南大学和郑州大学两所，且这两所高校均为综合性院校，都非师范类院校。教育部直属师范大学共有 6 所，而拥有全国人口 1/6 的河南省却一所也没有。也就是说，在河南省的教师教育培养机构的层级分布上，没有高水平的、专门的师范类院校参与教师培养。

这会导致两个后果：一是教师培养的效果受到影响。多数省份的“985”工程院校、“211”工程院校、“双一流”建设高校拥有高水平的师资队伍、更完善的基础性设施设备。他们所得到的资金和项目支持也相对较多，能够拥有更多的资源支持师范生的发展。而对于河南省师范类院校来说，他们所得到的政策支持相对较少，相应的资金和项目也比较少。这样一来，师范生培养平台的建设就会相对缓慢，师范生得到的支持和可利用的资源不足，培养的效果也会受到影响。二是培养机构的层级低会造成人才的流失。在河南省高等教育毛入学率持续上升的背景下，上大学已经成为多数人可以实现的目标，而“上好大学”成为考生的希冀。但限于河南省“好大学”数量不足，很多优秀的考生会把志愿放在省外高水平的学校。特别是河南省师范院校优势欠缺，一部分学生想要报考师范专业，但省内师范院校的层级都相对较低，考生只能选择综合性大学的师范专业或者省外高水平的师范类大学，从而会出现人才选择与培养机构不匹配的问题，这就造成部分优秀人才的流失。

（二）职前课程设置尚需进一步完善

河南省职前教师教育课程通常由通识教育课程、学科专业课程、教育专业课程、教育实践课程四个方面构成，这四个方面基本把师范生未来从教所需要的知识和技能都包括在内。从理论角度讲，师范生把上述内容内化于自身的实践智慧便可以进入工作岗位，进行基本的教课授课。但通过师范生的就业表现来看，他们的教学水平并没有达到理想的高度。除了自身的主观因素外，其中一个重要的原因还在于职前课程比例分配不合理，主要表现在通识教育课程边缘化、学科专业课程过度化、教育专业课程表面化、教育实践课程形式化。各课程模块之间明

① 河南政府网. 省教育厅发布《2019 年河南省教育事业发展统计公报》[EB/OL].（2020-04-13）[2020-11-25]. https://www.henan.gov.cn/2020/04-13/1316794.html.

显分化，缺乏内在统一，从而导致师范生的内化过程较为缓慢，影响了教学水平的提高。

1. 通识教育课程边缘化

现代国际教师教育新理念认为，师范专业的通识教育不仅是为“未来的从业者提供相应的价值观和知识能力”，而且要有利于“他们在学校教学中为每一位学习者创造和发展真正意义上的全纳学习环境”。[①]换句话说，通识教育课程的设置不仅在于培育未来教师，也在于培育“人”。但省内职前教师教育课程的设置往往忽视通识教育课程，逐渐使其边缘化，造成师范生人文精神的缺失。省内师范专业的通识教育课程多由政治、外语、计算机等组成，占据通识课程的大部分。据了解，多数师范专业的通识课程与其他非师范专业开设的课程没有多大差异。即使有些学校开设了音乐鉴赏或美术鉴赏等艺术类课程，它们也多以选修课的形式出现，并且授课教师和师范生对这类课程并不重视。师范生在有限的课时里只能简单地了解这些课程的皮毛，课程的内涵和深厚的人文价值并未被挖掘出来。对通识课程价值的忽视、目标定位的不准确导致其原有的“育人”功能逐步被弱化，通识教育课程被边缘化成为常态。

2. 学科专业课程过度化

学科专业课程是职前教师教育课程的重心，也是判断未来教师学术性水平的重要指标。教师职业的特殊性要求教师的知识必须由“学术性”和“师范性”来共同支撑，这种“双专业”的特质，使师范生既要有精通的任教学科知识，也要通晓教育学科知识。[②]然而长期以来，省内多数师范院校学科专业课程的设置不仅数量过多，而且范围过广，缺少针对性，与师范生未来从教实践的关联性不大。比如，河南省某所师范院校物理学专业的课程设计，学科专业课程包括学科基础课程和专业基础课程，二者占总学分的比例为39.9%，总学时超过870个，涵盖力学、热学、电磁学、光学、原子物理学、量子力学、理论力学、电动力学、热力学与统计物理等内容[③]，这些课程的设置与综合性大学相关专业课程的设置并无明显差异。对于师范生而言，大量的学科专业课程使他们应接不暇，给他们带来了沉重的课业负担，影响了师范生教学技能的提高。另外，很多学科板块仅限于表层了解，无法满足师范生的发展需求及未来职业的需要，对实际教育教学的指导意义并不大，这样极易造成“遍布撒网，学而不精”的问题。因此，学科专业课程课时的设置应该注重合理性，给予师范生更多发展个性化的空间。

① 潘涌，李熹. 国际新概念引领教师教育[N]. 中国教育报，2018-09-14（5）.

② 杜静. 我国教师教育课程存在的问题与改革路向[J]. 教育研究，2007，（9）：77-80，85.

③ 信阳师范学院物理电子工程学院. 物电学院本科生2019版培养计划[EB/OL].（2019-09-24）[2020-07-25]. http://wdxy.xynu.edu.cn/info/1017/3124.htm.

3. 教育专业课程比例低

一名合格的教师不仅要拥有广博的知识，“还需要掌握教育科学的理论，懂得教育规律，善于把自己的知识教给学生，启发学生创造性思维”[①]。“师范性”是教师职业发展的基础，“当然，如果‘师范性’知识无助于教师对教育情境的感知，无助于具体教学和管理活动的开展，那么，它只能成为机械性的手段，或是一堆‘未经消化吸收的碎片化材料’”[②]。根据对河南省师范院校课程设置的相关研究，这些师范院校中教育专业课程比例均较低。河南省某大学历史学（师范类）专业的课程设置中，教师教育课程仅有 14 学分（含必修课和选修课），占总学分的 8.75%。[③]河南省内某大学数学与应用数学（教师教育类）专业课程设置中，教育专业课程学分占总学分的比例仅为 8.93%。[④]另一所师范大学数学应用(师范类）专业课程中，教育专业课程学分有 15 学分，占总学分的 8.47%。[⑤]这些课程所提供的知识和技能对于师范生未来从教来说是远远不够的。除了所占比例较低外，所开设的课程往往局限在教育学、心理学、教学法等“老三门”基础上，虽然有些学校增加了现代教育技术、教师语言技能等课程，但是从课程实施和课时比例上来看，仍然存在着明显的不足，跟不上中小学教育实践的发展。

4. 教育实践课程形式化

教育实践课程在师范生的整个培养过程中起着关键性作用，它“与理论内容相辅相成，两者是一个从认识到实践的循环交替过程，能够促使师范生将理论与实践融为一体”。[⑥]但在河南省现行的教师教育课程体系中，我们仍然可以看到对理论知识的过分追求，导致教育实践课程的设置和实施存在问题。在职前教师培养中，理论课程与实践课程分别在不同学期进行。理论课程多在前 5—6 学期，教育实践多被安排在 7—8 学期，可见理论课程的时间远远长于教育实习的时间。虽然一些学校的教育实习在《教师教育课程标准（试行）》颁布后进行了调整，延长了实习的时间，但仍有不少学校的教师实习只是一种“形式”，师范院校与中小学校对师范生的教育实习仍不够重视。师范生实习期间基本还是“放羊式”管理，实习结束后仅上交一张实习鉴定表及实习手册即可，这两项材料对师范生

① 顾明远. 论高等师范教育的改革[J]. 教育科学研究，1988，（1）：1-6.

② 程方平，王玉晶. 中小学教师职前教育的“学术性”与“职业性”[J]. 教育科学研究，2019，（5）：78-83.

③ 河南大学历史文化学院. 2017 级 2018 级培养方案[EB/OL].（2019-05-28）[2020-07-25]. http://lsxy.henu.edu.cn/info/1044/3419.htm.

④ 信阳师范学院数学与统计学院. 2015 版培养方案（2015 级-2018 级使用）[EB/OL].（2017-06-08）[2020-07-25]. http://maths.xynu.edu.cn/bksjx/pyfa.htm.

⑤ 安阳师范学院数学与统计学院. 2015 版数应人才培养方案[EB/OL].（2018-05-20）[2020-07-25]. http://sxx.aynu.edu.cn/info/1213/3218.htm.

⑥ 庞明月，郭志永，薛晓，等. 地理师范生教育实习中的问题与对策——以安阳师范学院为例[J]. 中学地理教学参考，2016，（12）：17-18.

的实习效果并不能做出准确判定。还一些学校虽然进行了长达一学期甚至半年时间的实习，但实习学校担心实习生对教学质量产生不良影响，因此很少让实习生上台讲课。实习生真正参与教学工作的机会很少，大多数实习生所做的只是批改作业、“坐班”等边缘化的工作。教学指导老师由于工作繁忙也基本无暇顾及对实习生进行培养，很少就教学问题主动指导实习生。据河南K市某校实习生所言，实习生的工作就是帮老师批改作业，进班听课。实习期间只听课，不上课。要是实习生上课的话还需要向指导老师申请。这种教师培养理念并没有真正地把实践融入师范生的发展中，实习生上课的次数很少，这就忽视了师范生成长对真实的教学情境的需要。

六、教师信息素养相对欠缺

现代社会已经进入“互联网+”时代，科学技术渗透在人们生活的各个领域，它逐步影响着人们的思维和行为方式。有研究者认为，“信息素养的培育无疑是重中之重，它就是连通整个世界的知识流阀门，畅通与否决定了教师可持续发展的高度，并已经成为了新时代教师专业素养结构的元素养。”[①]随着科学信息技术在教育领域的广泛使用，教育迎来了新的发展契机和挑战。作为教育变革的承担者和实施者，教师能否具备相应的信息素养对下一代的人才培养起着关键性作用。教师的信息素养指的是，“教师根据时代要求及其发展需求，所应具备的信息品质、信息知识与信息能力”[②]。据了解，河南省按照教育部统一安排部署，从2020—2023年实施中小学教师信息技术应用能力提升工程2.0，计划用4年时间通过开展全省中小学教师信息技术应用能力培训（每人不少于50学时，其中网络研修20学时、校本实践应用30学时），基本实现校长信息化领导力、教师信息化教学能力、培训团队信息化指导能力显著提升，全面促进信息技术与教育教学融合创新发展的“三提升一全面”的总体发展目标。2020年，全省53个贫困县利用“国培计划”实施中小学教师信息技术应用能力提升工程2.0，培训教师共计9.8万人次；非贫困县利用“省培计划”实施中小学教师信息技术应用能力提升工程2.0，培训教师共计3.15万人次。[③]在中小学教师信息技术应用能力提升工程2.0实施将近一年后，河南省参与中小学教师信息技术应用能力提升工程2.0的教师的信息技术应用能力得到大幅度提高，教育与信息技术在实践中的融合更为密切。但是，河南省教师结构复杂、人员分布较广，省内仍存在一些信息素养不高的教师，他们对信息技术的使用及相关的知识储备仍比较有限。

① 杨琰，胡中锋.“互联网+”时代高校教师信息素养现状与提升策略[J]. 中国电化教育，2019，（4）：117-122.

② 王轶，石纬林，崔艳辉.“互联网+”时代青年教师信息素养研究[J]. 中国电化教育，2017，（3）：109-114.

③ 河南省教育厅. 河南省中小学教师信息技术应用能力提升工程2.0省级培训团队研修班举办[EB/OL].（2020-11-06）[2020-11-30]. http://jyt.henan.gov.cn/2020/11-06/1886725.html.

（一）在职教师信息技术水平有限

虽然河南省各地对中小学教师的信息技术进行了相关培训，但通过调查发现仍有不少教师的信息技术水平和使用率堪忧，教师对计算机基本知识和技能的了解仍停留在初级阶段。他们仅能使用一些办公软件，安装一些简单的教学软件，关于某些软件的使用和维护仍需借助技术人员的讲解才可完成。在对教学辅助工具的使用上，大多数教师能够熟知幻灯片和投影仪的使用方法，但对打印机和复印机这种课堂教学外的辅助工具了解不多，特别是年龄较大的教师，理解这些“新科技”的工作原理和使用流程对他们来说确实存在困难。他们获取信息仍较多依赖于纸质图书，如教辅资料等。虽然纸质图书是信息获取的重要途径，但在信息化社会，纸质版图书具有一定的滞后性。如果过度依赖纸质图书获取信息则会导致信息资源落后。在借助信息化进行教学的能力上，部分教师无法将信息化教育落实到自己的教学实践中。利用信息技术进行教学反馈、教学反思、专业提升的教师数量更为有限。很多教师在制作课件时，限于技术水平，常常仅把网络上资源进行复制、粘贴即进行应用。有的教师把网络信息通过图片或视频的方式直接堆积在课件上，看似内容丰富的课堂教学，实则只是信息的罗列而已，对学生起不到较大的启发引导作用。

笔者对南阳市镇平县的教师展开调查发现，在实际教学工作开展过程中，有1/3 的教师的信息技术的使用频率较低，主要原因在于这部分教师有使用信息技术的想法，但是由于自身的实际应用能力较差，最后不得不放弃。[①]南阳某高中教师信息技术应用能力的调查结果显示，52.38%的教师能制作基本的 PPT 课件，27.62%的教师能制作含音频的 PPT 课件，13.33%的教师能利用 Flash 软件制作课件，0.95%的教师能开发专题学习网站，0.95%的教师能制作视频网络课程，4.74%的教师没有制作过教学软件。对于 Word、PowerPoint、Excel 等基本的办公软件，基本上所有的教师都能操作，没有教师完全不会；但对于 Photoshop、Audition 等音视频加工工具，仅有 1/10 左右的教师能达到熟练的程度，而有一半左右的教师是不熟练或者是完全不会的。对 Premier 视频加工工具和“答疑宝”等更为复杂的软件，绝大部分教师是不熟练甚至完全不会。[②]从调查结果我们能够看出，河南省部分中小学教师的信息技术仍处于较低水平，大多数教师对信息技术的使用仍停留在下载课件、复制粘贴教学资源的层面，对于高级复杂的教学软件的应用仍不够熟练，不能很好地将信息技术融入现代化教学中。特别是一些乡村学校的

① 陈露露. 高中教师信息技术应用能力现状调查及提升对策研究——以镇平县为例[D]. 新乡：河南科技学院，2020.

② 李庆. 高中教师信息技术应用能力现状调查及培训对策研究——以南阳某中学为例[D]. 开封：河南大学，2015.

教师，信息技术的应用能力更低，他们大多仍采用传统的教学工具，对外界的信息接受度较低。这一问题极大地限制了河南省教师队伍的信息化水平，不利于信息化技术走入中小学教师的专业提升与发展中。

（二）信息技术培训定位有一定偏差

教师信息技术培训不仅要提高教师的技术操作能力，还需要帮助教师找到技术与教学融合的地方，使其明晰技术在教学中所处的位置。但在河南省教师信息技术培养的过程中仍存在两个较大的问题，一是教师教育者与教师过度关注信息技术的掌握，对信息技术如何与教学关联却较少涉及。目前，部分院校及培训机构把教师信息能力的提升简单地视为教师教育技术应用和操作能力的提高，关注教师多媒体技术的应用与计算机操作能力，却忽视了信息技术与教学的动态联系。“相当一部分的培训课程仍停留在演示型的课件制作、相关软件的使用上，真正把信息技术融入教与学全过程的培训很少，对很多教师而言，只是在简单地进行计算机基础课程的培训。”①洛阳市某高中教师表示，他们在大学考计算机二级证书的时候就学过如何做 PPT、如何进行演示，所以学校有时候组织的信息技术培训都是重复的。他们更想知道除了这些课件演示，这些技术还有什么用。从中我们可以看出，教师信息技术培训课程的定位不够准确，忽视了教师职业的特殊性。

二是信息技术课程仅关注教师技术的提高，却忽视了教师教育理念的塑造，因此在培训结束后不少教师对信息技术的功能价值认识仍不到位。接受信息技术培训之后，仍有部分教师对信息技术的功能价值认识不到位，要么过度依赖信息技术，要么对信息技术采取漠视态度。师范生的备课、试讲、课件制作的资源都是从网上直接复制粘贴的，不少师范生实习手册中的教案也多从网上摘抄的。新入职的教师过度依赖信息技术，直接从网络上下载课件，稍作加工即可开展教学。在对郑州市某小学教师信息技术应用的调查中，有 64.34%的教师整节课都使用信息技术，在问及“您认为信息技术在教学中处于什么地位”这一问题时，58.04%即一半多的教师认为，信息技术在教学中起主导作用。在问及“信息技术在教学中的作用有哪些”时，70.62%的教师选择了激发学习兴趣，68.5%的教师选择了节省教学时间，只有 39.86%的教师选择了创造教学情境。②在大多数教师的认知中，信息技术是为了增加课堂氛围，提高学生的学习积极性或者是简化教学流程的工具，而不是升华教学的辅助。还有一些老教师仍不能适应信息技术在教学中的应用，学校的多媒体设备长期闲置，即使他们知道如何操作这些设备，也不愿意在教学中使用。由此，我们可以看出，河南省教师信息技术培训的价值定位不

① 刘跃军，李鹏伟. 河南省农村教师教育技术培训的问题及对策[J]. 教育与职业，2007，（24）：74-75.

② 王敏鲜. 小学教师信息技术应用中存在的问题与对策——以郑州市 S 小学为例[D]. 新乡：河南师范大学，2019.

够准确，某种程度上对信息技术的认识不够深入，导致信息技术培训课程成为计算机操作课程。

（三）教师信息技术培训实效性待加强

教师信息技术培训是提升教师信息技术最直接有效的渠道，信息技术培训的质量和水平关乎教师信息技术能力提高的速度。但河南省部分地区开展的教师信息技术培训未能满足教师信息技术提高的需求。

首先，河南省对教师信息技术方面培训的次数较少。南阳市镇平县的 4 所高中中，超过 73.2%的教师表示，愿意参加教育信息化技术的相关培训，大约 15.6%的教师参加培训的意愿十分强烈。但实际上近 5 年来教师参加的信息化技术培训次数以一次居多，只有大约 15.36%的教师参加培训的频率较高，大约半数的教师仅偶尔参加相关培训。①在访谈中，一位英语教师提到："在我们学校参加培训的都是一些有经验的老师或者优秀教师，我工作时间不长，没什么经验，除了参加过网上的信息技术应用能力提升工程培训，目前还没有参加过一次这种面授的信息技术培训。"②这说明目前的信息技术培训对对象有一定的限制，并没有覆盖到所有的教师，教师对信息技术培训的需求与提供的培训之间存在不对等的问题，他们进行信息技术提升的需求未能实现。

其次，教师信息技术培训的效果并不乐观。与其他方面的教师培训相似，在信息技术培训的课程中，专家讲座的形式最为常见，而实际操作、案例教学、讲练结合等其他授课方式在河南省信息技术培训中较为少见。在授课过程中，他们也采用灌输式对教师进行培训，却忽视了参训教师的群体特性，"读 PPT"的培训者并不少见。郑州市某中学数学教师谈道："我参加过的都是以讲座的形式进行，以专家讲授为主，我们都是记笔记，主要靠听，另外年纪大了，脑子没以前好用了，就算有的知识当时记住了，但回来实际操作的时候还是不会。所以感觉参加这种培训用处并不大。"③对河南省农村中小学骨干教师教育技术能力现状调查结果显示，93.9%的骨干教师接受过教育技术能力培训，但其中仅有 12.6%的教师能够全部掌握培训内容，45.3%的教师大部分掌握，30.9%的教师少部分掌握，11.2%的教师几乎没有掌握培训内容。在问及"培训内容对教学工作是否有帮助"时，35.5%的教师认为帮助很大，46.3%的教师认为略有帮助，13.1%的教师认为

① 陈露露. 高中教师信息技术应用能力现状调查及提升对策研究——以镇平县为例[D]. 新乡：河南科技学院，2020.

② 王敏鲜. 小学教师信息技术应用中存在的问题与对策——以郑州市 S 小学为例[D]. 新乡：河南师范大学，2019.

③ 王敏鲜. 小学教师信息技术应用中存在的问题与对策——以郑州市 S 小学为例[D]. 新乡：河南师范大学，2019.

没有帮助，5.1%的教师表示不清楚。[①]从以上数据可以看出，信息技术培训对少部分教师没有帮助。这说明，河南省某些地区组织的信息技术培训课程存在问题，较少考虑课程内容与教师需求的适切性，缺乏针对性，导致一些信息技术培训课程未能达到预期效果。

七、教师教育国际化程度不高

教育国际化已经成为世界各国教育改革发展的趋势和潮流。河南省审时度势，积极推动河南省教育发展的国际化进程。如《河南省教育事业发展“十三五”规划》提出，河南省要加大国际教育合作交流力度。深入实施“一带一路”教育行动计划，全面提升中外合作办学水平，积极推进高水平中外合作大学建设，吸引外国公民来豫留学，培育国际人脉资源网络。[②]师资国际化是教育国际化的核心，随着河南省教育国际化的稳步推进，教师只有不断提升自身的国际化能力、加强国际理解才能适应环境的变化，因此教师教育国际化成为教师队伍建设的必然要求。但在教师队伍的建设中，河南省职前教师培养与职后教师培训的国际化程度并不深入，导致中小学教师的国际化素养与能力稍显不足。

（一）教师的国际化素养相对欠缺

教师的国际化素养离不开教师教育者国际素养的提高，“唯有建设了一支具备了国际视野并掌握了国外先进专业技术能力的师资队伍才能够真正培养出高素质的学生，才能够保证在课程、教学等其他领域推动国际化事业的发展，师资队伍的国际化一般通过两条路径，一是‘引进来’，二是‘走出去’”[③]。通过对河南省师范类高等院校师资队伍建设的现状调查，笔者发现这些院校对外籍教师的引入力度不够，从而不能保证教师教育国际化快速推进。在河南省等多个师范高校中，多数院系并没有引入外籍教师。除了学院组织的讲座活动中有部分外籍专家的参与外，日常的教学活动基本没有外籍教师的参与。即使有外籍教师引进的专业，也多局限于语言类的教学，担任专门的教师教育类课程教学任务的外籍教师引入力度明显不足。比如，同为师范类院校的北京师范大学，几乎所有院系都有包括教授和副教授在内的外籍专任教师参与教学。在各个院校“走出去”的教师中，由于资金和政策支持力度的不足，能够获得国外访学交流机会的教师十分有限。通过对省内某些高校官网公开的教师资料的分析，笔者发现河南省内某

---

① 范喜艳. 河南省农村中小学骨干教师教育技术能力现状调查及对策研究[D]. 新乡：河南师范大学，2011.

② 河南省教育厅. 关于印发《河南省教育事业发展“十三五”规划》的通知[EB/OL].（2017-04-21）[2020-11-25]. http://www.haedu.gov.cn/2017/04/21/1492752645787.html.

③ 张海宁. 基于八维结构的高职教育国际化发展现状及对策研究——以江苏省为例[J]. 中国职业技术教育，2019，（13）：74-79.

大学教育学院具有海外访学经历的专任教师占总专任教师的比例为37%，另外两所师范大学教育学院具有海外访学经历的专任教师占总专任教师的比例分别为16%和3%。而在北京、上海、广东等地一些师范类高校，笔者粗略估计拥有海外访学经历的专任教师比例可达60%以上。可见，河南省师范类高校教师“走出去”的机会还很少，他们多毕业于国内的大学，国际化思维与视野存在一定的不足，难以保障教师教育者师资队伍建设的国际化水平，对中小学教师国际化素养的培养也会造成一定的阻碍。

此外，如何进行国际化教学是教师教育者所要面临的问题。“大学教学国际化远非开设几门有关国际问题和知识的课程那么简单，而是需要重新认识与阐释。”[①]目前而言，河南省部分院校引入了国际化的教学方式，如翻转课堂、研讨式课堂等，给予师范生很多实践的机会，以期能够让师范生成为课堂的中心，发挥师范生的主体价值。但是，教师教育者在实施的过程中并没有处理好传统的教学方式与“引进来”的教学方式的关系，反而使这些引进来的教学方式失去了原有的教学效果。多数教师在教学过程中并未有意识地调动师范生的国际化能力，导致国际化教学表现得比较表面化和形式化。

（二）国际化课程引入力度不够

完善合理的国际化课程体系是拓展师范生国际视野的重要渠道。从总体上看，河南省教师教育国际化相关的课程引进力度同样不够。北京师范大学教育学部的每届学生都要学习“世界教育改革与发展”这门课程，并且由国外教师全英文授课。华东师范大学每年都会选派32名优秀师范生赴国外参与为期三周的“卓越教师培养计划”海外研修项目，以提高学生的外语水平和国际化素养。[②]但是，省内多数院校的师范类专业开设的国际化课程很少，且涉及的广度和深度均不足，双语课程的建设较为欠缺，国际化课程的设置很难满足师范生的需求。虽然省内师范专业的课程设置包含了不同种类的通识教育课程，但涉及国际化的课程资源并不丰富，且多以选修课的形式出现。在双语课程的设置上，多数师范专业没有开设专门的外语课程，仅在大一和大二开设“大学英语”课程。除了英语师范专业，其他面向师范生授课的全英课程基本没有。在国际化课程的实施中，课程内容以教材为主，这就面临两个问题：一方面，教材的更新换代不太及时，许多国际上的最新科研成果和专家学者提出的教育思想都不会及时更新到教材中，多届学生使用的教材都是同一版本，导致师范生接触国外先进教育思想和理论观点的速度较慢；另一方面，教材多对国外教育发展的历史进行综述，却忽视了对其他

① 林炜. 大学教学国际化：问题前瞻及未来展望[J]. 当代教育科学，2019（7）：30-35，42.

② 华东师范大学. “卓越教师培养计划”海外研修项目[EB/OL].（2018-02-22）[2020-12-06]. http://www.jiaoliu.ecnu.edu.cn/06/83/c11186a132739/page.htm.

国家教育发展过程中内在逻辑和文化意蕴的深入挖掘，也忽视了这些教材与河南省的文化土壤如何相融的问题。教师在教授过程中仅把教材上的知识传输给学生，缺乏培养师范生国际化知识和能力的意识，致使课程的开设不能够有效地拓展学生的国际化视野。

（三）国际化实践活动较少

国际化的实践活动和学术交流活动能够有效地促进师范生知识的内化和国际素养能力的提升。目前，省内师范专业拓展师范生国际视野的实践活动主要有：校园活动、国外专家学术讲座、国际交流项目、国外教育实践等。虽然国际化实践与学术活动的类型并不单一，但真正开展的活动却相对较少，而且覆盖的学生量不足，影响了师范生国际视野拓展的进程。省内大部分院校都会举办诸如英语演讲比赛、国外话剧演出比赛等国际化的相关活动，但是这些活动具有比赛性质，参与的师范生数量并不多，大多数学生的积极性并没有被调动起来，活动的价值并没有充分发挥。虽然很多院校会定期邀请国外知名专家到校进行学术报告，但是这种学术报告囿于时间和空间的限制，也只有部分学生能够接触到国外的授课方式。有些学校的经费投入不足，能够邀请到的国外知名专家数量十分有限。就国外交换项目和教育实践而言，这些活动能够惠及的师范生更为有限。而省外一些知名的师范类高校，他们所拥有的国外交换项目十分丰富。粗略估算北京师范大学教育学部在 2020 年的国外交流项目有将近 60 个，包括学术论坛、国际实习、交换生、学术交流项目、国外专家授课、线上暑期学校课程等多个国际化项目。华东师范大学教育学部 2019 年 1—12 月国际交流来访活动高达 175 个，涉及美国、澳大利亚、泰国、俄罗斯、加拿大、日本等多个国家的大学或机构。与之相比，河南省 2019 年某师范大学教育学部仅有少量的国外学者进行学术讲座活动，另一所师范学院 2019 年教育科学学院国际学术交流活动基本没有。除了部分汉语国际教育的师范生能够有机会到国外学校参加教育实习外，其他专业的师范生很少有机会参加国外教育实践活动。由于多数学校的知名度较低，他们能够合作的国外院校并不多，无法向师范生提供更多高水平的交换机会。另外，有些交换项目的保障措施不健全，需要师范生缴纳一定的学费或承担相应的生活费，这也限制了很多学生参与国际交流的选择。

第二节　河南省教师教育问题的归因

河南省的教师教育经过数年的发展变革走到今天，经历了从无到有、从散漫到规范的过程，取得了令人惊叹的成绩，使得越来越多的学生获得了更优质的教育，越来越多的教师得到了更多深造的机会。但是，河南省的教师教育方面仍存在教师工资水平低、教师工作负担重、乡村教师资源缺乏、培养机构的优势弱化、信息化与国际化程度不深等问题，直接或间接地影响了河南省的教育质量和水平。这些问题的出现受到多重因素的影响，既包括区域发展和政府宏观层面的因素，也包括学校和教师个人层面的因素。无论哪种因素，它都会对教师教育的发展方向和发展进度产生重大影响。因此，正确认识这些问题并努力寻求这些问题存在的深层原因，利用这些因素去调整和解决当前河南省教师教育发展中遇到的问题是较为重要的。

一、区域现状层面

一个地区的地理位置和经济状况很大程度上决定了当地的教育水平和基础设施的建设水平，也会影响当地文化氛围的塑造。教师教育作为教育中最重要的一环，它的发展也会受到当地经济条件、人口数量、文化氛围的限制。

（一）经费投入不足，区域发展有待调和

"经济是教育发展的基础和物质保证，经济决定着教育的需求与供给，决定着教育的发展规模、增长速度、教育质量以及教育结构；而教育是经济发展的智力基础，教育特别是高等教育为经济发展培养各种不同熟练程度的劳动力以及专门人才进而推动经济发展。"[①]著名学者王善迈在《教育投入与产出研究》一书中从教育资源的投入和产出两个方面进行了详细阐述，立足人口数量及其构成、科学技术带来的影响、经济发展的影响等各个方面，论证了我国需要不断增加教育投资。[②]还有研究者对我国教育与经济发展耦合协调度进行研究后发现，"经济的持续快速发展能够为教育发展提供物质保障和经济基础，同时对教育发展提出形式更多样、功能更多元的教育服务需求"[③]。教育与经济的关系日益紧密，经济的投入与教育的发展息息相关，只有一定的经济基础作为支撑，教育才能不断改革，也才能跟得上信息化和科技化时代的发展。而教师作为教育发展的主力军，教师教育作为整个教育的重要部分，其发展也受到经济条件的影响。经济投入度高的地区或学校，教师获得成长和发展的平台与资源也就越多；相反，经济发展水平低的地区或学校，教师能够得到的资源较为有限，容易造成教师权利的丧失和职业幸福感的下降。

整体来看，河南省全省生产总值和全年的财政总收入每年都在稳步提升，这为教育的发展带来了新的契机，河南省对教育的投入也随之增多。但是其投入的

① 乐菲菲. 教育与经济增长关系研究现状及未来展望[J]. 东岳论丛，2011，32（7）：189-192.

② 王善迈. 教育投入与产出研究[M]. 北京：北京师范大学出版社，1996：8-104.

③ 颜双波. 我国教育与经济发展耦合协调度研究[J]. 教育评论，2015，（1）：34-36.

经费仍然比较有限，特别是在教师队伍的建设和培养方面，投入的经费仍无法解决省内教师所面临的诸多难题，某些学校基础设施的建设对教师成长发展的支持力度仍不够。

一方面，教育经费的低投入会导致基础设施的不够完善，也会导致教师的工作生活质量较差。教师住房、办公区域较为简陋，一张桌子和一把椅子就是教师备课、办公、休息的场所，教师的教学质量难以得到有效保障。一些偏远地区的教师，工资不仅低，而且存在拖欠现象，这就引发教师内心对工作的抵触，职业倦怠感严重。另一方面，教育经费的低投入导致教师的福利奖励、进修培训等更高的需求得不到满足。一般来说，学校管理者可以给予优秀教师以奖励，但是由于经费的限制，省内有些农村地区学校对教师的奖励形式和内容都较为单一。有些学校的教学设备较差，也没有相应的网络资源可供使用，阻碍了教师的专业学习，不利于教师的继续深造发展。

除经费投入不足外，河南省的城乡二元经济结构也阻碍了教师教育的改革和发展。城乡二元结构对农村的影响不仅表现在经济方面，而且还延伸到社会生活方面，使得社会生活方面也存在着二元分化，生活条件、生活观念及生活环境等的落后也会间接地影响农村教育的发展。[①]有些地区的经济发展水平较高，而有些偏远农村地区的经济发展仍比较落后。这种不平衡的发展造成了城乡教育资源发展的不同步，农村的教育资源远远落后于城市的教育资源。省内乡村学校工资低，且交通不方便，获得的教育资源有限，能够上升的空间较小，很多教师，特别是优秀毕业生和一些精英教师不愿意到这些地区任教，从而使乡村教师资源出现结构性短缺。城市学校由于工资高、生活便利，很多教师争抢到这些学校应聘，即使某些地区的教师已经达到饱和状态，但依然有教师通过一些办法试图进入城市学校任教。这种城乡二元经济结构导致的城乡教师资源的不平等分配造成了乡村教师的异化流动。与城市教师相比，乡村教师会存在一定的心理落差，大量年轻教师和骨干教师流往城市学校，而乡村学校的教师资源不断流失，与城市学校教学质量的差距越来越大，乡村学校的教师发展日益陷入困境。

（二）人口负担沉重，教育成本较大

人口与教育的关系是历年来研究者关注的焦点，教育的发展和变革方向也会影响人口的性别结构、年龄结构、素质结构、数量结构，进而影响当地的经济发展水平。同样地，“人口变动带来的学龄人口规模、结构及区域分布，将会导致未来不同时期不同教育阶段学校空间布局、办学规模、经费投入、师资配备等教

① 刘汉霞. 城乡二元结构与农村教育[J]. 教育探索，2003，（11）：68-69.

育资源需求的变化”[①]。一方面，人口的快速增长可能会降低教育质量，因此在力不从心的地区，只好以牺牲质量为代价，因“财”施教。另一方面，在学龄人口急剧减少时期，前期已粗具规模的教育系统同样会面临着重组与调整的困难。[②]新时期“全面二孩”政策的实施必然会引起人口结构的变化，人口结构的波动性使得教育资源配置不是教育资源配置数量多少的问题，而是教育资源配置的方向和内容的问题。教育资源配置到什么层次上，发展什么种类的教育，比提供多少数量的教育资源更加重要。[③]这些方面的变化对教师队伍建设有着重要的影响，人口密集的地区将会需要更多的师资，进而需要更多的师资建设成本。而在一些实现基本的教育需求的地区，家长和学生将追求更高的教育质量，人口流动也将成为必然的结果，如何协调好人口与教师数量、质量的关系对河南省教育发展来说必然是从长计议的事情。

一方面，受教育人口多，教师负担重。河南省是人口大省，2019 年末全省总人口 10 952 万人，比上年末增加 46 万人，常住人口 9640 万人，比上年末增加 35 万人，其中城镇常住人口 5129 万人，常住人口城镇化率为 53.21%，比上年末提高 1.50 个百分点。全年出生人口 120 万人，出生率为 11.02‰[④]。这样沉重的人口负担给教育也带来极大的影响。2019 年，在校生 2677.10 万人，比 2018 年增加 29.43 万人，教育人口占总人口的 26.16%，全省入园幼儿 125.34 万人，在园幼儿 430.87 万人；义务教育阶段的在校生为 1480.96 万人，比 2018 年增加 34.48 万人，其中小学超大班有 0.30 万个，初中超大班有 0.16 万个；高中阶段招生 127.92 万人，在校生 353.75 万人，比 2018 年增加 7.06 万人，超大班 0.51 万个。[⑤]

在校人数随着人口的增加而不断增加，进而需要政府投入更多的教育经费，以支撑学校基础设施的建设。当然这也需要更多的教师资源，特别是一些乡村地区学校大班额的存在，生师比达不到国家所规定的标准，教学质量将会受到影响。有些教师除了担任一门课程的教学工作外，还需要承担一些副科的教学任务，以缓解教师资源紧张的情况。这样一来，一个教师所要负责的学生数量高于其能力范围，导致教师所承担的心理压力和工作压力加大，职业倦怠和职业认同度逐渐

① 尚伟伟，郅庭瑾. 人口变动与教育资源优化配置——中国教育发展论坛 2019 综述[J]. 清华大学教育研究，2019，40（3）：122-125.

② 张晓莹. 学龄人口变化对我国全纳、公平、优质的基础教育的影响与挑战[J]. 教育教学论坛，2019，（19）：86-87.

③ 尚伟伟，郅庭瑾. 人口变动与教育资源优化配置——中国教育发展论坛 2019 综述[J]. 清华大学教育研究，2019，40（3）：122-125.

④ 河南省人民政府. 河南省人口概况[EB/OL].（2020-03-17）[2020-07-26]. https://www.henan.gov.cn/2011/03-04/229549.html.

⑤ 河南省教育厅. 河南省教育厅关于印发 2019 年河南省教育事业发展统计公报的通知[EB/OL].（2020-04-13）[2020-07-27]. http://www.haedu.gov.cn/2020/04/13/1586742080235.html.

下降，进而影响教师教学的积极性。

另一方面，随迁子女与留守儿童的增多加大了教师的任务量。随着河南省城镇化进程的加快，人口流动的规模也逐步增加，随迁子女和留守儿童的教育问题也日益严峻。2019 年的相关数据显示，义务教育阶段随迁子女在校生 84.47 万人，占义务教育阶段在校生总数的 5.7%。①乡村学校的子女是否能够适应城市的教育，是否能够融入城市学校的文化氛围中，是一个值得研究的问题。义务教育阶段，农村留守儿童在校生 187.79 万人，占义务教育阶段在校生总数的 12.68%②。这一比重对于人口大省来说并不是一个小的数目，长时期父母监护、教育角色的缺失，对农村留守儿童的全面健康成长造成了不良影响，大部分农村留守儿童在生活、性格、心理和教育等方面都或多或少存在一些问题。③因此，不管是随迁子女的教育还是留守儿童的教育都需要教师投入更多的时间和精力，帮助他们适应新的生活，并帮助他们疏导心理健康问题。特别是留守儿童的教育问题，他们一般由爷爷奶奶等老一辈的亲人抚养，而爷爷奶奶等老一辈亲属对孩子的心理、学习状况并不了解，教师与抚养人沟通会存在很大的问题。农村教师会更容易陷入工作和生活的迷茫、焦虑与困惑，他们的职业信仰和职业尊严容易消逝在“无意义”的工作中，“跳槽”的意愿越来越高，导致农村教师的流失率不断提高。

（三）文化资本不均衡，部分舆论负面

“法国社会学家布迪厄最早提出‘文化资本’的概念。他认为，文化资本是基于对文化资源的占有而形成的资本，是社会各组织、阶段和个体所拥有的知识技术、生活品位、交往方式以及教育背景的总和。在布迪厄看来，无论其拥有者是个体还是集体，文化资本均能影响拥有者的行动选择与利益获得，致使掌握较多文化资本的拥有者，会因知识丰厚、观念进步、行动得宜等优势而获得更多、更有利的发展机会。”④教师的文化资本在个人生活和专业发展中具有重要的影响，它是教师从业最基本的前提，也是教师获得一定社会地位和尊严的条件，某些方面代表了教师的话语权。教师并不是脱离社会孤立存在的群体，他们是同样需要生活在市场经济场域中的行动者，但是由于教师先天性在经济资本方面并不富裕，文化资本是其能够充分利用的资本类型，依靠自身的文化资本，可以为其获取生

① 河南省教育厅. 河南省教育厅关于印发 2019 年河南省教育事业发展统计公报的通知[EB/OL].（2020-04-13）[2020-07-28]. http://www.haedu.gov.cn/2020/04/13/1586742080235.html.

② 河南省教育厅. 河南省教育厅关于印发 2019 年河南省教育事业发展统计公报的通知[EB/OL].（2020-04-13）[2020-07-28]. http://www.haedu.gov.cn/2020/04/13/1586742080235.html.

③ 肖细祝. 浅谈教育工作者应如何关爱农村留守儿童[J]. 广东职业技术教育与研究，2020，（3）：172-174.

④ 刘国艳. 农村学校变革中的文化资本阻滞及其建构[J]. 教育探索，2015，（2）：16-19.

活的资源与环境。[①]因此，文化资本的不均衡分配会导致教师地位的差别对待，与文化资本富有的地区相比，文化资本贫瘠地区的教师的福利待遇、社会地位、话语权、社会认可度会偏低。随着文化资本的不均衡发展，一些偏远落后地区的社会舆论也会向着负面发展，这些负面舆论的不断发酵对该地区教师的生存和发展来说是极为不利的。

就河南省而言，文化资本的不均衡表现在同一职业不同地区的差异与同一地区不同职业的差异两个方面。同一职业不同地区的差异主要体现在，两个不同的教育场域由文化资本的不匹配而造成的教师经济资本和社会资本的差异。河南省作为内陆城市，所接触的教育资源往往不如一些较为发达的省份，因此省内外教师双方置身于差异化的文化空间，所形成的文化资本是不对等的。同样地，由于家庭教育、生活环境、学校教育等的不同，省内城乡教师也会积累不对等的文化资本，城市教师积累的文化资本一般会高于农村教师。

因此，城市教师不愿意到农村学校任教，因为农村学校所给他们带来的经济资本和社会资本与他们积累的文化资本是不匹配的。而农村教师更愿意到城市学校任教，因为这一定程度上可以获得高于自己文化资本的其他方面的资本效益，但农村教师的文化习性游离于学校文化之外，会表现出自卑、压抑、迷茫，甚至畏惧等状态。[②]在省内组织的城乡教师交流的活动中，农村教师会处于话语权的劣势，所带有的文化被视为“落后于时代”的文化，而城市教师会表现出更多的优越感，拥有更多的自主权和话语权，这种差异使更多的农村教师逃离原有学校，优秀的高校毕业生也会选择更高层级的城市学校，造成农村教师资源的短缺。

同一地区不同职业的差异表现在，教师职业所拥有的文化资本所带来的社会资本和经济资本与其他职业所产生的社会和经济资本存在差距，社会和经济资本的分层使以文化资本为生的教师职业陷入困境。失去了传统的尊师重道的思想的庇护及受到现代科学技术的冲击，教师的社会地位逐步下降，更多的人会选择工资高、福利待遇好的职业。公务员、医生等“体面”工作所带来的经济资本和社会资本远高于教师，加之一些师德低下教师的影响，有些地区教师职业的社会舆论并不好，使人们对教师所面临的职业迷茫和职业倦怠产生误解。

特别对于一些男性教师而言，“没出息”“顾不了家”“工资低”等一些负面的评价使得教师性别出现结构性失衡，男性一般会选择从事其他职业以获得更多的社会资本和经济资本。虽然国家和省政府出台了一系列的政策来保障教师的地位与福利，教师的工资也日益提高，但是省内某些地区教师的工资仅有1000—2000元，相比于其他职业来说，这些工资确实很低。另外，对于教师这一职业而

① 金菲. 教师文化资本的生成与转化策略[J]. 当代教育论坛，2015，（4）：57-62.

② 唐松林，向芳彬. 城乡教师发展不均衡的资本差异分析[J]. 浙江师范大学学报（社会科学版），2015，40（5）：114-120.

言，所接触到的人际关系较为局限，往往只是学校里面的同事和领导，因此在省内一些县城学校，青年教师的婚配问题也日益严峻。尤其是经济不太发达的河南省，文化资本的失衡带来的社会资本和经济资本的偏低让教师职业在与其他职业的对比中处于下风，影响教师的专业发展和专业生活。

二、政府部门层面

政府部门作为宏观调控的机构，其所制定的政策和发布的文件具有强烈的导向作用。教师教育体系的不断完善和发展，很大程度上离不开政府部门的支持和帮助。为了促进河南省教师教育的发展，政府部门积极调整内部管理，并出台一系列的政策制度，有效地促进了教师的队伍的建设。但是由于部分管理部门内部的协调性及某些政策制度的适切性没有处理得当，河南省在教师队伍建设方面仍出现了一些问题。

（一）教师补充机制仍需完善

合理的教师补充机制与教师队伍的稳定具有密切的关系，它也是一个关乎全局的系统性工程，哪些地区需要教师、需要多少名教师、什么时候需要补充教师等问题都需要科学的监测和规划。河南省于 2020 年 6 月出台了《中共河南省委编办关于做好 2020 年农村义务教育阶段学校教师特设岗位计划实施工作的通知》，要求招聘 6000 名特岗教师对农村学校教师队伍进行补充①，并有相应的经费进行补助。除了特岗教师招聘外，省内教师的补充方式还有公费师范生、教师招聘考试、学校外聘教师等方式。教师的补充渠道很多，但当前河南省仍面临着总体教师数量供大于求与农村地区供不应求的矛盾，教师补充协调度低、农村教师数量不足的问题依然很严峻。教师的补充措施缺少针对性和持续性。虽然河南省每年都会出台相应的政策，但无法针对区域进行有效补充。有些学校的一名教师仍然承担多门学科的教学任务，音体美教师仍然匮乏。在调研期间，某小学校长谈道，上边分下来的教师数量太少，根本不够用，还得靠学校自己招聘教师，一些音体美教师更是难招聘。农村学校条件差，代课教师与专任教师的薪酬差别很大，很少有教师愿意过来，要不就待一段时间就走了。有些补充制度的实效性难以持久，到乡村学校任教的教师大多是为了暂时解决就业难题，把乡村学校当成跳板，或者是满足职称晋升或行政任务考核的需要。他们只是乡村学校的“暂居者”。即使某些政策确实为乡村学校输送了师资，但由于持续性难以保障，仍然难以满足乡村学校对教师的需求，造成乡村学校教师的数量不足与结构失衡。

① 河南省教育厅，河南省财政厅，河南省人力资源和社会保障厅，等. 中共河南省委编办关于做好 2020 年农村义务教育阶段学校教师特设岗位计划实施工作的通知[EB/OL].（2020-05-29）[2020-07-28]. http://www.hateacher.cn/content.html?id=466.

（二）教师编制供需矛盾

编制作为我国特有的一种组织管理方式，在控制政府人员规模、科学设置组织机构、提升职能运行效能以及合理分配预算资金等方面起到了重要作用。[①]教师编制关涉教师管理的多个方面，包括教师的国家公职人员身份、薪酬福利待遇、社会保障水平、职称晋升和专业成长等一系列事关教师生活、工作和职业发展等方面的问题。因为其具有绑定性、福利性的特点，教师编制在我国特有的文化环境下衍生成了一种利益身份，成为一种身份的象征。[②]教师编制在河南省的教师队伍建设中起着重要的作用，但由于教师编制机制的不科学和编制的供需出现矛盾，导致乡村教师的流动出现结构性失衡，难以满足农村学校教育教学的需求。

一方面，编制供给难以满足农村学校发展需求。随着“全面二孩”政策的实施，“增编”需求将越来越大。但在省内一些农村学校，限于当地财政能力，教师编制常常被压缩。在乡村学校，每年可入编的教师数量非常有限，学校存在较多的代课教师，这部分教师以“外来人”的身份进入农村学校，不能与在编教师享受相同的福利待遇，这使学校的归属感会受到很大的影响，容易使其产生调离岗位的意愿。另一方面，结构性缺编问题严重。河南省仍然以生师比为主要标准设置编制，一个学校的教师是按照学生数量进行招聘的，一些年长的教师占有编制名额，而新教师的入编名额则十分有限，新老教师更新变化的进程比较缓慢。此外，部分音体美教师也会由于名额的限制得不到编制，导致很多年轻教师和副科教师处在管理的边缘位置。这也是乡村教师资源结构性短缺的重要原因，编制的供需矛盾对乡村教师的流动意愿有着重要的影响，间接影响了农村学校的教学质量。

（三）教师资源分配不合理

教育资源多以政府投入为主，优质高校和重点学校会获得更多的教育资源，以此实现效益和影响力的提升。为了稳定农村教师队伍，省政府出台了很多支持和激励乡村教师发展的文件和政策，吸引不少教师到乡村学校任教。如《关于编制河南省农村教师周转宿舍建设规划（2020—2022年）的通知》及“一补两贴”政策的出台对乡村教师的生活和专业发展都有着宏观指导意义，特别是各市出台的教师住房补贴文件、生活补助制度，建立的待遇提升工程等为乡村教师行业带来了希望。但是实际上乡村学校能够获得的资源仍十分有限，特别是教师资源的分配上，为推行“示范性中学”，有些县为了建立“样板学校”“标准化

① 边法延. 编制起源问题[J]. 中国机构改革与管理，2018，（12）：50-54.

② 王晓生，郭志辉. 农村怎么配“良师”：农村教师编制配置的现实困境与改进策略[J]. 中小学管理，2018，（9）：14-17.

学校”，把全县各乡、镇优秀教师选拔到县城优质学校，以提高“样板学校”的办学水平。[①]省内乡村学校的教师在学历、职称上与城市学校相比均不占优势，这说明教师资源是向城区倾斜的。以周口市 S 乡为例，全乡 24 所小学所获得的教育资源并不均衡，不同小学之间的差异较大。全乡只有一所中心小学，该小学在师资力量上占据着优势，与其他小学师资短缺不同，该中心小学各个年级教师配置均衡合理。[②]“在城乡教育规划上，不能同时保证城乡之间都有优质的教师资源时，就会优先将优质的教师力量分配到城区的一些重点学校，这样会使镇区和乡村的优秀教师的数量更少。”[③]在这样的资源分配政策下，乡村学校本身得到的教师资源就很少，很难通过其他方式进行补充。学校教师在学科分布、年级分布上容易出现不均衡的问题，即使对乡村教师的支持力度很大，也很难保证乡村学校教师资源的充足。

三、师范院校层面

师范院校既是培养职前教师的摇篮，职前教师的教育信念、教学知识与能力、教学水平等方面都会在这里得到培养和发展；它也是职后教师继续教育和在职培训的重要场地，是教师教育发展整个过程必不可少的载体。师范院校的院系划分、资金引入、教师管理、设施建设等都与教师培养和培训息息相关，对教师专业化发展产生很大的影响。

（一）院系设置与教师准入机制不太匹配

职前教师的培养既需要理论知识的学习，也需要实践能力的提升；既需要学科知识的补充，也需要教育学知识的补充，否则教师的培养就会畸形发展。随着师范院校的综合化与综合性大学参与教师培养的热潮涌来，高校内部的院系设置需要进行部分调整。但由于院系之间的整合度不高，在师资队伍、课程安排等方面缺乏即时的沟通和协调，容易导致师范生在获取教师资格证与进入教师工作岗位时出现错位现象。

就院系的设置情况来看，教育学院与其他学院的分离设置导致师范专业的课程设置逐渐“去师范性”。在省内的大多数师范院校，教育（科学）学院成为高校的必设院系，与其他文理学院的设立分工明确，承担各自的教学任务，即教育（科学）学院负责教育学、心理学等教师教育课程的讲授，但该学院的学生由于较少接触学科类课程，导致他们对学科专业类知识了解不多；其他文理学院负责本

---

① 陈永光. 城镇化进程中城乡教师资源均衡配置的实现路径探索[J]. 教学与管理，2015，（12）：37-39.

② 刘盈盈，颜玄洲，梁迎娣. 河南农村小学教育资源配置的现状及改善路径探析——以河南省周口市 S 乡公办小学为例[J]. 文教资料，2016，（1）：115-116.

③ 侯学萍，朱亚丽. 河南省城乡义务教育阶段教师资源配置的实证研究[J]. 教学与管理，2018，（33）：19-22.

院学生的学科知识与教学法的传授，以专业理论知识为主，涉及部分教育学类知识。而在教师资格证的改革中，除了通过专业认证的高校外，师范生也要通过“国考”才能获取教师资格证。教师资格证的考试内容涉及教育学、心理学、学科知识等几个模块，但在师范生的培养过程中这三个模块是由不同院系来负责教授的，一般由其他学院负责教授的课程更容易通过考核，这就导致教育学院的师范生在“国考”中学科知识不过关，而其他文理学院的学生在“国考”中教育知识不过关的问题。虽然师范生培养并不是为了“国考”而培养的，但培养的师范生连教师职业的准入门槛都达不到，难免会影响教师队伍的质量。此外，高校的两大类院系之间基本没有沟通和协调的意识与渠道，导致课程设置中教育学类与专业类课程分离，师范生所习得的知识和技能是模块化的，不能很好地融合在实践当中，这也是某些地区师范生实习效果差的重要原因。甚至一些师范生进入工作岗位后，所习得的知识和技能还不能很好地适应教学工作，这在一定程度上影响了基础教育的质量。

（二）部分院校资金引入短缺

办学资源和办学经费是影响高等院校发展的首要因素，办学资源丰富、办学经费充足的院校有能力为教师和学生提供优质的资源与完善的基础设施，而办学资源欠缺、办学经费不足的院校则在支撑教师发展与学生成长方面面临许多限制。目前，河南省师范院校筹措资金的渠道包括政府财政拨款与专项资金、政府允许的事业性收入、科研项目获得的经费、学校自主创立的教育基金会、社会捐赠等。就政府财政拨款来说，政府对高校的财政拨款存在不平衡现象。政府对“985 工程”“211 工程”“双一流”院校的扶持力度更大，相应的经费投入也比较多，这些院校能够使用的资源和资金更充足。而河南省大多数师范院校都属于地方高校，且发展的层次和高度有限，所获得的财政拨款相对较少，远不能满足高校发展的需求。政府允许的事业性投入包括学费或者“国培”“省培”等获得的资金收入，这些是除了政府拨款外最主要的收入来源。学校的事业性收入主要受到学校生源及承担的项目的影响，一般来说，发展态势良好的学校会获得更优质的生源，能够合作的项目也会比其他高校多，高校的发展程度影响了学校的事业性收入水平。除此之外，其他渠道的经费筹措虽然也在上涨，但所占比例仍比较低，对高校发展的帮助十分有限。省内多数高校限于经费不足，基础设施的建设较为落后，能够聘请的高水平专家数量有限，有些教育改革项目也因为经费的限制不能如期开展。国际化平台建设的资源和条件同样受到经费水平的限制，这些院校可开展的国际合作项目也会受到制约，这也是一些院校建设国际化水平不足的重要原因。

（三）“重研轻教”的评价导向

“教育高质量的发展需要高质量的教师队伍来支撑，如何用更多的投入、更好的制度吸引更多的人才到教师队伍中来，并且能够留得住人才、用得好人才，让人才安心当好教师、用心教好学生，是教育改革的核心。这是新时代高校教师队伍建设的新任务。”[①]教师教育者的教学水平和素养会极大地影响下一代教师的专业成长，因此，师范高校对教师教育者的管理和培养显得非常重要。但目前省内多数师范院校采用自上而下的教师队伍管理模式，疏忽了教师某些方面的管理，同时以规章制度为标准进行约束，在规章制度的制约下，教师行为改变只是短暂的，难以激发教师的积极性与主动性。在教师队伍的建设上，河南省高校在教师教育者的招聘与管理中着重对科研能力的考察，对教师教育者的教学能力相对轻视。在某师范高校 2020 年教师招聘的公告中把“在权威期刊上发表论文的数量与主持的科研项目”作为人才引进的重要指标，且论文与项目数量越多，得到的工资和待遇也就越高。其他多个师范院校的教师招聘都与之类似，与教师培养密切相关的“教学能力”基本未做要求，多以试讲形式进行考察。在对教师的常规管理、考核晋升、津贴补助方面也明显向科研领域倾斜，关于教学方面的考核与奖惩相对较弱，比较轻视教师的教学质量评估与评价的管理。在科研任务的安排上，高校的职称晋升、岗位考核、绩效发放、导师聘任等都主要是以科研成果为标准的，这些评价制度把教师的科研提到高处，进而压低了教学的地位，忽视了教师的多元化与个性化特征，导致“教育研究者角色在当下‘重科研、轻教学’的大学学术氛围中显得越来越突出，而职前教师的教育者角色在教师教育大学化背景下日益模糊”[②]。长期在“重研轻教”的管理氛围下，不仅从事教师教育研究的专家学者会把过多的精力投入到理论研究和论文发表之上，而且师范生的奖学金、评优奖先也多是以考试成绩和论文发表为导向的，却忽视了学生的见习实习和实践性课程。

（四）信息化平台建设较缓慢

信息技术对高等教育的作用，正如美国高等教育信息化协会主席戴安娜·亚伯林格博士所言：“信息技术在高等教育领域的创新应用不仅可以提高高等教育的效能，更为重要和深远的影响在于其对整个高等教育生态的重塑。”[③]在信息技术高速发展的“互联网+”时代，信息技术的熟练应用已经成为现代人所应具

---

① 宁滨. 新时代加强高校教师队伍建设的若干思考[J]. 中国高教研究，2018，（4）：5-8.

② 刘径言. 教师教育者的身份遮蔽、认同与建构研究[J]. 教育科学研究，2020，（4）：93-96.

③ 郑旭东，魏志慧. 高等教育信息化及其发展趋势——访美国高等教育信息化协会主席戴安娜·亚伯林格博士[J]. 开放教育研究，2014，20（6）：4-9.

备的技能。教师，作为未来信息化教育的关键力量，其信息化素养的提高对基础教育的改革、学生的信息素养提高都起着重要的推动作用。“师范毕业生是我国中小学教师的主要来源。提高师范生的信息素养水平是有效提升我国中小学教师整体信息素养水平的根本性和基础性措施，也是项重要任务。”①但在河南省多数职前教师培养院校，信息化教学平台并不完善，如课程的安排、师资的配备、信息资源的建设等方面都较为落后，导致师范生的信息素养并没有在职前教育阶段得到很大幅度的提升，入职后对于相关的信息化教学操作并不熟练。而在职后教师的培训中，信息化方面的培训项目也存在同样的问题，教师的信息化教学能力得不到精准、系统的培养，信息化素养跟不上时代的发展。

首先，信息资源建设缓慢。丰富的信息资源是具有良好信息素养的前提条件，信息资源建设直接关系到教师信息素养的提高和教育信息化的发展。②高校对信息化教学的建设包括硬件设施与教育信息资源建设，这是高校教师信息素养提升的基础，也是培养师范生信息素养与能力的前提，硬件设施的先进与信息资源的丰富一定程度上决定了师范生未来从教的信息素养水平。但是，由于省内经济条件的限制，很多师范院校信息资源的建设并不健全和先进。比如，河南省内某师范院校微格教室的建设，校内师范生的校内实习都是在教育科学学院轮流进行的，其他学院没有相应的配套设施。这样一来，每个师范生只有 1—2 次的实训机会，远远不能满足其实际需求。还有些高校网络资源的建设更新缓慢，且提供的资源比较单一，不能满足师范生与教师的需求。同时，网络交流平台也处在发展的初级阶段，师生通过网络交流分享的频率较低，这些方面的限制对师范生信息素养的培养产生了较大阻碍。

其次，信息素养培养课程较少。建立健全信息素养培养课程体系是师范高校提升师范生信息素养的重要举措，以规范化、系统化的课程作为信息素养提升的抓手能够循序渐进地提高师范生的信息化教学能力。但在省内多数师范院校的课程安排中，计算机相关课程安排较少。与计算机相关的必修课程仅包括“大学计算机文化基础”“大学计算机文化基础实验”两门，前者是计算机理论学习，后者是计算机实操训练，二者都是作为通识教育课程被安排在大一或大二的某个学期。这两门课程是计算机操作的基础性课程，只是简单的计算机理论普及与操作演示，对于较为深入的计算机知识和操作很少涉及，或者只在某些专业的培养方案中以选修课的形式出现。有些师范生为了获得计算机二级证书，自行报名参加培训辅导班，这样只是单纯习得了某些计算机操作，与中小学信息化教学没有太多关联，而且短期的培训容易遗忘。这样的课程设置是不利于师范生信息知识与

① 曲兆东，杨宏，陈晓慧. 高师院校师范生信息素养的培养[J]. 现代远距离教育，2009，（5）：12-14.
② 谭胜，张立荣. 大学信息资源管理探析[J]. 现代大学教育，2005，（4）：61-63.

信息能力提升的，造成师范生入职后对与计算机相关的操作比较生疏，无法适应未来人工智能技术对教学的冲击。

最后，教师教育者的信息素养水平有限。除了信息化教学相关课程体系的不健全，师范高校信息化教学相关的师资队伍也并不专业和充足。虽然基础教育与高校内部的改革都认识到信息技术的重要性，但省内多数院校教师的计算机教师仍较为缺乏。对于计算机类课程，只有计算机专业的教师对其他师范专业的学生进行授课，一个教师负责多个学院师范生的计算机课程，采用大班化统一教学，教学效果达不到预期水平。而师范专业类的教师大多对计算机的操作不熟练，对未来师范生信息化教学的培养意识不够强烈，甚至某些学院的教师计算机操作能力还不如本专业的学生。他们在授课时较少体现出“互联网+教育”的深入融合，他们的信息化教学水平并不高。由此可见，高校对教师教育者的计算机类知识缺少相应的培训，不注重与信息化教学相关的教师队伍建设，导致教师教育者的信息素养落后于高校的发展，这也极大地影响了未来中小学教师信息素养的水平。

四、中小学校层面

中小学校是检验教师培养成果最好的舞台，中小学校不仅是师范生实习的重要场地，也是职后教师不断提升自身教学水平、积累实践智慧的“训练场”。教师的培养和培训需要借助中小学校来实现，中小学校既连接着基础教育的发展，也承担着培养教师的重任。因此，中小学校对本校教师的管理模式和激励政策以及对师范生实习的态度很大程度上影响着教师培养的质量和水平。

（一）管理模式较为传统

对教师的管理是中小学校管理的重要组成部分，教师队伍的建设和发展离不开完善的教师管理制度，如果缺少对教师的标准化和人性化的管理，学校的建设将陷入混乱。在管理视野下，管理者与被管理者的区分是非常清晰的，而区分得越是清晰，它就越有利于管理决策的高效执行，但却又不利于学校和谐干群关系，使得教师“不得不”执行学校的管理决策，但不一定乐意于全力以赴地奉献自己专业力量①，如何找到高效与和谐之间的平衡点是中小学校教师队伍建设和管理的关键。但省内多数中小学校的管理仍然以“高效行政”为目标，管理缺少人文关怀，导致中小学教师的职业压力不断增加。特别是条件艰苦的农村中小学教师，所承担的心理压力和工作压力难以得到纾解。

首先，管理方式缺少对教师的人文关怀，管理以效率和成绩为先，导致部分教师的工作量增加。在教师队伍管理中，给予教师充分的人文关怀，注重教师的

① 周彬. 学校教师队伍治理：理论建构与运作策略[J]. 教师教育研究，2020，32（2）：13-19.

心理诉求，让教师体会到制度的“温度”，教师的创造力和工作热情将会被无限激发，使其充分发挥自身的主观能动性。但在省内某些中小学的管理条例中，规则制定多是“要求与服从”，以规范教师的外在行为为主要目标，对教师的着装、言语、时间管理、课时量、生活方面等都做出了严格的规定，违反某项规定会关乎教师的工资发放，管理制度很少从教师的视角去关注教师的生存状态。比如，许昌市某中学教师职工考核办法中规定，教师参加相关集会迟到一次扣 5 元，请假一次扣 10 元，缺勤一次扣 20 元；教师请病假一天扣 15 元，请事假一天扣 20 元。因病住院治疗请假超过 25 天的，按照请长假处理，扣发当月文明校园奖总额的 1/3。能够看出即使教师生病请假，仍然会扣除相应的工资，这种规定比较缺少人文关怀的。教师群体处在科层制的底端，严谨、紧张、制度化、封闭化的生存与工作状态让教师的心理承受能力不断下降。这样容易导致同样作为管理者的教师会把这种压制性、紧绷的管理理念带到班级管理当中，学生的发展也会受到这种理念的影响，使其主体性和个体性难以发挥，失去了活泼可爱的孩童模样，不利于素质教育的推行和发展。

其次，传统的管理制度延长了教师的工作时间。教师作为拥有权利和义务的合法公民，理应享受到应有的权利，履行相应的义务。但是，当前中小学校的管理体制还是以教师履行义务为重点，教师角色被赋予了一系列的伦理责任和教育责任，缺乏与之相对应的道德权利和教育权利。从当前一些学校教师管理现状来看，这种“义务论”倾向不仅体现在某些教师管理制度的文本规范体系中，而且广泛地存在于教师管理制度的具体实践中。[①]比如，很多教师除了承担正常的教学工作外，还会被派遣其他的任务，教师的健康权和休息权等基本权利往往被忽视。一位初中教师抱怨道：“每天批改作业要到很晚，每个星期还要帮办公室主任处理一些私人的事情，寒暑假有时候还会安排教师家访，根本没有什么休息的时间。”在学校的管理制度下，这些都是教师应该承担的职责，教师的权利被逐渐埋没在日益重复的工作当中，阻碍了教师主体性的发挥和积极性的调动。

最后，部分管理者的专制思想造成教师民主参与的缺失和“群体沉默”。合理适当的管理约束必然能得到教师的理解和支持，但如果是专制性的压抑，那往往得不到教师的认同。在多数中小学的管理者眼中，教师就是“被管理者”，对教师的管理就是使用行政力量让教师服从已有的制度规定，这种管理是使教师行为符合学校规范的过程。管理者把管理作为一种权力和权威的象征，“校长个人或学校少数领导对于学校的改革和发展，握有说一不二的权力，学校重要事务均

① 陈振华. 中小学教师管理制度建设：问题与改进策略[J]. 教育研究，2015，36（9）：99-103.

由学校主要领导拍板定夺”[①]。在这种管理模式下，教师参与学校事务的积极性被打消。他们已经意识到，领导的决定一般都不会轻易改变，而自己的想法和建议从来不会被采纳时，教师就会自动选择沉默、保留自己的观点。长此以往，教师参与学校管理的想法被压制，教师对学校的归属感会大打折扣，不利于学校教师队伍的建设。

（二）教师培养的支持力度较弱

对一些乡村教师来说，特别是年轻的教师，他们需要更多专业发展的机会和资源，以便于获得持续的专业发展动力，提高自身的专业素养。但是乡村学校能够给予的资源很有限，这种现实的境况打破了教师关于专业成长和发展的美好期望。

一方面乡村学校的职业上升空间有限，专业发展渠道较少。一位乡村小学教科研主任说：“我们学校教师参加的课题都是上级分配下来的，我们只是参与其中一小部分，没有机会参与课题的申请和结题，像我们这样规模的小学，很难申请到课题。”[②]以河南省泌阳县与商水县为例，两个县符合高级职称评定条件的教师居多，但是高级职称名额分配下来却十分有限。在小学、初中每年仅有1—2个晋升高级职称的名额，教学点至多会分配到1个名额，有时可能分配不到名额。相关数据显示，仅有 4%的乡村教师感受到职称评定政策确实向乡村教师倾斜，44%的教师并未体会到政策的倾斜。[③]年轻的乡村教师评定职称还需要面临优质课、学生成绩、所获荣誉等条件的限制，而年老教师又限于学历，达不到评职称的标准。此外，乡村学校能够提供给教师的培训比较少，大多数教师需要靠自己的努力来提高学历水平，他们通过网络学习、听课评课以获得自我发展。另外，乡村学校在促进教师专业发展方面难以形成合力，没有办法很好地开展教研活动或发展学习小组，这些都限制了乡村教师的职业能力提升和发展，难免会影响乡村教师的留任率。

另一方面随着乡村学校的合并与城镇化的推进，乡村学校带给教师专业发展的社会支持度下降，导致部分教师专业发展缓慢。乡村学校承担了该地区的教育重任，而教师作为这一重任的实施者理应受到村民的尊敬。但“由于城乡教育差距的逐渐加大，多数村民主观性地把乡村教育发展落后的原因归于乡村教师身上，从而致使‘乡村教师素质低下’‘乡村教师不如城市教师’等观念成为多数村民

① 张新平. 关注学校组织管理“同构化”趋向[J]. 中小学管理，2008，（12）：4-5.

② 张各. 乡村小学教师行动研究能力的现状与对策研究——以南阳市方城县为例[D]. 重庆：西南大学，2018.

③ 刘博. 教育公平视域下《乡村教师支持计划》实施现状——以河南省泌阳县与商水县为例[D]. 武汉：华中师范大学，2018.

的价值共识”①。乡村学校所拥有的知名度、社会影响力、设备条件、教学条件确实与城镇学校存在差距，所以也很难扭转村民对乡村教师的这种偏见。因此，乡村教师所能够获得的社会支持度是呈下降趋势的，其中包括教师的家人及学生的家长。据了解，乡村教师的专业发展很难获得家人的支持，而且学生家长对乡村学校教学条件的不满也会反映在对教师的态度上，乡村教师很难获得来自学生家长的认同。因此，随着乡村学校的逐渐“没落”，乡村教师能够获得的社会支持将更少，这必将加剧乡村学校教师的流失。

五、教师个人层面

教师教育的核心和主体是教师，其教育的对象也是教师，因此教师个人是影响其专业成长与发展最重要、最核心的因素。教师的自我意识水平与教师对职业的认同度等都会影响教师教育的培养效果，外界的管理措施和政策文件等都必须得到教师的认同才能够发挥效用。在教师培养过程中，某些措施的失效在于教师自身发展水平有限及其对措施的抵触。有些教师不愿意主动更新自己的教育理念，不愿走出“舒适圈”进行专业发展，导致部分教师的教育理念落后于时代发展。

（一）教师自我发展意识须提升

教师的自我发展意识作为教师专业发展的基础性力量，对教师的专业成长具有重要的作用。教师教育的相关措施需要作用于教师个人的自我发展意识才能发挥其应有的作用，要让教师从心理上认同和接受这些措施对其的价值和意义。因此，教师个人的自我发展意识水平的高低在一定程度上影响了策略价值的实现程度。教师自我发展意识属于教师自我意识的范畴，是教师自我意识的下位概念，是教师对自身专业发展状态的现实审视及对未来专业发展愿景的监督与规划，是教师自我意识在专业发展实践活动中的具体体现。②积极的自我发展意识对教师自身的专业成长表现出全过程的关注：“我是谁”——思考自己所扮演的角色与自己的特征；“我在哪里”——思考自己目前的发展状况；“我将走向哪里”——明确自己到底需要什么，今后朝什么方向发展以及如何发展。③“我是谁”的阶段是对自我的认知，“我在哪里”的阶段是对当前发展水平的评估，“我将走向哪里”是对职业未来的规划。自我发展意识触及教师发展的各个阶段，对各个阶段都有着不可替代的作用。但是，当前河南省内有些教师的自我发展意识水

① 柳谦，张贝贝. 漂泊的“师者”：乡村教师社会角色的田野研究——以河南省 G 小学为例[J]. 上海教育科研，2018，（10）：51-56.

② 钱兵，孙在丽. 教师自我发展意识的迷失与唤醒[J]. 当代教育科学，2018，（8）：44-46，53.

③ 寇尚乾. 教师自我专业发展意识的培养[J]. 教育与职业，2012，（15）：61-62.

平并不高，难以主动地进行自我提升，影响了教师整体队伍的建设。其原因表现在两个方面。

一是对当前阶段的认知不清晰，学习主动性不高。对当前阶段的认知包括对当前自己的教学方式优缺点的评判、对自己的知识储备的了解程度等方面，只有将这些基本情况的认知作为基础，教师才能够意识到自己的不足，也才能以此为动力参加进修以提高自身专业能力。但是，笔者在对省内部分学校的教师进行了一定了解后发现，一些教师对自身水平缺乏准确的认知。很多农村学校的教师是大专学历，有些知识储备和教育理念已经落后于时代和学生的发展，但他们对此并不以为然，认识自己的能力远远可以胜任教学任务的要求。特别是有些小学教师认为教学内容很简单，而且自己已经教过很多年了，根据现有的教科书和辅导用书就可以备课教课了，不需要再参加进修和培训。长期受到这种观念的影响，一些教师逐渐形成了被动学习的习惯，不会主动争取培训名额，只有学校或上级下发相关的培训文件，硬性要求教师需要参加培训时，他们才会参加培训项目，被动地接受新的思想与理念的传输，因此在这种情况下，培训远不能达到预期效果。特别是在没有上级文件的硬性要求时，他们很难主动地在网络或课外辅导书上寻求知识补给，加之繁忙的工作任务及较差的自我约束力，导致学习积极性和主动性被持续地弱化，自身的教师专业发展及教师队伍建设进程缓慢。

二是对未来发展的规划不明确，执行力度较差。教师对未来的职业发展规划就是教师根据个体情况和所处的环境，结合教师与学校发展的双重需要，对决定教师职业生涯的因素进行分析，进而确定事业发展目标，并设计相应的行动计划的活动过程，这也是对有关教师职业发展的各个方面进行的设想和规划。[①]对未来的规划越清晰明确，教师产生的动力也就越强烈，进而愿意花费更多的时间和精力进行专业成长。笔者对一些教师进行具体了解后发现，很多教师对自己的教学都有明确的规划，对学生的学习也有一定的规划，但对于自身的职业规划没有明确的想法。即使有些教师在入职初期有自己的目标或有比较模糊的规划，随着时间的推移和自我管理意识的淡薄，关于未来如何实施这些规划逐渐落空，加之没有具体的实施路径，这些初期的目标和规划往往难以坚持而逐渐成为空想。在与一位年轻教师交谈时，她认为自己做个普普通通的教师就行，不想去评职称，太麻烦了，现在这种状态就行。一旦教师有了这种无规划的、“当一天和尚撞一天钟”的想法，其对自身的发展就没有什么要求，认为自我发展规划也没有用处。长期如此便会产生极大的惰性，外界的教师培训项目或教师支持政策等对其没有什么帮助和作用，导致其职业发展进程十分缓慢。

① 李黎波，纪国和，李国佳. 浅析教师职业生涯规划与教师专业发展[J]. 教育探索，2010，（8）：103-104.

（二）职业认同感和幸福感不强

强烈的职业认同感是一个人能够热爱自己职业最基本的条件，也是他在职场中能够得到快速提升的关键性内在动力。如今随着互联网技术的飞速发展，新兴高薪职业纷纷衍生出来，这些职业对教师的冲突可谓巨大。职业认同感强的教师能够抵御外界金钱和名誉的诱惑，强烈的职业认同感能够在外界对教师行业提出批判和质疑的时候，坚守住对教师职业的初心，从容应对其他高薪职业的诱惑和外界的嘈杂。而职业认同感弱的教师往往禁不住外界的诱惑，外界一点点批判的声音就可以让其对当初的职业选择产生动摇，职业发展过程中遇到的一些困难也会让其退缩，不愿意进行新的教学方法和教育理念的更新，最后往往会跳槽离开自己的工作岗位。

因此，当前省内面临着乡村教师流失率高、教师职业倦怠越来越严重的问题，除了外部政府和学校相关政策与措施的缺位外，教师自身职业幸福感的缺失也是重要的内部原因。教师如果对自身的职业不认可，那么外界的支持和激励都将是徒劳的。笔者在对某些乡村学校的教师进行交流和访谈后了解到，部分教师的话语体系中充满了抱怨、指责、失落等消极性的词汇，工作没有积极性。有些教师认为，教师是一个最苦最累还不讨好的职业，你教好的话是你应该做的，教不好的话就是你的能力问题，有时候觉得很难受。还有些教师认为，教师工资也太低了，特别是农村教师的工资，根本就没办法养家糊口。农民工的工资还一天一百多呢，教师一天才几十块钱，还有操不完的心。在对省内某市所有初中 9543 名一线教师进行的问卷调查显示，认为付出大于收入的教师占 23%，认为工资不合理的有 51%，认为工资比较合理的有 11%，认为工资非常合理的有 0.9%。感觉不幸福的教师有 76%，感觉比较幸福的有 21.4%，感觉幸福的仅有 2.6%；有职业倦怠现象的占到 85%，没有职业倦怠的仅占到 3.4%；农村教师想转校或想转业的占 75%。[①]通过这些数据能够看出，不少教师对工资水平不太满意，一半以上的教师都出现不同程度的职业倦怠，教师的职业认同感和幸福感水平不太高。教师从工作中看不到自身付出所带来的肯定，更多的是工作的繁杂和积极性的消退。随着这种消极情绪的蔓延，一些教师的职业幸福感慢慢地消失，职业倦怠感增强，无心将职业发展作为其关注的重点，离开乡村学校的意愿将逐步增强。这也是乡村教师流失和教师培训效果未达到预期的重要原因，教师既不愿意留在乡村学校，也不愿为专业发展花费更多的时间和精力。

当前基础教育对教师队伍的建设和发展提出了新的要求，河南省审时度势加快了对教师教育的改革进度，颁布了许多有利于教师队伍发展的政策和文件，但在教师教育改革和发展的过程中还存在不少的困难和问题。这些困难和问题虽然

① 杨莹华. 新世纪农村初中教师职业幸福感问题研究[D]. 开封：河南大学，2014.

不可避免，但如果不能及时有效地加以解决，那么这些困难和问题将会持续发酵，从而对河南省教师教育的整体发展产生很大的消极影响。这就需要河南省综合考虑多种因素，整合政府、学校、教师等多方力量，共同攻克这些难题，推动河南省教师教育的持续健康发展。

第五编

谋划与实施：以河南省教师教育发展策略与实施保障为例

第九章

河南省教师教育的发展策略

上文已对教师教育的历史演进、理论基础、政策依据、国内外教师教育状况、河南省教师教育的现状和存在的问题等进行了全面阐述与详细分析。在此基础上，本章将有针对性地提出河南省教师教育发展的四个基本理念、五大主要目标和四类发展策略，以期为河南省教师教育的发展提供借鉴和参考。河南省教师教育工作要以高素质专业化创新型教师队伍的建设为中心，坚持新发展理念，瞄准新发展目标，坚持高质量发展主题，不断深化教师教育领域综合改革，建立现代教师教育体系，为全省教育事业持续健康发展做出新贡献。

第一节　河南省教师教育发展的基本理念

教师教育理念是人们对教师教育活动的理性认识、理想追求及其形成的思想观念和哲学观点。河南省教师教育发展需要有科学理念的引领，鉴于此，本节根据河南省教师教育发展的现状和趋势，提出了发展的四个基本理念。我们期待河南省的教师教育能够秉持新的教师教育发展理念，加快构建现代教师教育体系，努力培养造就一支德才兼备的高素质、专业化教师队伍，为促进河南省基础教育事业发展提供强有力的智力支持和人才保障。

一、坚持立德树人、德育为先

“立德树人，德育为先”是以中国传统道德文化为基础的教育理念，其中“立德”有立师德，即建设师德之意。师德是基础和保障，唯有先树立师德，才可能确保教师教育行为的正常进行。[①]加强师德建设是构建社会主义道德体系、全面提升人才培养质量的现实需要，是实现教育强国的必然要求。教师教育要落实立德树人的根本任务，遵循教育规律和教师成长发展规律，加强师德师风建设，着力提升教师思想政治素质和师德师风水平。[②]师德建设做得到不到位，将直接关系到为谁培养人、培养什么人、怎样培养人的问题。河南省要始终把师德建设放在教师教育的首要位置。

一是要把立德树人内化到教师队伍建设和管理各领域、各方面和各环节，建设党和人民满意的“四有”好老师，要将师德师风作为第一标准。坚持教育者接受教育时，要把提高教师思想政治素质和职业道德水平摆在首要位置，把社会主义核心价值观贯穿到教书育人的全过程，创新师德教育，突出全员全方位全过程师德的养成。[③]要加强师德师风教育，激励广大教师争做新时代“四有”好老师。规范教师职业行为，将师德师风要求落实到教师管理的各环节。[④]强化师德责任意识，严肃查处各类违反教师职业道德的行为。全面排查师德风险，努力营造风清气正的师德氛围。

二是要健全师德建设长效机制，推进师德建设常态化、法治化。加强师德师风监察监督，强化师德考评，体现奖优罚劣。建立师德师风建设工程，发掘师德典型，弘扬楷模精神，讲好师德故事。教师的工作是一项塑造灵魂的工作，育人的根本在于立德。老师的言传身教具有一种润物无声的教育力量。面对立德树人的重任，全体教师要加强自我修养，以德立身、以德施教，为学生树立道德的榜样。

三是要以师德养成振兴教师教育。在新时代背景下，需要塑造教师新形象。塑造教师新形象的根本在于师德的养成。[⑤]河南省素有尊师重教的传统，而尊师的前提则是教师具有高尚的师德。教师肩负的是为社会培养人才的重托，承担的是下一代健康成长的重任，履行的是公益职责，教师应具有崇高的育人理想和职业内在的精神超越性。要将社会主义核心价值观融入师德的养成教育中，加强教师的职业伦理建设，高度定位教师的从业道德要求，突出新时代背景下教师的使

① 高亮. 以“德育为先，立德树人”为核心的当代高校师德建设体系研究[J]. 辽宁经济管理干部学院. 辽宁经济职业技术学院学报，2017，（2）：47-49.

② 中共河南省委，河南省人民政府. 关于全面深化新时代教师队伍建设改革的实施意见[EB/OL].（2019-05-05）[2020-06-10]. https://www.htu. edu. cn/fzghc/2019/0617/c4215a147192/page. htm.

③ 人民日报. 确保党牢牢掌握教师队伍建设的领导权[EB/OL].（2018-05-30）[2020-06-09]. https://www.htu. edu. cn/tjb/_t719/2018/0530/c10572a121489/page. htm.

④ 河南省教育厅办公室. 河南省教育厅关于进一步规范中小学幼儿园教师职业道德行为的通知[EB/OL].（2020-07-31）[2020-06-11]. http://www.haedu.gov.cn/2020/07/31/1596161714097.html.

⑤ 徐冬青. 教育优先发展需要教师优先发展[EB/OL].（2018-03-30）[2020-06-11]. https://guancha. gmw. cn/2018-03/30/content_28160591.htm.

命感和责任感。

二、坚持协同联动、共同发展

协同联动、共同发展强调教师教育的发展不是各机构各行其是、各自为政，而是在资源互通、共享的基础上对话、协商、合作，形成改革与发展的共同体，并使这种协同发展体系和机制不断优化，以实现共同的可持续发展。

教师教育的发展必须打破各机构各自为政的局面，形成横向协同联动与合力。[①]一是要破除各行其是的狭隘思想，构建大教师教育体系观。二是要统筹规划河南省教师教育整体发展目标，明晰各机构的分工与职责定位，引导各方机构依据目标找准自身定位，各司其职，各尽其责。三是要实现各方机构多元、良性互动，建立共建共享的长效协同发展机制。四是加强河南省教师教育运行与发展的制度建设，保障教师教育良性发展。

教师教育要实现立体化协同发展，还必须加强教师各纵向发展阶段的深入贯通和有效衔接。[②]一是构建河南省教师教育发展纵向体系，精准定位各阶段的需求、目标与评价标准。加强教师职前、入职和在职教育的深度贯通和内在衔接，对每一阶段的教育需求、培养目标及评价标准进行精准定位和准确发力，充分发挥每一阶段的教育优势和培养功能。二是加强河南省教师教育各纵向阶段的深度贯通和有效衔接，改变缺乏互通对话的现状，在培养目标、教育内容、教育方式、评价体系、制度管理等方面实现流畅衔接和全面贯通。

通过构建教师教育联动发展共同体,促进河南省教师教育的良性可持续发展。教师教育联动发展共同体是指在政府的引领下，大学和中小学校共同参与教师教育及其发展的合作机制。共同体主张大学、政府和中小学以共同体成员的身份融入教师教育，协同促进彼此的交互创生。[③]河南省要围绕教育改革发展大局，以立德树人为根本任务,以中小学幼儿园教师师德水平和业务能力素质提升为核心，以区域教师教育供给侧结构性改革为动力，以教师教育“互联网+”为依托，推动教师教育实现一体化、信息化和现代化。河南省还要围绕教师教育的一体化和现代化建设，聚焦改革发展、聚焦教师学生、聚焦问题瓶颈，通过各主体间的联动发展与深度合作，建立学科示范引领、资源共建共享、项目协同融通、区域联合联动的发展机制，探索建立区域教师教育联动发展模式。[④]这种机制旨在通过

---

① 赵秀文. 省域教师教育的立体化协同发展机制研究[J]. 教育观察，2018，7（23）：133-134，138.

② 赵秀文. 省域教师教育的立体化协同发展机制研究[J]. 教育观察，2018，7（23）：133-134，138.

③ 李蕾，方明科. 基于 U-G-S 联动发展的教师教育共同体建设探究[J]. 电脑知识与技术，2020，16（20）：140-141，144.

④ 河南省教育厅办公室. 关于公布 2017 年度河南省教师教育联动发展共同体的通知[EB/OL].（2017-07-05）[2020-11-10]. http://www.haedu.gov.cn/2017/07/05/1499226525689.html.

构建区域发展智库、联合联动培养在校师范生、联合联动培训在职教师、联合联动形成区域发展格局，建设区域内和跨区域的网络研修体系与教师教育课程资源共建共享平台，发挥学科示范引领作用，完善大学和中小学教师的评价制度与监督机制，促进教师教育的专业建设和一体化共同发展，实现教育教学质量的全面提升。

三、坚持分类施策、均衡发展

河南省教育体系规模大、链条长，覆盖学前教育到高等教育，分普通教育、职业教育、特殊教育、继续教育多种类型。不同阶段、种类的教育面临的目标任务不同，面向的对象群体不同，对教师的知识、能力和专业水平的要求也各不相同。河南省教师教育要认真贯彻执行党和国家的要求，坚持把“分类施策”作为基本原则，在参与教育领域改革重大政策的制定，组织实施重大项目、重大改革中精准支持各级各类教师工作发展。[①]一是学前教育教师培养补短板。河南省要扩大普惠性学前教育资源供给，加快培养合格高素质学前教育教师，以弥补学前教育发展的短板。二是义务教育教师城乡促均衡。河南省要加强乡村教师队伍建设，为乡村教师安心从教解除后顾之忧。三是职业教育教师创新促融合。河南省要打破校企人才双向流动的壁垒，让更多技能型人才走进学校、走上讲台，让更多职业学校教师走向工厂、走进车间。四是师范高等教育内涵提质量。河南省要积极加大对师范院校的支持力度，整体提升师范院校和师范专业办学水平，推动师范高等教育高质量发展。五是特殊教育教师供给扩渠道。河南省要改善办学条件，扩大培养规模，推动完善特殊教育体系。

教师是教育发展的关键，要实现教育的均衡发展，必须促进教师的均衡发展，使区域内教师享有平等、均衡的教育资源和专业发展机会。河南省要力争使乡村学校教师来源得到多渠道扩充，使乡村教师资源配置得到改善，教育教学水平得到稳步提升，各方面合理待遇依法得到较好的保障，职业吸引力明显增强，造就一支素质优良、甘于奉献、扎根乡村的教师队伍。[②]河南省还应强化教育公平理念，宣传超功利主义教育，促进城乡教育发展的公平与协调；合理规划、多方筹资，加强对农村地区、边远地区的政府拨款，加强经费监管，建立有效的教育经费保障制度；建立城乡教师“同工同酬”，增加物质补贴，发放农村教师特殊补贴。通过加强教师城乡间的流动、增加教师培训以及鼓励高等学校的优秀毕业生

① 发展改革委社会发展司. 在分类施策中精准推动教师工作高质量发展[EB/OL].（2019-09-03）[2020-06-14]. https://www.sohu. com/a/338335802_243614.

② 河南省人民政府办公厅. 关于印发《河南省乡村教师支持计划（2015—2020 年）实施办法》的通知[EB/OL].（2015-12-19）[2020-11-10]. http://www.henan.gov.cn/2015/12-29/247492.html.

到农村学校任教以提升农村教师专业素养，保障教学质量。[①]城乡教师资源的不均衡状态是阻碍城乡教育均衡发展的重要瓶颈。为解决城乡教师资源的均衡发展问题，在依靠外部制度力量来推动外部师资输入的同时，河南省还要通过多种途径和平台来吸收、挖掘和培养农村学校自身的师资力量，促进农村本土教师队伍的专业发展，培养属于农村学校自己的优秀教师队伍，以推动农村教师资源的内生发展，只有这样才能真正实现城乡教师资源的均衡发展。

四、坚持能力为重，以校为本

教育部颁布的“教师专业标准（试行）”把“能力为重”确立为教师专业发展的基本理念之一，并规定专业能力体现在教学设计、教学实施、班级管理与教育活动、教育教学评价、沟通与合作、反思与发展等六个领域。教师要不断提高知识水平、业务能力，成长为师德修养高、业务素质精、教学技能全面、教学基本功过硬、具有教研能力、适应新时期新课程改革需要的教师，这是培养创新型人才的新发展形势对教师的要求。[②]因此，教师应该具备多方面的专业能力。一是驾驭新课改的能力。素质教育对教师提出了更高的要求，教师只有理解并践行新课改，才能打开新课改的新局面。二是筛选、整合信息的能力。新形势下的教师必须不断地广泛汲取新知识，并加以选择、整合和创新应用。三是强烈的艺术感染力。四是创新性地处理教学问题的能力。教师在教育创新中承担着重要的使命，只有教师富有创新精神，才能培养出创新型人才。五是班级管理与教育活动开展的能力。六是把学科教学和学生的思想教育互相渗透的能力。七是沟通与合作的能力。八是教育教学评价能力。教师应能够充分利用评价工具，掌握多元评价方法，多视角、全过程评价学生发展情况，及时调整和改进教育教学工作。“能力为重”的教师专业成长与发展是教师以自身为主体，在教育理念的引导下不断行动的实践过程。

“以校为本”理念强调，教师教育要从每所学校的实际和特点出发，尊重每所学校的差异性和独特性，并体现每所学校的个性和特色。[③]教师任职学校是连接教师培训机构和教师的中间环节，因为教师培训机构必须通过教师任职学校来开展教师继续教育活动；教师任职学校要具体负责本校教师的继续教育工作，根据上级有关教师继续工作的文件精神制定好本校师资培训的规划、统筹安排好本校教师继续教育活动。因此，教师任职学校理应成为我国教师继续教育革新与发展的一条主要途径。“以校为本”的教师教育应突出以下几个特点。一是突出针对

① 邱九凤，刘亚萍. 河南省城乡义务教育教师均衡发展探析[J]. 河南科技学院学报，2017，37（12）：26-30.

② 简刚亮，黄永军. 教师专业成长要体现“能力为重”[J]. 教师，2013，（13）：10-11.

③ 王玮. 以校为本 以人为本 以师为本——当前我国教师继续教育革新与发展取向研究[J]. 继续教育，2011，25（7）：50-52.

性，要求每所学校在教师教育方面做到因地制宜、因校而异，有效解决传统教师教育注重共性、缺乏个性和针对性的问题。二是强调实践性和实效性。通过校本培训，更新教师的教育思想观念，改善本校教师的实际教育教学行为，解决本校教师队伍中存在的实际问题，提高本校教师队伍的实际教学水平。三是强调教师的主体性，使教师成为教学、教育、教研和课程开发等的主体。这有助于激发教师的主体意识、主体精神和主体能力，并让他们的积极性、创造性和工作热情等在这个过程中得到充分体现。四是突显校本性，使教师教育“基于学校、为了学校和在学校中”，激发全体教师的主人翁精神，切实提高学校的教育教学质量。

第二节　河南省教师教育发展的主要目标

教师教育目标要解决的是把教师培养成何种规格的教师的问题，它规定了教师教育培养对象应达到的基本素质，决定了教师教育的发展方向，因而也就成为开展教师教育活动的核心。[①]河南省教师教育要取得长足的可持续的发展，必须要有正确目标的导引。河南省要高质量地完成五年一周期基础教育教师继续教育任务，就要使教师继续教育制度更加成熟定型，管理体制机制更加顺畅规范，初步实现教师教育治理体系和治理能力现代化；教师梯队攀升格局基本形成，教师专业发展项目体系基本确立，教师培训基地功能基本完善，教师常态化研修机制基本建立，教师教育信息化和现代化取得重大进展，教师教育质量得到全面提升，教师培训工作在新的起点上取得新突破。[②]根据河南省教师教育所处的实际阶段，河南省教师教育发展应瞄准五大主要目标。

一、完善师德建设长效机制，增强师德教育实效性

近年来，河南省中小学教师队伍建设得到全面加强，教师队伍整体素质得到有效提升，师德建设长效机制初步形成。但是，仍存在极个别教师违反职业道德、损害教师队伍整体形象的现象。全面加强和改进师德师风建设是一项刻不容缓的紧迫任务。各地、各校要充分认识新时期全面加强师德师风建设的重要性、紧迫性。要把师德建设作为加强教师队伍建设的首要任务，积极探索新形势下符合教育事业发展和学生健康成长规律的师德建设新形式、新途径、新载体，着力解决好师德师风方面存在的突出问题，采取有力措施规范教师从教行为，谨防师德失

① 邓见兰. 对我国教师教育目标若干问题的探讨[D]. 南昌：江西师范大学，2006.

② 河南省教育厅办公室. 关于印发《河南省“十三五”基础教育教师继续教育工作指导意见》的通知[EB/OL].（2017-05-11）[2020-11-16]. http://www.haedu.gov.cn/2017/05/11/1494478304153.html.

范行为的发生，切实保障教育事业科学健康发展。①河南省要实施师德师风建设工程，健全师德建设长效机制，落实新时代教师职业行为准则，引导教师做学生锤炼品格、学习知识、创新思维、奉献祖国的引路人，推行师德考核负面清单制度，并完善诚信承诺和失信惩戒机制。一是要提高教师的思想政治素质。全省教师要认真学习马克思主义中国化最新成果，学习贯彻新时代中国特色社会主义思想，牢固树立正确的世界观、人生观和价值观，自觉抵制各种错误思潮和腐朽思想文化的侵蚀，坚持正确的政治方向，拥护党和国家的路线、方针、政策，在大是大非问题上，立场坚定，旗帜鲜明。要认真学习宪法和有关法律法规，坚持学术研究无禁区、课堂讲授有纪律、教书育人有原则，严格遵守教育教学纪律。二是要提高教师的职业道德水平。广大教师要牢固树立育人为本、德育为先的思想，全面关心学生成长，热爱学生，尊重学生，公平公正地对待学生，严格要求学生，因材施教，循循善诱，形成相互激励、教学相长的师生关系，促进学生全面发展；自觉加强师德修养，模范遵守职业道德规范，以身作则，言传身教，为人师表，以自己良好的思想和道德风范影响和培养学生。三是要着力解决师德师风建设中的突出问题。要坚决反对教师讥讽、歧视、侮辱、体罚学生的行为；坚决反对向学生推销教辅资料及其他商品，索要或接受学生、家长财物等以教谋私的行为；坚决反对在教学工作中敷衍塞责、不思进取等不完全履行职责和不当履行职责的行为；坚决反对败坏教师声誉的失德行为。四是要积极推进师德师风建设工作的改进创新。努力探索新形势下师德建设的特点和规律，在内容、形式、方法、手段、机制等方面不断改进和创新，特别要在增强时代感，加强针对性、实效性上下功夫，讲究实际效果，克服形式主义，使师德建设更加贴近实际，贴近教师，贴近育人工作。

师德教育的实效性最终要通过教师个体的职业道德实践和教育实践活动来实现。只有结合教师的教育教学实际来开展师德教育，才能提高其实效性。一是宣传教育与解决教师的实际困难相结合。河南省要大力宣传体现时代精神的师德行为和高尚品质，激励广大教师积极向上，追求真善美；通过摆事实、讲道理、群众讨论等方式，让广大教师明晰道德与不道德之界限。开展师德教育，应注意解决教师的实际困难。只有把宣传教育与解决教师的实际困难相结合，师德教育才会取得好的成效。二是说服教育与执行纪律和法律支持相结合。广大教师道德素质的提高要以教育为基础，以执行纪律和法律支持为保障。师德建设是一项复杂的社会系统工程，既要靠说服教育，也要靠执行纪律和法律支持。把说服教育与执行纪律和法律支持结合起来，是师德建设健康发展的重要保证。②三是经常教

① 河南省教育厅办公室. 关于全面加强中小学师德师风建设的通知[EB/OL].（2017-08-30）[2020-11-18]. http://www.haedu.gov.cn/2017/08/30/1504079498522.html.

② 余风满. 师德教育以人为本注重实效[J]. 理工高教研究，2003，（4）：61-62.

育与集中教育相结合。经常教育要持之以恒，要紧紧抓住影响广大教师道德观念形成和发展的重要环节，通过各种途径和手段，坚持不懈地开展师德教育，切实把教师职业道德规范要求根植于广大教师的头脑之中。集中教育要深入细致，切忌采取简单命令的做法，要紧紧抓住师德建设中的突出问题进行教育。四是精神激励与物质鼓励相结合。个人的良好道德行为受到公开表彰，在公众中树立起榜样，一方面，增强了对个人的激励作用；另一方面，对舆论也起到了引导作用，使道德行为进一步发扬光大。物质奖励使用得当，能进一步增强精神激励的效果。师德建设应以精神激励为主，同时辅之物质鼓励，两者相辅相成、互相补充、相互促进，才能产生更加积极的效果。

二、增强师范类专业实力，提高师范生培养质量

当前，河南省基础教育事业发展取得了显著成绩，然而，与教育发达省份相比，河南省基础教育发展和中小学教师队伍整体素质仍然存在着一些突出问题，还不能充分满足人民群众日益增长的对高质量教育的需求，制约着教育现代化和教育强省目标的实现。在该问题上，突出表现为招生制度不合理，师范生生源质量不高；师范教育有所弱化，教师培养质量不高；教师资格准入制度不健全，教师职业门槛不高；经费投入不足，教师工资地位不高；等等。[①]因此，河南省要大力加强师范院校和师范专业建设，增强师范类专业实力，提高师范生培养质量。一是要加大对师范专业的支持力度。加强师范专业教育经费省级统筹，提高师范专业生均拨款标准；优化师范教育布局结构，支持高水平综合大学成立中小学及职业技术教师教育学院或设立师范教育专业，使之参与教师培养培训工作。二是要加强教师教育学科建设。支持师范院校申报教育硕士、教育博士授予单位及授权点；强化教师教育师资队伍建设，在专业发展、职称晋升和岗位聘用等方面予以倾斜；将具有博士学位授予权的教育学科和具有硕士学位授予权的教育学科纳入支持计划；增列师范类专业评估项目，继续开展和严格落实师范类专业认证，切实提高教师培养质量。三是要改革师范专业招生制度。合理确定师范类专业招生计划，扩大学前教育、特殊教育及紧缺学科师资培养规模；研究生招生计划要向教育类相关专业倾斜；鼓励师范院校采用“大类招生、二次选拔”方式，办学条件好、教学质量高的院校师范专业在录取时增加面试环节，选拔乐教、适教、善教的优秀学生进入师范专业；对符合相关政策规定的，要采取公费培养、到岗退费、定向培养等方式，提高师范生奖学金标准，吸引更多优秀青年报考师范专业，切实提高师范生生源质量；扩大初中毕业起点五年制专科层次幼儿园教师培

---

① 河南省人民政府门户网站. 河南省人大代表宋争辉：建议重点支持两到三所师范类高校发展，加快培养河南基础教育高素质教师队伍[EB/OL]. （2020-01-09）[2020-11-14]. https://www.henan.gov.cn/2020/01-09/1244668.html.

养规模；扩大公费师范生培养规模，鼓励各级政府与高校联合公费定向培养“本土化”乡村教师和幼儿园教师。四是要提高师范生的实践教学能力。以实践为导向优化教师教育课程体系，强化师范生“三字一话”等教学基本功和技能训练，以及特殊学生随班就读指导等能力训练；运用“互联网+”提高师范生信息技术素养，提高教书育人和适应教学发展的能力；创新师范生实践教学模式，鼓励教育实践与农村顶岗实习支教相结合；等等。

三、提升教师培养规格层次，均衡教师资源配置

新时代各个阶段的人才培养都对教师提出了越来越高的要求，因此，各地要全面提高教师的综合素养与能力水平，夯实教育保障基础。《教师教育振兴行动计划（2018—2022年）》指出，要根据各地实际，为义务教育学校培养更多接受过高质量教师教育的素质全面、业务见长的本科层次教师，为普通高中培养更多专业突出、底蕴深厚的研究生层次教师，为中等职业学校大幅增加培养具有精湛实践技能的“双师型”专业课教师，为幼儿园培养一大批关爱幼儿、擅长保教的学前教育专业专科以上学历教师，教师培养规格层次满足保障国民教育和创新人才培养的需要。①

鉴于此，河南省要不断提升教师培养规格层次，分类改革教师培养模式，综合培养专科以上学历的学前教育教师，全科培养本科层次的小学教师，加强培养“一专多能”中学教师、“复合型”特殊教育教师和“双师型”职业院校教师；扩大本科阶段师范生的招生规模，鼓励师范生辅修第二师范专业；大力推动研究生层次教师培养，探索普通高中、中等职业学校教师本科和教育硕士研究生阶段整体设计、分段考核、有机衔接的“本硕一体化”培养模式；支持更多的高校设置教育硕士专业学位授权点，稳步扩大教育硕士招生规模；积极建设教育博士专业学位授权点，适度扩大教育博士招生规模。

《河南省乡村教师支持计划（2015—2020年）实施办法》指出，要以办好人民满意的教育为宗旨，以吸引优秀人才到乡村学校任教、稳定乡村教师队伍、带动和促进教师队伍整体水平提高为目的，解决当前乡村教师队伍建设领域存在的突出问题。②河南省要破解乡村教师供给困境，均衡城乡教师资源供给。一是要强化省级统筹，充分发挥省级有关部门的教师供给职能与上位优势。在省级教育体制改革领导小组下设立教师工作领导小组，统筹、规划、设置教师、学科、专业布局，整合优化优质教师教育资源，创新资源共享机制。二是要加强“校地”

① 中华人民共和国教育部. 教育部等五部门关于印发《教师教育振兴行动计划（2018—2022年）》的通知[EB/OL].（2018-03-22）[2020-10-11]. http://www.moe.gov.cn/srcsite/A10/s7034/201803/t20180323_331063.html.

② 河南省人民政府办公厅. 关于印发《河南省乡村教师支持计划（2015—2020年）实施办法》的通知[EB/OL].（2015-12-19）[2020-11-12]. http://www.henan.gov.cn/2015/12-29/247492.html.

协同，推进新型教师教育体系建设。整合高校内部教师教育资源，建立教师教育学院；优化高校和地方教师教育资源，建立省级教师教育基地；整合区县教师教育资源，建立县级教师教育基地。①三是要改革生源遴选方式，提高生源质量。实行提前批次录取和“大类招生、二次选拔、分段培养”的方式，选拔优秀在校大学生进入师范类专业学习；实行“高考、会考、面试”相组合的“三位一体”招生机制。四是要创新教师培养模式，提高协同效果。强化政府统筹职能，建立政府、高校、中小学校三方联动机制，深化全面合作内容，提升教师培养质量；重点推进课堂对接、协同教研、兼职任教和资源共建等校地联盟系列活动。

四、创新教师教育模式，完善教师教育体系

随着教育改革的不断推进，社会对教师的需求正在从数量向结构和质量转变，对教师的学历要求正在从学历达标到素质提升转变，对教师的素质要求正在从单一技能向研究型、专家型转变。这必然要求河南省教师培养模式从单一走向多元、从封闭走向开放。一是要强化师范类院校的“智慧校园”和文化建设，创新师范生培养模式。利用云服务、大数据等技术，对现有教育教学流程和方法进行重构，实现学校教学、管理、科研和服务等的智能化。利用信息化平台将教学信息、资源信息、科研信息等进行开放，使各类信息透明呈现和流转。建设一批支持教师创新能力培养的智慧教室，构建能够满足“数字教师”培养需求的教学环境、教学方式、评价方式和数字资源，让教师和学生充分体验并享受“智慧校园”。同时，在教师培养上更加注重教师职业养成、教师文化涵养和文体素质提升，以及以中华传统文化为基石的社会主义核心价值观教育。②二是要完善教师研修公共服务，重构教师研修模式。河南省要围绕中小学的课程标准和教师日常的工作需要，研发和推广教师教育培训在线课程，形成优质教师教育课程资源的开发标准和开发流程。要利用教师教育支撑平台速度迅捷、范围宽广、体量庞大、双向互动的优势，创新教师网络研修方式，让教师“处处能学、时时可学”的在线研修活动、教学实践支持成为可能，逐步形成全省性的教师研修公共服务体系。此外，还要进一步推进教师教育信息化进程，加快教师教育云联盟的推广步伐，进一步加大教师教育资源的共建共享力度。

河南省要与时俱进，建构与新时代相匹配的教师教育体系。一是建构专门、独立的幼儿园和小学教师教育体系。河南省要引导支持办好师范类本科专业，加

---

① 民进中央参政议政部. 李中国：省级统筹，校地协同是地方高校教师供给困境的破解之策[EB/OL].（2016-09-07）[2020-06-18]. https://www.mj.org.cn/mjzt/content/2016-09/07/content_236601.htm.

② 董奇. 借力“互联网+”创新教师教育模式[EB/OL].（2015-05-27）[2020-06-18]. http://www.moe.gov.cn/jyb_xwfb/s5148/201505/t20150527_188577.html.

大义务教育阶段学校本科层次教师培养力度，办好一批幼儿师范高等专科学校和若干所幼儿师范学院。二是建构县（区）教师教育体系。这个体系是由以区县教师专业发展机构为核心的教师专业发展学校、校本教师专业发展中心和名师工作坊构成的体系。乡村教师专业发展任务不仅需要一流大学的教师教育体系来完成，而且需要区县教师教育体系的支持。三是建构“互联网+”教师教育体系。为了解决教师教育体系创新性不足的问题，需要将前沿学科、综合学科、跨学科的研究成果整合进教师教育课程内容、教学方式、教学实践中；需要建构人工智能与教师治理、教师教育课程和教学、师范生实习实践、教师研修的高度融合；需要将大数据、云计算、虚拟现实、增强现实等现代信息技术应用于教师教育的课程、教学、实践等不同环节中。①四是加强教师教育与各类培训机构的协同创新，推动教师教育的一体化体系建设。河南省要健全地方政府、高校、教研机构和中小学协同创新的教师教育机制，充分发挥各自优势，着力构建沟通机制，打造合作平台，以实现优势互补、资源共享与共同发展，在课程共享、区域合作、教师职前职后一体化培养培训等方面建立协同机制。

五、优化教师管理机制，提高教师治理效能

河南省要不断深化教师管理综合改革，优化教师管理机制，激发教师队伍整体活力。一是创新和规范教师编制管理。在现有编制总量内，盘活事业编制存量，优化编制结构，向教师队伍倾斜，采取多种形式增加教师总量，优先保障教育发展需要。按照城乡统一的中小学、幼儿园教职工编制标准核定编制，完善特殊教育学校教职工配备具体实施办法。加大教职工编制跨行业统筹配置和跨区域调整力度，省级统筹、市域调剂、以县为主，动态调配。二是完善教师准入和招聘制度。严格教师准入，提高入职标准，重视思想政治素质、心理健康和业务能力。分区域逐步将幼儿园教师学历提升至专科以上层次，做到专科与本科并重；小学教师学历提升至师范专业专科和非师范专业本科；初中教师学历提升至本科；普通高中教师学历提升至研究生。完善中小学教师公开招聘制度，建立符合不同学段、专业和岗位特点的教师招聘办法。②三是深化教师职称和考核评价制度改革。深化中小学教师职称制度改革，完善评聘机制，明晰部门职责。建立并完善以业绩和能力为导向的考核评价制度。在现行标准基础上适当提高中小学高、中级教师岗位比例，畅通职业发展通道。探索对部分优质中小学将中级及以下职称评聘权下放至学校，由学校自主评审、自主评价、按岗聘任。完善中小学职称评价标

① 朱旭东. 建构与新时代相匹配的教师教育体系[EB/OL].（2018-09-27）[2020-06-19]. http://www.moe.gov.cn/s78/A10/moe_1801/ztzl_jsjyzx/zjwz/201809/t20180927_350087.html.

② 福建日报. 中共福建省委福建省人民政府印发《关于全面深化新时代教师队伍建设改革的实施意见》[EB/OL].（2018-09-25）[2020-06-14]. http://jyt. fujian.gov.cn/jyyw/ttxw/201809/t20180925_4510856. htm.

准，坚持德才兼备、全面考核，建立健全符合教师岗位特点的考核评价体系，强化教学工作量和教育教学实绩考核，不单用升学率、学生考试成绩、论文和课题等评价教师，引导教师潜心教书育人。加强聘后管理，激发教师的工作活力。全面实施教师资格定期注册制度，建立不合格教师退出机制。四是优化县域教师资源配置。全面推进义务教育教师"县管校聘"，积极推行竞聘上岗制度，建立竞争择优、能上能下的用人机制。深入推进县域内义务教育学校教师、校长交流轮岗，实行教师聘期制、校长任期制管理，推动城镇优秀教师、校长向乡村学校、薄弱学校流动。

推进教师队伍治理体系和治理能力的现代化，必须坚持问题导向，要以制度建设推进治理体系和治理能力现代化，全面提升教师队伍治理效能，切实把教师队伍治理好。一是要完善多元主体参与教师治理机制。突出政府履责，推动政府部门把教师工作置于教育事业发展的重点支持战略领域，优先谋划教师工作，优先保障教师工作投入，优先满足教师队伍建设的需要；借助智库力量，发挥高校、科研院所等智库优势，围绕教师管理、教师专业发展、教师权益维护等问题，深入研究，健全机制，增强教师治理体系和治理能力的系统性和协调性；突出家庭教育，促进教师与家长良性互动，构建家校社协同育人机制；发动全社会力量关爱教师，营造浓厚的尊师、敬师、爱师氛围。二是完善教师队伍成长发展机制。推进教师教育优质化，实施教师教育振兴行动计划，做优建强师范院校，支持高水平综合大学开展教师教育；推进教师队伍成长专业化，实施好"国培计划"，加强紧缺学科教师培训；实施卓越教师培养计划 2.0，培养新时代优秀教师。①三是要促进制度建设向治理效能提升转化。加强教师队伍的党建和师德师风建设、着力提升教师队伍素质、切实完善教师管理与待遇保障、聚合各方面关心和支持教师队伍建设的力量，把教师队伍建设的各项制度整合为科学的治理体系，使制度建设真正化为治理效能，不断提高治理能力。四是要提升治理效能，为教师切实减负。为教师减负，关键在于将制度优势真正转化为实际治理效能，而实现这种转化需要认清并扫清教育体制内造成教师负担加重的深层次障碍。②河南省在减轻教师有形负担的同时，同样需要关注和减轻教师的无形负担，对接好教师教育顶层设计与实际问题，将制度优势转化为有效治理，使教师真正回归本职工作，潜心去教书，静心去育人。

① 刘建同，刘志鹏. 大力加强制度建设 切实提高教师队伍治理效能[EB/OL].（2019-11-26）[2020-06-20]. http://www.jyb.cn/rmtzgjsb/201911/t20191126_277556.html.

② 河南省教育人才学会宣教部. 提升治理效能为教师切实减负[EB/OL].（2019-11-27）[2020-11-23]. http://www.haet.org.cn/news/577.html.

第三节　河南省教师教育发展的实施策略

针对河南省教师教育的现状和问题，本节将依据四个基本理念和五大主要目标，提出河南省教师教育发展的四类实施策略：一是切实加强师德师风养成教育，建立师德师风建设长效机制；二是推进实践导向的教师教育课程与教学改革，加强教师教育课程与教学的信息化建设；三是完善师范生招生培养模式，创新新入职教师教育模式，改革在职教师培训模式，健全教师教育一体化体系，完善教师专业发展支持服务体系；四是促进教师教育从管理向治理转型，构建教师教育发展性评价体系。

一、师德师风建设策略

教师的一言一行、一举一动都关系到学生的健康成长，关系到立德树人根本任务的落实，关系到国家的命运和民族的未来。各地各校要充分认识新时代全面加强师德师风建设的重要意义，把师德师风作为教师队伍建设的第一标准和首要任务，全面推动教师在落实立德树人根本任务中的积极作用。①河南省要将师德师风建设贯穿于教师培养和培训的全过程，切实加强师德师风养成教育，建立和完善宣传、教育、考核、奖惩、监督“五位一体”的师德建设常态化长效机制，着力提升教师的思想政治素质和职业道德水平。

（一）切实加强师德师风养成教育

师德是教师的核心职业素养，师德的养成是一个由他律到自律逐步发展的过程。在他律阶段，师德的规范与要求对于教师个体来说还是一种外在力量，因此在行为上或多或少地表现出一定的被动性。随着实践体验的不断深入，在个体道德意识形成阶段，这种外在的力量将成为个体的需要，此时的师德规范已内化为教师自我道德的组成部分。因此，师德养成应该是外在价值引导下自主内化的养成过程。②新时代加强师德养成教育有助于深化教师职业意识、提高职业能力、养成职业性格、升华职业理想与信念。河南省应紧扣新时代要求，针对师德养成教育中存在的问题，采取有效措施，切实提升师德养成教育的实效。

第一，建立师德教育关系，营造师德师风养成氛围。师德教育的目的是希望教师立足于师德实践，将社会的希望内化为自身的道德行为准则。在师德养成教

① 河南省教育厅. 河南省教育厅关于进一步规范中小学幼儿园教师职业道德行为的通知[EB/OL].（2020-07-31）[2020-11-26]. http://www.haedu.gov.cn/2020/07/31/1596161714097.html.

② 吴春良. 基于关怀理论的师德养成教育路径创新的思考[J]. 当代教育实践与教学研究，2020，（10）：106-107，110.

育的初期，师德教育主体是师德教育的发起者与实施者，教育的接受者是师德教育的客体。师德教育的主体必须关注受教育者的需求，根据不同情境做出相应的改变，以利于受教育者做出相应的回应，建立师德教育关系。这是一种前后相继的关系，当受教育者做出回应并施于实践时，教师开始在师德教育过程中扮演主体的角色，以自己的道德行为去影响受教育者，继而引导受教育者与自己周边的一切建立起道德关系。在此基础上，道德教育还应重视情感体验和行为实践，将道德教育具体化、生活化，强调氛围对道德教育的影响。[①]因此，河南省在师德养成教育中可以将“关怀”理念融入学校文化建设，通过物质文化建设、制度文化建设和精神文化建设来加强师德建设，如通过微视频、展板和校园剧等方式宣传教师身边的师德模范，展现新时代师德模范的风采，从而营造浓厚的师德养成氛围。

第二，丰富师德师风养成教育的形式和内容。师德素养的养成是教师不断提高教师道德、产生师德情感、培养师德信念、养成师德习惯的客观过程。[②]河南省应将师德养成教育落实到教育教学的各个环节，不断丰富师德教育内容。一是师德培训。教育部门和学校应经常开展教师职业道德培训，坚持对教师情感、信念、道德等进行全方位的养成教育，使他们真正透彻理解师德核心内涵，引导他们养成良好的道德品质，树立体现时代精神的价值标准和行为规范。二是主题活动。开展丰富多彩的师德师风主题活动是师德养成教育的重要途径。学校可经常举办师德认知、师德认同和师德实践等方面的主题活动，帮助广大教师在小步子、低压力、低门槛的主题学习活动中，长时熏修，长期浸润，感悟师德，提升道德品质。三是校园文化。学校要加强精神文化、制度文化和行为文化等校园文化建设，营造浓郁的文化氛围，精心打造富有书香文化特征的人文景观，让校园的一景一物都发挥德育功能。四是网络文化。教育部门和学校要主动适应“互联网+”发展要求，加强教师乐于接受又易于访问的App客户端、微博、微信等互动性移动平台建设；打造一批以微电影、微视频、网络文章等为表现形式的优秀网络文化产品；通过组织网络文化节、网络师德巡礼、网络师德讲堂和网络微访谈等活动，在潜移默化中引导和加强教师的师德养成。

第三，创新师德师风养成教育机制。一是做好顶层设计。河南省要根据新时代教师的特点和师德养成教育的新要求，制订具体的师德养成教育实施方案，将师德养成教育内容全面融入教师教育方案，落实到教师培养和培训的各个环节，进行全员、全方位、全过程的师德养成教育。二是创新师德养成教育工作机制。河南省要整体规划师德养成教育工作，把它作为一项事关全省教育长远

① 吴春良. 基于关怀理论的师德养成教育路径创新的思考[J]. 当代教育实践与教学研究，2020，（10）：106-107，110.

② 杨茜. 生命视阈下教师养成教育研究[D]. 开封：河南大学，2014.

发展的大事来抓，形成党委统一领导、党政齐抓共管、全省上下共同参与的师德养成教育工作新机制。三是创新师德养成教育协同机制。河南省各行政部门和教育机构要协同联动、共同推进师德养成教育，凝聚师德养成教育合力，形成校内与校外相协调、理论与实践相结合的师德养成教育协同机制，提高师德养成教育功效，促使教师将师德认知内化为道德情感和信念，外化为道德行为和习惯。

第四，组织落实好师德师风养成教育。一是举办师德师风建设管理干部研修班和师德养成教育培训者研修班。河南省可通过研修班在省级层面培养和组建师德师风建设管理团队与师德养成教育培训者团队，作为省级师德培训专家，参与师德养成教育示范区师德培训指导，承担全省示范性培训项目师德巡讲任务。二是指导建设一批师德养成教育示范校。遴选建设一批保障有力、组织有序、机制健全的师德养成教育示范校，作为师德养成教育实验与实践基地开展先行先试，在理念创新、课程建设、活动开展、共同体建设和评估考核等方面，发挥传、帮、带及示范、辐射作用。①三是培训一批师德养成教育骨干，树立师德先进典型。河南省要进一步发掘本省的师德典型，树立教师身边的师德模范，推介中原好老师，加强师德宣传，宣扬优秀教师为学为师的大爱师魂，塑造教师良好的道德形象。四是通过骨干引领全员，贯彻落实教师职业行为规范。河南省应按照分级分层辐射的思路，采用师德巡讲与师德养成工作坊相结合的方式，分步实施全员师德养成教育，促进教师修德与修业相融合，打造以德立身、以德施教的高素质教师队伍。五是引导和激励广大教师自觉提高自身师德修养。河南省要强化日常教育督导，引导广大教师认真学习《中华人民共和国教师法》《新时代教师职业行为十项准则》等系列文件；定期开展师德警示教育，引导广大教师时刻自重、自省、自警、自励，坚守师德底线；加大教师权益保护力度，激励广大教师自觉努力成为“四有”好老师。

第五，创新师德评价体系，平衡教学育人权重。一是要遵循师德评价的人性原则，关注教师的个体差异性与发展性，评价标准能够为教师的发展提供方向和目标，体现对评价对象的人文关怀和道德关爱，促进教师的可持续发展。二是要细化师德评价的内容和层次，从不同道德层面思考师德评价体系的构建，明确教师对社会和国家、教师和学校、家长和学生不同层面的责任和要求。从不同层面上规范师德要求，明确“崇高师德”“底线师德”“一般师德”的标准和要求，促使师德规范更好地发挥其功能。②三是要注重评价主体的多样性，师德评价可以由学校、学生、家长、同行及自我评价组成，并通过定性评价和定量评价相结

① 龚明斌，辛晓明. 县域推进师德养成教育的价值与路径[J]. 教师，2020，（1）：4-6.

② 吴春良. 基于关怀理论的师德养成教育路径创新的思考[J]. 当代教育实践与教学研究，2020，（10）：106-107，110.

合的方法对教师做出全方位的评价。

（二）健全师德师风建设长效机制

要落实师德师风建设长效机制，开展多种形式的师德教育，把教师职业理想、职业道德、法治教育、心理健康教育等融入培养、培训和管理的全过程，构建师德师风标准体系，建立健全教育、宣传、考核、监督与奖惩相结合的师德师风建设长效机制。[①]师德师风建设是教师队伍建设的首要任务和当务之急。河南省要着力健全师德师风建设长效机制，用制度的力量确保师德师风建设常态化、机制化、规范化和长效化。

第一，完善师德师风宣传机制。师德宣传旨在培养重德养德的良好风气，营造尊师重教的社会氛围，引导广大教师以德立身、以德立学、以德施教、以德育德。完善师德建设宣传机制，不仅要找准宣传对象，解决好宣传谁的问题，而且要加大优秀师德典型宣传力度，提升宣传实效。主管行政部门、学校和主流媒体责无旁贷，应该大力宣传教师的地位和作用，让全社会广泛了解教师工作的重要性和特殊性。对教育领域涌现出的典型进行分层次、成系列的宣传，讲好师德故事，将榜样力量转化为广大教师的生动实践。[②]河南省相关部门可定期评选、表彰、宣传“最美教师”“师德标兵”“教书育人楷模”“模范教师”“优秀教师”“教学名师”等，鼓励社会团体、企事业单位和民间组织对教师出资奖励。充分利用教师节等重大节庆日、纪念日的契机，发挥表彰会、座谈会等的优势，联合广播、电视、报纸、网站，以及微博、微信、微视频、微电影等多种媒体，广泛宣传报道优秀教师典型事迹，线上线下相结合立体全面展现当代教师爱岗敬业、甘于奉献、改革创新的新形象和精神风貌。

第二，健全师德师风激励机制。正确的政策和舆论导向是促进师德师风建设的有效途径。教育主管部门要重视构建科学的政策和舆论导向机制，在制定政策时，做到顶层设计与具体实践相统一，通过有效的激励手段推动形成良好浓厚的德育氛围，综合运用荣誉授予、表彰奖励、事迹报告、媒体宣传、创作文艺作品等手段，提升教师的职业崇高感和荣誉感，充分发挥典型引领和辐射带动作用。[③]同时，教育主管部门还要将师德建设工作融入教师日常管理中，把师德良好作为教师绩效考核、评优评先、职称评审、职务晋升等的首要基本条

---

① 河南省教育厅办公室．关于印发《河南省教育事业发展“十三五”规划》的通知[EB/OL].（2017-04-21）[2020-11-26]. http://www.haedu.gov.cn/2017/04/21/1492752645787.html.

② 陈大文．从六方面完善师德建设长效机制[EB/OL].（2018-10-24）[2020-06-21]. https://theory.gmw.cn/2018-10/24/content_31811804.htm.

③ 王宗礼．建立健全师德师风建设长效机制[EB/OL].（2020-01-09）[2020-06-20]. http://edu.people.com.cn/n1/2020/0109/c1053-31541202.html.

件，在同等条件下优先推荐师德表现突出的教师。[①]河南省各地各校要采取多种形式帮助广大教师准确理解和深刻领会新时代教师职业行为10项准则的内涵和实质精神，激励广大教师以准则为标杆，时刻对照检查自己的职业行为，自觉做到以德立身、以德立学、以德施教、以德育德，维护教师职业形象，提振师道尊严。

第三，形成师德师风建设协同机制。河南省要在全社会大力弘扬尊师重教的优良传统，强化教师的团队意识，增强教师的集体荣誉感。一是加强阵地建设。以教育教学和社会实践活动为载体开展主题教育活动，引导广大教师守好讲台主阵地，将立德树人放在首要位置并渗透到教育教学全过程，以心育心、以德育德、以人格育人格。二是重视模范引领。适时开展师德师风标兵评选和师德师风示范学校创建活动，把师德师风作为评选教书育人楷模、模范教师、优秀教师、教育工作先进个人、优秀辅导员、优秀班主任、德育先进工作者等表彰奖励的必要条件。河南省各级教育行政部门要切实加强对师德师风建设工作的领导，把其放在突出位置。其他相关部门要密切配合、分工协作，切实做到制度落实、组织落实、任务落实。各个学校要成立师德师风建设工作领导小组，把师德师风建设与校风、教风、学风建设结合起来，深入持久地改进师德师风建设。[②]校长是学校师德师风建设第一责任人，必须率先垂范，亲自抓师德建设。同时，河南省要建立学校、教师、学生和家长联系沟通机制，加强相互间的交流和反馈，增强共同参与和监督的意识，及时了解师德师风实情，完善师德师风干预机制，发现师德师风问题苗头，及时进行处理和解决。

第四，规范师德师风建设考评机制。建立行之有效的考评机制是加强和改进师德师风建设的关键。规范师德考核评价机制，尤其要增强考核制度的刚性约束和可操作性，严格师德考核，促进教师自觉加强师德修养。教育行政管理部门应将师德建设作为学校工作考核和办学质量评估的重要指标，学校应该把师德考核作为教师考核的核心内容，完善师德考评制度，实行师德表现“一票否决制”。[③]师德考核应充分尊重教师主体地位，符合教师职业性质，能促进教师专业发展。考核应坚持公平、公正、公开的原则。在方式上，可以采取教师个人自评、家长和学生参评、考核小组综合评定等多种方式。师德考核结果公示后应存入教师个人考核档案。同时，河南省教育行政部门要结合新时代出现的新问题，出台新举

① 河南省教育厅办公室. 关于全面加强中小学师德师风建设的通知[EB/OL].（2017-08-30）[2020-11-26]. http://www.haedu.gov.cn/2017/08/30/1504079498522.html.

② 河南省教育厅办公室. 关于全面加强中小学师德师风建设的通知[EB/OL].（2017-08-30）[2020-11-26]. http://www.haedu.gov.cn/2017/08/30/1504079498522.html.

③ 河南省教育厅办公室. 关于印发《河南省教育事业发展“十三五”规划》的通知[EB/OL].（2017-04-21）[2020-11-26]. http://www.haedu.gov.cn/2017/04/21/1492752645787.html.

措，不断完善考评主体、考评内容及考评程序，切实改进考评方式方法，有效实现考评的科学化和规范化，避免考评的形式化和随意化。

第五，严格师德师风惩戒机制。加强师德建设，必须建立严格的失德行为惩戒机制，坚决遏制失德行为蔓延。教育行政部门要严肃处理教师违反职业道德行为，视情节分别给予警告、记过、降低专业技术职务等级、撤销专业技术职务或者行政职务、开除等处分；对违反师德行为危害严重、影响恶劣者要坚决清除出教师队伍；涉嫌违法犯罪的，移送司法机关处理。对教师严重违反职业道德行为监管不力、拒不处分、拖延处分或推诿隐瞒，造成不良影响或严重后果的，要追究学校或主管教育部门的责任。[①]各地各校要全面贯彻落实教师违反职业道德行为处理办法，制定具体化、可操作的教师职业行为负面清单及失范行为实施细则，建立健全师德违规查处通报和报告制度。在师德管理过程中发现的师德违规行为，要态度坚决，一查到底，依法依规严肃惩处，绝不姑息。[②]河南省各地各校要全面开展师德风险排查工作，针对中小学教师组织参与有偿补课、体罚伤害学生等易发师德违规行为，以及通过信息网络传递不良信息、违背社会公序良俗等严重违反师德的行为开展专项治理，发现问题、及时处理，做到发现一起、严肃查处一起，引导广大教师时刻自重、自省、自警、自励，坚守师德底线。

第六，强化师德师风建设监督机制。教育主管部门应加强师德监管，努力构建校内外联动、家长和社会各界有效参与的师德师风建设监督机制，建立健全师德年度评议制度、师德问题报告制度、师德状况定期调查分析制度和师德舆情快速反应制度，将师德师风建设纳入教育督导评估体系，并作为学校教育质量督导评估的重要内容。[③]探索构建由政府、学校、教师、学生、家长和社会广泛参与的“六位一体”师德监督体系。[④]同时，河南省教育主管部门还应建立便捷有效的师德投诉举报平台和师德师风监督员制度，定期对学校师德师风建设情况进行监督评议，及时掌握师德师风动态信息，及时改进师德师风建设措施，对师德师风方面存在的问题要定期排查，及时发现，及时整改，力争将违反师德的行为消除在萌芽状态。

---

① 河南省教育厅办公室. 关于全面加强中小学师德师风建设的通知[EB/OL]. （2017-08-30）[2020-11-26]. http://www.haedu.gov.cn/2017/08/30/1504079498522.html.

② 河南省教育厅办公室. 关于进一步规范中小学幼儿园教师职业道德行为的通知[EB/OL]. （2020-07-31）[2020-11-26]. http://www.haedu.gov.cn/2020/07/31/1596161714097.html.

③ 河南省教育厅办公室. 关于印发《河南省教育事业发展“十三五”规划》的通知[EB/OL]. （2017-04-21）[2020-11-26]. http://www.haedu.gov.cn/2017/04/21/1492752645787.html.

④ 王宗礼. 建立健全师德师风建设长效机制[EB/OL].（2020-01-09）[2020-06-20]. http://edu.people.com.cn/n1/2020/0109/c1053-31541202.html.

二、课程与教学改革策略

（一）推进实践取向的教师教育课程与教学改革

实践取向的教师教育是一种能够融于实践、为了实践、关注实践、围绕实践、在实践中发展教师的实践性知识，培育教师实践智慧和教育教学实践能力，并致力于把教师培养成反思性实践者的职前职后一体化、系统化的教师教育。[①]实践取向教师教育的基本理念主要是教师作为反思型实践者，在研究自身经验和改进教育教学行为的过程中实现专业发展。教师教育课程不仅要强化实践意识，关注现实问题，体现教育改革与发展对教师的新要求。而且要引导未来教师参与和研究基础教育改革，主动建构教育知识，发展实践能力；引导未来教师发现和解决实际问题，创新教育教学模式，形成个人的教学风格和实践智慧。[②]河南省要进一步提高实践性课程的比例，实施实践性教学、案例式教学、参与式教学和任务驱动式教学，突出教师参与，强化教师实践，促进教师学用结合。教师教育的实践取向主要体现在教师教育的课程和教学两大领域。

1. 推进实践取向的教师教育课程改革

第一，确立以实践为导向的清晰化课程目标。课程目标指的是在课程编制过程中遵循的准则。课程目标既是课程设置的出发点，也是课程设置的回归点，还是课程评价的依据，具有导向、激励等作用。教师职业具有很强的实践性，教师教育应当密切关注教育实践。然而，现行的教师教育类课程目标对实践的观照不够，应当确立以实践为导向的清晰的、具体的、具有可操作性的课程目标。

一是课程目标应关注教育实践问题。教师教育的重要任务是为教育事业培养合格的教师队伍，提高教育教学的质量，促进基础教育的新课程改革。为使教师能尽快适应一线教育环境、胜任教育教学工作，教师教育应充分关注到教育实践的价值，不能“闭门造车”，不能人为地将理论学习与教育实践相隔离。教师教育最终要落实在职前教师教育类课程上。教师教育类课程旨在帮助师范生坚定教育信念、明确教师职责、掌握教育教学的知识与技能、体验教育实践。[③]然而，目前教师教育类课程的设置并没有充分关注到教育实践的价值。在课程目标的表述上，提及实践，但并没有具体地引导教师关注教育实践中的问题。这不符合教师教育的要求。基于此，教育类课程目标应当增加教育实践方面的目标，以此来引导教师多关注教育实践中的问题，比如，要求教师在理论课程的学习中，搜集教育实践中的相关案例并加以分析、讨论，到实践中开展调研活动，并提交调研

---

① 冯永刚，高斐. 实践取向的教师教育困境及突围[J]. 中国教育学刊，2017，（11）：7-12.

② 孙刚成，曲歌. 实践取向的地方师范院校教师教育培养策略[J]. 集美大学学报（教育科学版），2017，18（1）：8-12.

③ 邹佳. 实践取向的职前教师教育类课程设置研究[D]. 重庆：西南大学，2019.

报告等，从而强化教师的实践意识，让其关注教育实践中的实际问题。

二是课程目标应强调反思性实践能力的提高。课程目标是“课程本身要实现的具体要求。它期望一定阶段的学生在品德、智力、体质、素养等方面所应达到的发展程度”[①]。课程目标对课程设置具有重要的指导和调控作用，是课程设置乃至课程实施和评价的重要评判根据。当前教师教育课程目标应注重反思性实践能力的培养和提高，关注教师在教学实践中的反思，打破技术理性支配下理论对实践的控制，倡导教师的研究活动，打破教育理论与实践分离的局面。[②]反思性实践者更能整合先前的知识并在教学情境中做出符合道德意义的行动，因而，教师教育课程目标应该注重发展教师的实践潜能，培养教师的反思性实践能力，引导教师在教师教育课程学习中加强对实践问题的关注与研究，加强对自身实践的理解与反思、加强课程学习中的实践体验。

第二，加强课程内容对教育实践的适切性。课程内容是教学的依据，是培养、训练教师职业素质的基本材料。[③]当前的教师教育类课程由于缺乏统整，教育理论课程、教育技能课程、教育实践课程这三大模块的课程之间跨度加大，互不交融。课程内容的设计要以“实践取向”为价值诉求，以既定的培养目标为根据，遵守具有一般性规律的课程性选择，从而提高课程对基础教育实践的适切性。[④]课程内容设计者一方面应关注基础教育改革与发展的新成果，另一方面，应关注教师的直接经验，要基于教师对真实教学活动的观摩、参与和体验做出适宜的调整。

一是教育理论课程要彰显实践内涵。教育理论课程应密切联系教育实践，应对本学科的前沿知识保持一定的敏感性，将学科前沿知识和教育教学改革的新成果融合在课程内容中。同时，课程内容应反映教育改革与发展的热点问题和难点问题。此外，课程内容还应该完全展现目前教育理论与实践研究的最新成果，将优秀教师的专业成长历程、职业生涯感悟以及教学活动案例等作为重要的教师教育课程资源。也就是说，教师教育课程内容应与时俱进，关注教育改革与发展的新成果，与实践密切联系，彰显其实践内涵。

二是教育实践课程要强化以理论为指导的反思性实践。教师的实践经验是教育实践课程内容选择的逻辑起点。而教师的实践经验包含了直接经验和间接经验，且以他们在实践现场获得的直接经验为主。然而获取经验仅仅是实践学习的开始，要使教师通过实践课程有真正的“学习”发生，对获得的经验的反思尤为重要。因此，教师“实际经验的获得和对经验的反思构成了职前教育实践课程的两大内

① 钟启泉. 课程与教学概论[M]. 上海：华东师范大学出版社，2004：59.

② 舍恩. 反映的实践者：专业工作者如何在行动中思考[M]. 夏林清译. 北京：教育科学出版社，2007：262-263.

③ 夏吉莉. 当前我国高师本科院校教育类课程改革研究[D]. 昆明：云南师范大学，2005.

④ 郭妍. 实践取向视域下职前教师教育课程设置反思与优化研究——以 H 师范大学为例[D]. 长沙：湖南师范大学，2018.

容”。[①]首先，要开发模块化的教育实践课程，如教育实习模块、模拟课堂教学模块、微格教学模块等。这种模块化实践课程可以把教师经验的获得、反思和实践活动有机整合起来。其次，要保证教育实践课程内容的广度和深度。其中，广度指的是学校方面要定期的组织教师参加学校组织的各种实践活动。比如，观摩课堂教学、讲课竞赛、技能大赛、教育调查与访问等校内外活动，让教师从多样的实践活动中自我感知、获得启发，以促进自身实践能力的提高，确保教育实践的广度。就其深度而言，对于教育实践的交流与反思也是教育实践很重要的环节。学校应举办专业学术沙龙和专题讲座，聘请名师名家，经过他们的分享，让教师可以获取最新的专业知识，跟进学科的前沿发展，同时也能够达到丰富教育理论的目的。

第三，构建以实践为核心的课程结构。课程结构是课程内部各要素、各成分、各部门之间按照一定的时间和空间分化、组合而成的立体结构。[②]课程结构外在表现在课程的类别、学科的比例关系、必修选修的搭配等形式上，从内在来看，课程结构是课程内部的实质性构成和相互关系，通过课程实践体现出课程的价值取向和性质。[③]目前，教师教育类课程中选修课处于弱势地位、实践课程薄弱、理论课程占据上风，结构不平衡，针对这些问题，应构建以实践为核心的教师教育类课程结构。一是凸显教育实践课程的重要地位，体现实践性的原则。教师教育课程的组织与安排要充分体现“实践”的价值理念，体现实践性的原则。这突出表现在强化教育实践课程的地位方面，它体现了理论学习与实践体验的密切关系，形成理论与实践交叉互动的课程结构。教育实践课程对提高教师教育质量具有很重要的作用，并且高质量的教师队伍也意味着，“未来的教师应与有经验的教师以及在其各自学科领域中工作的研究人员进行接触”。[④]因而，教师教育课程在满足教育专业知识学习和教师技能素养积累的基础上，要加强对教育实践的支持与指导，侧重于教育实践课程的开发，设置基于情境、基于问题、与基础教育实践密切联系的课程，并贯穿于教师培养过程的始终，使教师在理论学习与实践体验的交叉互动中积累实践性知识，增长实践智慧，同时也要避免教师教育课程设置中“实践至上”现象的发生。二是调整教师教育课程顺序安排，将教育实践贯穿始终。当进行教师教育课程的设计的时候，教师教育课程的顺序安排也是

① 郭妍. 实践取向视域下职前教师教育课程设置反思与优化研究——以 H 师范大学为例[D]. 长沙：湖南师范大学，2018.

② 上海市教育委员会教学研究室. 普通高中课程结构的评价研究[M]. 上海：上海教育出版社. 2000：19.

③ 郭妍. 实践取向视域下职前教师教育课程设置反思与优化研究——以 H 师范大学为例[D]. 长沙：湖南师范大学，2018.

④ 联合国教科文组织. 教育——财富蕴藏其中：国际 21 世纪教育委员会报告[M]. 联合国教科文组织总部中文科译. 北京：教育科学出版社，1996：143.

很重要的问题。因此，在设计教师教育课程的时候，课程的设计者应该注意设计的几个基本原则：一是课程组织应建立在内容的逻辑性基础上，即先期所学的知识是其学习后继课程知识的前提基础和必备条件。二是在关于课程内容的结构和逻辑方面，应当把学生的身心发展规律、学习的特点及方式等考虑进去，也就是必须赋予学校课程以理性指标。[①]更重要的是，实践取向的教师教育课程尤其要强调教育实践的重要性，各类课程的学习最后都要落脚在教育实践上，因此，教育实践应该贯穿于教师教育课程的始终。

2. 加强实践取向的教师教育教学改革

大学与中小学应建立学习共同体，共同推进教师教育教学的实践化改革，改进和运用多种实践教学形式，并进行严格的执行和督导。大学和中小学应开门办学，营造开放的课堂氛围，吸引大学和中小学教师打破僵化思维的桎梏，建构实践情境，共同分析、判断和反思，大胆改革和创新教学方法。

第一，案例教学。案例教学指在教育学教学过程中，教师选取典型真实的教育事件，形成教育案例，通过师生共同讨论分析和总结评价，使学生掌握教育学理论，获得教育实践能力的一种教学模式。[②]案例教学中的案例讨论可以引领学习者发现教育中的真实问题，以此达到教学相长的目的，教师教育者在案例教学中肩负着营造案例情境、组织教学活动等任务。它作为一种有效的教学形式，能使学习者由被动学习变为主动学习，促进其由学生向教师角色的转变。

对于专业知识课程的教学而言，应打破传统理论化的形式，逐渐回归到生活世界。实践取向的课程并非否定理论知识的重要性，如教育学、教育心理学等专业课程，理论性强，传统授课采用灌输式教学方式，容易使学习者死记硬背，无法将所学知识应用于生活实践中。因此，在课程教学设置上，应在原有理论体系内在逻辑相对完整的基础上，将抽象难懂的理论放置在具体的教育实践场景中，把抽象、概念化的原则、原理还原为具体的实践操作规则，加强这些理论在实践场域中的具体应用，使学生能够与现实生活的教育现象相关联。[③]这样用学习者熟悉的、鲜活的案例来分析说明相关的理论知识，使学习者能够在知识学习的过程中把理论与实践相结合，可以增强其理论转化为实践的能力。对于技能型实践课程，教师教育者应减少讲授的时间，增加学习者练习的时间，包括钢笔字、毛笔字、黑板字以及信息技术的使用等，给学习者更多的练习机会，并通过案例教学的方式进行检验、巩固和提高。

第二，模拟教学。模拟教学是指在仿真环境中让学生学习如何设计教育空间、进行师生互动、授受教育内容等，要做到情境的仿真性、要求的真实性和体验的

① 刘天娥. 高校本科学前教师教育课程设置的研究[D]. 武汉：华中师范大学，2015.

② 吴云鹏，唐卫平. 案例教学与教育学教师实践教学能力的发展[J]. 教育评论，2011，（1）：69-71.

③ 韦成龙. 非师范地方院校教师教育的价值取向与策略研究[J]. 大学教育科学，2007，（5）：74-77.

真实性。[①]模拟教学与现实教学联系得越紧密越好，因为这样可以使学习者的学习更好地整合到实际的教学活动中。模拟教学活动能够提升学习者角色扮演的积极性，可以唤起学习者对教师职业的兴趣和认同，让他们学会从较为真实的情境中体会到不同的认知和情感，学会处理课堂上可能会出现的突发情况。从事实践教学的教师教育者要注意适时鼓励学习者的尝试和冒险精神，并引导他们及时反思和纠正错误，这样就能减轻学习者在实践过程中因挫败而产生的退缩情绪，进而提高他们的实践教学能力。

第三，微格教学。微格教学起源于20世纪60年代初期，美国斯坦福大学的爱伦（Allen）教授和其同事确立了微格教学的概念、内容与方法。爱伦这样对微格教学下定义：它是一个缩小的可控制的教学环境，它使准备成为或已经成为教师的人有可能集中掌握某一特定的教学技能。[②]在微格教学中，学习者可以自行选择教学内容，决定教学时间，然后用摄像机等设备记录教学过程，之后可以对整个教学过程进行研究和反思，总的来说就是一个“实践—研究—反思—修正—实践”的过程，目的是最终熟练地掌握教学技能。微格教学是实践教学的一种主要形式，是虚拟的实践，与真实的实践还是有所区别的。最主要的还是应该进一步锻炼学习者的课堂操作技能，教师教育者的核心技能是课堂掌控能力、教学内容设计和教材解读等。

在进行微格教学的活动中，要秉承循序渐进、逐个突破的原则，将教育理念与实践相结合，使学习者能够灵活运用各种教学工具，了解教学过程。在模仿的基础上，通过个体内化，把观念中的技能与自身的素质实现初步的融合，然后通过模拟课堂的形式表现出来。在此过程中，需要经验丰富的教师教育者对学习者的表现进行点评，同时请其他学习者提出批评意见。针对微格教学中模拟课堂教学内容方面，因为时间有限，教学内容不可能完全体现，因而，要分步进行，说课、导入、内容、总结、课后练习，都要涉及，以便于学习者了解教学过程的各个环节。微格教学为学习者提供了锻炼的最佳场所，是提高就业技能进而提升就业率的有效手段。[③]当然，微格教学也有不足的一面，微格教学训练是对复杂教学过程的详细分解，侧重训练课堂教学技能，而实际工作中则是多项技能的综合运用。所以，微格教学不能替代综合运用各种技能的教育实践，只有两者相互协调、补充，方能取得最佳教学效果。

第四，顶岗实习，置换培训。这是以一种顶岗的实习形式将职前教师放在真

① 矫沂儒. 地方高师院校教师职前教育实践教学存在问题与改进策略研究——以辽宁省 X 师范学院为个案[D]. 长春：东北师范大学，2014.

② 涂锦红，李如密. 高师生“五课”技能综合培育的理论与实践[J]. 现代大学教育. 2013，（3）：99-101.

③ 李丽霞. “分流培养”模式下师范生就业技能培养研究——以河南省高校为例[J]. 中国大学生就业，2016，（8）：60-64.

实的教学环境中，并以实践教学的形式提高职前教师的专业素养，其具体的做法是将职前教师安排到县、乡中小学校进行至少为期一个学期的教育工作实践，同时将顶替下来的教师集中安排到高校进行培训，构建“顶岗实习、双向培训”的一体化师资队伍培养模式。[①]

顶岗实习的具体任务包括备课、说课、上课、管科、观课、议课、课后辅导、批改作业、考查考试、组织课外活动、班主任工作、教育调查等环节。[②]参加顶岗实习的实习生完全顶替在职教师的工作,按照实习学校对教师的要求进行管理。高校和中小学都应加强对顶岗实习的指导。一是对顶岗实习生进行跟踪指导。高校应为每位顶岗实习生安排一名指导教师，对顶岗实习进行全程跟踪指导。高校指导教师应在顶岗实习前对实习生进行教学方法、技能和试讲方面的指导；在顶岗实习期间对实习生进行不定期检查和远程指导，并定期到实习学校进行跟班指导，解答实习生在教育教学方面遇到的问题。二是实习学校也要为每位顶岗实习生指定一名指导教师，对其进行全程现场指导。实习学校指导教师应对实习生在教学安排、板书书写、课堂管理、言行举止、着装等方面进行指导，帮助他们解决教学和生活中的实际困难。

置换培训主要采用探究式学习、参与式学习的方式，是一种知识与能力并重、课程化培训与非课程化培训相结合的综合性培训方式。在培训过程中蕴含了很多案例、讨论、专题研习，每个问题都是结合教育教学实际的，在培训过程中倡导学员对自己的工作进行反思，从反思中改善学员的教育教学能力和提高教学质量。[③]它采用“自主学习，专家引领”的方式，选派经验丰富、能力较强的高校教授深入实习中小学校，直接组织中小学教师进行培训。这样，高校教授既能参加教育教学能力培训，又能兼顾指导学生实习。另外，还可以利用假期组织中小学教师到高等院校参加集中培训，完全脱产进行学习。这样可以节省培训成本，收效较好。这种培训形式往往以一个研究专题为纽带，围绕专题组织专题讲座、专题研讨、专门技能讲解与培训、现场实践与研究等。[④]培训的主要内容有新课程教学理念、新课程的课堂教学方法、新课程的教研方法、新课程的教学技能以及新课程教师基本功训练等。这种培训旨在促进中小学教师的发展，有利于其及时更新知识和观念，提高教育、教学和研究能力。

① 余欣蔚. “顶岗实习，置换培训”实习利弊研究——以河南大学体育学院为例[J]. 体育科技文献通报，2017，25（1）：86-87.

② 谢战锋. 小学教师职前职后教育一体化模式的探索——“顶岗实习，置换培训”实践教学模式的实效[J]. 出国与就业（就业版），2011，（16）：97-98.

③ 曾碧，李霞. 置换培训：基于顶岗实习的创新型教师教育实践教学改革[J]. 现代教育科学，2011，（2）：120-122.

④ 谢战锋. 小学教师职前职后教育一体化模式的探索——“顶岗实习，置换培训”实践教学模式的实效[J]. 出国与就业（就业版），2011，（16）：97-98.

教师教育的教学方式应该灵活多样，要更加注重以实际问题和实践经验为基础，整合教学理论与教学实践，通过实践教学、实践反思和实践经验分享等活动，分析和解决教学实践中遇到的实际问题。通过主题混合式教学和主题课例研修等教学方式，促使教师分享实践性知识，提高实践性能力。同时，应建设教师职业技能培训基地、实训中心，构建以师德、教学、班级管理、教研为一体的全方位实践教学体系，全面提升教师的实践教学能力。

（二）加强教师教育课程与教学的信息化建设

教师教育者要充分利用大数据、人工智能、虚拟现实、5G等新技术助推教师教育，开展"互联网+教师教育"创新行动，构建基于课堂、应用驱动、注重创新、精准测评的教师教育信息化发展新机制，促进信息技术与教师教育课程和教学的深层次融合，切实提高教师的信息化素养和新技术应用能力。

1. 加强教师教育课程信息化建设

第一，构建系统化现代教育技术课程体系。现代教育技术作为培养教师信息技术应用能力的一门主要课程，具有理念和方法结合、实践与理论并重、注重操作性等特点。为提高教师信息技术能力培养的有效性，解决师资力量薄弱等问题，可采取系统化的课程培养体系。构建必修课、补充课程和技能强训课三维立体的课程体系。首先，通过必修课掌握信息技术基础知识和初级技能。课程内容可涉及常规信息化教学媒体的使用以及多媒体教室和网络教室的使用、PPT课件制作、静态网页制作等。①其次，结合补充课程夯实基础。可利用网络课程资源，结合不同学科和专业的需要，促进信息化教学设计与学科教学论的相互融合，可开设多媒体教学设计、信息技术与学科课程整合、微格教学技能等课程。最后，为强化信息化实践能力，对于在信息化教学方面兴趣浓厚、能力突出的教师可进行技能强训，包括电子白板应用、数字视频编辑与制作、数字媒体开发、多媒体教学系统的设计与使用、微格教学等方面的实践运用，培养在信息化教学方面具有较强应用能力的优秀教师。

第二，形成信息化课程模块。依据现代教育技术最新发展，确立以信息化教学的设计、开发、应用为核心内容模块，以信息化教学能力提升为主要目标的培训方案，设置理论提升、信息化教学设计、数字化学习资源开发、信息化教学研究与改革四大课程模块，并且保持滚动式迭代更新。②其中，理论提升模块包括信息化环境下教师的新角色、信息化教学现状与趋势、教师信息化教学能力提升策略与路径等专题。信息化教学设计模块包括信息化教学设计、说课、信息化教

① 申仁洪，杨雨露. 2.0时代下师范生信息化教学能力现状调查及提升策略研究[J]. 重庆师范大学学报（社会科学版），2020，（1）：80-88.

② 郑小军. 教师信息化教学能力提升培训一体化改革策略探讨[J]. 中国教育信息化，2017，（10）：64-67.

学设计常见误区、说课常见误区、全国获奖信息化教学设计案例赏析、信息化教学设计模板及应用等。数字化学习资源开发模块包括网络搜索与下载、动态与可视化 PPT 制作、国内外优秀微课赏析、微课设计与创作、慕课开发、Flash 动画技法、课件艺术性与美工、数字校园资源建设等专题。信息化教学研究与改革模块包括信息化教研教改项目的选题、申报、开题、中期检查、结题验收、论文写作、教学成果培育、翻转课堂课例研讨、数字校园教学应用、教育新媒体新技术等专题。

第三，优化教师教育信息化课程资源库。教师教育机构应开发可自主选学的多样化、多层次课程模块。一是面向不同对象开发针对性较强的选学课程模块。二是面向不同学习基础的教师开发初级、中级和高级三个梯度、递进式课程资源。三是开发培训管理平台，实现基础评测分级、分级呈现课程模块，在完成相应必修课程模块后，可自主选学扩展课程模块。培训管理平台具有注册、选课、在线学习、在线作业、在线测验、反馈诊断、在线互动、学分管理等功能。四是开发培训课程系列微课，形成短小精悍、情境化、趣味性、可视化的微课程，支持翻转学习、混合学习、移动学习、碎片化学习等个性化学习方式。[①]五是创建以微课程资源为基础的系列培训慕课（MOOC），支持大规模在线自主学习。六是将教师教育课程资源和信息化教学大赛参赛作品纳入信息化教学资源库，重点建设各学科和专业优质微课资源。七是根据时代发展、技术更新和教师实际需要，更新原有课程模块，开发前沿新课程模块。

2. 加强教师教育教学信息化建设

第一，增强教师的信息化教学意识。教育信息化使传统的课堂教学模式、教学方法发生了重大变革。教师要跟上信息化时代的步伐，必须更新教学观念，树立信息化教学意识，以此指引教学活动。教师应更新观念，主动在教学中应用信息化技术，迎接教育信息化的挑战。[②]教师要掌握多媒体技术、网络技术、虚拟仿真技术，改进教学方法，提高教学效率。教师更要研究教育信息化下的教学新模式，积极参加教育培训、教学竞赛、教学评估等活动，吸收转化教育信息化的成果，努力成为具有较高信息化素养和能力的教师。

第二，提供优质的信息化教学示范。提供优质的信息化教学示范是提高信息化教学能力的有效策略，对信息化教学能力的发展有很大的带动和促进作用。教师教育者的信息化教学行为与学习者的信息化教学行为之间存在较多的一致性，往往会产生正向的迁移。因此，教师教育者要重视自身信息化教学行为的示范效应，有意识地主动选用合适的现代教育信息技术并真正将之应用于教学，为学习

① 郑小军. 教师信息化教学能力提升培训一体化改革策略探讨[J]. 中国教育信息化，2017，（10）：64-67.
② 党志平. 教育信息化背景下高师教师教育课程改革研究[J]. 继续教育研究，2013，（10）：138-140.

者提供高质量的信息化教学示范。同时，教师教育者在信息化教学时的道德安全意识、面向核心素养的信息化教学观、积极探索尝试信息化教学的行为、不惧失败与终身学习的态度、批判性思维与创新能力等，都会对学习者的信息化教学意愿与能力产生重要和积极的影响。

第三，创造信息化教学实践机会。教学信息化建设应该注重理论与实践的紧密结合，避免两者分离而造成理论空洞和实践乏力。为了增强信息化教学自我效能感与积极探索信息化教学的意愿，教师教育者需要为学习者创造和提供丰富多样的信息化教学实践机会，让他们在信息化教学实践中体验信息化教学的便利和魅力，检验和加深自身对于信息化教学的认知，促使他们产生信息化教学的意愿和行动，进而真正提高信息化教学的能力和水平。

第四，对信息化教学进行反思。信息化教学反思包括两种模式：一种是信息化教学实践之后反思自己的教学，这种反思有利于教师思考自己是否在信息化教学实施中实现了教学设计的目标与方案，在设计与实施中存在哪些不足；另一种是观摩信息化教学后反思授课者的行为，这种反思，有利于教师思考信息化教学行为背后的设计意图，知其然，也知其所以然，在判断思考这种设计与实施合理性的过程中，增强对信息化教学的理解和认同。反思信息技术在教学中的作用是促进教师形成对信息化教学积极态度的有效策略。教师教育者要在信息化教学中有意识地引发教师思考自己和其他教师的信息化教学行为，加深他们对信息化教学的理解，使他们养成良好的反思习惯，在反思中不断提高自身的信息化教学能力，进而促进教育教学质量的提升。

教师教育者要将现代最新信息技术融合运用到教师教育中，实施同步在线、异步在线、同步异步相结合的混合动态教育模式；探索利用网络建立线上小班化学习共同体；深入推进教师信息技术应用能力提升工程，加大培训力度，使教师学会使用直播课堂、课堂派、雨课堂、云课堂和翻转课堂等信息技术教学平台，提高其现代教育技术的运用能力，同时，还要指导教师学会制作慕课、微课等网课，提高其利用信息技术进行人技协同的开发和创新能力，使其成为教育信息技术的开发者和创造者，以应对新信息技术变革带来的新挑战。

三、模式与体系完善策略

（一）完善师范生招生培养模式

1. 实施师范生大类招生培养模式

大类招生培养是指在高校按学科大类制订招生计划而进行招生录取，入学初期学生在学科的范围内共同进行基础课程的学习，高年级时学生通过对学科、专业的进一步了解，结合自己的兴趣、特长，再在学科范围内选择专业。[①]大类招生培养模式从形式上来看，最明显的一个特点就是延迟分流，为学生提供了较为充足的时间思考自己未来的职业取向与专业选择。

第一，要因地制宜，选择合适的大类招生模式。河南省各个高校要结合实际情况，选择适宜的改革模式。一是按学科大类进行招生。将原有的专业归属到学科门类中，再根据学科门类的相近性和融合度合并为培养大类，即文史法类、数学物理信息类和化学生物地理类等。[②]二是对于特殊专业进行区别对待。艺术类和体育类等专业因人才培养的特殊性，继续按专业招生，但要加大对学生人文素养的培养力度。在大学一年级按大类设计共同的通识教育课程，同时设计各自专业的基础课程。三是采用不同的培养模式，如“1+3”培养模式。新生在入学时按大类接受通识与基础教育以及学科专业的启蒙教育，第三学期正式进入大类中的某个专业学习。这一模式充分考虑了学院的资源情况和学生的实际情况，避免了因通识教育时段过长而影响学生专业能力培养这一现象的发生。

第二，要合理布局，应对专业失衡的困境。一是要设计和实施合理的分流方案。遵循高考保底、择优分流，教师指导、学生自主，合理调控、高效利用，信息公开、接受监督的原则，提出专业分流方案。各大类培养单位根据所属各专业的人才需求、招生计划以及师资、设备等教学条件提出分流专业的计划人数。再由教务处、招生就业处根据当年招生计划、各专业师资、设备等教学条件，结合专业办学质量和人才培养质量情况，编制专业分流计划。[③]二是要建立专业预警、退出机制。对学生选择率低，甚至达不到班级规模的专业，予以预警并控制招生规模；根据第三方就业评估报告，建立全校红牌、黄牌专业警示机制，予以减少招生规模直至停招的处分。

第三，要增加分流培养模式的多项选择。根据师范生毕业时的不同选择，我们可把师范生大致分为以下三种类型：选择就业的师范生；同时考虑就业或考研的师范生；选择考研的师范生。对于前两种类型的师范生，高校应该积极培养和提高其教学能力与就业技能。选择两手准备的师范生多属于第二种类型，他们对未来的职业目标的规划并不是很清晰，当他们认为继续读研对其更有利时，会毫不犹豫地选择考研，而就业有利时，就会选择放弃考研。因此他们大都具有趋利性。这种具有“两面派”的选择方式存在着巨大的忧患，在现存的培养方式中，

① 孙慧娟，刘阳，王连静. 高校实施大类招生及培养模式的探索——以河北师范大学为例[J]. 中国科教创新导刊，2013，（13）：128-129.

② 李佳芯. 地方师范院校大类招生分流培养教学综合改革初探——以海南师范大学为例[J]. 教师教育论坛，2017，30（9）：70-74.

③ 李佳芯. 地方师范院校大类招生分流培养教学综合改革初探——以海南师范大学为例[J]. 教师教育论坛，2017，30（9）：70-74.

要么选择读研，要么选择就业，这种绝对化的模式并未给予他们一个合适的位置。[①]选择考研的师范生一旦考研失败，再去应聘教师岗位就会面临巨大的竞争压力。而选择两手准备的师范生要兼顾教育实习和考研复习，学习压力更大，很可能考研失利。因此，针对第二类师范生的情况应开展更为机动灵活的课程和教学安排，在进行分流时给予他们更大的选择空间。例如，分散其校内外实习的时间和长度。在对师范生完成统一培养后，高校有一年半的时间进行分流培养，应充分利用这段时间，分批次进行教育实习，可根据师范生的不同需要，划分两个月至半年不等的校外实习时间。

实施师范生大类招生有其合理性和科学性，但在其落实的过程中不可避免会遇到一些困难和问题。各个高校要依据本校实际情况进行合理规划、逐步实施、稳步推进。

2. 完善公费师范生招生培养模式

第一，进一步完善师范生公费教育政策。任何政策都需要在实施过程中不断完善，师范生公费教育政策必须不断根据实施状况予以完善，以适应现实需求。[②]要扩大公费师范生政策实施范围，使更多有实力的地方高校也能享受到公费教育政策，采取公费培养、到岗退费等方式，吸引优秀生源。同时，要重点支持两到三所师范类高校发展，发挥示范引领作用。河南省应出台支持师范院校的实施办法，进一步对两到三所师范类高校在完善教师教育体系、创新教师培养模式、引领基础教育改革与发展中的地位和作用，加大政策扶持、资金支持力度。[③]政策制定者一方面需要不断完善政策体系,在对政策实施状况进行充分调研的基础上，倾听各方面的意见和建议,特别是公费师范生和基层基础教育学校的意见和建议，合理完善政策内容，确保各方权利义务更为明确；另一方面还要进一步完善相关体制机制，使政策实施具有良好的政策环境和有效的实施途径，使公费师范生的选拔、培养、退出、就业等更为有序和高效。

第二，进一步加强公费师范生培养体系的构建。对于公费师范生的培养应该确保高标准、严要求，真正培养优质教师资源。师范生公费教育政策体系还需在细化公费师范生培养方式、建立公费师范生培养质量标准上下功夫。[④]河南省应进一步加大对公费师范生培养的指导和支持力度，尽快完善公费师范生培养标准，

---

① 李丽霞. “分流培养”模式下师范生就业技能培养研究——以河南省高校为例[J]. 中国大学生就业，2016，（8）：60-64.

② 房玲玲，杨颖秀. 师范生公费教育政策文本分析及政策建议[J]. 延边大学学报（社会科学版），2020，53（1）：124-132，144.

③ 河南省人民政府门户网站. 河南省人大代表宋争辉：建议重点支持两到三所师范类高校发展，加快培养河南基础教育高素质教师队伍[EB/OL].（2020-01-09）[2020-11-14]. https://www.henan.gov.cn/2020/01-09/1244668.html.

④ 钱芳，郭雨涵. 公费师范生培养实施情况调研及政策建议[J]. 中国教师，2019，（6）：11-16.

使公费师范生政策制度化、体系化、标准化，使公费师范生培养更加规范、有章可循；加快建立公费师范生培养质量监控体系，通过定期、不定期的抽查，对公费师范生培养质量进行监控。[①]同时，河南省还应该完善培养计划，优化课程设置，保证学科专业课程、教育专业课程和实践性课程的比例合理。

第三，建立公费师范生的动态进出机制，拓展公费师范生专业发展空间。当前，必须打破地方公费师范生在培养过程中的封闭性，要建立公费师范生的淘汰和退出机制。地方公费师范生追求稳定性并没有问题，并且要给予支持。这是因为每年地方公费师范生的培养规模是各地市县按照 3 年后教师需求状况计算得来的，如果在培养过程中出现流失，这意味着 3 年后教师补充就面临着困难。但是对于在培养过程中无法达到最低培养要求的要坚决淘汰，对于确实无意于从事农村教师工作的要建立合理的退出机制和给予二次选择的机会。河南省还需要进一步敞开公费师范生之门，将地方公费师范生培养项目打造成为一个开放的、动态的、多元的培养项目，打破地方免费师范生培养项目和农村学校教育硕士师资培养计划（硕师计划）之间的政策壁垒，将两者衔接起来，提升地方免费师范生培养项目的吸引力。

为避免地方公费师范生因为就业有保障而懈怠，还应健全就业机制。高校可根据公费师范生学习的具体情况，在协议规定的框架内实行差别就业政策，以提高公费师范生的学习积极性；适当提高违约成本，为履约公费师范生提供更多、更优惠的政策；尽早和当地教育局对接，以便毕业时能够及时顺利就业；扩大就业范围，就业地点可在省内调节，不必局限于生源地。

3. 提高生源质量，创新培养模式

要提高师范生生源质量，就要让最优秀的人培养最优秀的人。可选择师范类高校作为试点，实行师范专业提前批次录取，确保考生的高考成绩不低于所在省份第一批次录取分数线。可尝试增加面试环节，加大二次选拔力度，着力考察考生的综合素养、职业倾向和从教潜质，将一些有志于教育事业的优质生源选入师范类专业学习。还应降低师范生学费标准，优化招生结构，以定向培养的方式，如乡村小学全科教师培养模式和卓越教师培养模式，扩充农村生源，实现教育公平。[②]创新制度安排，吸引更多优秀的学生报考师范类专业，大幅度提高师范生生源质量。

要创新教师培养模式。河南省可通过政策引导、课程重构、质量评价等教师

① 房玲玲，杨颖秀. 师范生公费教育政策文本分析及政策建议[J]. 延边大学学报（社会科学版），2020，53（1）：124-132，144.

② 河南省人民政府门户网站. 河南省人大代表宋争辉：建议重点支持两到三所师范类高校发展，加快培养河南基础教育高素质教师队伍[EB/OL].（2020-01-09）[2020-11-14]. https://www.henan.gov.cn/2020/01-09/1244668.html.

教育领域内的综合改革，引导高校、地方政府和中小学联合联动培养师范生的协同创新机制；继续实施教师教育课程改革研究项目；建设一批从学科知识到职业技能的桥梁性课程；建立师范生实践教学体系；培育国家级教师教育基地；举办高等学校师范教育专业毕业生教学技能比赛、幼师毕业生教学技能大赛；升级实施中小学幼儿园卓越教师培养计划；深入推进河南省教师教育联动发展共同体建设计划，探索实施师范生境外学习、联合培养和研修的国际化培养模式，推动传统师范教育向现代教师教育迈进，切实提升教师培养质量。

（二）创新新入职教师教育模式

1. 实施团队带教

团队带教是指将若干教学经验丰富、教学技能娴熟并具有较多的教学智慧和富有人格魅力的优秀教师组成师傅团队，将有关的新教师组成初任教师团队，由师傅团队对初任教师团队进行集体指导的一种培养模式。[①]

第一，团队带教的指导方式。一是系统讲解和随机交流相结合。系统讲解主要针对系统的、可拆分的内容，如学校的规章制度、学校概况、备课步骤、教学流程等。随机交流主要用于突发的、临时性的状况，如新教师偶然性的提问、个别学生的情况等。二是模仿与独创相结合。在团队带教模式中，在带教初期，新教师被要求观摩指导教师的课堂，并且和指导教师一起备课，甚至照搬照抄指导教师的教案，原封不动地模仿指导教师的课堂。随后新教师可以在借鉴指导教师行为的基础上，发挥自身优势，取长补短，全面、平衡发展。[②]三是合作与分工相结合。指导教师要善于抓住新教师的闪光点，鼓励其和自己分工合作，共同完成科研项目或者竞赛活动，并在整个准备的过程中，双方都能贡献自己的智慧和力量，同时相互学习，共同成长。

第二，团队带教的运行机制。一是组建一个由师傅团队和初任教师团队共同构成的实践共同体。前者既可以由校内的优秀教师组成，也可以聘请校外名师，如由退休的特级教师与校内优秀教师共同组成。资深师傅指导经验丰富，善于解决指导过程中的各种问题；年轻师傅思维敏捷，善于接受新事物，敢于尝试新方法，资深师傅与年轻师傅互为补充，有助于提高指导的整体效果。[③]师傅团队与初任教师团队的交流互动，实质上是将初任教师的专业发展置于一个由不同专业背景、不同的教学经验以及不同的性格特点所构成的指导团队之中，接受多样化的教学风格与教学特点的师傅的指导,有助于新教师创新精神与创新能力的发展。

二是指导教师的职责制定。在以往的团队带教中，指导教师和新教师在确立

---

① 蔡亚平. 团队带教：基于师徒制的初任教师培养模式革新[J]. 当代教育科学，2018，（5）：72-74，85.

② 李筱晔. “团队带教”的实施及其对新教师专业成长的影响研究[D]. 上海：上海师范大学，2014.

③ 蔡亚平. 团队带教：基于师徒制的初任教师培养模式革新[J]. 当代教育科学，2018，（5）：72-74，85.

带教关系后，签署一份类似于合同的带教协议或带教合同等。协议要对指导教师的职责进行明确的规定，除此之外，还要对带教的目的、内容、指导方式、起始时间等进行详细说明。

三是指导内容与方式。指导内容主要包括职业感悟与师德修养、课堂经历与教学实践、班级工作与育德体验、教学研究与专业发展四大方面。指导方式主要包括提问与讨论在内的专业对话，课程开发、行动研究在内的科研活动，集体备课、观摩、现场指导相结合的“备—听—说—评课”。[①]除此之外，还有协同教学、参与活动竞赛、独立带班和谈心等多种形式。

四是评价与激励措施。在团队带教的培训模式中，不但要对新教师进行见习评价，还需要对指导教师进行带教评价。新教师的见习评价与新教师自身的努力不可分割，但是作为指导教师的“徒弟”，新教师的见习评价同时也是对指导教师的带教效果的评价。在具体评价过程中要注意评价主体的多元性和评价方法的有效性。激励措施通常包括物质和精神奖励两种形式。激励措施与评价密不可分，有效的激励措施是建立在完善的评价体系之下的。

团队带教与常规的一对一师徒结对指导有机结合，既是初任教师专业发展的一种有效模式，也是时代发展对传统的师徒制所进行的一种创新，它在初任教师专业发展过程中，将日益受到更多的关注。随着团队带教指导模式的理论研究与实践的进一步完善，它必将成为初任教师专业发展培训的一种长效机制，并将发挥其应有的作用。

2. 开展跟岗培训

跟岗培训是一种基于真实情境的体验式、个性化的培训，兼有师徒式传帮带优点的学习方式。[②]跟岗培训强调在真实的教育现场中，参训学员通过多种方式、多项活动开展跟踪，发掘跟岗学校教育管理者或教师实际工作中展现出的经验与智慧，体验、感悟跟岗学校独特的资源、环境、文化，以及办学和管理特色。

第一，精选跟岗学校，制订精准化、个性化的跟岗培训方案。首先，跟岗学校要达到三个条件：一是学校应该具有丰富的教育资源、深厚的文化底蕴、先进的教育理念，精良的教师队伍和浓厚的研究氛围；二是学校具有一大批在区域教育教学中起示范引领作用的各学科教学名师；三是教师能够积极参与后续跟踪指导。[③]其次，制订个性化跟岗培训方案需要关注两个问题：一是要遵循扬长补短的指导思想，跟岗培训学校指导小组针对每一位参训教师的实际情况，制订符合参训教师实际的个性化跟岗培训方案；二是指导教师既要具有指导参训教师的必

① 李筱晔. “团队带教”的实施及其对新教师专业成长的影响研究[D]. 上海：上海师范大学，2014.

② 林小文. 中小学教师跟岗项目的改进策略——以福建省重点县教师跟岗项目为例[J]. 福建教育学院学报，2018，19（10）：97-99.

③ 李介. 农村小规模学校全科教师跟岗培训策略研究[J]. 高等继续教育学报，2019，32（2）：37-40，50.

备能力，也要具有强烈的事业心和责任感，指导教师要与参训教师反复协商，多方征求意见，形成符合参训教师实际的跟岗培训方案。

第二，科学组织跟岗培训，提升培训效果。在跟岗培训实施阶段，重在落实，主要做好以下几个方面的工作。一是统筹兼顾，突出重点。教师跟岗培训任务艰巨，要照顾每个参训教师的特殊情况，针对差异化的特征，培训要统筹兼顾，突出重点，引导参训教师能够积极探索教育教学方法，形成自主学习能力和自主发展能力。二是依托教研室力量，合理安排跟岗培训。跟岗培训学校要根据每个参训教师的实际情况，分组分科交替安排跟岗培训，以教研室为依托，充分利用各种教育资源，参与备课、上课、说课、听课、评课。[①]同时，参与教学研究活动，协助班主任做好班级管理、班队活动工作。三是找准跟岗方式，进行重点突破。从升旗仪式到日常上课，从午餐情况到课题研讨，从各项体育运动到教研活动，学校教学与管理的方方面面都可以成为参训学员的关注点。同时，参训学员可以根据自身的培训目标及研究主题选择特定内容进行重点学习，并以每日集中研讨后制作的微简报、中期分享座谈会、跟岗总结报告以及训后研究进展汇报学习和实践成果。

第三，采取有效跟踪指导措施，助推教师全面发展。首先，搭建多种网络平台，促进教师全面发展。根据参训教师的实际，打造博客、BBS、聊天室、电子邮件、微信和 QQ 等多种网络学习平台。其次，聘请专家现场指导，助推教师全面发展。教师培训之后，在教育教学方面会遇到各种各样的难题，有些难题会在网络平台中得到解决，有些难题需要指导教师面对面地解决，这就需要跟岗培训学校的指导教师进行现场指导。

跟岗培训突出了参训教师的主体地位，调动了参训教师的积极主动性。这种专题式、互动式与体验式相结合的培训模式为双方教师创造了互惠互利的交流平台，能够提升教师获取实践经验的针对性，丰富其在教学、管理与科研等方面的感悟，实现问题聚焦下的反思并力图达成提升学校办学质量和水平的目的。[②]相较于传统培训模式，跟岗培训具有得天独厚的优势，其意义主要体现在激发和满足教师发展的内在需求，挖掘真实情境中的实践智慧，营造知识共享下的情感共融，并推动多元主体互动合作。

（三）改革在职教师培训模式

1. 混合培训模式

混合培训模式是指将混合学习原理应用于教师继续教育培训领域，将各种培

① 李瑾瑜. “好老师”需要“好培训”[J]. 人民教育，2014，（22）：17-19.

② 吴琼，王智星，王均健. 教师跟岗培训存在的问题及其改进[J]. 教学与管理，2018，（7）：21-24.

训要素进行有机优化组合的一种培训方式。①混合培训模式有效地整合了集中面授培训、校本研修、网络研修、顶岗置换研修、学访交流和送教下乡等多种培训方式。各种方式相互依存、相互渗透、相互影响、循环巩固，形成一个螺旋上升的整体。混合培训模式在流程上应包括需求分析、总体设计、培训实施和评估总结四个环节。

一是需求分析。受训教师需求分析主要包括受训教师基本情况（年龄组成、学历层次、从教时间、编制情况和拥有资格证书情况等）、背景知识掌握情况、计算机技能及网络学习技能情况、培训形式需求情况、培训经历等。培训目的分析是根据培训课程目标，分析各课程及课程各知识点在受训教师知识、技能、情感态度和价值观等方面所要达到的要求。培训内容分析是指结合培训目的，对各知识点进行分析，确定满足教师对各知识点的需求，以及分析网络培训、面授辅导、校本研修和学访交流等几种方式如何进行组合。培训环境条件分析是指对受训教师是否满足网络培训、面授辅导、校本研修和学访交流的环境条件进行调研与评估，以此确定主要培训方式和辅助培训方式。

二是总体设计。培训平台设计是对网络培训所使用的网络平台进行设计，包括网络平台实现哪些功能，各模块如何相互衔接等。培训资源设计是对包括网络资源、文字教材、课程光盘等在内的资源进行教学设计与组合。学习支持服务设计是指根据受训教师需求分析对论坛答疑、邮件答疑、面授答疑、QQ 交流等多种助学方式进行选择与组合。培训学时分配是指针对受训教师特点，如日常工学矛盾突出，对完成同一培训目的的各种培训方式进行学时分配，以实现以最少的时间获取最大的收益。

三是培训实施。此阶段是在需求分析和总体设计基础上，制订出具体实施计划及方案，严格按照方案和计划实施培训，常常采取网络课程和面授课程相结合的教学组织形式。②将培训课程中的理论部分制作成网络课程，供学员在网上进行自主学习，学员可以在任何时间、任何地点通过电脑和智能手机等完成课程的学习，这样可以充分解决在职教师学习时间欠缺的难题，教师可以利用零星时间完成课程的学习。授课教师进行后台管理和必要指导、讨论答疑。建立专题网站，加强网上课程管理，并提供拓展知识、辅助资源、工具下载、虚拟实验室等模块方便学员自学和对面授课程知识的巩固与复习。同时，还要重视面授学习的机会，全身心参与班级和小组讨论、交流与互动。

四是评估总结。效果评估是指对受训教师通过培训获得的收获进行总结，包括知识、技能、情感态度等。平台评估是指对网络平台满足受训教师培训任务的

① 刘丽娜. 基于混合学习原理的在职教师混合培训模式研究与实践[J]. 北京教育学院学报，2014，28（1）：11-14，20.

② 谷丽伟，赵建功，朱玉莲. 在职教师培训中混合学习模式探索[J]. 才智，2015，（6）：79.

情况进行评估。资源评估是指对学习资源满足受训教师培训任务的情况进行评估。学习支持服务评估是指对培训过程中提供的学科和非学科支持服务满足受训教师培训任务的情况进行评估。[①]评价主体包括教师、学习伙伴和学习者。学习者在对自己进行评价时，本身也是一个学习的过程，会寻找和思考评价的理性标准，从而反省自己的学习过程，在反思的过程中提升自己的实践能力。教师教育者可以采取理论知识与实践技能相结合的多元评价方式，让教师将自己的教学过程录制成微视频，上传到教学平台上，供教师和学习伙伴观摩评价，从而实现评价主体的多元化和评价对象的多样化。

混合培训模式为教师培训提供了一种全新的培训方式，通过这种模式，不仅可以节省时间、资金，同时解决了传统培训由于资金不足只能对少数骨干教师进行培训，而多数教师不能参加的问题，可以让更多的一线教师能够接触到最前沿的知识，从而提升广大教师尤其是基层教师的教育教学水平。

2. “学习圈培训”模式

1984 年，大卫 · 库伯（David Kolb）在他的著作《体验学习：体验——学习发展的源泉》一书中提出“体验学习”概念，并建构了体验式学习圈理论。他认为，体验式学习过程是由四个适应性学习阶段构成的环形结构，包括具体经验、反思性观察、抽象概念化、主动实践。任何学习过程都应遵循学习圈。学习的起点或知识的获取先是来自人们的经验；有了经验，学习的下一步逻辑过程便是对已获经验进行反思，即把“有限的经验”进行归类、条理化；然后，对反思的结果从理论上进行系统化和理论化，这个过程便进入了学习的第三阶段——理论化；学习圈的最后一个阶段是主动实践阶段，它是对已获知识的应用和巩固阶段，检验学习者是否真正学以致用，或是否达到学习的效果。[②]教师学习应该唤醒学习者的经验，经历“具体经验——反思性观察——抽象概念化——主动实践”四个阶段的学习圈，并通过周而复始的螺旋上升，达到学习的目的。教师学习应该是一个完整的过程。个人学习存在一种学习圈，集体学习也存在一种学习圈，且两者相互作用、相互影响的。

学习圈的组织形式具有以下几个特点：一是以讨论式学习代替传统课堂。学习圈每个参与者都是独立自由的个体，对社会负有相同的责任，有权参加各种学习活动，在学习圈的学习中都有平等的发言权。学习圈是去中心化的，没有专职的教师。每个成员既是教师也是学生，他们有不同的工作、经验、背景，他们带着个人对学习材料的理解，加入到学习圈的讨论中，使他们自身隐性的知识显性化。经过学习与思考，又把他人显性知识内化为成员的隐性知识，从而使每个成

① 刘丽娜. 基于混合学习原理的在职教师混合培训模式研究与实践[J]. 北京教育学院学报，2014，28（1）：11-14，20.

② 高文玲，孙利宏. 库伯学习圈理论对课堂教学的启示[J]. 课程教育研究，2016，（34）：5-6.

员都增加了知识，培养了团队合作精神。[①]二是学习方式灵活。学习圈没有固定的学习时间、场地、内容与评价方式。由于学习圈成员大部分有正式的工作，只有在空闲时间，才能聚集起来学习；学习场地也是视学员情况而定，既可以是咖啡馆或者讨论室，也可以是某个成员的家里。学习内容也是由成员共同讨论决定的，学习结束后，通过成员讨论，总结学习过程中的优点和不足，最后决定是否继续该议题的学习。

依据学习圈理论，构建学习圈培训模式。一是要增加真实体验，唤醒学员的经验。要形成完整的学习圈，最佳状态是开始于“做”的活动体验。培训课堂中的体验设计策略有两种：设计体验活动和设计体验情境。通过活动，唤醒、激活学员的原始经验与原有知识，并与新内容建立深度链接。[②]二是要重视反思与提炼，引导学员超越经验。只有问题才能开启体验、经验及知识间的通道；只有对话，才能诱发学习者进行自我探索，才能拥有自己的学习。在培训教学中，要预留时间和机会给学员表达他们对问题的认知与理解，甚至展开讨论或辩论，在交流与碰撞中澄清问题，完成对意义的建构。三是要理论与实践并重，引导学员学以致用。库伯学习圈理论中的主动实践意味着将抽象概括的原理运用于新的情境，已经历意义的外延转换。培训中，应结合学员的工作和生活实际设计问题，让学员在学习过程中掌握解决问题的思路和方法，同时加强练习和应用，促进学员学以致用，鼓励实践创新。

基于学习圈理论的培训教学内容设计考虑了教师的具体经验和抽象学习，培训方式结合了教师的个人体验和集体学习，培训交流使授课专家的单向传导变成多向互动，培训过程衔接了教师的理论学习与实践应用，实现了如下几个转变：由过于关注课程本身的严谨与完整走向关注课堂的生成与生长，由关注知识与经验的传递和分享走向学员的真实问题的解决与经验提升，由关注典型经验的提炼与包装走向关注学习共同体的建设。

（四）健全教师教育一体化体系

1. 完善教师教育职前职后一体化体系

教师教育一体化就是以终身教育理念和教师专业发展理论为指导，将教师职前教育、入职教育和职后教育进行有效统整和有机衔接，形成虽各有侧重但又互为整体的连续性教师教育体系。[③]要遵循教师专业发展的可持续性，在充分发挥教师教育各阶段优势的基础上，统筹教师教育目标、统整教师教育内容、统辖教师教育机构、统管教师教育资源、统合教师教育师资队伍，形成教师教育的整体

① 包艳. 基于学习圈的课程思政教师培训体系探索[J]. 思想政治课研究，2020，（1）：111-115.

② 冯辉梅. 基于“学习圈理论”的教师培训设计[J]. 湖南教育（D版），2018，（6）：48-49.

③ 陈时见，李培彤. 教师教育一体化的时代内涵与实现路径[J]. 教师教育研究，2020，32（2）：1-6.

合力，为教师的终身专业成长提供必要的保障。

第一，建构连续性的整体目标体系。教师教育一体化应遵循教师专业发展规律，统整教师发展各阶段的目标，建构既各有侧重又连续统一的教师教育培养目标体系。首先，确立教师教育一体化的总体目标，即培养符合教育发展要求的高素质专业化教师和能够引领教育发展的教育专家。教师教育一体化应以总体目标为指导开展具体的培养活动。总体目标的建构需要在国家政策的引领下，既要顺应基础教育改革发展的客观要求，又要满足教师专业发展的实际需要。其次，根据教师职前、入职和职后各阶段的特点与需求制定具体目标，形成教师不同发展阶段相互支持的目标体系。职前教育阶段是教师教育的开端，应以培养合格的预备教师为主要目标，帮助师范生通过系统的理论知识学习和综合的教育教学实践为教师的专业发展与终身学习奠定坚实基础。入职教育阶段作为职前教育与职后教育的重要衔接，应以培养合格教师为目标，帮助初任教师将认知层面的基础理论知识同真实的教育教学情境以及具体的教育实践活动进行有机链接，尽快适应身份的转换，实现教育教学水平的进一步提升。[①]在职后教育阶段，不同教师的专业发展水平具有较大的差异性，可以据此将教师划分为熟练教师、优秀教师和专家教师三个发展层级。相应地，此阶段的教师教育应以培养熟练教师与优秀教师，进而促进专家教师的诞生为目标，致力于解决教师在教育实践中所面临的实际问题，提高其教学反思能力与研究能力，引导教师对经验进行总结、升华与外化，进而引领教育发展与学科建设。然后，在教师教育一体化工作的实施中要始终以总体目标为统领，注重各阶段培养目标的科学衔接，最终构建基于连续性的一体化目标体系。连续性目标体系的构建，为教师教育一体化提供了发展方向与行动指南。

第二，设置层级式的课程结构。科学合理的课程结构是落实教师教育一体化的重要前提。教师教育一体化课程结构不是职前、入职和职后教育各阶段课程内容的简单叠加，而是遵照一体化原则通盘考虑，根据各阶段教师的发展重点与实际需求设置既各具特色又相互支持的层级式课程结构。职前教育阶段是树立从教信念、夯实理论基础、提高综合能力的关键时期，教师教育要抓住时机为师范生提供通识教育课程、学科基础课程、教育基础课程，增加教育实习实践课程的比重，同时提供多学科融合的选修课程以及自主学习课程，实现职前教育宽口径、厚基础、多学科的发展目标，为教师专业的可持续发展夯实基础。[②]入职教育阶段的课程设置要提升教师适应能力和胜任能力，强调综合基础课程、学科专业课程与教育专业课程，强化教学实践技能，帮助初任教师实现教育理论与教学实践

① 钟祖荣，教师教育一体化的反思与教育学院发展的选择[J]. 教师教育研究，2011，（6）：9-13.

② 何茜，张学斌. 教师教育一体化课程体系及其实施保障[J]. 教育研究，2013，（8）：154-156.

的充分融合，提高工作适应能力和教育胜任能力。职后教育阶段要设置包括综合课程、学科专业课程、教育专业课程与教育实践课程在内的课程体系，有利于充分体现教师职后专业发展的螺旋式提升。[①]其中，熟练教师的专业发展处于稳定初期，要为其安排能够提高教学反思能力与职业规划能力、加深专业理解、强化职业情感为重点的教育专业课程、学科专业课程、教育实践课程以及以解决实际教学问题为中心的专题性课程；优秀教师的教育理论知识和教学实践技能已发展到较高水平，具备较强的研究意识，其课程设置应以更新教育教学专业理论知识、提炼教学实践经验、提高职业理想与教学研究能力为重点，应为其安排相应的学科前沿理论知识课程、教育实践课程、综合课程和教育专业课程；专家教师在专业知识更新、实践经验总结方面拥有较强的自主性，此时应促进其教学经验的外化，增强专家教师的学科引领示范意识。[②]因此，教师教育课程要以探索专业理论前沿、提高专业领导能力与教育科学研究能力、升华职业理想情怀为重点，设置相应的综合课程、教育专业研究课程与学科专业研究课程。当然，教师教育课程设置要根据教师的个性化需求进行及时调整，在避免各阶段课程内容低水平交叉重复的同时保证课程结构的连续性、发展性和整体性。

第三，采用衔接多元的教学方法。职前培养要进行以师范生为中心的多元教学方法变革，树立“以生为本”的新时代教育理念，构建案例教学、主题研讨、听课评课、微格教学、课堂实践等教学方法体系；定期邀请优秀师范毕业生回校上示范课，为师范生搭建交流平台。实行师范生培养“双导师”制度，由学术导师和实践导师共同培养师范生；探索本科和教育硕士培养整体衔接、分段考核的一体化培养模式，逐步实现教育硕士培养与教师资格认定衔接；推行派师范生到农村校“顶岗实习，置换培训”的教学实践方式。[③]职后培训应注重培训方法的针对性和实效性。职后培训机构要切实满足中小学教师培训需求，激发其研修内驱力，并创造条件让其自主选择培训方式。坚持共性与个性、讲授与互动、自主与合作、探究与引导的有机结合，聚焦教育“真问题”，采取具有交流研讨、反思实践、网络视频等新时代特点的教法，如教学观摩、教案设计、同课异构等。

第四，完善协同培养机制。教师教育一体化培养不能只是局限在高等学校范围之内，必须构建高校、地方政府、教研机构和中小学校共同参与的协同培养机制，使教师教育中的学校教育、职业体验与教学实践相融合，优化统合各方教师教育资源。[④]为保障高校、地方政府、教研机构、中小学校“四位一体”协同培

① 罗生全，曾文茜. 教师教育一体化课程结构系统构建[J]. 当代教育科学，2017，（7）：18-23.

② 陈时见，李培彤. 教师教育一体化的时代内涵与实现路径[J]. 教师教育研究，2020，32（2）：1-6.

③ 陈春勇. 如何构建新时代教师教育一体化体系[EB/OL].（2019-12-12）[2020-06-25]. http://www.jyb.cn/rmtzgjyb/201912/t20191212_280950.html.

④ 李素芹，胡惠玲. 基于 U-G-S 协同模式的教师发展学校设计[J]. 教育研究与实验，2016，（4）：35-39.

养机制的有效运行，需要明确目标，强化责任，形成发展共同体。一是明确协同培养的具体目标。协同培养并不代表各主体间功能的同质化运转，而是以教师专业的可持续发展为旨归，以教师专业发展规律和阶段特征为指引，分工协作，既各有侧重又协同高效地实施，从而形成促进教师教育一体化的合力。二是明确协同各方的主体职责，形成优势互补，实现多方共赢。其中，政府要为教师教育一体化提供政策支持和服务保障，同时利用政府公信力做好资源配置，协调各方主体形成紧密联系；高校作为协同培养机制的核心主体，应基于共生发展的理念与中小学校建立发展共同体，还要为教师教育一体化实践提供理论指导和具有建设性的政策咨询；中小学校作为基础教育主阵地应承担提供实习和见习基地的责任，调配优秀教师参与教师职前教育的指导工作，组织教师定期参与职后培训，同时还要发挥教师教育效果的检验功能，及时反馈教师教育一体化工作的实施成效及其存在问题；教研机构在协同培养机制中需要履行对中小学教师教育工作的指导职责，协调各方教师教育资源的共享与互补，同时要为教师教育一体化提供质量监测及政策咨询服务。

第五，建立整合化的保障系统。教师教育一体化改革是一项复杂的系统工程，涉及不同的办学系统和管理系统，因而需要建立整合化的保障系统，以确保教师教育一体化发展进程的有序推进。教师教育一体化不仅需要建立相应的保障系统，而且各项保障措施还需要进行有效的整合，形成整合化的完整系统。一是重构教师教育的组织机构。具体来说，就是根据教师教育一体化的发展目标和实际需求，全面整合相关教师教育资源，新建、重组或重建贯通教师职前、入职、职后教育的教师教育机构。二是制定有利于教师教育各阶段有机衔接的管理制度。教育行政管理部门需要建立与教师教育一体化相适应的目标任务，明确相关机构部门的职责与义务，建立基于教师教育一体化的评价制度与问责制度。高校应联合教研机构和中小学校协同制定教师教育机构一体化、内容一体化、师资一体化、培养一体化等具体的工作制度和管理办法。三是组建高水平的教师教育师资队伍。协调统筹各方优秀师资，组建一批由高校教师教育专家、中小学一线优秀教师、教研机构优秀教研人员构成的一体化师资队伍，为教师不同发展阶段的专业发展提供理论与实践指导，制订科学、动态、专业的发展方案，为教师教育一体化的有序开展提供师资保障。四是搭建能够满足教师各阶段专业发展需求的教师教育资源平台。利用先进的信息技术手段为教师提供新型的学习认知工具，建立包括网络教学课堂、数字图书馆等在内的教师教育资源中心，为教师职前职后一体化培养提供充足的资源保障。五是建立区域性教师教育发展联盟，构建教师交流协作平台，促进跨校跨区域的教师教育团队建设，共同探索教师教育发展的新模式，推动教师教育一体化改革的创新实践活动。[①]六是完善评估激励机制。河南省教育行政主管部门要制定具体激励措施，建立专项基金以开展绩效考核和奖励，依据定性与定量评价相结合、过程与结果评价相结合、考核评价与反馈指导相结合的原则开展督导评估，发布年度质量报告，表彰业绩突出的市县，对业绩突出人员进行物质奖励、颁发荣誉证书，并在年终评优和职务职称晋升中优先考虑。

2. 推进城乡教师教育一体化发展

推进城乡教师教育一体化发展，是实现城乡教育一体化的关键举措。当前河南省城乡教师配置中存在的主要问题是城乡教师编制不均衡，城镇重点学校教师超编，薄弱学校和农村学校缺编严重；农村学校教师工作量大、待遇较差；农村教师继续教育缺失；优秀教师流向不合理；农村教师教育信息资源短缺。[②]城乡教师教育一体化需要对城乡教师编制、教师福利待遇、教师培训、教学信息资源共享等方面实行统筹规划、统一设置，完善教师补充机制，持续实施“特岗计划”“农硕计划”“地方公费师范生计划”等，形成立体化、全覆盖式的教师补充体系，构建良性循环的教师资源配置体系，切实推进城乡教师教育一体化的进程，促进教育的均衡发展。

第一，建立城乡一体化的编制管理体制。城乡教师在编制上的不均衡，是造成农村学校教师缺编严重和优秀人才大量流失的主要原因。在编制管理上，首先，实现城乡公平，突破县域限制，在更大范围内对教师实行统一管理，实现更高层次的一体化。其次，增加农村教师编制，帮助农村和边远地区学校留住人才。在核定教师编制时，应充分考虑农村中小学覆盖区域广、教学点多和生源分散等特点，结合当地教育发展实际情况适当向农村学校倾斜，以保证农村地区教学的基本需求。[③]再次，统一城乡教职工编制标准，合理核定义务教育学校教职工编制，建立城乡义务教育学校教职工编制统筹配置机制和跨区域调整机制，实行教职工编制城乡、区域统筹和动态管理，盘活编制存量，提高其使用效益。[④]最后，在农村教师评优评先、职称评聘等方面，进一步加大政策倾斜力度，提高农村学校教师的教学成就感和荣誉感，激发农村教师的教学热情，增强农村教师提高教学质量的自觉性和积极性。

第二，建立城乡一体化的教师培训制度。一是建立城乡统一的教师培训制度。

① 陈时见，李培彤. 教师教育一体化的时代内涵与实现路径[J]. 教师教育研究，2020，32（2）：1-6.

② 寇琼洁. 新型城镇化进程中城乡教师资源配置一体化发展策略研究——以河南省为例[J]. 教育探索，2015，（8）：115-119.

③ 寇琼洁. 新型城镇化进程中城乡教师资源配置一体化发展策略研究——以河南省为例[J]. 教育探索，2015，（8）：115-119.

④ 河南省人民政府. 关于加快推进县域内城乡义务教育一体化改革发展的意见[EB/OL].（2018-06-08）[2020-11-26]. https://www.henan.gov.cn/2018/06-08/658691.html.

由市级政府组织和考核教师培训工作。在人员安排上，增加农村教师和城市薄弱学校教师的名额，定期组织培训，使其能够分批参加培训。在培训过程中，对考核优秀者应进行适当的奖励。在培训内容上，要体现实践性，加强在教学理念、计算机操作技能、信息检索能力和课堂教学技能等方面的培训，使教师真正获得个人素质和教学水平的全面提高。在培训方式上，要加强城乡教师间的互动和交流，通过合作、交流和反思，提高农村教师的整体教学水平。二是建立城乡一体化的校本培训制度。组织城市优秀教师下乡评教，到农村学校听课、进行教学实践指导和教学方法培训。形成农村教师校本培训长期机制，引导农村教师进行教学反思、撰写教学日志和教学随感，及时地对教学中遇到的问题进行分析和研究。实施城乡强校与弱校结对帮扶政策，要求城市强校要在农村学校寻找帮扶对象，每学期派出优秀教师到薄弱校上公开课、听评课或开展讲座，并给予资金上的帮助等。①成立校本网络研修社区，实施校本网络研修，用网络研修整合校本研修，真正实现城乡教师校本培训资源共享,促使教师教育城乡一体化取得突破性进展。

第三，推进城乡教师交流轮岗，实现合理流动。一是建立科学的用人机制，统筹规划和采取多种切实可行的措施，引导城乡教师合理地流动，加强教师之间的交流和互动，促进优质教师资源的真正共享。要遵循教育教学的基本规律，建立切实可行的教师流动机制，同时创新流动方式，确保教师流动可行、灵活和有效。要建立科学的考核和激励机制，为教师发展创造公平合理的环境。②二是继续开展义务教育教师队伍“县管校聘”示范区建设，全面推进“县管校聘”管理体制改革，尽快打破制度瓶颈，为教师交流轮岗提供制度保障。③三是推动地方政府通过定期交流、跨校竞聘、学区一体化管理、教师走教等途径，重点引导优秀骨干教师向乡村学校、薄弱学校流动，县域内重点推动县城教师到乡村学校交流轮岗，在乡镇范围内重点推动中心学校教师到村小、教学点交流轮岗，补充和加强乡村教师队伍，改善乡村教育质量。

第四，统筹规划城乡教师福利待遇，对乡村教师适当倾斜。一是推动各地切实做好深化教师职称制度改革工作，落实职称评聘向乡村教师倾斜的有关政策，确保乡村学校教师职称即评即聘，积极引导城镇教师向乡村学校流动。④二是完善教师收入分配机制。要实行乡村教师收入分配倾斜政策，落实并完善边远艰苦

① 寇琼洁. 新型城镇化进程中城乡教师资源配置一体化发展策略研究——以河南省为例[J]. 教育探索，2015，（8）：115-119.

② 寇琼洁. 新型城镇化进程中城乡教师资源配置一体化发展策略研究——以河南省为例[J]. 教育探索，2015，（8）：115-119.

③ 王定华. 实现城乡义务教育一体化关键在教师一体化[EB/OL].（2016-07-25）[2020-11-25]. http://www.moe.gov.cn/s78/A10/moe_882/201607/t20160725_272846.html.

④ 王定华. 实现城乡义务教育一体化关键在教师一体化[EB/OL].（2016-07-25）[2020-11-25]. http://www.moe.gov.cn/s78/A10/moe_882/201607/t20160725_272846.html.

地区乡村教师工作、生活补助政策，因地制宜稳步扩大实施范围，按照越往基层、越往艰苦地区补助水平越高的原则，使乡村教师实际工资收入水平不低于同职级县、镇教师工资收入水平。健全长效联动机制，在核定义务教育学校绩效工资总量时统筹考虑当地公务员实际收入水平，确保县域内义务教育学校教师平均工资收入水平不低于当地公务员的平均工资收入水平。①三是提高乡村教师待遇。鼓励各级政府结合实际，研究制定提高乡村教师待遇的政策措施。各地要依法依规为教师缴纳住房公积金和各项社会保险费，按规定将符合条件的教师纳入当地住房保障范围，加强乡村教师周转宿舍建设，不断改善乡村教师生活条件；认真落实乡村教师荣誉制度；合理设置乡村学校中级、高级教师岗位比例，落实职称评聘和岗位评聘相结合政策，确保乡村学校教师职称即评即聘。

3. 加强教师教育联动发展共同体建设

实施教师教育联动发展共同体建设计划，建立健全高等学校与地方政府、中小学幼儿园、教科研部门及县级教师培训机构联合培养师范生、联合培训教师的新机制，推动高等师范院校内部教师教育资源整合，促进高等师范教育与基础教育深度融合、协同创新与共同发展。②要加快教师教育整体规划、建设和发展，加强教师教育联动发展共同体建设，建立工作协同机制，整合区域内教师教育政策、智力、制度等资源优势，推动教师教育创新发展。

第一，构建区域联合联动发展智库。建立教师教育联动发展共同体内各实施主体开展务实性合作、创新性合作和发展性合作的相关机制，营造充满生机和活力的教师教育发展生态环境，整合资源，形成合力。将高等师范院校的专家、教授、知名学者和基础教育领域内的中原名师、特级教师等从单位人变成区域内的系统人，组建系统的专家团队，加强教师教育智库建设。③针对教师教育需求开展前瞻性、针对性的政策研究，开展教师发展基础理论与实践路径研究，参与学校的课程设计、教材研发、教学模式创新、师范技能训练和实践基地的建设，并指导建设教师教育课程资源共享平台，完善中小学教师研修体系，充分利用大数据、云计算、人工智能等信息化技术手段创建智能教育环境，引领人才培养模式的创新改革。④同时，教师智库可以定期组织教育交流活动、教育论坛以及研讨会，为教师提供学习新的教育理念和方法，以及互相学习交流的机会。

---

① 河南省人民政府. 关于加快推进县域内城乡义务教育一体化改革发展的意见[EB/OL].（2018-06-08）[2020-11-26]. https://www.henan.gov.cn/2018/06-08/658691.html.

② 河南省教育厅. 关于印发《河南省教育事业发展“十三五”规划》的通知[EB/OL].（2017-04-21）[2020-11-25]. http://www.haedu.gov.cn/2017/04/21/1492752645787.html.

③ 河南省教育厅. 关于启动河南省教师教育联动发展共同体建设计划的通知[EB/OL].（2016-11-04）[2020-11-25]. http://www.haedu.gov.cn/2016/11/04/1478241093110.html.

④ 李蕾，方明科. 基于U-G-S联动发展的教师教育共同体建设探究[J]. 电脑知识与技术，2020，16（20）：140-141，144.

第二，联合联动培养在校师范生。以卓越教师培养计划、农村小学全科教师定向培养招生计划、农村学校教育硕士师资培养计划及各高等师范院校现有师范生培养项目为平台，联合联动建立一批针对性强、特色突出的师范生教育实习实践基地，探索形成灵活多样的师范生培养模式，推动实践教学模式改革；建立中原名师、特级教师流动站，推动生成一批教师教育课程改革成果，建立一支数量充足、学科齐全、结构合理、体系完备的“双导师”制教师队伍。①将优秀中小学教育教学案例、学科前沿知识、课程改革和教育研究最新成果充实到教学内容中。在师范生培养方案中设置足量的教育实践课程，以教育见习、实习和研习为主要模块，构建包括师德体验、教学实践、班级管理实践、教研实践等全方位的教育实践内容体系。协调符合专业定位的中小学校作为实习基地，为师范生提供充足的实践岗位和充分的实践机会，与实习基地建立合作共赢的长效机制，形成灵活多样的师范生培养模式。建立“双导师”制教师队伍，师范院校要与地方教育行政部门、中小学协同遴选聘用优秀教师担任授课教师和指导教师。

第三，联合联动培训在职教师。以河南省中小学教师梯队攀升体系建设计划为引领，通过教师培训项目融合、教师培训团队整合、教师培训资源联合等措施，依托中原名师培育工程、“国培计划”“省培计划”等项目平台，形成区域内的教师专业发展项目体系，建立一批以高等师范院校、县级教师发展中心、教师发展学校、中原名师工作室、名师工作室等为主体的教师专业发展基地；建立区域内和跨区域相结合的一体化网络研修体系；建立教师教育课程资源共享平台；推动教师教育学科建设试点工作，建立一支教师教育师资队伍；建立教师专业发展支持服务体系，完善教师专业发展常态化研修机制，促进教师边学习、边实践、边应用、边提升。②对中小学教师继续学习的需求进行调研，建立符合教学和研修实际的一体化网络研修平台。由师范院校师生和中小学教师合作，建立学科教学课程资源库，按照学科结构以及教师使用习惯设定不同的栏目及资源内容，录制相关教学主题的 MOOC 视频，实现区域的资源共享。教师可以自主进行网络观摩和网络评课，并可以与同行分享自己在教学过程中存在的问题和教学反思，师范院校的专任教师或中小学优秀骨干教师可以通过教学评价和案例探讨等方式进行讨论答疑。可以采取集中面授和网络研修两种方式进行，集中面授过程中可以运用专家讲座、示范课、听课、评课等多种培训形式，网络研修可以由学员自学，培训教师跟踪指导，在网络平台开放各种共享资源，方便学员进行交流与讨论。

---

① 河南省教育厅. 关于启动河南省教师教育联动发展共同体建设计划的通知[EB/OL]. （2016-11-04）[2020-11-25]. http://www.haedu.gov.cn/2016/11/04/1478241093110.html.

② 河南省教育厅. 关于启动河南省教师教育联动发展共同体建设计划的通知[EB/OL]. （2016-11-04）[2020-11-25]. http://www.haedu.gov.cn/2016/11/04/1478241093110.html.

第四，打造联合联动发展新模式。高等师范院校与省辖市教育行政部门联合探索在县区教师培训机构挂牌成立继续教育学院分院，通过实质性的项目合作，打造区域教师教育改革发展命运共同体，建立高等师范院校、市县教育行政部门、县级教师发展中心和优质中小学幼儿园联合立项、分工协作、协同推进、共同发展的联动发展工作机制，形成联动发展制度，建立区域内开放灵活的教师教育体系，推动区域联合联动的常态化和长效化。[①]要深化校地教育合作，积极探索建立高校、地方政府、中小学及幼儿园互利共赢的协同育人模式。要与地方政府加强合作，以实现基地共建、资源共享、人才共育。[②]选派师范生到乡镇中小学及幼儿园带薪顶岗教学，既可以解决地方师资薄弱难题，又可以拓展学生实习就业空间；与地方教育行政部门和中小学、幼儿园积极合作，建设地方基础教育师资培训项目，建立一批针对性强、特色突出的教育实习基地。以区域为单位，分学科建立教师工作坊，采取集中研修、网络研修和现场实践的混合培训模式，探索建立网络支持下专家引领、校际互动、区域联动的校本研修运行机制，破解乡村学校校本研修难题，促进师资均衡发展。

第五，形成区域联合联动发展格局。通过制度安排、项目融合、资源整合、人才共享等措施，建立区域教师教育合作交流机制、组织协调保障机制、专业监测管理评价机制和经费保障机制，将联动发展共同体内的优质项目、优秀人才等纳入联动体系，建立区域内开放灵活的教师教育体系，形成一批有特色的教师教育合作品牌，形成区域内先进带后进、城区带乡村的手拉手、肩并肩发展格局，对全省教育发展产生显著影响力。[③]依托“互联网+教师教育”平台，借助牵头单位的力量，教育行政部门可在区域内组建捆绑式发展共同体，建立并充分利用个人空间、教师工作坊和网络研修社区的一体化研修体系，推进形成区域联合联动发展新格局。

教师教育联动发展共同体建设，以“愿景相同，师资联通”为保障，以“共商、共建、共享、共赢”为目标，满足了教师职前培养、专业技能的可持续发展和终身学习的需求，是当前教育实践领域的一个主要发展领域。[④]当前在“互联网+”时代，通过利用先进信息技术手段，联动发展将会更加方便和深入，共同体建设将会有更新的模式和手段，有助于推动教师教育高质量稳步向前发展。

① 河南省教育厅. 关于公布 2017 年度河南省教师教育联动发展共同体的通知[EB/OL]. （2017-07-05）[2020-11-25]. http://www.haedu.gov.cn/2017/07/05/1499226525689.html.

② 牛月翰. 商丘师范学院：依托联动发展共同体构建教师教育新体系[J]. 河南教育（高教），2019，（6）：36-39.

③ 河南省教育厅. 关于启动河南省教师教育联动发展共同体建设计划的通知[EB/OL]. （2016-11-04）[2020-11-25]. http://www.haedu.gov.cn/2016/11/04/1478241093110.html.

④ 李蕾，方明科. 基于 U-G-S 联动发展的教师教育共同体建设探究[J]. 电脑知识与技术，2020，16（20）：140-141，144.

（五）完善教师专业发展支持服务体系

社会支持是指个体从他人或社会网络中获得的一般或特定的支持性资源，是一种重要的、外在的压力应对资源。[①]社会支持作为重要的支持性资源，不仅能缓解个体压力、促进个体身心健康，还有利于良好人际关系或社会交往的形成。因此，要提高教育教学质量，改善当前师资队伍发展现状，应积极构建健全的社会支持体系。构建教师专业发展支持体系，需要从国家层面提供制度支持和政策支持、社会层面提供价值支持和文化支持、教育行政部门提供全面长效支持、高等院校提供专业支持和学习支持、学校发挥好主阵地作用等方面合力推进。[②]教育要发展，教师是关键，必须把教师队伍建设摆在优先发展的战略地位，从国家、社会、教育行政部门、高等院校、中小学校和教师个人六个层面合力推进，为教师的专业发展提供系统、精准、持续的立体式支持服务体系。

第一，教育行政部门要为教师专业发展提供政策制度和动力支持服务。教育行政部门是落实教师专业发展的责任主体，要对教师专业发展提供全面支持，建立培训体系、打造培训团队、建设培训资源，并形成常态化运行机制。一是全面调研，完善政策。教育行政部门要对区域内教师开展全面系统的调研，摸清教师队伍建设的短板，整合区域内教研室、进修学校等各级各类进修和培训机构。完善包括教师评价机制、激励机制、职称职务评聘机制、培训机制等在内的教师政策，以便切实解决教师教育实施过程中遇到的问题。二是转变工作机制。教育行政部门要完成自身的两个转变：一个转变是从简单理解和执行上级相关政策、文件并按照一般化要求实施和推进教师专业发展的行政管理，转变为将一般性政策和要求地方化，形成具有区域特色的教师专业发展思路和规划的专业化管理转变；另一个转变是将工作的性质由检查、考评性质转变为发展性的支持服务性质。[③]三是系统规划教师培训项目，专注教师专业发展的动力支持。结合当地实际形成科学系统的规划，建立一个协同式、一体化的培训体系。通过外部引进和内部发展的方式，打造一支干得好、能用上的培训团队，形成工作坊、工作室、研修组等学习社区，提供高质量、常态化的教师培训。[④]四是利用现代教育信息技术，引进优质教育培训资源，形成教师培训资源链、资源库，建设实用性强的培训课程。在挖掘资源、集聚资源、优化资源、应用资源的过程中，增强教师支持系统内部各部门间、学校间、教师间的沟通与交流，搭建资源共享服务平台，形成资源共

① Cohen S, Wills T A. Stress, social support, and the buffering hypothesis[J]. Psychological Bulletin, 1985, (2): 310-357.

② 谢小兰. 乡村教师专业发展支持体系的构建[J]. 中国成人教育，2019，（20）：80-83.

③ 刘应兰，卢朝佑. 全纳教育理念下乡村教师专业发展支持服务体系构建研究[J]. 继续教育，2018，32（5）：25-28.

④ 谢小兰. 乡村教师专业发展支持体系的构建[J]. 中国成人教育，2019，（20）：80-83.

享机制。五是健全教师发展梯队攀升体系。河南省要继续推进名师培育工程，培育更多中原名师、省级名师、省级骨干教师和国家高层次人才特殊支持计划（简称“国家万人计划”）教学名师等，引导市县培育相应层级、相当规模的名师和骨干教师；构建教师梯队攀升新格局，优化教师人才培育基地，制定层级教师培育标准，完善教师人才培育模式；建好中原名师工作室和河南教师发展学校，创新名师名校辐射引领机制。

第二，社会要为教师专业发展提供文化和价值支持。一是加大宣传力度，提高公众对教师工作的认知水平，营造信任与支持的公共氛围。在一种公共信任、理解、援助的氛围中，教师会表现出坚定的信心和十足的干劲，进而产生高度的自尊感，把教学视为自己追求的一种事业。①为此，社会应通过多种途径加大宣传教师形象的力度，加大对教师职业特性和工作职责的宣传力度，提高公众对教师工作的认知水平，使其理解教师的艰辛，信任与支持农村教师的工作。②二是提供更加宽容的社会文化环境。社会应改变对教师的片面认识和不合理期望，给予教师更多的宽容和理解，营造更宽松、更公平的适宜农村教师发展的舆论环境。三是提供生命关怀和自我认同的价值支持。通过努力改变教师的工作环境，为他们的健康与快乐创造条件。同时，帮助教师树立正确的价值取向，从常人的视角，将教师视为一个人、一个有个体欲求的人，从教育的应然本义、学校社会责任的角度来审视教师的工作特点，以增强其自我认同感。

第三，高等院校要为教师专业发展提供专业支持，以实现深度合作。高校在教师发展中处于专业引领地位，能为教师提供高质量、立体化的全方位支持。要深入开展教师专业发展的研究，针对其发展的特殊性提供有效的专业支持。高校教师要深入中小学校，研究教师的教和学生的学、研究学校教育发展情况，梳理并聚焦当地教师教育教学中存在的问题，研究问题解决的路径和方法，为其提供既有教育理念的引导又有实践操作示范的专业支持。从时间维度来看，高校专业支持贯穿职前培养、入职培训到在职研修的全过程。从空间维度上看，高校专业支持不仅包括传统的近距离培训和现代化远程培训，还有集面授、网络研修、校本实践等培训方式于一体的混合式培训。近距离培训是专家与教师近距离的交流和真实互动，教师能在有限时间内享有最优资源的全景式供给，收到良好的培训效果。专家、培训者和教师共同研讨、相互观摩、开展科研项目研究，形成实体学习共同体。远距离培训是高等院校运用现代远程教育技术，通过网络学习平台，为教师提供的专业培训和研修指导，专家、培训者和教师共同构建虚拟学习共同体。③混合式培训则具备更多优势，借助集个人学习、社区研修和教务管理为一

① 黄赐英. 职业倦怠：制约教师专业发展的一种重要因素[J]. 中国教育学刊，2005，（8）：61-64.

② 王淑宁. 农村教师专业发展困境及支持体系构建[J]. 教学与管理，2019，（6）：52-55.

③ 闫丽霞. UGS协同视野下乡村教师专业发展支持体系的构建[J]. 继续教育研究，2018，（2）：91-94.

体的网络学习平台，为教师线上培训和线下研修提供专业性的、全方位的学习支持和服务。高校的专业支持有利于专家和学者走进教育现场、促使高校教师与中小学教师在教育问题发生的真实场域内实现深度合作，形成学习社群，切实提高中小学教师的专业能力。

第四，中小学校要为教师专业发展提供场域支持，发挥主阵地作用。中小学校是教师实施教育教学工作的主要场所，为教师提供平台和场域支持，是教师专业发展的主阵地。学校不仅是促进教师专业发展的平台，也是支持其成长的重要资源。针对当前教师专业发展困境，学校应积极创造有利条件、制定相应制度，给教师专业发展搭建好支持平台。[①]首先，学校要为教师专业发展搭建平台。教师专业发展不是一次性的培训和学习活动，教师培训、教学实践和教学后反馈，是一个持续进行、循环往复的过程。学校要鼓励教师主动发展，提供专业成长平台；组织教科研活动，提供成果展示舞台；倡导外出培训学习，提供发展新台阶。[②]学校是否营造一个宽松、开放的成长氛围，是否制定目标规划、明确教师的培养要求，是否实行民主管理、激发教师的自我发展需求，是否建立多种渠道、关注教师的成长，等等，将直接影响着教师专业发展水平的高低。所以，中小学校要引导教师主动学习、合作教学，给教师一个专业成长的平台；鼓励教师外出学习、考察、培训，给教师一个开阔视野的平台；组织开展各种教科研活动，给教师一个展示教科研成果的平台。[③]其次，以校本研修为突破口促进教师专业发展。校本研修是教研、科研、培训“三位一体”的教师继续教育，主要包括校本培训和校本研究两大类，校本培训最常见的是集体备课、集体教研和师徒结对等方式，而校本研究主要是教育叙事、行动研究、案例教学法等。学校应逐步建立以教师自主学习为主体、以教研活动为支撑的校本研修制度，有针对性地组织开展校本研修活动，营造校本研修氛围，形成促进教师专业发展的教研文化。教无研不深，研无教不实。学校应立足本校实际，分析自身开展全纳教育的优势与不足，趋利避害，建立并发展有利于乡村教师专业发展的校本研修制度和模式。学校要经常性地以日常教育活动和课堂教学活动为载体，把教师的专业化发展根植于教育教学实践，针对实际问题，通过专家指导、教师充分参与的校本研修，调动教师参与研发的热情，有效促进教师专业成长。同时，要注重开发校本课程，以促进教师学科知识的专业化。校本课程是学校为了解决学校的教育问题，依据学校自身的性质、特点、条件以及可以利用的资源，由本校教师或与校外专家合作开发的课程。校本课程开发是基于学校、为了学校、属于学校的课程开发活动，

① 王淑宁. 农村教师专业发展困境及支持体系构建[J]. 教学与管理，2019，（6）：52-55.

② 谢小兰. 乡村教师专业发展支持体系的构建[J]. 中国成人教育，2019，（20）：80-83.

③ 刘应兰，卢朝佑. 全纳教育理念下乡村教师专业发展支持服务体系构建研究[J]. 继续教育，2018，32（5）：25-28.

是促进教师专业发展的重要途径。教师是学校校本课程开发的中坚力量和主力军，参与校本课程开发能够促进教师确立专业理想、拓展专业知识、发展专业技能、形成专业自我。最后，要注重学校学习型组织团队的建设。中小学校校长要以身作则，注重终身学习和持续发展，引领教师的专业成长，注重人性化的管理，不断激发乡村教师专业发展的内驱力，鼓励教师自主阅读、自主规划、自我反思和自我超越。中小学校还应通过开展教研活动激发教师集体认同感，建立专业发展的共同愿景，并营造合作学习、共同发展的氛围，逐渐形成学习型团队，打造学习型校园。

第五，教师个人要牢固树立自我专业发展的信念。任何事物的发展都离不开内因和外因的交互作用，而内因对事物发展起着决定性的作用。教师的专业发展同样离不开作为其主体与核心的内因——自我，所以必须建立和完善自我发展服务体系。专业素质的全面提升，需要教师的持续学习，从而更新教育观念，提高其专业自信和认同度，需要激发和提升教师的专业发展内驱力，积极扩展社会支持来源，并有效提高各方面的社会支持利用度。一是着力增强自我专业发展的理念与认同度。一名合格的教师不仅应当具备扎实的理论基础，而且应当掌握包括人文教育、道德教育、情感教育和自然理念等在内的现代教育理念。所以，教师必须树立终身学习理念和“自我发展、自我更新”的专业发展观念，重构知识结构，不断拓展文化学、民族学、社会学、经济学、特殊教育学、心理学等方面的知识，自觉地进行专业训练，习得专业技能，进行专业人格塑造，提高从教素质，从而实现专业发展。[①]同时，教师还应具有学习意识，应该主动丰富理论知识，树立良好教师形象，提升自身的专业自信和认同度，有效激发专业自主发展的内驱力。二是积极拓展和有效利用各层面的支持。教师应充分利用闲暇时光，参与社会活动，积极争取各方支持，拓展专业发展支持的来源，充分利用政府、社会、高校等各层面的支持，提高自身专业发展支持服务的利用度。

四、管理与评价转型策略

（一）从管理向治理转型策略

从教育管理走向教育治理是新时期推进教育改革、提升教育质量的关键。“治”与“管”不同，“管”更多的是上对下，是当权者对部下的命令、吩咐与要求，而“治”则有通过一定的科学研究，根据管理的具体情况，通过引导、疏通、化解、调整、安排或者解难等措施，以提升管理的综合效能，求得各方面都满意的结果。传统以“管”为核心的教师队伍建设更多注重的是自上而下的要求、任务、

① 刘应兰，卢朝佑. 全纳教育理念下乡村教师专业发展支持服务体系构建研究[J]. 继续教育，2018，32（5）：25-28.

规定与指令。虽然科学化、标准化的管理制度提升了教师队伍的总体质量，但它同样存在一些弊端，特别是忽视了教师生命个体差异化、个别化、独特化的发展。在“管”的统一理念下教师难以感受到充分的尊重、体认与关切；相反，在教育治理框架下的教师队伍建设则充分关注每一位教师的独特发展特点、道路与成长方式，通过教育治理的民主协商过程，帮助教师形成独特的个人风格。[①]教师教育治理是多维主体协同参与，通过协商、审议、合作等方式，推进教师职前培养、入职指导和职后进修一体化的新型教师教育体系，它具有专业性、系统性、开放性、协同性和实践性等特征。[②]走向治理的教师队伍建设会关心每一名教师的自主成长，而不干预教师的自主性与无限多样生成的可能性，会关切每一名教师对专业发展的需要，关心每一名教师渴望得到公平对待与平等发展的心声。

从宏观层面来看，教师教育治理的核心在于使得政府、教师教育举办机构、社会共同作为教师教育治理的主体，且主体间责任与分工明确、相互制衡和监督，运用一定的治理方式和治理机制来管理教师教育，从而达到教师教育的善治。从微观层面来看，教师教育治理主要包括教师教育治理结构、教师教育治理方式、教师教育治理机制等。教师教育治理主体主要包括政府、教师教育举办机构和社会，三者间权责明确并相互制衡，共同参与管理教师教育事务。教师教育治理方式是指进行教师教育治理所运用的方式方法。[③]当前，教师教育综合改革应从治理结构、治理方式和治理机制等方面着手与破解如何健全教师教育治理结构、完善教师教育治理方式、优化教师教育治理机制等问题，这是当前教师教育治理研究的关键问题和核心内容。

教师教育治理体系现代化，本质上是一个从“教师教育管理”的传统样态向“教师教育治理”现代形态不断变迁和转变的过程。其具体包括三个方面的转变：一是教师教育管理主体由单一转变为教师教育治理主体多元；二是教师教育管理方式从集中控制转变为教师教育治理方式法治化和信息化；三是教师教育管理机制从单向强制转变为教师教育治理“管、办、评”机制双向互动。[④]教师教育治理是一项复杂而庞大的工程，需要拜托教师教育治理过程中遇到的治理结构、治理方式和治理机制等方面的困境。要推进教师教育治理工作的真正落实，实现对其治理困境的消解，就应当从提升政府的现代化治理能力、加强教师教育机构内

① 姜勇，庞丽娟. 论教师专业生命的完美绽放：从管理走向治理[J]. 中国教育学刊，2019，（8）：65-69，75.

② 李森，崔友兴. 论教师教育治理体系现代化[J]. 西南大学学报（社会科学版），2014，（5）：65-72，182.

③ 刘冬冬，李想. 教师教育治理：科学内涵、困境分析及其消解路径[J]. 教育理论与实践，2018，38（4）：34-38.

④ 刘冬冬，李想. 教师教育治理体系现代化：基本内涵、现实困境与破解路径[J]. 教育参考，2021，（1）：11-19.

部现代化治理和重建与完善社会第三方评价机制方面做出创新改革。

1. 提升政府的现代化治理能力

其一，政府在教师教育治理中要扮演好把控者、制定者和监督者的角色。[①]首先，政府是教师教育事业的把控者，政府对教师教育的办学资格入口进行严格把控，保证教师教育过程的质量，从而为培养优质师资提供保障，针对由于教师需求信息不对称或延迟而造成盲目培养教师的现象，政府需要依据教师需求和发展对教师教育规模进行宏观把控。其次，政府是教师教育政策的制定者，政府通过制定教师教育举办机构的申请标准、教师教育运行管理政策法规等，确保教师教育举办机构的办学自主权并实行相关制度安排。再次，政府是教师教育事业的监督者，应对教师教育过程和结果进行监督评价，既有助于发现问题并给予矫正，也有利于确保教师产出的质量。最后，政府还应对教师教育的社会满意度和实效进行监督评估。

其二，政府要简政放权，创新管理。扩大高校管理使用财产经费权限，为教师教育争取更多的资金使用权；支持高校特色办学，自主优化专业设置，自主开展教育教学和科学研究；政府工作职能应转向监督和提供服务；运用立法、信息、拨款等措施加强宏观治理；提供建立与教师教育有关的专业、教师、课程机构设置标准，对学校实行有针对性的监控；协调其他有关部门为高等学校的发展和教师教育的发展创造良好外部环境。

其三，政府要加大对教师教育信息化的扶持和建设力度。政府要加大对学校教育信息化所需硬件设备的投资力度，提高教学用信息化终端设施配置水平，加大数字实验室、录播教室等信息化功能教室的建设力度，督促和指导学校探索网络学习空间建设。[②]政府应建立职前、在职和职后一体化的教育信息系统，弥补在教师教育培训和培养中信息化管理能力的不足，制定教师教育信息化标准、培训方案，加强教师教育信息化培训，使广大教师普遍掌握计算机办公软件操作、网络检索和教育软件操作等技能。

2. 加强教师教育机构内部现代化治理

其一，教师教育机构要保持自身的独立法人地位。教师教育机构应坚决摒弃作为政府附属机构的理念，逐步拥有独立的法人地位，完善自身对教师教育的决策、执行和监督，充分行使办学自主权。[③]但这并不意味着政府失去对教师教育治理的权力，而是政府要在教师教育治理方面由微观管理向宏观管理转变，使得教

---

① 刘冬冬，李想. 教师教育治理：科学内涵、困境分析及其消解路径[J]. 教育理论与实践，2018，38（4）：34-38.

② 刘洁辉. 教师教育治理现代化存在的问题及解决路径[J]. 云南民族大学学报（哲学社会科学版），2016，33（6）：148-152.

③ 周光礼. 从管理到治理：大学章程再定位[J]. 湖南师范大学教育科学学报，2014，13 （2）：71-77.

师教育举办机构和政府之间由传统的行政隶属关系转变为一种现代的契约关系。

其二，教师教育机构要完善自身治理机制，开放办学。首先，教师教育机构在办学过程中要将行政权力和学术权力区分开来，让学术委员会真正在教师教育教学、科研、学科建设、专业建设中起领导和指导作用。其次，要深化校务公开，完善科学民主的决策机制，让教职工对教师教育课程设置、教学管理等重大决策进行监督，建立有决策权力的校务咨询委员会，其中应包括家长、用人单位代表来监督和评价教师教育的办学质量。另外，还要利用社会资源办学，接受社会监督，探索建立“大学-区域”创新合作的教师教育新模式。

其三，教师教育机构要统筹整合内部教师教育资源。教师教育机构内部需要整合出一个专门的相对独立的教师教育学院，对教师教育工作进行统一布局和管理，也便于对外开展教师教育交流活动。整合之后的教师教育学院采用“分阶段+统一”协同培养和跟踪培训的模式，先让学习者进入各专业院系学习学科专业知识，之后再转入教师教育学院学习专门的教师教育知识，如教师教育理论、课程与教学论、教学技能技巧等，这样有利于更好、更充分地统筹利用和优化配置教师教育机构内部的教师教育资源，切实提高教师教育的效能。

其四，教师教育机构应提升教师教育信息化水平。教师教育机构要充分利用现代最新教育技术和信息技术，不断创新信息化教学方式，深入开发和广泛拓展网络资源，组建教育信息化和教育技术的利益合作共同体，持续提升教师教育信息化水平，为教师信息化能力的培养和提高提供良好的条件和环境。

3. 重建与完善社会第三方评价机制

其一，社会在教师教育治理中扮演着选择者、检验者和监督者的角色。①家长作为学生的监护人，有权选择将子女送到某教师教育机构进行培养，使孩子接受系统的教师教育，成为合格教师；也有权通过子女在教师教育机构的学业成绩、活动情况、实习表现等来监督教师教育举办机构的教师教育开展情况。教师教育举办机构培养出来的教师在输送到用人单位前，用人单位要通过笔试、面试等形式来检验这些教师是否合格，从而确保教师能为用人单位所用。同时，教师教育机构还应该建立有效的教师教育公开制度，使作为纳税人的公众能够更直接地了解和监督教师教育举办机构的举办情况与为社会培养的教师质量情况。

其二，教师教育的“评”主要由社会负责。政府通过公开招标和购买服务的方式把教师教育监测和评估交给社会负责，社会可随时对教师教育举办机构的举办和发展情况、教师培训的效率和质量、家长和用人单位对教师教育运行是否满意等方面进行评估和监测，使教师教育机构能够了解和把握自身的优势和不足，

① 刘冬冬，李想. 教师教育治理：科学内涵、困境分析及其消解路径[J]. 教育理论与实践，2018，38（4）：34-38.

不断做出调整以获得新的发展。

其三，成立社会第三方评价机构。只有评价体系标准化，机构成员组成社会化，工作运行方式社会化，才能真正客观地去评价教师教育。[①]我们建议成立一个独立专门的教师教育评价机构，如河南省教师教育评价中心，对全省教师教育机构设置、专业质量、就业能力等方面开展客观评价。专门的教师教育第三方评价机构要建立一套科学的教师教育评价方式、标准和体系，采集较为客观的数据，摆脱政府、用人单位、学生家长等因素的干扰独立做出客观的评价。

政府、教师教育机构和社会在教师教育治理中分别扮演着不同的角色，在契约规则约束下形成角色互动，同时承担一定职责，明确各自的权利和义务并进行有效沟通，这是一个多元治理主体合作互动和相互制衡的过程。[②]三方在教师教育治理中形成既平等又相互依赖、制衡的关系，促进教师教育举办机构、社会从边缘人向中心人转变。健全教师教育治理结构要求政府、教师教育举办机构、社会在教师教育治理中明确各自的角色定位，各方不仅要行使好权利和义务，而且要承担各自的职责。只有实施多元合作教师教育治理模式，使政府、教师教育机构和社会三方充分合作，充分利用各方资源，充分发挥各方优势，才能为教师教育持续良性发展提供坚实保障。

（二）教师教育评价转型策略

教师教育评价作为教师教育活动的重要组成部分，是以一定的教师教育价值观及教师教育目标为依据，运用合理、有效的评价技术与方法，通过对教学信息的系统收集和整理，对教师教育的系列活动进行测定、分析、比较，并给予价值判断的实践过程。[③]近年来，教师教育评价模式从总体上来看一度陷入唯量化的倾向，过分追求评价过程的客观与科学化，导致对教师教育评价的人文性和实践价值的忽视。唯量化评价虽然在一定程度上保证了评价结果的客观性和理性化，但对于目前教育形势而言，其局限性则显得越发突出。一是教师教育的唯量化评价以分值衡量教学效果，以奖惩为评价目的，把教师限制在固定的标准框架内，不利于其创造性的发挥。二是唯量化评价弱化了教师的劳动价值。三是唯量化评价割裂了理论与实践的融合,忽视了实践教学环节以及教师与学生互动的重要性。四是唯量化评价仅仅站在评价者角度，是一种单一化、孤立化的评价。[④]综上可

① 刘洁辉. 教师教育治理现代化存在的问题及解决路径[J]. 云南民族大学学报（哲学社会科学版），2016，33（6）：148-152.

② 刘冬冬，李想. 教师教育治理：科学内涵、困境分析及其消解路径[J]. 教育理论与实践，2018，38（4）：34-38.

③ 凌颖. 从唯量到发展：教师教育评价的转向与发展策略再思考[J]. 中国成人教育，2016，（21）：142-144.

④ 凌颖. 从唯量到发展：教师教育评价的转向与发展策略再思考[J]. 中国成人教育，2016，（21）：142-144.

知，唯量化教师教育评价无法适应现代开放教育的大环境，在新课程教育改革背景下更加缺乏说服力，但反过来也在一定程度上促使发展性评价的出现。

发展性评价是一种以促进发展为目的的形成性评价。它的基本特点是以人为本，面向发展。与唯量化评价相比，发展性评价的基本理念体现在以下几个方面：一是强调人文性，坚持评价的主体取向。发展性评价认为，评价是评价者与被评价者、教师与学生共同建构意义的过程，突出人的主体地位和作用。二是强调服务性，倡导评价价值的多元取向。三是注重发展性，倡导评价的过程取向。发展性评价的根本目的是促进评价对象的发展。四是坚持多元性，体现评价的民主特点。针对唯量化评价的单一主体性，发展性评价追求多元主体参与、通过协商达成共识的过程。[①]教师教育评价应改变其单一的甄选功能，克服唯量化评价，实现评价功能的转变，建立促进教师不断提高的发展性评价体系。

第一，鉴赏评价。鉴赏评价由美国著名学者威尔·艾斯纳（E. W. Eisner）提出。艾斯纳认为，鉴赏是感知的艺术，而感知的意义是一种觉醒、认识或理解，从而提供判断的基础。在实施鉴赏评价时，评价者要走进被评价者的生活，对其学习生活的丰富性、复杂性、情感冲突做深入理解，并产生充分的理性认识，从而做出一个能够促进被评价者发展的鉴赏评价。教师教育鉴赏评价策略关注教育过程中质性材料的收集，关注教育教学事件发生的前因后果，关注教师教育者与学习者的真实情感流露，在一个情感共鸣的情意场中做出充满情意的评价。[②]因此，这需要评价者摆脱狭隘的个人主观色彩，习得高尚的品位知识，走进真实的教学情境，与相关主体进行丰富的情感交流，从而获得丰富的实践资料，做出能够促进教师教育各方发展的鉴赏评价。

第二，教师主体地位评价。教师作为被评价者，也是教学环节的主导，理应在教师教育评价体系中占据重要地位，而不是一味被动地接受考核。让广大教师认同评价、支持评价并积极参与评价，也是发展性教师评价中的重要观念。突出教师在评价中的主体地位，最有效的手段便是提倡教师的自我评价，因其与教师自我监管、自我反省和自我提升有密切关系。教育机构要积极鼓励教师在日常教学中养成记录教学日志的习惯，形成评价的资料依据，并通过提供基本分析框架及明确的评价标准，促使教师本人定期对自己的工作进行判断和反思，思考改进教学技能的途径与措施。然后，学校在教师自我评价的基础上，结合其他评价形式，做出正确、全面的价值判断。[③]除此之外，教育主管部门在评价过程中需要转变自身角色，从审视者的角度变为与教师平等对话的倾听者，创造良好的沟通

① 李雁冰. 课程评价论[M]. 上海：上海教育出版社，2002：60.

② 赵传兵. 从唯量化走向多维优化——发展性评价观对教师教育评价的影响[J]. 黑龙江高教研究，2014，（7）：7-9.

③ 凌颖. 从唯量到发展：教师教育评价的转向与发展策略再思考[J]. 中国成人教育，2016，（21）：142-144.

氛围，充分尊重教师的意见与建议，并将学生、同事、领导等其他利益相关者的评价及时反馈给教师本人，使其意识到自身的优势与不足。另外，教师教育评价主客体双方的交流应贯穿评价的全过程，加强评价结果的针对性、个性化和准确性。通过上述方式，一方面可以加强教师本人在评价中的重要维度，另一方面也能够在激励教师主动性和积极性的同时促进教师教育的持续发展。

第三，“回应—协商—共识”评价。20 世纪 80 年代末，美国著名评价专家古巴（Guba, E. G.）和林肯（Lincoln, Y. S.）出版了《第四代评价》（*Fourth Generation Evaluation*）一书。该书把教育评价分为四代，其中，第一代关注“测量”，第二代关注“描述”，第三代关注“判断”。这三代评价的共同点是把被评价者视为客体，追求评价的科学性、客观性；关注评价的评判功能，但忽略评价的发展作用；是一种权威人士做出的单一活动，但忽略了评价主体的多元性。①现在的教育评价已经进入第四代评价。第四代评价倡导“回应—协商—共识”的评价策略，认为评价的根本意义在于服务，服务于被评价者的需求，服务于被评价者的发展，服务于社会发展的需要。

第四，多元化教师教育评价。教师教育评价应以促进学生全面发展、教育工作者专业素养不断提升、教育课程体系不断完善为目的，在发展性评价理念下制定多元化评价方式，服务于实践教育事业。对应于不同的评价类型，可以制定追踪评价、鉴赏评价、协商式评价、第三方评价等方式。追踪评价方式最早由美国学者博里奇提出，指的是教育机构对教师教育的毕业生进行教学工作追踪，评价其所学知识和技能是否很好地应用到了实践中。评价的过程是定期或不定期地收集教师的质量信息，包括他们所教学生的成绩以及教师本人的教研成果，据此判断教师培养计划的优劣。鉴赏评价方式强调，评价者对被评价者的教学工作的理性认识，通过体验真实的教学情境，感知教师教学生活的丰富性、复杂性。比如，通过课堂旁听的方式直观地感知教师教育的效果，从而做出一个能够促进被评价者发展的鉴赏评价。协商评价是对应于发展性评价中多元主体参与的理念。为提高教师教育评价的质量，评价者必须深入调查被评价者及其他利益相关者所关注的焦点、兴趣，依此制定相关的评价标准。②此外，在实施评价的过程中，应该允许多主体通过民主协商的方式达成共识，真正体现发展性评价的以人为本、评价结果优化的价值理念。第三方评价则强调，充分调动相关领域教育专家及基础教育机构参与评价的积极性，编制教师教育评价指导书，构建完备的评价指标体系，确保评价的科学性。

第五，第三方评价。传统的教师教育评价被视为教师教育内部的事情，是“自

① 赵传兵. 从唯量化走向多维优化——发展性评价观对教师教育评价的影响[J]. 黑龙江高教研究，2014，（7）：7-9.

② 凌颖. 从唯量到发展：教师教育评价的转向与发展策略再思考[J]. 中国成人教育，2016，（21）：142-144.

己评价自己”，评价主体比较单一，这种既是运动员又是裁判的评价形式缺乏外在的监督和制约机制，存在很大的盲目性。所以，教师教育评价应该引进独立的第三方评价机制。第三方评价是指独立于学校及其部门之外的评价，也称社会评价。[①]在运用第三方评价策略时，首先，要建立一个结构合理、能确保评价质量的评价主体。对于教师教育来说，相关领域的教育专家、基础教育相关部门以及教师教育毕业生应是第三方评价的主体，他们对教师教育的看法、见解和展望对教师教育的发展具有明显的借鉴作用。其次，要在评价各主体之间建立教育信息沟通网络，为教师教育制订相关发展计划，为教师教育自我评估开发评估程序，等等，以满足教师教育评估指标和程序设计的需要。此外，还要确定第三方评价的目标和内容，做到有的放矢，提高第三方评价的有效性。

第六，追踪评价。发展性评价观认为，评价是一个持续的发展过程。教师教育评价应实现从点状式评价到连续性追踪评价的转换。追踪评价主要有三种模式：一是需要评价模式，即向新教师发放跟踪调查问卷，要求其列出教师教育培养计划中对教师工作有益的内容，教师教育机构根据问卷结果，调整教师教育教学计划；二是相关成就模式，该模式认为教师能力的高低是导致学生成绩好坏的主要原因。因此，该模式将学生成绩作为评价教师的标准，而非教师的行为；三是过程——结果模式，倡导直接观察教学过程中教师的变化，并与学生的成绩做比较，将学生成绩与教师行为做相关衡量的评价模式，从侧面确定教师教育的成效。[②]教师教育的追踪评价主要是通过收集毕业生的质量信息，包括他们所教学生的发展情况，他们所习得的知识与基础教育教学的适宜性以及他们对母校的期望，来判定教师教育培养计划的实施情况，并以此作为评估和改进教师教育计划的依据。教师教育专业学生毕业后，教师教育部门应进行追踪评价，了解他们在教师教育过程中习得的知识和技能是否有助于促进教育教学实践，并在今后的培养和培训中进行改进，真正促进教师教育的发展。

此外，为了进一步健全教师教育评价机制，教育行政主管部门还需要完善教师表彰奖励制度，对做出突出贡献的教师和教育工作者进行表彰奖励；建立乡村教师荣誉制度，对在乡村学校长期从教的优秀教师予以表彰；完善教师专业技术水平评价标准，健全工作程序和评审规则，建立评审专家责任制，全面推行评价结果公示制度；深化教师考核评价制度改革，突出教育教学业绩，完善评价导向，重视社会服务考核，引领教师专业发展。[③]为了提高评价服务的质量，教师教育

① 吴双. 高职院校教学质量第三方评价机制初探[J]. 中国科教创新导刊，2012，（20）：230.

② 赵传兵. 从唯量化走向多维优化——发展性评价观对教师教育评价的影响[J]. 黑龙江高教研究，2014，（7）：7-9.

③ 河南省教育厅办公室. 关于印发《河南省教育事业发展“十三五”规划》的通知[EB/OL].（2017-04-21）[2020-11-26]. http://www.haedu.gov.cn/2017/04/21/1492752645787.html.

评价者必须了解被评价者及其他利益相关者的问题、兴趣和关注点。在教师教育评价过程中，各利益相关者都应参与评价，评价过程应是多元评价主体交互作用的过程，评价结果应是所有评价参与者民主协商达成的共识，能够真正体现发展性评价的价值理念，充分发挥评价的发展性功能。

基于对教师教育历史演变和发展的回顾与探析、对教师教育理论和政策依据的分析与解读、对国内外教师教育经验和特色的比较与借鉴，以及对河南省教师教育现状和问题的调研与反思，本章以四个基本理念和五大主要目标为导引，从师德师风建设、课程与教学改革、模式与体系完善和管理与评价转型等四大方面提出了促进河南省教师教育发展的具体实施策略。我们期望这些有针对性的实施路径和建议能够在河南省新时期教师教育的实践中得以落实，并能在其中发挥积极的促进作用。河南省要以全省教师教育综合改革为动力，研究新形势下河南教师教育所面临的新情况和新问题，探索教师教育改革的新思路和新办法，不断深化改革，加强创新，积极推进河南教师教育持续快速发展，努力开创河南教师教育发展的新局面。

第十章

河南省教师教育发展策略的实施保障

强化河南省教师教育发展策略的实施保障，创新河南省教师教育发展策略的实施机制，对于落实河南省教师教育振兴发展的各项目标任务具有至关重要的作用。河南省教师教育发展策略的实施不是自动实现的，其在实施过程中会遇到一定的困难与阻力。如果没有有力的保障体系，相应的发展策略很难真正落地并发挥应有的促进作用。可以说，保障体系的有力与否是决定河南省教师教育发展策略能否落地并发挥其推动作用的关键。因此，为保障河南省教师教育发展策略的有效实施，必须从多个维度，如组织和管理、经费和技术、评价和督导等方面予以保障，以确保河南省教师教育发展策略的有效实施。

第一节　组织和管理保障

所谓教师教育的组织和管理保障是指为落实教师教育发展策略、促进教师教育发展所采取的相关措施。组织和管理保障的助力不仅可以有效地明确责任主体，明晰责任分工，强化组织领导，而且有助于统筹、协调各方资源，形成有特色的顶层设计，从而明晰河南省教师教育发展的目标、重点与方向。

一、加强组织领导，提高组织实施水平

教师教育是教育事业的工作母机。教师教育工作直接决定着教师教育队伍建设的质量和水平，是提升教育质量和水平的关键。而加强河南省教师教育发展的组织领导、提高组织实施水平能够为河南省教师教育发展提供重要的组织和管理

保障。

首先，应把加强组织领导、振兴河南省教师教育作为全面深化河南省教师教育发展的重大举措，并列入重要议事日程。这与《教师教育振兴行动计划（2018—2022 年）》在组织实施中提出的“要加强组织领导，把振兴教师教育作为全面深化新时代教师队伍建设改革的重大举措，列入重要议事日程，切实将计划落到实处”①是一致的，也是河南省教师教育发展策略真正落地实施的前提。因此，在具体的教师教育活动中，河南省各地、各校应该要切实把教师教育摆在优先发展的战略地位，各类、各项举措也应该围绕突出教师教育的优先战略发展地位加以组织、协调、领导。同时，还应通过理顺河南省教师教育管理体制、完善教师教育工作机制以加强对教师教育工作的组织领导，重点研究解决教师教育工作中的突出矛盾和重大问题，落实国家法律法规规定的教育行政部门管理教师教育的责任。

其次，河南省教师教育发展组织保障牵涉多个部门、多个组织，既包含教育行政部门在内的各级各类政府，也包括高等院校、中小学、幼儿园、教师培训研修机构在内的各级各类学校。因此，河南省教师教育发展的实施保障，需要既要充分发挥省内各级各部门的协同作用，又要明确各自主体责任，完善和提高组织与管理保障。

就政府部门而言，一方面河南省各级党委、政府要切实履行职责，加强对教师队伍建设改革的领导，优先谋划教师工作，各级党委教育工作领导小组要定期研究解决教师队伍建设改革中的重大问题。同时，河南省教育行政部门要加强对教师教育工作的统筹管理、规划和指导，通过成立省教师教育咨询专家委员会，强化河南省教师教育智库建设，建立河南省教师教育改革发展的决策智力支撑体系，为河南省教师教育重大决策提供有力支撑。另一方面河南省教师教育的发展还需要河南省教育行政部门协同其他相关政府部门，如发展改革、财政、人力资源社会保障、机构编制部门等部门，协同发挥组织领导作用。这些部门要按照职责分工主动履职，切实承担责任，通过分工协作、密切配合、齐抓共管、形成合力，着力破除机制体制障碍，为教师教育创新发展营造良好的政策环境，从而推动教师教育改革科学健康发展。

就各级各类学校而言，河南省各级各类学校构成了河南省教师教育发展的重要责任主体之一。就职前教师培养机构而言，当前河南省有郑州大学、河南大学等综合类大学分别成立了教育学院或教师教育学院，也有如河南师范大学、信阳师范学院等具有较高水平的师范类高等院校。整体上，河南省师范类办学层次覆

① 教育部，国家发展改革委，财政部，等. 教育部等五部门关于印发《教师教育振兴行动计划（2018—2022年）》的通知[EB/OL].（2018-03-22）[2020-12-23]. http://www.moe.gov.cn/srcsite/A10/s7034/201803/t20180323_331063.html.

盖了研究生、本科、专科等不同层次。就教师职后培养而言，河南省部分高校设立了继续教育学院、远程教育学院等机构，各地市也设立了教育学院或教师进修学校。同时，教师任职学校也纷纷进行校本培训。这些机构构成了河南省教师教育发展的组织实体，是河南省教师教育的“前线”，承担着河南省教师教育质量提升的重任。因此，各级各类学校应充分发挥其组织保障作用，要把促进教师专业发展摆在工作的首要位置。各级各类学校应当充分发挥其教师培养优势，始终把提升教师质量、促进教师发展作为学校工作的核心、重心，形成系统、高效的师资培养体系，从河南省师资培养的“前线”发力，促进河南省师资质量的有效提升。此外，与教师教育有关的专业组织和协会，如河南省教师教育联盟、职教师资培养培训联盟、特殊教育教师发展联盟和学前教育教师发展联盟也应当发挥其联合共建和组织保障作用，搭建政府、高校、中小学沟通平台。

二、做好顶层设计，明晰目标任务

为促进河南省教师教育的发展，河南省先后出台了一系列的政策，如《关于组织实施“国培计划（2018）”——河南省中小学幼儿园教师培训项目的通知》《河南省中小学教师信息技术应用能力提升工程 2.0 实施方案》《关于组织实施义务教育师资薄弱环节改善暨中小学教师素质提升工程的通知》等文件。这一系列文件的出台为河南省构建了较为明确的教师教育发展保障体系。不可否认，河南省已有教师教育发展组织保障体系的建立在一定程度上促进了河南省教师教育的发展。但仍需关注的是，河南省是人口大省、教育大省，其教育资源相对贫乏，特别是随着人民对优质教育资源的需求日益突出，河南省教师教育面临的压力、矛盾问题也越来越多。因此，为了更好地推动河南省教师教育发展，从源头上化解积弊并取得突破，必须要通过做好合理、科学的顶层设计来予以组织保障，从而从全局视角对河南省教师教育的各方面、各层次、各要素进行统筹规划，明晰河南省教师教育的发展目标与任务，进而集中有效资源，高效地实现河南省教师教育发展的战略目标。

当前，河南省教师教育随着“十四五”的到来，进入新的发展阶段。整体上看，河南省教师教育工作以高素质专业化创新型教师队伍的建设为中心，坚持党建引领，坚持新发展理念，坚持高质量发展主题，坚持问题导向、目标导向和结果导向，不断深化教师教育领域综合改革，建立现代教师教育体系。围绕河南省教师教育发展这一目标与构想，河南省教师教育的未来发展应从发展动力、不同类型教师的培育、教师教育改革、培养体系建构、培养质量等方面突破，从而为河南省教师教育发展提供保障。

第一是增动力。应增强河南省教师教育发展的动力，通过多种路径、策略的实施助力河南省教师教育的快速发展。具体而言，一是要大力兴办师范教育。采用多种措施大力支持河南省师范教育发展，提升师范教育质量。具体而言，可以从以下几个方面着手推进河南省师范教育的发展：加大对师范院校的支持力度，实施教师教育振兴行动计划，建立中国特色师范教育体系，推进地方政府、高等学校、中小学“三位一体”协同育人；支持高水平综合大学开展教师教育；创造条件，推动一批有基础的高水平综合大学成立教师教育学院等，努力提高教师培养层次；等等。二是要加强在职教师培训。可以通过搭建教师培训与学历教育衔接的“立交桥”，开展中小学教师全员培训，转变培训方式，实行线上线下相结合的混合式研修等，为职后教师培训的开展提供平台、资源和动力支持，迅速提升职后教师培训的质量和专业水平。

第二是抓两头。河南省教师教育发展要兼顾全局，更要把握重点，有的放矢。具体而言，在河南省的教师教育发展中，一方面要抓紧实施卓越教师培养、名师名校长领航工程，开展国家级教学名师评选表彰活动，以发挥其引领作用，到2035年要培养造就数以十万计的卓越教师。另一方面要因地制宜采取定向招生、定向培养、定期服务等方式，为乡村学校培养“一专多能”型教师，优先满足老少边穷地区教师补充需要，要大力提升乡村教师待遇，深入实施乡村教师支持计划，关心乡村教师生活。通过优秀教师辐射带动作用以及对乡村教师给予一定的政策倾斜，取长补短，协同促进河南省教师教育水平的整体提升。

第三是促改革。河南省教师教育应在明确其目标与构想的同时，深入促进各类改革的实施，特别是师范生人才培养模式改革、职后教师培训机制改革等。师范生人才培养模式改革是师范教育内涵式发展的核心。中共教育部党组指出，要提升培养层次，改革人才培养模式，稳步提升师范生综合素质、专业水平和创新能力。加强师范生公费教育，吸引更多优秀青年报师范当老师。[①]因此，应将师范人才培养模式改革作为河南省教师教育改革的重点予以推进。同时，应促进职后教师培训机制改革。教师培训机制关系到职后教师专业发展质量与水平。因此，河南省教师教育的发展应着力重构中小学教师在职培训体系，加大投入力度，建好组织体系和平台体系，建强教师培训师队伍和名师骨干队伍，推动国家、省、市、县、校五级教师培训体系联动，致力于培养一批在全国有影响力的优秀教育家。同时应深化教师培训管理改革，分层提供教师培训课程，强化培训内容的针对性和系统性，规范培训考核评价；推行教师培训学分管理，建立教师培训学分认定规范，实现学时学分合理转换、严格教师培训学分审核认定，探索建立教师培训学分银行，推动非学历培训与学历教育衔接、强化教师培训学分应用等重要改革举措的落地。

① 中共教育部党组. 开启全面建设高素质专业化创新型教师队伍新征程[EB/OL].（2020-10-09）[2020-11-29]. http://www.moe.gov.cn/jyb_xwfb/moe_176/202010/t20201006_493343.html.

第四是强体系。当前河南省初步形成了以国家教师教育示范基地为引领、师范院校为主体、高水平综合大学参与、教师发展中心为纽带、优质中小学为实践基地的开放、协同、联动的现代教师教育体系。但是，当前河南省教师教育体系仍面临诸多问题，如师范院校师范特色日益模糊，师范生招生数比例仅占20%—30%，甚至不足20%；高水平综合性大学教师教育参与度不高；政府、高校、中小学学校“三位一体”育人模式尚未完全落地，效果发挥受限，等等。因此，应强化河南省教师教育体系建设，着力推进师范教育基地、高水平综合大学办教师教育，强化县级教师发展机构整合与建设，建设高水平的教师教育培养体系以保障和提升河南省教师教育发展质量。

第五是保质量。教师培养质量是教师教育的生命线。河南省教师教育发展应始终将保障、提升教师培养质量作为教师教育工作的核心，其中师范类专业认证、教师培训质量监测评估应作为保障河南省教师教育质量的重点工作应予以快速推进。一方面大力推进河南省普通高校师范类专业三级认证。通过对普通高校师范类专业实行三级监测认证，能够为政策制定、资源配置、经费投入、用人单位招聘、高考志愿填报等提供服务和决策参考，从而从多角度保障河南省教师职前培养单位的教师培养质量。另一方面应将质量监测评估贯穿教师培训的全过程。当前河南省正着力重构并健全教师培训组织体系，建立河南省基础教育研修院、市级和县级教师发展中心三级组织，并逐步完善“国培”“省培”“市培”“县培”“校本研修”五级联动教师培训机制。教师培训质量监测评估的介入与使用能够有效地动态观测河南省职后教师培养状态，及时发现职后教师培养中的问题，为提升和保障职后教师培养质量提供重要参考。

第二节　经费和技术保障

教育经费投入和技术支持是教师教育发展的物质基础，也是影响教师教育发展的重要外部因素。因此，河南省教师教育的发展必须持续加大经费和技术保障力度，既要加大教育经费投入力度，增强经费保障水平，也要推广现代技术，加强技术保障。

一、加大教育经费投入力度，增强经费保障水平

教育经费投入是支撑教师教育长远发展的基础性、战略性投资。教育经费投入的多寡、充足与否将直接影响河南省教师教育发展策略能否有效落实。因此，加大教育经费投入力度，增强经费保障水平是河南省教师教育发展必须重点保障的关键环节。

综合河南省教师教育发展的实然境况以及国家与河南省教师教育政策的要求与导向，河南省应将教师队伍建设作为教育投入重点予以优先保障。河南省各地要围绕这一重点加大教师教育财政资金投入力度，积极调整财政支出结构，完善保障机制，提升教师教育保障水平。具体来说，河南省一方面应优化教师教育经费的使用结构，特别是要保障师范教育优先发展，同时要向乡村教师倾斜，持续加大农村教师教育教学改革投入力度。另一方面应科学规划相应教育经费支出，加强河南省教师教育发展与中、长期财政规划的统筹衔接。此外，河南省还应将绩效管理范围涵盖教师教育所有财政教育资金，并深度融入预算编制、执行、监督全过程。全面实施绩效管理，着力建设、建成全方位、全过程、全覆盖的预算绩效管理体系，强化教师教育财政制度建设和信息化管理，全面提升内部控制水平。

同时，河南省教师教育经费的投入要避免“撒胡椒面”式的经费投入，应当有的放矢，从河南省教师教育发展的薄弱环节、关键环节入手，特别是从师范生投入、职后教师培训、教师工资待遇、乡村教师等河南省教师教育发展的关键点和短板予以突破。通过科学合理地规划经费投入切入点，以提升河南省教师教育经费使用的效能。

河南省教师教育发展应优先保障师范教育发展，加大师范生教育经费投入力度。师范生培养关系着河南省教师队伍建设情况，其培养质量的好坏直接影响着河南省一定时期教师队伍的整体质量的高低。因此，河南省一方面应根据省级财力状况适时提高师范生生均拨款标准，保证师范生培养的经费投入。另一方面应建立师范生生均拨款的动态调整机制，不断地监测和评估河南省教师教育发展需求与师范院校师范生培养的供给关系，根据河南省不同地区经济发展水平、师资需求来调整师范生生均经费支持程度，从而保障师范生培养的质量与效率。

教师培训是提升职后教师质量的重要环节。教师培训水平的高低直接关系到职后教师专业发展水平的高低。因此，就河南省教师教育经费投入而言，教师培训投入应成为关键环节，河南省各级各地要科学编制各类教师培训规划，统筹各类教师培训经费，做好教师培训工作。河南省还应将教师培训经费列入财政预算，督促落实教师培训经费列入同级财政预算，财政拨款应按不低于教师工资总额1.5%—2.5%专项安排的政策。在相关重大教育发展项目中将教师培养培训作为资金使用的重要方向。积极争取社会支持，建立多元化筹资渠道。同时，在加大对教师教育财政资金投入的过程中优先保障教师发展机构和教师发展示范基地校建设，保障相应教师培训机构的教师培养水平。

一直以来受河南省区位、财政收入、经济发展水平影响，河南省教师工资水平相比我国经济发达地区差距较为明显。而教师工资直接关系教师自身利益，是保障教师基本生活水平、提升教师职业幸福感的关键。因此，保障河南省教师教育资金投入，河南省还必须从教师工资水平入手，实施教师待遇提升行动计划，以提升教师工资待遇水平。在具体的行动中，首先，应当健全中小学教师工资长效联动机制。核定绩效工资总量时统筹考虑当地公务员实际收入水平，确保中小学教师平均工资收入水平不低于或高于当地公务员平均工资收入水平，确保乡村教师实际工资收入水平不低于当地同等条件县、镇教师工资收入水平，并随着经济社会发展逐步提高。其次，应健全符合教师职业特点、有效体现工作量和工作绩效的收入分配激励机制和绩效工资动态调整机制，绩效工资分配向班主任和特殊教育教师倾斜。班主任工作按照教师标准课时工作量的一半计入基本工作量，并在绩效工资分配、津补贴发放等方面予以倾斜。实施中小学（中等职业学校）班主任津贴政策，最低标准不低于400元/月。鼓励各地探索制定寄宿制学校教师补助和延时服务津贴发放办法。[①]同时，应照顾城乡差距，教育投入向乡村教师倾斜。应通过实施相应的补贴、补助，如乡村教师生活补助"提标扩面"、调整班主任津贴标准、设立地方教龄津贴等"一补两贴"政策等，提升乡村教师教学收入。最后，要扩大高校收入分配自主权。完善适应高校和职业院校教学岗位特点的内部激励机制，逐步建立以增加知识价值为导向的收入分配政策。高校教师依法取得的科研奖励、科技成果转化奖励等收入，不纳入绩效工资总量，不纳入单位工资总额基数。支持高校盘活资源开发青年人才公寓[②]。

二、推广现代技术，加强技术保障

随着大数据、人工智能等信息技术的飞速发展，教育信息化已经成为教育发展的必然趋势，信息化素养也将成为教师适应新社会发展趋势，提升自身综合素养的关键。2019年12月，中共河南省委、河南省人民政府出台的《河南教育现代化2035》明确提出，要加快培养熟练应用信息技术的新型教师。适应信息化、人工智能等新技术变革，推动教师积极转变角色定位，做学生学习的指导者、支持者。创新教师教育课程与培养机制，提升师范生信息素养，推动教师培训与信息技术有机结合。大力提升教师专业素质和新技术应用能力，实现新技术与教育教学深度融合[③]。可见，强化技术与教师教育融合，以信息技术变革教师发展成为河南省教师教育发展的重点之一。因此，河南省各级各地应全方位推进现代信息技术与教师教育的融合，通过技术保障助力河南省教师教育发展。

---

① 中共河南省委 河南省人民政府. 加快推进河南教育现代化实施方案[EB/OL]（2020-02-24）[2020-07-30]. https://gaojiaosuo.xcu.edu.cn/info/1037/1462.htm.

② 中共河南省委 河南省人民政府. 加快推进河南教育现代化实施方案[EB/OL].（2020-02-24）[2020-07-30]. https://gaojiaosuo.xcu.edu.cn/info/1037/1462.htm.

③ 中共河南省委 河南省人民政府. 河南教育现代化2035[EB/OL].（2020-02-24）[2020-07-30]. https://gaojiaosuo.xcu.edu.cn/info/1048/1459.htm.

首先，应实施人工智能助推教师能力建设行动，将技术引入教师培养、培训环节，探索基于人工智能的教师培养、培训新模式，深化教师培养、培训模式创新。一方面应推进人工智能、大数据、5G等新技术融合运用到教师培训中，深化教师培训模式创新。同时采取理论学习与技能操作相结合，把讲授与研讨、网络培训、上机练习、课例设计等形式有效地结合起来，积极探索参与式、互动式教学方式，着力提高教师实际运用教育技术的能力。另一方面应不断深化技术在学校教育、社区教育、网络研修中的融合应用，发挥试点院校、示范共同体等优秀组织的示范引领作用，辐射提升教师的信息技术与教育教学融合能力，实现教育信息化创新应用[①]。

其次，应建立信息化的教师教育教学资源库，促进信息技术与教育教学深层次融合和教学方式的变革，帮助教师有效运用现代技术开展课堂教学。一是要学习借鉴国内外教育信息化应用的成功经验，积极开展现代信息技术与教育教学融合以及创新应用的理论与实践研究。二是应重视建立适用于不同学科需求的信息化教学模式与专题案例资源库，为一线教师运用技术开展教学提供高质量的教学素材与资源，推动一线教师在课堂教学中高效应用信息技术。

最后，以现代技术助力课堂教学模式变革。应推进人工智能等新技术进入课堂，充分利用人工智能与虚拟现实等新技术，构建具有场景式、体验式、沉浸式等特征的新型学习形态。同时应加强对学习者认知和学习行为规律的研究，实施因材施教、个性化学习的新型教学组织方式。还应鼓励重塑教学评价和教学管理方式，利用新一代信息技术，跟踪监测教学全过程，开展学情分析和学习诊断，精准评估教学和学习效果。促进教学评价和教学管理方式由结果导向的单一评价向综合性、过程型的多维度评价转变，由注重知识传授向注重能力素质培养转变。

第三节　评价和督导保障

从本质上说，评价是一种价值判断活动，是对客体满足主体需要程度的判断。[②]教育评价是对教育活动满足社会与个体需要的程度做出判断的活动，是对教育活动价值做出判断，以期达到教育增值的过程。科学合理的教育评价对于正确导向，端正教育思想，促进教育改革，加强科学管理，实现教育整体优化，提高教育质量和办学效益具有重要的意义。相应地，就教师教育而言，有效的教师教育评价也将直接影响教师教育质量和发展水平。同时，教育督导作为教育评价

① 中共河南省委 河南省人民政府. 河南教育现代化2035[EB/OL].（2020-02-24）[2020-07-30]. https://gaojiaosuo.xcu.edu.cn/info/1048/1459.htm.

② 陈玉琨. 教育评价学[M]. 北京：人民教育出版社，2014：7.

系统的重要组成部分，在监督教师教育改革进程，提升教师教育改革水平发挥着独特价值与作用。因此，评价和督导构成了河南省教师教育发展的必要保障路径。

一、深化评价改革，保障教师教育质量

教育评价是提升教育质量的重要手段，是教育管理和改革的重要指挥棒。教师教育评价作为教育评价的一种，对端正学校的办学思想、优化教育过程、检验教育效果、提高教学和管理水平、切实保障教师教育质量都具有重要作用。教师教育发展的历史经验也表明，教师教育评价是撬动教师教育质量的重要举措。因此，为保障河南省教师教育质量的有效提升，应从教师教育评价的理念导向、机制、方式等方面持续深化河南省教师教育评价改革。

深化评价改革，保障河南省教师教育质量首先应更新教师教育评价理念，树立正确的评价导向。从根本上讲，教师教育的第一任务是培养高思想觉悟和教育教学水平的教育工作者。教师教育评价的开展相应地也应该围绕这一任务展开。因此，河南省教师教育评价应坚持正确的政治方向、价值取向，坚持把师德师风作为评价教师的第一标准，改进教师评价方式，强化教师教书育人功能，把落实立德树人根本任务、强化价值引领贯穿整个教师教育过程之中。同时，评价的目的是评价对象能够更充分地实现自己的本质属性或者能够更好地履行自己的工作职责，而不是为了满足外部的排序、分等、控制等目的。[①]因此，河南省还应从理念层面引导教师教育评价回归教育的本体，倡导实质性评价。在实际的教师教育评价工作中，应从教师教育这一评价对象的本质特性出发来制定评价标准、选择评价的工具和手段，力图真正反映教师教育自身的本质要求，从而真正发挥教师教育评价的真正价值和意义。

深化评价改革，保障河南省教师教育质量还应当健全教师教育评价长效机制，应着力从师德评价机制、教师评价机制、教师教育质量评估机制等方面重点突破。在全面推进河南省教师教育评价改革的进程中，首先，要坚持把师德师风作为评价教师的第一标准，建立师德评价常态化机制。在河南省教师教育评价活动中应持续完善三年一次的师德标兵、师德先进个人奖励机制，并划定一定比例向乡村教师倾斜，引导教师带头践行社会主义核心价值观。同时应全面落实新时代幼儿园、中小学、高校教师职业行为准则，建立师德失范行为通报警示制度。对出现严重师德师风问题的教师，探索实施教育全行业禁入制度，将师德建设与评价贯穿教师教育全过程。其次，要多方位多视角健全教师评价机制。一是完善教师表彰奖励制度，对做出突出贡献的教师和教育工作者进行表彰奖励。建立乡村教师荣誉制度，对在乡村学校长期从教的优秀教师予以表彰。二是完善教师专业技术

① 石中英. 回归教育本体——当前我国教育评价体系改革刍议[J]. 教育研究，2020，41（9）：4-15.

水平评价标准，健全工作程序和评审规则，建立评审专家责任制，全面推行评价结果公示制度。三是深化高校教师考核评价制度改革，突出教育教学业绩，完善科研评价导向，重视社会服务考核，引领教师专业发展。四是分类推进教师职务（职称）制度改革。建立统一的中小学及中等职业学校教师职务（职称）系列，研究完善符合村小学和教学点实际的职务（职称）评定标准，职务（职称）晋升向村小学和教学点专任教师倾斜，向落实校长、教师交流轮岗制度的单位倾斜，同等条件下交流轮岗教师优先。支持符合条件的职业学校和高等学校兼职教师申报相应系列教师专业技术职务。城镇中小学教师在评聘高级职务（职称）时，原则上要有一年以上在农村学校或城市薄弱学校任教经历。再次，健全教师教育质量评估机制。根据教育部的部署，进行新建本科师范院校教学合格评估和其他本科师范院校审核评估。开展师范类专业认证及教师培养质量评估工作，引导高校建立教师教育自评制度，确保教师培养质量。开展教师培训机构资质认证工作。开展教师培训专项督导工作。规范培训管理，为教师获得高质量培训提供有力保障。贯彻教师培训质量标准，定期开展培训质量评估。通过学员评估、专家评估和第三方评估等多种方式，对教师培训过程进行监控和绩效评估。建立科学有效的教师教育质量监测和评估机制，逐步完善的、以绩效管理为核心的教师教育质量保障体系。

最后，应通过优化教师教育评价方式，创新教师教育评价模式来保障河南省教师教育质量的提升。在教师教育评价实施过程中，一是应坚持分类评价。鼓励评价主体针对不同地区、不同学科、不同教育层次、不同教学岗位类别，制定不同评价指标。二是健全综合评价。坚持把师德师风作为评价教师的第一标准，把认真履行教育教学职责作为评价教师的基本要求，强化对教师思想政治素质的考察，突出教育教学实绩，改进高校教师科研评价，坚决抵制重科研轻教学、重教书轻育人等现象，引导广大教师认真践行教书育人使命、提升教书育人能力素质。[①]三是探索多方参与的多元评价机制。在教师教育评价活动中引入多元主体参与评价，评价兼顾自我评价、同行互评、专家评审等，坚持结果评价、过程评价、增值评价、综合评价有机结合，坚持激励与约束并重。特别是在高等学校的教师教育评价中，应重视完善同行评价制度，突出同行专家在评价中的主导地位，注重个人评价与团队评价相结合，坚持以专家意见为主、定性与定量评价相结合；严格规范专家评审行为，完善评审专家的遴选制度、承诺制度、回避制度、信誉制度、追责制度；高校在开展成果鉴定、职称评审、学术不端核查时，原则上要邀请一定比例的校外专家。四是充分发挥专业机构和社会组织作用，引

① 刘自成. 以评价改革牵引教育领域综合改革[EB/OL].（2020-11-26）[2020-11-30]. http://www.moe.gov.cn/jyb_xwfb/moe_2082/zl_2020n/2020_zl61/202011/t20201126_501869.html.

入第三方评价机构，以第三方评价进一步完善河南省教师教育评价改革制度。第三方教育评价作为政府督导评估的重要补充，弥补了政府作为单一主体管理教育的不足，成为一种有效的社会制衡机制，促进了教育评估从“官僚问责”逐步向“市场问责”“专业问责”的方向发展。同时第三方教育评价作为教育的外部评价方式，具有客观、独立、科学、有效等诸多优势，在我国得到越来越广泛的应用。①当前，河南省具有较强专业性、独立性、权威性的第三方评估机构主要有河南省教育厅主管的河南省教育评估中心、依托河南师范大学成立的河南省教师发展评估院。河南省教师教育评价的推进应充分发挥这些专业第三方评估机构的重要作用。需要注意的是，相比当前河南省教师教育的体量和评估需求，当前河南省专业性的第三方教师教育评价机构相对较少，因此，河南省还应着力创设良好的教育评价氛围，推动专业化教师教育第三方评价机构的建立，努力建设在河南省教师教育领域具有重大影响、专业化强、综合性高的研究与服务平台，从而更好地为河南省教师教育的发展规划与教育决策提供智力支持。

二、建立督导评估，加强督导检查

督导检查是保障教育法律法规和方针政策贯彻落实的重要手段，教育督导在督促落实教育法律法规和教育方针政策、规范办学行为、提高教育质量等方面发挥着重要作用。因此，应建立教师教育创新发展的督查评估机制，实施有力的教育督导，能够及时、有效地发现河南省教师教育发展中先进典型和矛盾问题，为加快河南省教师教育发展提供有力支持。

首先，为推进河南省各级政府更好地履行教师教育发展职责，河南省应进一步加强教师教育督导机构建设，建立专门专业的教师教育督导机构。2019 年，河南省对省政府教育督导委员会组成单位进行了调整，在参照国务院教育督导委员会成员单位的基础上，增加省委组织部、省委巡视办和省审计厅等部门为省教育督导委员会成员单位，明确了委员会工作规则和各组成部门应尽职责，在教育督导的组织领导体制上进行了探索。未来河南省应在已有教育督导体制的基础上，进一步细化搭建专业化、具有一定稳定性的教师教育的专门督导机构。同时在搭建教师教育专门督导机构的基础上，还应明确教师教育督导的职责定位。明确教师教育督导机构具有相对独立性，其督导主体是政府，代表省政府行使督导职能，其功能不仅是监督教师教育部门，而且要监督各级地方政府，更要监督各级政府和政府组成部门，推动政府在教师教育改革发展中的责任落实。在具体的督导活动中，专门的教师教育督导机构能够对河南省教师教育整体督导工作进行有序规

① 王璐，王世赟，尤铮. 国际视野下第三方教育评价机构的规范、认证与行业自律行为研究[J]. 现代教育管理，2020，（5）：36-45.

划并督促相关政策的落地实施，特别是能够更及时、有效地对重点问题进行专项督导，对重大事项的进行挂牌督办。

其次，应建立河南省教师教育发展情况的跟踪、督查机制。一是应组织实施教师教育发展情况的专项跟踪、督促检查等工作，如义务教育阶段教师队伍建设和教师工资待遇落实情况专项督导工作、加强义务教育阶段教师队伍建设和教师工资待遇落实情况专项督导工作等的同时，应对教师教育督导结果予以公开。通过督导检查教师教育项目实施情况，既要找出先进典型以及实施不到位、敷衍塞责的部门，又要对市、县人民政府履行教师教育职责评价结果在省级主流媒体上公开发布，接受群众监督；同时将督导结果抄送各级党委、政府主要负责同志，以增强督导结果的影响力。二是强化考核问责。河南省应建立教师教育质量保障制度，既要将跟踪督导中发现的工作实施情况纳入相关工作考核指标体系，又要把教师教育建设情况作为各级教育行政部门绩效考核、各级各类学校办学水平评估的重要内容，作为评优评先、表彰奖励的重要依据。三是强化整改问责。应健全河南省教师教育督导限期整改制度，建立问题整改台账，精准跟踪，实施销号管理，紧盯问题不放，切实维护督导的严肃性。在具体的督导行动中，应对先进典型予以奖励与宣传，对实施不到位、敷衍塞责的部门、机构，要追究相关部门和负责人的领导责任，确保各项创新举措落到实处。

最后，河南省应在教师教育督导方式上有所创新，以保障督导效能的发挥。一是应当采用多元的督导方式，将传统督导途径和新的方法结合起来，利用丰富多样的督导方式，提升工作的针对性和实效性。二是要把握好“督”和“导”之间的张力，在“督”的同时强化“导”的能力，从专业角度对督导对象进行指导帮助。三是督导应兼顾赏罚分明，既要通过督导发现优秀典型予以表彰、推广，也要发现教师教育发展中不作为、乱作为等矛盾问题，并予以惩戒、治理。通过将奖优和惩劣结合起来，双向实现河南省教师教育的良性发展。四是应重视将督导与审计、巡视结合起来，借助巡视和审计部门的专业性，弥补教育督导力量的不足，达到事半功倍的效果。

参考文献

陈时见，李培彤. 2020. 教师教育一体化的时代内涵与实现路径[J]. 教师教育研究，32（2）：1-6.
陈振华. 2015. 中小学教师管理制度建设:问题与改进策略[J]. 教育研究，36（9）：99-103.
成有信. 1990. 十国师范教育和教师[M]. 北京：人民教育出版社.
杜静. 2007. 我国教师教育课程存在的问题与改革路向[J]. 教育研究，（9）：77-80，85.
付淑琼. 2016. 多方协同：美国“卓越教师培养项目”的质量评价机制[J]. 教育研究，37（4）：146-152.
傅维利，于颖. 2019. 教师职业道德的独特品性及其价值实现[J]. 教育研究，40（11）：151-159.
顾明远. 1998. 教育大辞典（增订合编本）[M]. 上海：上海教育出版社.
何茜，张学斌. 2013. 教师教育一体化课程体系及其实施保障[J]. 教育研究，（8）：154-156.
河南教育通史编纂委员会. 2004. 河南教育通史[M]. 郑州：大象出版社.
胡塞尔. 2001. 欧洲科学的危机与超越论的现象学[M]. 王炳文译. 北京：商务印书馆.
靳玉乐，廖婧茜. 2016. 论教师教育课程的国际化变革[J]. 教师教育学报，3（6）：1-6.
李雁冰. 2002. 课程评价论[M]. 上海：上海教育出版社.
刘济良. 2014. 生命教育论[M]. 北京：中国社会科学出版社.
刘志军. 2011. 教育学[M]. 北京：高等教育出版社.
史利平. 2020. 信息技术与教育融合创新的政策障碍及其消解逻辑[J]. 中国教育学刊，（2）：27-32.
王定华. 2018. 关于实施教师教育振兴行动计划的政策与思考[J]. 国家教育行政学院学报，（6）：3-9.
王薇. 2017. 国际教师教育质量保障体系的构建及其启示[J]. 教师教育研究，29（3）：114-120.
王忠桥. 1999. 教师道德教程[M]. 北京：教育科学出版社.
吴路珂. 2016. 20 世纪美国教师教育课程观的流变与思辨[J]. 课程·教材·教法，（5）：122-127.
徐伯钧. 2020. 我国地方教师发展机构建设研究——基于江苏省的实践探索[J]. 中国教育学刊，（6）：56-62.
徐知宇，王雁. 2019. 学习《全面深化新时代教师队伍建设改革的意见》——加快建设高素质专业化特殊教育教师队伍[J]. 教师教育研究，31（1）：24-30.

叶澜，白益民，王枬，等. 2001. 教师角色与教师发展新探[M]. 北京：教育科学出版社.
曾煜. 2016.中国教师教育史[M]. 北京：商务印书馆.
张斌贤. 2005. 教师培养模式改革若干问题的思考[J]. 教育研究，（12）：19-24.
张增田，彭寿清. 2012. 论教师教育共同体的三重意蕴[J]. 教育研究，（11）：93-97.
钟启泉，王艳玲. 2012. 从“师范教育”走向“教师教育”[J]. 全球教育展望，41（6）：22-25.
周洪宇. 2010. 教师教育论[M]. 北京：北京师范大学出版社.
周晓静. 2008. 现象学视野中的教师教育[J]. 南京师大学报（社会科学版），（4）：79-83.
朱旭东. 2014. 中国现代教师教育体系构建研究[M]. 北京：北京师范大学出版社.
朱益明. 2017. 改革中小学教师培训的原则与策略[J]. 教师教育研究，29（2）：55-60.
邹红军，柳海民. 2020. 新中国 70 年中小学师德政策建设回眸与前瞻[J]. 中国教育科学（中英文），3（1）：38-44,106.
Bandura A. 1982. Self-efficacy mechanism in human agency[J]. American Psychologist, 37(2): 122-147.
DuFour R. 2004. What is a “professional learning community”?[J]. Educational Leadership, 61(8): 323-334.
Elbaz F. 1983. Teacher Thinking: A Study of Practical Knowledge[M]. London: Croom Helm.
Fisher D, Frey N. 2007.Implementing a schoolwide literacy framework: Improving achievement in an urban elementary school[J]. The Reading Teacher, 61(1): 32-43.
Howey K R, Grossman P L. 1989.A study in contrast: Sources of pedagogical content knowledge for secondary English[J]. Journal of Teacher Education, 40(5): 24-31.
Koerner J D. 1963. The Miseducation of America Teachers[M]. Baltimore: Penguin Books.
Lave J, Wenger E. 1991. Situated Learning: Legitimate Peripheral Participation[M]. Cambridge: Cambridge University Press.
Michelle P. 2012. Collaborative professional development: An examination of changes in teacher identity through the professional learning community model[J]. Journal of Case Studies in Education, (3): 1-19.
Rice E M, Schneider G T. 1994. A decade of teacher empowerment: an empirical analysis of teacher involvement in decision making, 1980-1991[J]. Journal of Education Administration, 32(1): 43-58.
Shulman L S. 1987.Knowledge and teaching: Foundations of the new reform[J]. Harvard Educational Review, 57(1): 1-22.
Wenger E. 1998. Community of Practice: Learning, Meaning, and Identity[M]. Cambridge: Cambridge University Press.